한국고대사 사료비판론

강종훈

서울대학교 인문대학 국사학과를 졸업하고, 동 대학원 국사학과에서 석사 및 박사 학위를 취득하였다.
현재 대구가톨릭대학교 사범대학 역사교육과 교수로 재직하고 있다.
주요 저서로는 《신라상고사연구》(2000, 서울대출판부), 《아! 그렇구나 우리 역사 4 - 백제》(2005, 여유당),
《삼국사기 사료비판론》(2011, 여유당), 《미래를 여는 한국의 역사 1》(2011, 웅진지식하우스: 공저) 외 다수가 있다.

한국고대사 사료비판론

초판 1쇄 인쇄 2017년 2월 20일
초판 1쇄 발행 2017년 2월 25일

저 자 강종훈

발행인 한정주
발행처 교육과학사
주 소 경기도 파주시 광인사길 71
전 화 031) 955-6956~8
팩 스 031) 955-6037
등 록 1970년 5월 18일 제2-73호
Home-page http://www.kyoyookbook.co.kr
E-mail kyoyook@chol.com

값 22,000원
ISBN 978-89-254-1157-6

저자와 협의하에 인지를 생략합니다.
낙장 · 파본은 교환해 드립니다.

이 저서는 2010년도
정부재원(교육과학기술부 학술연구조성사업비)으로
한국연구재단의 지원을 받아 연구되었음
(NRF-2010-812-A00008).

한국고대사 사료비판론

강종훈 著

교육과학사

책머리에

20여 년 전 박사 학위 논문 심사를 받을 때 외부 심사위원이셨던 이기동 선생님이 다른 심사위원분들과 나누신 말씀이 아직도 귀에 쟁쟁하다. "이제 우리 학계에서도 고등 사료 비판이 나올 때가 되지 않았나요?" 아마도 당시 사료 비판이 제대로 되지 않은 논문들이 많이 나오는 것에 대해 우려의 심정을 담아서 하신 말씀으로 여겨진다.

사료 비판은 저자가 학부 졸업 논문을 쓸 때부터 필생의 화두로 삼아 온 것이다. 자료가 절대적으로 부족한 시대의 역사를 탐구하다 보면, 남아 있는 사료들이 소중하게 느껴지는 것은 인지상정이다. 그렇지만 소중하다는 것과 곧바로 믿을 수 있다는 것을 혼동해서는 곤란하다. 소중하기 때문에 오히려 그 사료에 어떤 하자가 없는지를 더 꼼꼼히 따져 볼 필요가 있다.

과문일지 모르겠지만, 아직까지 우리 학계에서 사료 비판에 관해 전론(專論)한 연구서는 나온 바 없는 것으로 안다. 역사학에서 사료 비판이 그토록 강조되어 왔음에도 불구하고, 그 방법론을 둘러싼 심도 있는 논의가 그동안 없었다는 것은 일면 기이하다는 생각까지 든다. 아무리 거창한 주제로 그럴듯한 논리를 내세우더라도 활용한 사료의 신빙성이 떨어진다면, 결국은 사상누각을 짓는 것이나 마찬가지일 것이다.

역사학자에게는 엄밀한 사료 비판이 최고의 덕목이 되어야 한다는 신념을 가지고 저자가 한국 고대사 연구에 임해 온 지 어언 사반세기가 넘는 시간이 흘렀다. 그 사이에 《삼국사기》를 대상으로 하여 사료 비판과 관련된 여러 문제들을 검토한 저서로서 《삼국사기 사료비판론》(2011, 여유당)이라는 책을 펴낸 바도 있다. 그 전에 발표한 논문들을 묶어서 책으로 간행한 것에 지나지 않았지만, 2009년에 그 책의 발간을 처음 구상하는 과정에서 나름의 결심을 한 게 있었다. 앞으로 《삼국사기》 외에 《삼국유사》와 같은 우리 측 문헌 자료는 물론이고 중국 측, 일본 측의 한국 고대사 관련 사료들, 거기에 금석문 자료까지 망라하여 총체적으로 사료 비판의 방법론을 모색하는 저서를 후속 성과물로 내놓아야겠다는 것이었다.

마침 2010년에 한국연구재단의 인문저술지원사업 공고가 있어 신청을 했더니, 운 좋게도 선정이 되어 본격적인 연구에 착수할 수 있게 되었다. 기존에 발표된 원고를 싣는 것이 제한되어 있기도 했지만, 이왕에 연구비 지원을 받아서 연구를 하게 되었으니 완전히 새로운 내용의 글을 쓰는 것이 옳다는 생각을 하고, 그동안 머릿속에 구상해 두었던 주제들을 하나씩 논문으로 구체화해 나갔다. 매년 한 편 정도씩 완성한 논문들은 무작정 묵혀둘 수 없어 학회지나 논총 등에 발표하기도 하였는데, 2011년부터 《대구사학》, 《역사와 담론》, 《한국고대사연구》, 《신라문화제학술논문집》, 그리고 은사이신 노태돈 선생님의 정년기념 논총인 《한국 고대사 연구의 자료와 해석》에 게재한 글들이 그것이다.

학회지 등에 발표한 논문들은 대체로 하나의 특정 주제를 놓고 사료 비판을 어떻게 해야 할지를 탐색한 것이었지, 사료 비판의 의미와 방법 등을 전반적으로 다루는 글은 아니었다. 애초에 마음먹었던 방향의 책이 되기 위해서는 총론 형식의 글이 반드시 들어가야 했고, 그래서 최근 1년여의 기간은 이에 관한 글을 새로이 쓰는 데 전념하였다. 그 결과가 이 책의 제Ⅰ부 제1장부터 제4장까지에 실려 있는데, 이 부분은 학회지 등의 발표를 거치지 않은 완전한 의미에서의 신고(新稿)이다.

이 책은 제Ⅰ부와 제Ⅱ부의 두 개 부분으로 구성되어 있다. 우선 제Ⅰ부는 총론에 해당하는 글로서, 사료 및 사료 비판의 의미, 사료 비판의 방법 등이 제1장에서 제3장에 걸쳐 서술되어 있다. 제4장은 중국 측 문헌 자료를 대상으로 사료 비판이 실제로 어떻게 이루어질 수 있는지를 알아본 것이며, 제5장은 기존에 학회지에 발표한 글을 다듬은 것으로서 금석문 자료에 대한 사료 비판의 실례를 보여 주고자 한 것이다.

제Ⅰ부의 내용을 작성하면서 저자가 특별히 유의했던 것은 독자들이 분명하게 이해할 수 있도록 최대한 적합한 사례들을 찾아 제시하려 한 점이다. 사료 비판을 할 때 이러이러한 점들이 중요하다는 식으로 요점만을 나열하는 것으로는 충분하지 않다는 생각에서였는데, 이 책의 구상을 시작하면서부터 관련 사료를 접할 때마다 틈틈이 정리해 둔 것을 바탕으로 하였다. 여기서 제시된 사례들보다 더 적절한 사례들이 물론 많이 있을 것인데, 그것을 찾아내어 적용하는 것은 향후 독자의 몫이기도 하다.

제Ⅱ부에 실린 글들은 앞서 언급한 대로 특정한 사료를 선별하여 그와 관련된 사료 비판을 행한 것들이다. 그런 의미에서 제Ⅰ부가 총론이라면 제Ⅱ부는 각론에 해당한다고 할 수 있다. 제1장과 제2장은《삼국유사》에 실린 기사들을 검토한 것으로서, 전자는《삼국유사》의 내용 가운데 금석문과 관계된 것만을 집중적으로 살펴봄으로써 그것이 지닌 사료적 성격을 규명하고자 한 것이며, 후자는 권3 흥법편의 '원종흥법 염촉멸신'조를 대상으로 그 내용을 분석하면서 세밀한 사료 비판을 시도한 것이다.

제3장과 제4장은 중국 측 자료들을 사료 비판의 소재로서 선택한 것이다. 제3장의 경우는 그동안 우리 학계의 논란거리 중 하나였던 백제의 요서 지역 진출 문제와 직접적으로 연관이 있는 사료들의 신빙성을 검토하면서 합리적 사료 비판의 방도를 찾아본 것이고, 제4장은《양직공도》에 실린 백제 및 신라 관련 기술들의 내용과 그 사료적 가치를 점검한 것이다.

마지막으로 제5장은 나제동맹의 결성이라는 역사적 사건을 주제로 그 배경을 규명함에 있어, 《일본서기》에 실린 고구려와 왜 사이의 외교 관계 수립에 관한 기사들의 사료적 신뢰도를 먼저 저울질해 본 것이다. 선입견을 배제하고 사료에 접근할 때 기존의 이해와는 사뭇 다른 새로운 역사상이 그려질 수 있음을 이 장의 내용을 통해 확인하게 될 것이다.

이 책은 《한국고대사 사료비판론》이라는 제목을 달고 있으나, 전체 내용의 측면에서 제목의 지향점이 다 구현되었다고 생각하지는 않는다. 사료 비판의 대상은 무궁무진할 수 있기에, 여기서의 논의는 한국 고대사 관련 사료의 극히 일부분에 국한되는 뚜렷한 한계를 지니고 있다. 다만 부족한 점이 많더라도, 이 책이 우리 학계에서 '본격적인' 사료 비판 논의를 시작하는 신호탄 정도로 받아들여질 수 있다면 저자에게는 큰 영광이 되겠다.

이 책이 나오기까지 도움을 주신 분들이 셀 수 없이 많다. 삶의 풍상 속에서도 늘 든든한 버팀목이 되어 준 아내를 비롯하여 저자의 오늘이 있도록 학은을 베푸신 여러 선생님들과 동학들에게는 갚아야 할 빚이 쌓여 있다. 특별히 출판 계약을 일찍 맺었음에도 묵묵히 탈고를 기다려 준 오정택 형을 위시한 교육과학사 관계자들에게 감사의 마음을 전하고 싶다.

정유년 새해의 어느 이른 아침에

율하 감고재(鑑古齋)에서 저자 씀

본서에 수록된 글의 원 게재지는 다음과 같다.

부	장	원 게재 논문 제목	게재지	게재 연월
제 I 부	제1장	사료란 무엇인가?	(新稿)	
	제2장	사료 비판은 왜 하는가?	(新稿)	
	제3장	사료를 파악할 때 무엇에 유의해야 하는가?	(新稿)	
	제4장	중국 측 문헌 자료의 사료 비판	(新稿)	
	제5장	한국 고대 금석문 자료에 대한 사료 비판론	한국고대사연구 68	2012. 12.
제 Ⅱ 부	제1장	금석문 자료 활용 방식을 통해 본《삼국유사》 수록 사료의 성격	역사와 담론 60	2011. 12.
	제2장	《삼국유사》「흥법」편 '원종흥법 염촉멸신'조 고찰	신라문화제학술논문집 35	2014. 04.
	제3장	《晉書》慕容皝載記와《資治通鑑》晉穆帝紀 所載 '百濟' 관련 기사의 사료적 가치	대구사학 121	2015. 11.
	제4장	양직공도의 사료적 가치와 독법	한국 고대사 연구의 자료와 해석	2014. 09.
	제5장	羅濟同盟의 結成 背景과 高句麗의 對外關係	대구사학 105	2011. 11.

차 례

제 I 부 · 사료 비판 총론

제1장

사료란 무엇인가?

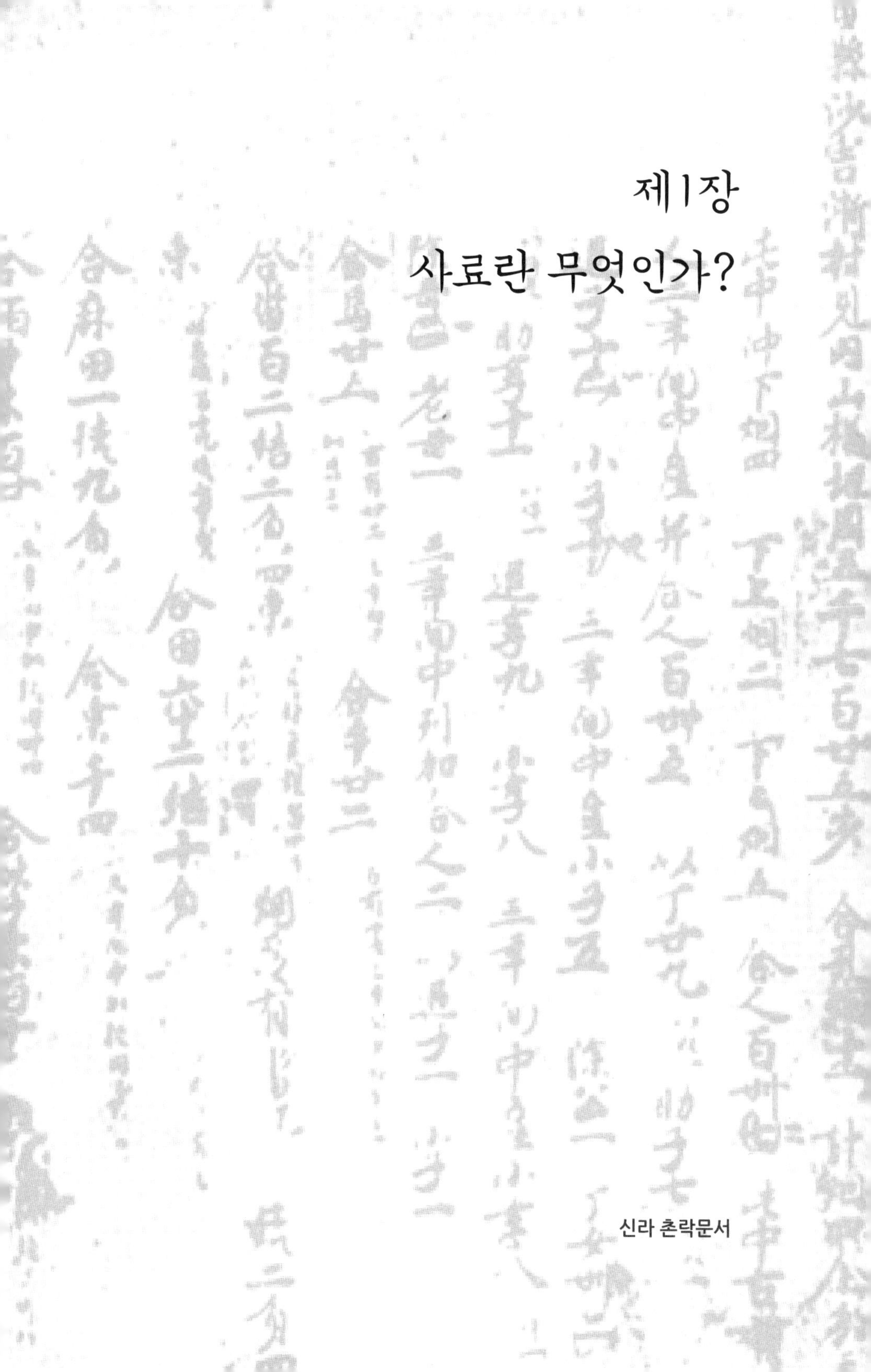

신라 촌락문서

1. 사료의 정의와 종류

'사료(史料)'는 말 그대로 역사(歷史)의 자료(資料)이다. 역사가가 역사를 서술할 때 자료가 되는 것이 바로 사료이다.

누구나 다 알고 있듯이 역사학은 사료를 통해 과거 사실을 규명하는 학문이다. 사료의 뒷받침을 받지 않는 역사 서술은 허구로 흐를 위험성이 크고, 그렇게 되면 문학의 영역에 속하는 소설과 별반 다를 게 없게 된다. 이런 점에서 사료는 역사 연구의 출발점이자, 역사학이 문학과 구별되어 독립된 학문으로 성립할 수 있게 해 주는 기반이라고 할 수 있다.

사료는 다양한 형태로 존재한다. 가시적으로 형체를 지니는 것이 대다수이지만, 무형의 상태로 존재하는 것들도 있다. 전자 곧 '유형의 사료'는 문자로 쓰인 '문자 자료'와, 문자가 적혀 있지는 않으나 형체를 갖고 있는 '비문자 유형 자료'로 대별된다. 후자 즉 '무형의 사료'는 구전(口傳)되는 이야기인 구비전승(口碑傳承)이나 음악, 무용과 같이 일정한 형체가 없더라도 역사 서술의 자료가 되는 것들이다.

1) 유형의 사료

유형의 사료에 대해서부터 좀 더 구체적으로 살펴보면, 가장 대표적인 것은 문자로 기록이 이루어진 '문자 자료'이다. 역사학에서 활용되는 대부분의 사료는 바로 이 문자 자료라고 할 수 있다. 이로 인해 비문자 유형 자료를 주된 사료로 이용하는 고고학이나 미술사 쪽에서는 문자 자료를 위주로 역사를 탐구하는 학자들을 '문헌사학자'라고 칭하며, 스스로 독립적 위상을 확보하려는 경향을 보이기도 한다.

(1) 문자 자료

역사학에서의 문자 자료에는 흔히 '문헌'이라고 부르는 책이나 문서 등 종이로 된 자료들만 있는 것은 아니다. 문자는 종이가 발명되기 전에도 사용되었고, 갖가지 물체에 기재되었다. 직물, 금속기, 돌, 벽돌, 회(灰), 흙, 나무, 뼈, 가죽 등에 쓰이거나 새겨진 문자 자료들이 그것이다. 사실 문자 자료를 재질에 따라 구별하는 것은 그다지 큰 의미는 없으나, 문자 자료의 다양함을 강조하는 차원에서 여기서는 지문(紙文), 백문(帛文), 금문(金文), 석문(石文), 전문(塼文), 회문(灰文), 토문(土文), 목문(木文), 골문(骨文), 피문(皮文) 등으로 구분하여 살펴보기로 하자.

① 지문(紙文)

종이류에 문자가 기록된 것으로, 책(冊)의 형태를 취한 것이 주류를 이룬다. 《삼국사기》를 비롯하여 조선 왕조의 왕대별 《실록》 등의 역사서를 연상하면 된다. 책으로 된 지문 자료로는 목판을 제작하여 찍어낸 것들(목판본)도 있고, 목판 대신 활사를 활용하여 인쇄한 것들(활자본)도 있으며, 직접 붓으로 써서 만든 것들(필사본)도 있다.

한편 제책(製冊)된 것이 아니라 두루마리[卷] 형태로 만들어진 지문 자료도 있는데, 불국사 석가탑에서 나온 《무구정광대다라니경》처럼 제작 시기가 올라가는 불교 경전의 경우 두루마리 형식을 취한 것들이 많다. 그 밖에 그냥 낱장으로 된 종이에 문자가 기록된 것들도 당연히 존재하는데, 일본 나라현 도다이지[東大寺]의 쇼소인[正倉院]에서 발견된 신라 촌락문서(혹은 민정문서)나 조선 시대의 각종 고문서, 그리고 16세기 후반에 조성된 분묘인 이응태 묘 출토 한글 편지 등이 그 대표적 예가 될 수 있다.

② 백문(帛文)

백문은 '백(帛)' 즉 비단에 문자가 쓰인 것을 말한다. 비단과 같은 고급 직물 외에 무명이나 삼베 등의 직물에도 문자가 쓰이기도 했지만, 직물을 활용한 문자 자료의 대표는 역시 비단에 글자를 적은 백문이라 할 수 있다. 비단은 종이가 만들어지기 전부터 문자를 기록하는 데 사용되었고, 종이가 보급된 이후에도 여전히 고급 필사 재료로 애용되었다.

백제 사신의 그림이 그려지고 백제에 관한 서술이 부기된 《양직공도(梁職貢圖)》가 한국 고대사와 관련되는 대표적인 백문 자료라 할 수 있고, 19세기 초 신유박해 때 천주교 신자 황사영이 작성하여 연경(燕京)으로 보내려다 압수되었던 〈황사영백서(黃嗣永帛書)〉도 저명한 백문 자료의 하나이다.

③ 금문(金文)

금문은 금속기에 문자가 새겨진 것으로, 다음에 볼 석문과 합쳐서 금석문(金石文)이라는 명칭으로 불리는 경우가 많다. 중국에서는 상대(商代)에 각종 청동 기물에 명문을 새겨 넣기 시작한 이래 주대(周代)와 춘추전국 시대로 내려오면서 청동기나 철기 등의 금속기에 문자를 새겨 넣는 것이 보편화되었다. 동종(銅鐘)이나 동정(銅鼎) 등에 주로 새겨졌다고 해서 '종정문(鐘鼎文)'이라고도 불리는 금문은 문자의 보존도가 매우 뛰어나다는 장점을 지니고 있는데, 진한대(秦漢代) 이후 석문이 유행하면서 점차 중요도가 떨어져 갔다. 그렇지만 장례, 제사, 책봉(冊封) 등 중요 의례와 연관되는 기물에는 길상구(吉祥句)나 제작자 또는 소유자 등을 밝히는 문구들이 계속 새겨졌다.

금문 자료로서 우리 역사와 직접 관련되는 대표적인 것들을 들자면, 낙랑 유적 등에서 많이 출토된 중국 한대(漢代) 청동 거울의 명문을 비롯하여, 백제에서 만들어져 왜왕에게 선물로 보내진 철제 칼 칠지도(七支刀)의 명문, 광개토왕의 이름이 새겨진 경주 호우총 출토 청동 호우(壺杅)의 명문 등이 있다.

④ 석문(石文)

석문은 돌에 문자가 새겨진 것을 일컫는다. 금문보다는 늦게 출현하였으나,[1] 문자를 기록함에 있어 금문 이상으로 널리 활용되었고, 문자의 보존도 역시 뛰어난 편이다.

석문을 대표하는 것은 각종 비석에 새겨진 명문이지만, 비석 외에도 석조 불상을 위시하여 돌로 만들어진 기물에 문자가 새겨진 것들은 무수히 많고, 자연 암반에 글을 새긴 것들도 적지 않다. 광개토왕릉비문이나 울주 천전리각석 명문 등이 우리 역사와 관련된 대표적인 석문 자료라고 할 수 있다.

⑤ 전문(塼文)

전문은 흙을 구워 돌처럼 만든 벽돌에 새겨진 명문으로, 석문의 아류(亞流)로 이해

---

1) 중국에서 석문(石文)의 효시를 이루는 것은 진(秦)의 석고문(石鼓文)인데, 진시황의 문자 통일 이전에 사용된 전서체인 대전(大篆)의 서체로 북 형태의 돌[石鼓]에 글을 새긴 것이다.

할 수 있다. 벽돌 문화가 발달한 중국에서는 고금에 걸쳐 벽돌에 글자를 새기는 것이 흔한 일이었지만, 우리의 경우에는 황해도 지역에 남아 있는 대방(帶方) 계통의 벽돌무덤들에서 확인된 명문전(銘文塼)이나 백제 시기의 벽돌무덤인 공주 송산리 6호분에서 발견된 명문전 등이 대표적인 사례가 된다.

⑥ 토문(土文)

토문은 흙으로 만들어진 기물에 문자가 기록된 것을 말하는데, 수메르 문명의 설형(楔形) 문자가 점토판에 새겨진 것을 상기하면, 인류 역사상 문자의 발명과 함께 등장한 것이라 할 수 있다. 낙랑 유적 등에서 다량 출토된 봉니(封泥)[2)]가 우리 역사와 관련된 토문 자료의 전형적인 예에 해당한다.

한편, 흙을 빚어 모양을 만들고 구운 용기인 토기나 도자기, 흙으로 구워 만든 기와 등에 글을 새기거나 쓴 것들도 많은데, 이들은 각각 도문(陶文)과 와문(瓦文)으로 구별하여 이해할 수도 있지만, 넓은 의미에서 토문의 범주에 속하는 것이다.

⑦ 회문(灰文)

회문은 흙이나 돌, 벽돌 위에 회를 칠하고, 그 위에 문자를 기록한 것이다. 토문이나 석문, 전문에 포함시킬 수도 있으나, 음각으로 새기는 방식이 아니라 붓으로 쓰는 방식으로 작성되기 때문에 별도로 독립시켜 이해할 필요가 있다. 먹을 활용하여 쓴 것이기 때문에 묵서(墨書)라는 이름으로 부르는 것도 가능하지만, 종이나 비단에 쓰는 것도 성격상 묵서에 해당하기 때문에 회칠한 바탕 위에 붓으로 쓴 기록은 회문이라는 이름으로 구별하는 것이 적절하다.

우리 역사에서 회문은 고구려 고분 벽화에 부기된 묵서에서 그 사례를 찾아볼 수 있는데, 안악 3호분과 덕흥리 고분 등이 전형적인 예가 되며, 비록 벽화가 그려지지는 않았지만 고구려의 귀족 무덤에 해당하는 모두루묘(牟頭婁墓)에서 발견된 모두루 묘지도 회문의 대표적 사례이다.

---

2) 봉니는 목간으로 된 공문서 등을 끈으로 묶고 점토로 봉한 것을 말하는데, 봉함이 이루어진 점토에 관리의 인장을 찍어 공신력을 보장하였다.

⑧ 목문(木文)

목문은 나무에 문자가 기록된 것이다. 대표적인 예로 조선시대 건축물의 편액(현판) 등에 문자가 새겨지거나 쓰인 것을 연상하면 된다. 그렇지만 목문 자료에 해당하는 것들은 매우 다양하며, 나무로 만든 각종 그릇에 옻칠을 한 칠기[木胎漆器]를 비롯하여 일상생활에 활용된 목기에 문자가 기록된 것들은 모두 목문의 범주에 들어간다.

이들 외에 목문 자료의 핵심을 이루는 것은 죽간(竹簡)을 포함한 목간(木簡)류이다. 후한대에 종이가 발명되기 전에는 공문서 등을 주로 나무를 깎아서 만든 얇고 길쭉한 죽간이나 목간에 작성하였으므로, 목간은 고대에 있어서는 지문 자료 이상으로 중요한 문자 자료라고 할 수 있다. 중국에서는 진한(秦漢)대를 중심으로 그 전후 시기에 제작된 목간 자료들이 다량 발견된 바 있으며, 우리나라의 경우 근래에 부여 궁남지, 경주 월성 해자와 안압지(월지) 등 백제와 신라 유적에서 적지 않은 목간이 출토되었다.

⑨ 골문(骨文)

골문은 짐승의 뼈에 문자를 기록한 것으로, 대표적인 것은 상대(商代)에 유행한 갑골문(甲骨文)이다. 신정(神政)이 펼쳐졌던 상대에는 정치와 관련되는 모든 일을 점을 쳐서 결정하였는데, 그때 거북이의 배딱지[卜甲]나 소, 양, 돼지를 비롯한 가축의 어깨뼈[卜骨]에 문자를 적어 불에 쬔 후 나타난 균열을 보고 길흉을 판단하였다고 한다. 갑골문은 천명(天命) 사상이 표방되었던 주대로 넘어가면서 점차 소멸의 길로 접어들었지만, 지문이나 백문은 물론이고 금문이나 석문보다도 앞선 문자 자료라는 점에서 그 의의가 크다고 할 수 있다. 문자 생활의 시작이 중국보다 늦었던 우리의 경우에는 특별히 골문에 해당하는 문자 자료로 알려진 것은 없는 실정이다.

⑩ 피문(皮文)

피문은 양피(羊皮)와 같은 가죽을 이용하여 문자를 적은 것을 말한다. 우리의 경우에는 그 사례가 별로 보이지 않지만, 제지술이 전해지기 전 서양에서는 양피에 문자를 기록하는 것이 보편적이었고, 목축 생활을 주로 하던 유목민 사이에서도 양을 비롯한 가축의 가죽이 문자 생활에 활용되었다.

(2) 비문자 유형 자료

문자로 기록된 사료가 아니더라도 역사학에서 비중 있게 다루어지는 사료들이 비문자 유형 자료이다. 미술사와 고고학 등에서는 특히 비문자 유형 자료들이 주된 연구 자료로 활용되는데, 구현된 형태를 기준으로 회화 자료와 조소 자료, 공예 자료, 건축 자료, 토목 자료 등으로 구별해 볼 수 있다.

① 회화(繪畫) 자료

그림의 형태로 된 자료이다. 종이에 그려지거나 인쇄된 것들이 다수를 차지하지만, 비단과 같은 직물에 그려진 것도 그에 못지않게 많으며, 돌이나 벽돌, 나무, 흙 등에 그려지거나 새겨진 것들도 있다. 조선시대에 제작된《삼강행실도》등의 그림은 종이를 활용한 회화 자료의 대표적 사례라고 할 수 있고, 앞서 문자 자료 중에서 백문의 사례로 들었던《양직공도》의 각국 사신도는 비단에 그려진 그림 자료의 전형적인 예에 해당한다.

돌에 그려진 그림들은 인류가 만든 회화 자료 가운데 가장 앞선 시기에 출현한 것이라고 할 수 있는데, 후기 구석기 시대의 암채화(岩彩畫)인 스페인의 알타미라 동굴벽화나 프랑스의 라스코 동굴벽화를 필두로, 세계적으로 신석기 시대를 대표하는 암채화로서 알제리의 타실리나제르 바위그림 등이 저명하다. 우리나라의 경우에는 채색이 아닌 음각(陰刻)의 형식으로 바위그림[岩刻畫]들이 선사 시대부터 만들어졌는데, 울주 대곡리 반구대 암각화를 비롯하여 울주 천전리각석의 암각화, 고령 양전동 알터 암각화 등이 바위에 새겨진 그림으로 널리 알려져 있다.

돌이나 벽돌로 만든 방의 벽면에 그림을 그린 것으로는 백여 기에 이르는 고구려 벽화고분이나 백제의 벽돌무덤인 공주 송산리 6호분 등의 무덤방[墓室] 벽면에 그려진 고분벽화가 대표적인 사례로 거론될 수 있고, 중앙아시아에 있는 우즈베키스탄의 사마르칸트에서 발견된 아프라시압 궁전 벽화도 고분벽화는 아니지만 궁전 건물의 벽면을 장식했던 그림으로 유명하다.

나무를 사용한 회화 자료로는 경주 천마총 출토 천마도가 있는데, 자작나무 껍질을 가공하여 그림을 그린 것이다. 목판에 직접 채색하여 그림을 그린 것으로는 러시아 등지의 유서 깊은 정교회 성당들의 벽면을 장식하고 있는 성화(聖畫: 이콘)가 대표적인데, 서양의 경우 캔버스가 보편화하기 전에는 대부분의 그림들이 나무로 만든 패널에 그려졌다. 우리나라의 경우에는 많은 불화가 불교 사찰의 전각들에 그려졌는데, 나무로 된 판에 그려진 것은 많지 않고 흙 벽면에 회를 칠하고 그 위에 그림을 그린 것들이 대부분이다.

② 조소(彫塑) 자료

원 재료를 깎아 내어 형상을 만드는 조각(彫刻)과 흙을 비롯하여 점착성이 있는 물질을 붙여서 형상을 만드는 소조(塑造) 기법으로 제작된 자료이다. 회화 자료가 평면성을 특징으로 한다면, 조소 자료는 기본적으로 입체성을 특징으로 한다.

조소 자료를 대표하는 것으로는 불상을 들 수 있는데, 중국의 진시황릉 등에서 출토된 도용(陶俑)이나 신라 고분에서 발견되는 토용(土俑), 백제 무령왕릉에서 나온 진묘수(鎭墓獸), 통일신라 이후 왕릉에 배치된 다양한 석물 등도 조소 자료에 해당한다.

③ 공예(工藝) 자료

각종 공예 기법으로 만들어진 자료이다. 토기, 도기, 자기 등 흙을 구워서 만든 기물을 비롯하여, 신라의 왕릉급 고분에서 출토된 금관 등의 금은 장신구, 신라와 가야 고분 등에서 많이 발굴된 철제 투구, 갑옷, 환두대도, 철정 등의 철기류, 비파형 동검, 세형 동검, 거친무늬 거울, 잔무늬 거울 등의 청동기류, 낙랑 무덤 출토 칠기를 포함한 각종 칠제품, 다양한 형태의 옥이나 구슬로 만들어진 장신구류, 그 밖에 목공예나 석공예로 만들어진 기물 등이 모두 공예 자료에 해당한다.

④ 건축(建築) 자료

목조나 석조로 이루어진 건축물을 지칭한다. 구체적으로는 궁궐이나 사찰의 전각, 탑, 부도(승탑) 등이 해당되는데, 우리나라의 경우 병화(兵火) 등으로 인해 목조 건축물의 경우 고려 후기 이전으로 올라가는 것은 거의 없다. 석조 건축물은 불에 타지 않는 관계로 보존도가 비교적 높은데, 삼국시대부터 축조된 석탑과 통일신라 후기부터 만들어진 승탑 등이 많이 남아 있다.

⑤ 토목(土木) 자료

성벽의 축조, 운하의 굴착, 도성의 건설, 능원(陵園)의 조성 등 대규모 토목 사업의 결과로 만들어진 자료이다. 중국의 만리장성이나 대운하, 자금성, 이집트의 피라미드 등이 대표적인 토목 자료라고 할 수 있다. 우리나라의 경우, 삼국시대의 고분이나 산성, 저수지 등이 토목 자료에 해당되는바, 특히 삼국과 가야의 고분은 그동안 역사고고학 분야에서 가장 중요하게 다루어 온 사료라고 할 수 있다.

2) 무형의 사료

가시적으로 일정한 형체를 유지하지는 않지만 사료로 인정할 수 있는 것을 '무형의 사료'라고 부를 수 있다. 무형의 사료는 이야기 형식의 구비전승(口碑傳承)과 음악이나 무용 등 행위로 이루어지는 행위전승(行爲傳承)으로 나누어 볼 수 있다.

구비전승은 주로 민간에서 문자로 기록되지 않은 채 입에서 입으로 전해지는 것으로, 이야기를 전하는 자에 따라 내용의 가감 등 차이가 나타나는 것이 특징이다. 신(神)과 관련된 이야기 즉 신화처럼 초자연적 현상을 내용으로 하는 것도 있고, 그런 내용이 담겨 있지 않은 이야기도 있다. 문자로 기록된 것도 애초에는 구전되던 것들이 많은데, 단군신화나 삼국의 시조 전승 같은 신화와 설화 등은 기본적으로 오랜 기간에 걸친 구비전승에 토대를 둔 것이다.

음악이나 무용 등의 행위전승은 귀로 들리거나 눈으로 보이는 것이기는 하지만, 문자 자료나 비문자 유형 자료처럼 고정된 형체를 지니지 않는다는 점에서 무형의 사료로 분류된다. 유네스코 인류무형문화유산에 등재된 종묘제례 및 종묘제례악이 행위전승의 대표적인 예에 해당하며, 판소리나 민요, 탈춤 등도 무형의 사료에 속한다.

지금까지 사료를 종류별로 살펴보았는데, 그 내용을 표로 정리하면 다음과 같다.

〈표 1〉 사료의 종류

대분류	중분류	소분류	특징	대표적 사례
유형의 사료	문자 자료	지문	종이에 문자 기록(책, 두루마리, 낱장)	삼국사기 등
		백문	비단에 문자 기록	황사영백서 등
		금문	금속기에 문자 기록	칠지도 등
		석문	돌에 문자 기록	광개토왕릉비 등
		전문	벽돌에 문자 기록	명문전 등
		토문	토제품에 문자 기록(토기, 도자기)	봉니 등
		회문	회벽에 문자 기록(고분의 묵서명)	모두루묘지 등
		목문	목제품에 문자 기록(현판, 목간)	궁남지 목간 등
		골문	짐승의 뼈에 문자 기록	갑골문
		피문	짐승의 가죽에 문자 기록	양피문
	비문자 유형 자료	회화 자료	그림 자료	양직공도 등
		조소 자료	조각 및 소조 자료(불상, 토용 등)	석굴암 본존불 등
		공예 자료	각종 공예 자료	신라 금관 등
		건축 자료	궁궐과 사찰 등의 건축물	분황사 석탑 등
		토목 자료	성벽, 운하, 도성, 능원 등	만리장성 등
무형의 사료	구비전승	신화	초자연적 현상에 관한 이야기	단군신화 등
		전설	민간의 일반적인 전승	민담
	행위전승	음악	민요, 판소리 등	아리랑 등
		무용	무용	종묘제례 등

2. 사료의 분류

다양한 형태로 존재하는 사료는 원천성(源泉性: originality)을 기준으로 하여 몇 가지로 분류된다. 가장 많이 쓰이는 용어는 1차 사료와 2차 사료이다.

1차 사료는 '원천 사료'라고도 부를 수 있는데, 문자 자료의 경우 어떤 사건이나 상황에 대해 기록한 것으로 최초 단계의 사료를 지칭한다. 반면 2차 사료는 1차 사료를 토대로 사건 또는 상황을 정리한 것으로 2차 단계의 사료를 가리킨다. 2차 사료는 원천 사료를 정리한 것이라는 점에서 '정리 사료'라고 부를 수 있다.

1) 문헌 자료에서의 1차 사료와 2차 사료

문헌 자료를 대상으로 1차 사료와 2차 사료의 개념을 적용해 보자. 어떤 사건이 발생했을 때 그에 관해 기록한 일지, 메모 등은 최초 단계의 사료가 된다. 관청의 업무 상황을 기록한 각종 공문서, 보고서, 상소문, 편지, 일기 등도 당연히 원천성을 지닌 1차 사료에 해당하는 것들이다. 이런 1차 사료들을 참고하여 사건의 전말을 정리한 자료는 2차 사료가 되는데, 연대기를 포함한 사서는 대표적인 2차 사료라고 할 수 있다. 현전하는 가장 오래된 우리 역사책인《삼국사기》나 조선시대에 왕대별로 역사를 정리한《실록》들은 기본적으로 1차 사료가 아니라 2차 사료에 속하는 것이다.《삼국사기》가 현재 우리가 접할 수 있는 사서 가운데 가장 앞선 시기의 사서라는 점 때문에 고대사 관련 1차 사료라고 표현하는 경우를 간혹 보게 되는데, 이는 1차 사료의 개념을 제대로 이해하지 못한 데에서 나오는 오류일 뿐이다.

《실록》과 관련하여 좀 더 부연을 하자면,《실록》을 편찬할 때 활용된 1차 사료로는 사관이 작성한 사초(史草)와《시정기(時政記)》 등이 있다. 이 가운데 사초는《실록》 편찬을 전제로 사관들이 매일매일 기록한 기초 자료로서, 진정한 의미의 1차 사료라고 할 수 있다. 그리고 각 관청의 공문서 등을 집성하여 매달 편찬한《시정기》도 2차 사료 편찬을 위한 1차 사료의 모음이라는 점에서 1차 사료로 취급될 수 있다.《실록》 편찬 때 보조 자료로 쓰인《승정원일기(承政院日記)》나《비변사등록(備邊司謄錄)》,《일성록(日省錄)》 등도《시정기》와 마찬가지로 1차 사료의 범주에 들어가는 것들이다.

그런데 여기서 유의해야 할 것이 하나 있다.《실록》이나《삼국사기》와 같이 기본 성격상 2차 사료에 해당하는 사서에 수록된 내용들 가운데, 경우에 따라서는 1차 사료로 다루어질 수 있는 것들이 포함되기도 한다는 사실이다. 대표적인 경우가《실록》 등에 들어 있는 상소문인데, 원래의 상소문이 그대로 전재된 것이 아니고 서두나 말미 등 형식상 들어간 부분을 포함하여 많은 부분이 삭제된 요약본이기는 하지만, 요약된 내용 자체는 원문의 것을 훼손하지 않고 옮긴 것이 대부분이다. 비유하자면, TV 등에서 보는 다큐멘터리 프로그램의 중간에 인터뷰이(interviewee)가 하는 말은, 편집을 거친 것이기에 그가 원래 한 말의 전부는 아니더라도, 그의 생각을 담고 있는 것은 변함이 없는 것이며, 그 자체로 원천성을 유지하는 것이다.

따라서, 사서 속에 들어 있는 상소문의 내용은 비록 2차 사료에 수록되어 있다고 해도 1차 사료의 성격을 고스란히 간직하고 있는 것이다.

사서에 실린 기사들 가운데 상소문처럼 1차 사료로 취급될 수 있는 다른 사례로는 국가 간에 주고받은 외교문서의 내용이 있다. 《삼국사기》 신라본기 문무왕기에 전재된 문무왕과 당나라 장수 설인귀 사이에 오고간 편지의 내용이 그 대표적인 사례로 거론될 수 있는데, 원문과 완전히 일치한다고 단정할 수는 없더라도 그것이 원문을 반영한다는 것은 의심의 여지가 없는 사실이다. 《삼국사기》 편찬자들의 자의적인 변개의 확실한 증거가 없는 한, 그것은 당연히 1차 사료로 인정받아야 마땅한 것이다. 요컨대 1차 사료와 2차 사료의 구분은 원천성의 유지를 기준으로 하는 것이지, 2차 사료인 사서에 실려 있다고 해서 1차 사료에 해당하는 상소문이나 외교문서 등의 발췌 부분들까지 무조건 다 2차 사료로 치부해서는 안 된다는 것을 명심할 필요가 있다.

한편 2차 사료의 내용 가운데 위와는 다른 측면에서 1차 사료로 분류가 가능한 것들도 있다. 과거 사실의 단순한 정리를 넘어 사서 편찬자의 주관적 판단이 들어가 있는 부분들이 바로 그것인데, 예컨대 《삼국사기》에서 편찬의 책임자 김부식이 직접 쓴 '사론(史論)', 즉 특정 사실에 대한 평가 부분은 김부식 자신의 역사관을 반영하는 1차 사료에 해당된다. 《삼국사기》는 고대사 연구에 있어서는, 1차 사료를 전재한 경우를 제외하고 기본적으로 2차 사료로 취급되지만, 사학사나 고려시대사 방면의 연구에서는 1차 사료로도 활용될 수 있는 것이다.

2) 금석문 자료에서의 1차 사료와 2차 사료

다음으로 금석문 자료를 대상으로 1차 사료와 2차 사료의 개념을 정리해 보자.

금석문 자료는 흔히 1차 사료를 대표하는 자료로 알려져 있다. 신라에서 율령의 집행 상황을 보여 주는 울진 봉평비나 산성 축조와 관련된 책임 소재를 밝힌 남산신성비, 진흥왕의 신개척 영토로의 순수 사실을 기록한 여러 순수비, 신라 왕족을 포함한 지배층 인물들의 방문 사실을 기록한 울주 천전리각석 등은 금석문 자료가 본디 원천성을 지니는 1차 사료임을 잘 보여 준다.

그렇지만 금석문 자료 가운데서도 이전에 만들어진 문헌 자료의 내용을 정리하여 새긴 것들도 있을 수 있어서 항상 1차 사료라고 단정해서는 안 된다. 특히 한 인물의 일대기를 기록한 비문의 내용에 2차 사료가 들어가는 경우가 종종 있다. 우리나라의 역대 비석 가운데 가장 널리 알려진 광개토왕릉비를 보면, 서두에 고구려 왕실의 시조 전승이 실려 있는데, 시조인 추모왕(鄒牟王: 주몽)의 건국 사실을 중심으로 3대 대주류왕(大朱留王: 대무신왕)까지의 고구려 초기 역사가 요약되어 있다. 이 전승은 광개토왕릉비가 세워지던 5세기 전반에야 처음 문자로 정착되었다고 보기는 어렵다. 비문 작성에 앞선 시기에 사서를 편찬하는 과정에서 일차적으로 정리된 자료를 토대로 비문이 작성되었을 것이므로, 광개토왕릉비에서 적어도 첫머리 시조 전승 부분은 1차 사료라고 하기는 어려운 것이다. 비문 중간의 광개토왕의 훈적을 기록한 부분이나 말미의 수묘인(守墓人) 관련 부분은 1차 사료라고 할 수 있지만, 비문에 실린 내용 모두를 1차 사료로 인식하고서 접근하는 것은 곤란하다.[3)]

결국 문헌 자료건 금석문 자료건 전하는 내용의 원천성 여부를 가지고 1차 사료와 2차 사료를 구분하는 것이 중요한 것이며, 고정 관념에 매몰되어 '사서=2차 사료', '금석문=1차 사료'라는 도식에 집착해서는 안 됨을 깊이 인식할 필요가 있다.

3) 직접 사료와 간접 사료

1차 사료 및 2차 사료의 개념과 관련하여 한 가지 더 언급할 것이 있다. 간혹 글을 읽다 보면, 다소 엉뚱한 의미로 1차 사료, 2차 사료의 용어를 사용하는 경우를 발견하게 된다. 기본적으로 2차 사료에 해당하는 사서에서 어떤 사건에 대해 직접적으로 언급해 놓은 자료를 두고 1차 사료라고 하고, 사서의 내용 중에서 유추를 통해 간접적으로 사건에 관한 정보를 얻을 수 있는 자료를 2차 사료라고 부르는 것이 그것이다. 이해를 돕기 위해 사례를 제시하면, 다음과 같다.

A-백제국은 본래 고려(高驪: 고구려)와 더불어 요동의 동쪽 천여 리에 있었다. 그 후 고려가 요동을 공략하여 차지하자 백제는 요서를 공격하여 차지하였다. 백제가 통치한 곳은 진평군 진평현이라 하였다.[4)](《송서》 권97 열전57 백제국)

---

3) 물론 광개토왕릉비문에 보이는 시조 전승은 현재 전해지는 여러 종류의 고구려 시조 전승 가운데 가장 이른 시기의 것이므로, 사료적 가치를 따질 때는 매우 중요하게 다루어져야 한다.

4) "百濟國 本與高驪俱在遼東之東千餘里 其後高驪略有遼東 百濟略有遼西 百濟所治 謂之晉平郡晉平縣"

B-모용황의 기실참군인 봉유가 간언하였다. "(중략) 구려(句麗)와 백제 및 우문부와 단부 사람들은 모두 전쟁으로 인해 강제로 끌려온 자들이지 중국인들처럼 의(義)를 사모하여 온 자들이 아닙니다. 그래서 모두들 고향으로 돌아가고자 하는 마음을 갖고 있습니다."[5](《진서》 권109 재기9 모용황)

A는 백제가 중국의 요서 지역에 진출한 적이 있음을 '직접적으로' 거론한 기사로, 중국 정사 가운데 하나인 《송서》의 백제 열전에 실려 있다. B는 4세기 전반 요서 지역에 자리 잡고 있던 전연의 왕 모용황에게 그의 신하인 봉유가 글을 올려 간(諫)한 내용으로, 당시 전연의 수도에 포로로 붙잡혀 와 있던 주변국 사람들 가운데 백제인이 들어 있었음을 전하는 것인데, 백제의 요서 지역 진출 가능성을 '간접적으로' 엿볼 수 있게 하는 기사이다.

둘 다 기본적으로 2차 사료에 속하는 사서에 게재되어 있는데, A는 《송서》의 편찬자가 백제와 관련된 사실을 정리한 것이므로 그 자체로 2차 사료에 해당하지만, B는 《진서》의 편찬자가 1차 사료들을 참고하여 정리한 내용이 아니라 봉유라는 인물이 올린 상소문을 발췌하여 전재한 것이어서 2차 사료 속에 담긴 1차 사료라고 할 수 있다.

그런데 의심의 여지없이 2차 사료인 A를 백제의 요서 진출 사실과 관련된 1차 사료라고 하고, 사실상 1차 사료에 해당되는 B를 2차 사료라고 하면서, B가 A보다 사료적 가치가 더 낮은 것처럼 생각한다면, 이는 합당한 사료 파악이라고 말하기 어렵다. 굳이 사실 언급의 직접성을 강조하고자 할 경우, A와 B를 각각 '직접 사료'와 '간접 사료'라는 용어로 구별하는 것은 가능해도, A에 1차 사료, B에 2차 사료의 개념을 적용하는 것은 독자들을 혼란에 빠뜨릴 위험이 크다.

4) 2차 사료와 3차 사료

위에서 2차 사료에 대해 장황하게 설명했는데, 원천성을 기준으로 사료를 분류하자면, 꼭 사료가 1차와 2차 사료로만 제한될 수 있는가라는 생각을 가져 볼 수도 있다. 2

5) "皝記室參軍封裕諫曰 … 句麗百濟及宇文段部之人 皆兵勢所徙 非如中國慕義而至 咸有思歸之心"

차 사료인 사서의 내용을 재정리한 또 다른 사서나 기록물이 많이 있기 때문이다.

《삼국사기》 고구려본기에 의하면, 지금은 전하지 않지만 고구려의 역사를 정리한 사서로 《유기(留記)》와 《신집(新集)》이 있었다고 한다. 영양왕 때 태학박사 이문진(李文眞)이 고사(古史)를 요약하여 《신집》 5권을 편찬했다고 하는데, 이것은 이전에 만들어진 역사서인 《유기》 100권을 '산수(刪修)'한, 즉 깎아내고 다듬은 책이었다는 것이다. 과거의 역사적 사실을 정리함에 있어서 1차 사료를 활용한 것이 아니라, 2차 사료로서 이미 완성된 사서인 《유기》를 재정리하고 수정을 가한 책이 바로 《신집》이라는 말이 된다. 이처럼 재정리된 사서까지 2차 사료로 부르게 되면, 본래의 2차 사료와의 차별성을 두기 어렵다. 따라서 사서의 범주에 같이 묶이더라도, 1단계에서 정리가 이루어진 사서와 그것을 재정리한 사서를 구별하기 위해 전자를 2차 사료, 후자를 3차 사료로 구분하는 것이 합리적이라 할 수 있다.

그런데 이렇게 인식할 경우 새로운 문제가 발생할 수 있는바, 현재 전해지는 사서들을 진정한 의미의 2차 사료라고 볼 수 있는가이다. 예를 들어 《삼국사기》는 고려초에 편찬되었을 것으로 추정되는 《구삼국사》를 토대로 편찬된 사서인데, 《구삼국사》 자체가 이미 2차 사료에 해당하는 것이므로, 엄밀하게 말하자면 《삼국사기》를 2차 사료라고 부르는 것도 문제가 있는 것이다.

그렇지만, 오늘날 내용을 구체적으로 확인할 수 없는 사서까지 염두에 두고 2차, 3차를 구분하는 것은 별 의미가 없는 것이며, 그런 식으로 엄밀하게 차수를 적용한다면, 3차만이 아니라 4차, 5차, 6차 등으로 무한정 늘어날 수가 있어서 또 다른 문제가 생기게 될 것이다. 따라서 2차 사료와 3차 사료의 구분은 현재 남아 있는 사서를 기준으로 가장 원천적 자료에 가까운 사서를 2차 사료로 보고, 그것을 재정리한 사서들은 일괄적으로 3차 사료로 파악하는 것이 적절할 것으로 생각된다.

이런 관점에 서서 보면, 조선시대에 편찬된 사서들로 《삼국사기》의 내용을 편년체나 그 아류로서의 강목체 형식으로 재구성한 《삼국사절요》, 《동국통감》, 《동사강목》 등의 사서들은 3차 사료에 해당하는 것으로 이해할 수 있다. 중국사의 경우에는 기전체로 작성된 《사기》, 《한서》 등의 정사류가 2차 사료가 되고, 그 정사류의 내용을 편년체로 재편집한 《자치통감》이나 그것을 다시 줄인 《통감절요》, 《통감강목》 등은 3차 사료가 된다.

제2장

사료 비판은 왜 하는가?

삼국사기 정덕본

1. 사료 비판이란 무엇인가?

앞 장에서 사료에 대해 살펴보았는데, 이제부터는 사료 비판에 관해 본격적으로 다루어 보기로 하자.

사료 비판(批判)이란 사료의 진위(眞僞)를 판단하고 신뢰성을 평가하는 작업을 이르는 말이다. 즉 사료가 조작된 것인지의 여부를 판정하고, 사료가 어느 정도 믿을 만한 것인지를 판별하는 것이 바로 사료 비판이다. 사료 비판을 하는 이유는 현재 전해지는 사료들 가운데 곧장 믿기에는 의심이 가는 것들이 적지 않기 때문인데, 신뢰성을 먼저 확인한 후 역사 서술에 활용하자는 것이 사료 비판의 근본 취지라고 할 수 있다.

세상에는 늘 진실만 존재하는 것이 아니다. 의도적이건 그렇지 않건 거짓이 횡행하는 것이 현실이다. 사료도 마찬가지이다. 애초부터 날조된 것들도 있고, 전해지는 과정에서 거짓된 정보로 바뀐 것들도 있다. 따라서 역사가가 역사를 서술할 때는 사료가 조작된 것인지에 대해서부터 검증하는 것이 매우 중요하며, 의도적으로 조작된 것이 아니라고 판단되더라도 거짓된 정보를 담고 있지는 않은지 끊임없이 의문을 던지면서 신뢰도를 점검하는 것이 필요하다.

역사학의 훈련을 제대로 받지 못한 경우, 과거부터 내려오는 자료를 별다른 의심없이 그대로 믿으려는 경향을 보일 때가 많다. 옛사람이 남긴 기록인데 왜 믿을 수 없다는 것이냐는 식의 소박한 긍정론으로부터 출발하여, 날조되고 왜곡된 정보를 활용하여 실상과는 거리가 먼 엉뚱한 역사상을 그려 내려는 데까지 적극적으로 나아가기도 한다. 이렇게 되면, 역사학의 목표라고 할 수 있는 진실에 입각한 역사상의 복원은 성취되기 어려울뿐더러, 사회적으로도 불필요한 혼란이 야기될 수 있다. 엄정한 사료 비판이 중요한 이유는 여기에 있는 것이다.

2. 사료 비판은 어떻게 하는가?

1) 외적 비판: 사료 자체의 진위 판별

사료 비판의 첫 단계는 외적 비판이다. 외적 비판이란 사료의 진위를 판별하는 것을 말한다. 즉 자료가 날조된 것인지 아닌지를 확인하는 것이다. 외적 비판은 새로운 자료가 발견되었을 때 가장 먼저 행해야 할 과정인데, 날조 여부가 확인되지 않은 상태에서는 사료로 활용할 수 없기 때문이다. 외적 비판의 대상이 되는 자료는 지문(紙文)에 해당하는 문헌 자료가 대부분이지만, 금석문 자료나 비문자 유형 자료에 속하는 유물, 유적 등도 진위를 둘러싸고 외적 비판이 가해질 수 있다.

(1) 문헌 자료의 외적 비판

문헌 자료의 경우에는 '위서(僞書)' 즉 날조된 책인지 아닌지를 판명하는 것이 특히 중요하다. 기존에 전혀 알려져 있지 않았거나, 이름만 전하고 실물이 남아 있지 않던 사서가 새로 발견되면, 무엇보다도 먼저 그것의 날조 여부에 관한 검증이 철저히 이루어져야 한다. 이때 검증은 외형적 측면과 발견 경위의 측면, 내용적 측면에서 순차적으로 시도될 수 있다.

먼저 외형적 측면의 검증은 책의 외형을 보고 진위 여부를 판단하는 가장 초보적인 검증 방법이다. 오래된 책인지 근래에 만들어진 책인지는 종이의 질이나 인쇄 상태, 장정(裝幀)의 모양 등을 보고 판별할 수 있다. 수백 년 전에 인쇄된 책인 것처럼 흉내를 냈어도 종이가 근래의 것이라면 이는 위서일 가능성이 당연히 높다. 그런데 필사본의 형태로 전해지는 것은 오래된 원본을 가까운 과거에 베껴 쓴 것이라고 주장할 수 있기에, 외형적 측면의 검증만으로는 위서 여부의 확증이 어려울 수 있다. 지난 세기 말에 진위 논쟁에 휘말렸다가 학계의 검토 결과 위서로 판정을 받은《환단고기(桓檀古記)》나《화랑세기(花郎世紀)》등은 그것들이 실물로 존재한다는 사실이 처음 알려진 시점으로부터 얼마 올라가지 않는 시기에 필사본으로 만들어진 책들이었는데, 그로 인해 외형만으로 진위 여부에 대해 결론을 내릴 수는 없었다.

이와 같은 경우에는 자료가 어떤 맥락에서 출현했는지를 따져 보는 것이 중요해진다. 즉 발견 경위 측면에서의 철저한 검증이 필요한 것이다. 자료의 존재를 처음 알린 제보자는 어떤 사람인지, 또 소장자는 어떤 사람이고 어떤 경위로 자료를 소장하게 되었는지, 소장자가 지닌 다른 자료로는 어떤 것들이 있으며 해당 자료와는 어떤 관련성이 있는지 등등 자료의 입수 및 소장과 제보 과정을 면밀히 따져 보아야 한다. 만약 여기서 조금이라도 의심이 생기게 되면, 예컨대 제보자나 소장자가 신뢰감이 떨어지는 사람, 특히 역사를 과장하여 인식하는 태도를 가진 사람이라면, 자료가 어떤 의도로 말미암아 날조되었을 가능성이 높아질 수밖에 없는 것이다.

외적 비판에서 가장 핵심을 이루는 것은 내용적 측면에서의 검증이다. 설혹 외형적 측면의 검증이나 발견 경위 측면에서의 검증을 통해 위서일 가능성이 높지 않다고 판단되더라도, 실제 자료의 내용에서 날조의 증거들이 나타난다면, 그 자료는 사료로 활용될 수 없다. 내용적 측면에서 검증 방법으로 가장 많이 쓰이는 것은 자료에 실린 용어가 시대상을 제대로 반영하고 있는가를 점검하는 것이다. 예를 들어 어떤 자료가 특정 시기에 작성된 것이라고 할 때, 그 시기까지 사용되지 않았고 후대에 비로소 쓰이기 시작한 용어가 자료에 등장할 경우, 이 자료는 조작된 것일 가능성이 매우 높아진다. 후대에 날조된 자료가 앞 시기의 자료로 둔갑하여 독자를 현혹하는 것인데, 학계에서 위서로 취급하는 《환단고기》는 그 대표적인 사례로 언급될 수 있다.

'재야 사학'으로 흔히 지칭되어온 사이비 역사학계에서 마치 성전(聖典)처럼 떠받드는 《환단고기》는 1979년에 이유립(李裕岦)이라는 인물을 통해 세상에 알려지기 시작한 책으로, 애초에는 계연수(桂延壽)가 1911년에 저술 시기와 저자가 각기 다른 네 종류의 책, 즉 《삼성기(三聖記) 상·하》, 《단군세기(檀君世記)》, 《북부여기(北夫餘記)》, 《태백일사(太白逸史)》를 하나로 묶어서 편찬한 책이라고 한다. 네 종의 책들은 고려 말부터 조선 전기까지 저술되었다고 하지만, '인류(人類)', '세계만방(世界萬邦)' 등 근대적 용어가 들어 있는데다가 중국에서 명말청초(明末清初)부터 사용된 지명인 '영고탑(寧古塔)'이 여러 군데 버젓이 나오는 것 등을 볼 때, 조작된 책이라는 의심을 갖지 않을 수 없다. 더욱이 1923년에 중국 낙양에서 발견된 〈천남생묘지(泉男生墓誌)〉를 통해 처음 알려진 연개소문의 부(父)와 조부(祖父)의 이름이 《태백일사》에 실려 있다는 것은 이 책이 실제로는 1923년 이후의 어느 시기에 작성되었을 가능성을 시사하는 것이며, 계연수가 1911년에 《태백일사》 등 네 종의 책을 묶어서 《환단고기》라는 책을 처음 편찬했다는 것 자체가 사실이 아닐 가능성을 높여 주는 것이다.[1)]

---

1) 《환단고기》가 위서인 증거는 조인성, 1988 〈규원사화와 환단고기〉 《한국사시민강좌》 2, 일조각, 74~76쪽과 82~86쪽; 박광용, 1990 〈대종교 관련 문헌에 위작 많다〉 《역사비평》 10, 역사문제연구소, 211~214쪽; 송호정, 2004 《단군, 만들어진 신화》, 산처럼, 280~284쪽에 상세히 밝혀져 있다.

이처럼 날조된 역사책이 만들어지는 것은 시대적 분위기와도 일정하게 관련이 있는데, 우리의 경우 일제 강점기에 민족주의 역사학이 일어나면서 상고사를 '영광스럽게' 구성함을 통해 민족의 자존감을 높이고 그에 힘입어 일제로부터의 독립 의지를 고양하고자 한 것이 실제 있었던 사실보다 과장된 역사 서술로 이어졌던 것이다. 특히 민족주의자들에 의해 단군 신앙이 고조되면서 단군과 고조선 등을 동아시아 역사의 중심적 위치로까지 부각시키려는 국수주의적 시도들이 나타났는바, 《환단고기》류의 위서는 그런 분위기의 연장선상에서 가공의 역사상을 그려 낸 것이라 할 수 있다.

위서 가운데는 마치 과거의 유명 인물의 저술인 것처럼 가탁한 것들이 꽤 있는데, 1920년대 일본에서 화제가 되었던 《남연서(南淵書)》는 그 대표적인 사례에 해당한다. 《남연서》는 608년에 견수사(遣隋使)를 따라 중국으로 갔다가 640년에 일본으로 돌아와 다이카[大化] 개신에 사상적 바탕을 제공한 것으로 알려진, 일본 고대사에서 저명한 승려 미나부치노 쇼안[南淵請安]의 저술이라고 가탁한 위서로, 1922년에 곤도 세이쿄[權藤成卿: 1868~1937]라는 일본의 우익 정치인이 8세기 초에 간행된 고대 역사서인 《고사기(古事記)》나 《일본서기(日本書紀)》보다 오래된 문헌이라고 선전하며 출판한 책이다.

여기에는 미나부치노 쇼안이 일본으로 귀국하는 길에 고구려의 옛 수도를 방문하여 '영락태왕비(永樂太王碑)' 즉 광개토왕릉비를 직접 목격하고서 베껴 왔다는 비문의 내용이 제시되어 있다. 이 비문은 당시까지 알려진 쌍구가묵본(雙鉤加墨本)이나 몇몇 탁본을 참고하여 내용을 그럴 듯하게 꾸며 놓은 것이지만, 실상과 다른 글자들이 나타나 있거나, 원문을 옮겨 적었다면 당연히 들어 있어야 할 글자들이 누락되어 있는 등 날조의 혐의가 분명한 것이었다. 이런 연유로 《남연서》는 간행된 지 얼마 지나지 않아 일본 학계에서 위서로 판정 내려졌는데, 그럼에도 불구하고 만주사변 이후 일제의 대륙 침략의 당위성을 선전할 목적으로 널리 보급되기까지 하였다.[2] 《환단고기》류의 위서가 저항적 민족주의에서 변질된 국수주의적 사고의 산물이라면, 《남연서》는 그와 대척 관계에 있었다고도 할 수 있는 제국주의적 사고가 빚어낸 또 다른 차원에서의 위서였던 것이다.

물론 모든 위서가 특정 이념에 입각하여 정치적 목적에서만 생겨나는 것은 아니

---

2) 《남연서》 파동에 관해서는 李進熙 著, 李基東 譯, 1982 《廣開土王碑의 探求》, 一潮閣, 107~109쪽 참조.

다. 역사에 관심이 많은 사람들 중에는 상상의 나래를 펼쳐 역사서로 보일 만큼 그럴듯한 내용의 책을 써 보려는 생각을 갖는 경우도 있다. 이때에도 신빙성을 높이기 위해 그동안 이름만 전해 온 책으로 포장할 때가 많은데, 대표적인 예로 근래에 진위를 둘러싸고 학계에서 논쟁이 붙었던 필사본 《화랑세기》와 최근 존재 사실이 소개되면서 위서임이 판명된 《제왕연대력(帝王年代歷)》을 들 수 있다. 여기서는 후자를 소재로 삼아 외적 비판이 실제로 어떻게 이루어질 수 있는지를 확인해 보자.[3)]

《제왕연대력》은 김부식의 《삼국사기》에서 '신라 말의 명유(名儒) 최치원의 저술[羅末名儒崔致遠作]'이라고 거론된 책으로, 《삼국사기》 편찬 이후 어느 시기엔가 실전(失傳)된 것으로 알려져 왔다. 《삼국사기》에는 《제왕연대력(帝王年代曆)》이라고 표기되었는데, 새로 알려진 위서는 책 이름의 마지막 글자가 역사(歷史)의 '歷'자로 되어 있어, 이미 여기서부터 날조의 의심을 강하게 불러일으킨다. 위서 《제왕연대력》은 홍종국(洪鍾國)이라는 인물이 일제 강점기인 1928년에 충남 공주군의 마곡사 상원암에서 발견하여 필사해 두었던 것을 1971년에 현재 남아 있는 형태의 책으로 다시 편집하여 정서한 것이라 한다. 홍종국은 《세계각국흥망연대표》, 《한중일제왕연대표》 등의 연표류와 《조선사》, 《일제침략항일투쟁사》, 《단군사》 등의 제목이 붙은 글을 남겼다고 하는바, 이를 통해 그가 평소에 가졌던 역사에 대한 관심과 역사 관련 저술의 의욕을 충분히 감지할 수 있다.

홍종국이 편집한 위서 《제왕연대력》은 단군의 고조선 건국으로부터 신라가 망할 때까지의 역사를 강목체(綱目體)의 형식으로 기술한 책인데, 삼국의 역사를 백제를 중심으로 서술하면서 고조선과 마한의 정통이 백제로 이어졌음을 강조하였다. 조선 후기 역사학에서 나타난 가장 큰 특징으로 거론되는 강목체의 서술 형식과 삼한(마한)정통론의 역사 인식을 노출하고 있다는 점에서, 이 책의 저술 시점은 아무리 올려 잡아야 영남 남인 홍여하(洪汝河)에 의해 삼한정통론에 입각한 강목체 서술이 본격적으로 시작된 17세기 후반 이전으로 소급되기는 어렵다. 아울러 《삼국사기》 등에서 확인되는 최치원의 삼한 인식, 즉 마한이 고구려가 되고, 변한이 백제가 되었다는 인식과 배치된다는 점에서도, 이 책이 최치원이 직접 저술한 《제왕연대력》을 베낀 것일 수 없음은 명약관화한 것이다.

---

3) 위서 《제왕연대력》에 관한 상세한 서술은 권덕영, 2015 《한국의 역사 만들기, 그 허상과 실상》, 새문사, 180~206쪽 참조.

위서 가운데는 《환단고기》류처럼 다른 사서를 통해 이미 알려진 극히 일부분의 사실에 전적으로 상상에 의거한 날조 부분을 대폭 붙여 넣은 책들도 있고, 위서 《제왕연대력》과 같이 기존 사서의 내용을 정리하고 편집하면서 마치 저명한 선인의 저술인 양 꾸며 권위를 훔치려 하는 경우도 있지만, 이 두 가지의 날조 요소가 섞여서 만들어진 위서들도 있다. 대표적인 것이 중국의 역사서로 오랜 기간 위서 논쟁의 대상이 되었던 《고문상서(古文尙書)》이다.

《상서(尙書)》는 유교의 오경 가운데 하나인 《서경(書經)》의 다른 이름이다. 요(堯)・순(舜) 이후 하(夏), 상(商), 주(周) 왕조와 관련된 사실을 기록한 책으로 공자가 편술(編述)한 것으로 전하며, 애초에는 그냥 《서(書)》로 부르던 것이 한(漢) 대 이후에 주로 《상서》라는 이름으로 불렸다. 《상서》는 전승 과정에서 두 가지 부류로 나뉘게 되는바, 진시황의 분서갱유로 원전이 사라진 상태에서 전한(前漢) 문제(文帝) 때 복승(伏勝: 伏生)이라는 인물이 전해 준 내용을 당시의 '금문(今文)' 즉 예서(隸書)로 기록한 이른바 《금문상서》(복생본: 伏生本) 29편과, 그 얼마 뒤인 경제(景帝) 때 공자의 옛집의 벽을 허물다 발견했다는 것으로서 본디 '과두문자(蝌蚪文字)'라고 하는 춘추전국시대의 글자체 즉 '고문(古文)'으로 기록된 것을 무제(武帝) 때 공자의 후손 공안국(孔安國)이 해독하고 정리했다는 《고문상서》(공벽본: 孔壁本) 46권이 그것이다. 공안국의 《고문상서》는 복생본 즉 《금문상서》의 내용에 16편 정도가 추가된 것으로 알려져 있다. 《금문상서》는 후한 대와 위・오・촉의 삼국시대를 지나 서진(西晉) 대에 이르러 전란 중에 산실(散失)된 것으로 전하며 《고문상서》 역시 도중에 사라져버린 것으로 보이는데, 후자 즉 《고문상서》는 동진(東晉) 초기인 원제(元帝) 때 매색(梅賾)이라는 관리가 공안국의 《고문상서》라며 《금문상서》에 들어 있던 내용 33편에 추가로 25편이 포함된 58편을 조정에 헌납하면서 세상에 다시 모습을 드러냈다.[4] 매색이 바친 《고문상서》는 당(唐) 대에 유명한 경학자로 역시 공자의 후손인 공영달(孔穎達)이 《오경정의(五經正義)》를 편찬할 때 《상서》의 정본으로 인정을 받게 되고, 그 후 송(宋) 대에 이르러 《서경》이라는 이름까지 얻어 가며 천수백 년간 유교 경전의 지위를 누렸다.

여기서 가장 문제가 되었던 것은 한 번 자취를 감추었다가 매색에 의해 다시 출현

---

4) 매색의 《고문상서》의 출현 배경에 관해서는 학계의 의견이 분분한데, 그와 관련된 내용은 홍승현, 2015 〈後漢末~魏晉時期 尙書學의 전개와 그 의의〉 《동양사학연구》 130, 27~37쪽 참조.

한 《고문상서》가 과연 공안국이 해독해서 전했다는 전한 대의 《고문상서》가 맞는지의 여부였다. 그런 의심은 매색의 《고문상서》가 고문에 입각했다고 함에도 금문으로 쓰인 《상서》보다 문의(文意)를 이해하기가 더 쉬었다는 데서 자연스럽게 생겨났다. 주희(朱熹)를 비롯한 여러 학자들로부터 위작의 의심을 받은 매색의 《고문상서》는 마침내 청(淸) 대에 들어서 《상서고문소증(尙書古文疏證)》을 쓴 염약거(閻若璩)를 위시한 고증학자들에 의해 날조의 명확한 증거들이 제시되면서 위서로 낙인이 찍히게 되었다. 염약거는 매색이 조정에 올린 《고문상서》 25편이 후한 대 경학의 집대성자로 일컬어지는 정현(鄭玄) 등이 주석을 붙인 공벽본 《고문상서》와 편수(編數)나 편명(編名)이 일치하지 않는 것 등을 지적하며, 매색의 《고문상서》는 사실상 그에 의한 위작으로 단정지었다. 조선의 실학자로 당대 최고의 고증 능력을 지녔던 다산 정약용 또한 《매씨서평(梅氏書平)》이라는 저술을 통해 매색의 《고문상서》가 거짓된 글임을 밝혀냈으니,[5] 실로 청과 조선에서의 고증학은 기존 문헌의 위작 여부를 밝히는 외적 사료 비판으로부터 출발한 학문이었던 셈이다.[6]

(2) 고고학 자료의 외적 비판

사료의 외적 비판에서 핵심을 이루는 것은 물론 문헌 자료에 대한 외적 비판이지만, 그 밖에도 유물과 유적 등의 물질 자료들에 대해서도 진위를 둘러싼 외적 비판이 가해질 수 있다. 정식 발굴 조사를 통해 확보된 유물이나 유적 등은 진위 논쟁에서 어느 정도 자유로울 수 있지만, 출토 맥락이나 발견 경위 등이 불확실한 유물, 유적의 경우 문헌 자료 이상으로 외적 비판에 신경을 써야 한다. 심지어 정식 발굴을 거친 것이라고 하더라도, 날조의 가능성이 완전히 사라질 수 없음을 여러 사례들이 보여 주고 있는데, 여기서는 대표적인 것으로 서너 가지 사례를 살펴보도록 하자.

첫 번째 사례를 들자면, 지난 2000년에 일본에서 후지무라 신이치[藤村新一]라는

5) 《매씨서평》의 내용 및 저술 과정에 관해서는 정병련, 2000 〈매씨서평의 고거학적 분석구조론〉 《다산학》 1 참조.

6) 근래에 중국에서 발견된 전국시대 죽간들 가운데서 고문으로 된 《상서》의 내용 일부가 확인되었는데, 현재 전하는 매색의 《고문상서》에 대응하는 부분이 전혀 다르게 나와 그의 《고문상서》가 위서임이 다시 한 번 입증되었다(김석진, 2011 〈중국 淸華大學 소장 戰國시대 竹簡〉 《목간과 문자》 7, 178~184쪽).

아마추어 고고학자가 구석기 유적을 날조하다가 비밀취재에 나선 언론에 의해 발각된 사건이 있었다. 미리 만들어 놓은 석기를 몰래 파묻은 후 정식 발굴 과정에서 출토된 것처럼 속이려 했던 것이다. 조사 결과 그가 앞서 발굴한 다른 유적들도 그와 같은 방식으로 조작이 이루어졌음이 밝혀졌다. 한때 일본의 교과서 등에 그의 발굴조사 결과가 반영되어 일본열도에서의 구석기 시대의 시작이 60만 년 전까지 올라가는 것으로 기술되었지만, 이 사건 이후 그가 관여한 유적 관련 내용은 모두 삭제되었다.

두 번째 사례도 구석기 시대와 관련이 있는 것인데, 구석기 자체가 아니라 고인류의 머리뼈가 소재가 되어 고인류학 쪽에서 벌어진 희대의 조작 사건이다. 지금으로부터 백여 년 전인 1912년에 영국 런던 남쪽 서식스주의 필트다운(Piltdown)이라는 곳에서 발견되어 당시 여러 지질학 전문가들로부터 최소 50만 년 전 고인류의 '화석'으로 인정받았던 것이 실제로는 오래된 것처럼 보이기 위해 착색한 현생 인류의 두개골에 오랑우탄의 턱뼈 등이 합쳐진 것으로 1953년의 정밀 조사 결과 드러났던 것이다. 영국의 화석 수집가 찰스 도슨(Charles Dawson)이라는 자가 주도한 것으로 파악되고 있는 이 조작극은 고고학계에서 '필트다운맨 사기극(fraud)'이라는 이름으로 널리 알려져 있는데, 도슨 개인의 허황된 명예욕이 가장 근본적인 원인이었겠지만, 후지무라의 구석기 유적 조작극과 마찬가지로 지리적으로 유럽의 '변방'에 위치한 섬나라 영국에서도 인류가 살아가기 시작한 것이 오래되었음을 국내외에 선전하려고 한 정치적 목적도 조작의 한 원인으로 여겨지고 있다. '필트다운맨'이라고 불린 화석을 살펴본 학자들 중에는 조작을 의심하는 이들이 없지 않았으나, 1907년에 경쟁국 독일에서 네안데르탈인보다 오래된 하이델베르크인 화석이 발견된 것에 자극을 받아 영국도 그보다 앞선 시기에 인류가 활동한 곳임을 과시하려는 분위기에 묻혀 호응을 얻지 못하였던 것이다. 유적과 유물의 날조는 날조하려는 자의 의도와 함께 그 의도를 비판적으로 따져 보지 않고 무작정 동조하려는 분위기에 의해 발생한다는 교훈을 이 사례에서 찾을 수 있다.

유물과 유적의 조작이 외국에서만 일어났던 것은 아니다. 우리나라도 유사한 사례가 있는데, 1996년에 터진 귀함별황자총통(龜艦別黃字銃筒) 발굴 조작 사건이 그 대표적인 예에 해당한다. 이보다 4년 앞선 1992년에 해군의 충무공해전유물발굴단이 경남 통영 앞바다에서 인양한, '귀함(龜艦)'(즉 거북선) 등의 명문이 새겨진 별황자총통이 사실은 골동품상으로부터 구입한 모조 총통을 바다에 빠뜨린 후 건져 올린 것임이 검찰 수사 결과 밝혀진 것이다. 후지무라가 사용한 방식과 기본적으로 통하는 조작 방식이었는데, 1592년에 발발한 임진왜란의 400주년에 맞춰서 세기적인 발굴 성과인 것처럼 선전하려던 삐뚤어진 욕망이 빚어낸 사기극이었다고 할 수 있다.

1993년에 발굴 조사 결과가 발표된 북한의 이른바 '단군릉' 역시 날조의 혐의를 벗기 어려운 사례에 해당한다. 북한 학계는 평양 동쪽의 강동군 대박산에 있는 '단군릉'에서 단군과 그 부인의 것으로 추정되는 뼈를 발굴했다고 하면서, 전자상자성공명법으로 측정한 결과 뼈의 절대연대가 지금으로부터 5,000여 년 전으로 나왔다고 발표했다. 우리 민족의 역사가 반만 년의 유구한 역사임을 입증함과 동시에, 오늘날 북한의 수도인 평양 일대가 우리 역사의 서막을 연 유서 깊은 지역임을 확인시켜 준다는 것인데, 시료(試料)의 오염도에 따라 측정치가 달라질 수 있는 절대연대 측정 방법의 신뢰성이 일차적으로 문제가 되겠지만, 이 무덤이 단군의 무덤일 수 없는 이유는 몇 가지 다른 측면에서도 제기된다.

발굴 이전부터 '단군릉'이라고 알려져 왔던 무덤은 조사 결과 고구려 때 축조된 단실(單室)의 봉토석실분으로 밝혀졌다. 이런 무덤 양식은 대체로 6~7세기에 유행한 고구려 지배층의 무덤에서 나타나는 것으로, 애초에 단군이 묻혔을 가능성은 전혀 없다고 할 수 있다. 북한 학계에서는 고구려 때 개장(改葬)을 한 것으로 주장하고 있는데, 물론 그럴 가능성을 생각해 볼 수는 있겠으나, 문제는 지금으로부터 1,500여 년 전의 고구려인들이 어떻게 그보다 3,500년 전의 인골을 찾아 그것이 단군의 뼈라고 확인할 수 있었겠는가이다. 더욱이 '단군릉'에서는 인골과 함께 금동으로 된 관(冠) 장식과 허리띠 파편이 출토되었는데, 이것들이 피장자가 착장했던 유물이라고 한다면 고구려인들이 당시 이미 뼛조각 상태로 있었을 단군의 유골에 관을 씌우고 허리띠를 둘러서 다시 매장했다는 말이 되는바, 이는 상식적으로 있을 수 없는 일이다.

북한 학계의 '단군릉' 발굴은 당시까지 생존해 있던 통치자 김일성의 이른바 '교시'에 따라 이루어진 것으로 알려져 있다. 김일성의 말 한 마디가 곧 법으로 인식된 북한 사회에서 역사학자와 고고학자들에게 '단군릉'이 단군의 무덤인지 확인해 보라고 내려진 지시는 그 무덤을 단군의 무덤으로 확정하라는 의미를 담는 것이었고, 따라서 결론은 발굴 시작 전부터 이미 정해져 있었던 것이다. 고고학적 발굴이 정치인의 심중에 맞추기 위해 날조되고 왜곡될 수 있음을 이 사례는 잘 보여 준다.

김일성이 '단군릉'을 실제 단군의 무덤으로 생각한 까닭은 그동안 세간에서 그 무덤을 '단군릉'으로 불러 왔기 때문일 것이다. 이미 조선 전기부터 평양부 동쪽 강동현(江東縣)에 단군의 묘가 있다는 전승이 존재했음을 《신증동국여지승람》에서 확인할 수 있고,[7] 조선 후기에도 숙종 대에 매년 강동의 '단군묘'를 수치(修治)하도록 했다는 기록과 영조와 정조 대에 단군의 능을 수리하고 수묘할 호(戶)를 두었다는 기록이 《조선왕조실록》에 나옴을 볼 때,[8] 강동 지역의 '단군릉' 전승은 적어도 5백여 년 이어져 내려온 것임을 알 수 있다.

그렇지만 민간에서 그렇게 전해졌다고 해서 그 무덤을 실제 단군의 무덤이라고 볼 근거는 없다. 신라의 수도였던 경주 지역에 남아 있는 많은 고분들 가운데 현재 '○○왕릉'이라고 이름이 전해지는 것들 대다수가 역사적 사실과 어긋나는 것들임이 밝혀진 데서 알 수 있듯이,[9] 능묘에 관한 민간전승은 신뢰할 만한 것이 못 된다. 누군가의 상상에 의해 지어져 입에서 입으로 퍼진 이야기를 역사적 진실이라고 강변하는 것은 합리적이라 할 수 없다. '단군릉'은 유적에 대해서도 진위를 가리는 외적 비판이 얼마나 중요한지를 극명하게 보여 주는 실례가 된다.

이처럼 정식 발굴 과정을 거쳤는데도 날조와 조작이 일어나는데, 그렇지 않은 경우에는 그 가능성이 더욱 높아질 수밖에 없다. 도굴꾼들에 의해 비밀리에 거래되는 유물 가운데는 진품도 있지만, 진품인 것처럼 꾸민 위조품도 많다. 별황자총통 사건에서 드러났듯이 일부 골동품상도 가짜 물건을 만들어 유통시키기도 한다. 현대 동양화가인 고(故) 천경자 화백은 생전에 자신의 그림으로 알려진 것들 가운데 위조된 것이 있다고 주장해 사회적으로 큰 충격을 던진 바 있다. 다른 여러 유명 화가들의 작품 가운데서도 위작 시비가 붙은 것들이 적지 않음을 감안하면, 제작 시기가 훨씬

---

7) "大塚 一在縣西三里 周四百十尺 諺傳檀君墓"(《新增東國輿地勝覽》 卷55, 平安道 江東縣 古跡條).

8) 《숙종실록》 권31, 23년 7월 임오조, 《영조실록》 권63, 22년 5월 병신조 및 권101, 39년 4월 기유조, 《정조실록》 권22, 10년 8월 기유조.

9) 강인구, 1982 〈신라왕릉의 재검토〉 《동방학지》 41; 1984 〈신라왕릉의 재검토(2)〉 《윤무병박사회갑기념논총》, 윤무병박사회갑기념논총간행위원회; 1987 〈신라왕릉의 재검토(3)〉 《삼국유사의 종합적 검토》, 한국정신문화연구원; 2000 《고분연구》, 학연문화사.
이근직, 1986 〈신라왕릉 관계기사의 검토〉 《경주사학》 5; 2000 〈신라 능묘의 전승과정 연구〉 《경북사학》 23; 2012 《신라 왕릉 연구》, 학연문화사.

올라가는 고고학적 유물은 신뢰할 수 있는 정식 발굴로 얻어진 것이 아닐 경우, 진위를 둘러싼 감정(鑑定), 즉 사료학에서의 외적 비판이 철저하게 이루어지지 않으면 안 된다.

2) 내적 비판: 사료 내용의 사실성 판별

사료 비판의 두 번째 단계는 내적 비판이다. 내적 비판이란 외적 비판을 거쳐 사료가 날조되지 않았다는 결론을 얻은 다음에 그 사료가 어느 정도 사실성을 지니는지를 판별하는 작업이다. 내적 비판을 하는 이유는 설사 날조되지 않았다고 해도 그 사료가 실상을 담고 있다고 단정할 수는 없기 때문이다. 의도적이지 않지만 실수나 각종 오류로 인해 실제 사실과 다른 내용이 전해지는 것은 일상생활에서도 흔히 있는 일이다. 문헌 자료의 경우, 기록되기까지의 전승 과정에서 와전(訛傳)이 있을 수도 있고, 기록하는 과정에서 잘못된 판단으로 인해 엉뚱한 내용으로 바뀌는 수도 있다. 심지어는 기록을 남기는 자가 의도적으로 사실을 은폐하거나 변조하는 경우도 적지 않다. 따라서 내적 비판을 제대로 거치지 않고 사료를 이용한다면, 실제와는 전혀 다른 왜곡된 역사상이 구축될 우려가 있는 것이다. 내적 비판은 그로 인한 혼란을 막기 위해 반드시 엄밀하게 이루어질 필요가 있다.

내적 비판의 대상이 되는 사료는 꼭 문헌 자료만이 아니다. 대부분 1차 사료의 성격을 지니고 있는 금석문 자료의 경우에도 내용의 사실성을 둘러싼 내적 비판이 당연히 가해져야 한다. 심지어 비문자 유형 자료에 해당하는 고고학적 유물, 유적도 내적 비판에서 예외가 되지 않는다. 유물이나 유적은 그 자체로는 '침묵'의 자료들이기 때문에 내적 비판의 대상이 아니라고 생각할 수도 있지만, 유물과 유적에 대한 고고학자들의 판단이 늘 옳은 것이라고 단언하기는 어렵기 때문에, 고고학자들이 제시한 유물, 유적의 연대나 성격 등이 어느 정도 신뢰할 만한 것인지를 놓고 치밀한 검증이 필요하다.

예를 들어보자면, 한반도 구석기 시대 유적 가운데 가장 이른 시기의 것으로 알려져 있는 평양의 상원 검은모루동굴 유적의 경우, 발굴을 진행한 북한 학계에서는 70만 년 전에 조성된 유적이라고 주장했고, 최근까지 우리나라의 국사 교과서나 개설서 등에서도 그 주장을 받아들여 한반도 구석기 시대의 시작을 70만 년 전이라고 서술해 왔다. 그렇지만 실제 남한의 구석기 전공자들은 대부분 검은모루동굴 유적의 연대를 그보다 한참 늦은 시기의 것으로 보아야 한다는 입장을 보이고 있다. 또 김해 대성동고분군에서 발굴된 북방 계통의 휴대용 청동솥[銅鍑] 등을 근거로 발굴 책임자는 만주 지역으로부터 부여족이 한반도 동남부의 김해 지역까지 내려온 것을 증명한다고 주장했으나, 다수의 고고학자들은 그럴 가능성에 대해 회의적인 태도를 갖고 있다. 이처럼 같은 유적과 유물이라고 하더라도 연대나 성격 등을 둘러싸고 대립되는 주장들이 난무할 수 있기에, 어느 주장이 사료적으로 더욱 신빙성을 지닐 수 있는지를 구별해 내는 것이 매우 중요하다. 사료의 신빙성을 검증한다는 점에서 유물, 유적 역시 내적 비판의 대상에서 제외될 수 없는 것이다.

내적 비판은 흔히 '텍스트(text) 비판'과 '콘텍스트(context) 비판'으로 구분하기도 하는데, 전자는 사료 자체의 오류 여부를 판정하는 것이고, 후자는 사료에 담긴 편견이나 선입견을 찾아내어 왜 사료가 이런 내용으로 남게 되었는지를 변별하는 것을 말한다. 내적 비판은 대체로 텍스트 비판을 중심으로 이루어지지만, 사료의 맥락 속에 숨은 저자의 의식구조 등을 읽어내는 것도 결코 소홀히 해서는 안 되기 때문에 콘텍스트 비판에도 충분히 유의해야 한다. 여기서는 콘텍스트 비판에 대해서 먼저 간략히 다룬 후에 본론 격으로 텍스트 비판에 관해 자세히 살펴보도록 하자.

(1) 콘텍스트 비판

콘텍스트 비판의 대표적인 사례가 될 수 있는 것은 중국의 역사책《삼국지》위서 동이전에 보이는 부여와 고구려에 대한 서술의 기조이다. 거기에는 부여에 대해 "나지막한 구릉과 넓은 못이 많아서 동이의 지역에서는 가장 넓고 평탄한 곳이다. 오곡이 자라기에 적당하다. 그 나라 사람들은 체격이 크고 성질은 굳세고 용감하며 근엄하고 후덕하여 다른 나라를 쳐들어가거나 노략질하지 않는다."라고 한 반면, 고구려에 대해서는 "큰 산과 깊은 골짜기가 많고 넓은 들과 못은 없어 산골짜기에 의지하여 살면서 산골의 물을 식수로 한다. 좋은 전지(田地)가 없으므로 부지런히 농사를 지어도 식량이 충분하지 못하다. 그들의 습속에 음식은 아껴 먹는다. 그 나라 사람들의 성질은 흉악하고 급하며 노략질하기를 좋아한다."라고 하여, 두 나라의 자연환경 및 그로 인한 습속과 기질의 차이를 극명하게 대비시켜 놓았다. 특히 기질의 차이를 기술한 부분에서는 부여에 대해서는 친근감이, 고구려에 대해서는 혐오감이 그대로 표출되어 있는데, 이는 중국 왕조가 한 대부터 부여와 우호 관계를, 고구려와 적대 관계를 이어온 것이 배경으로 작용한 것이라 할 수 있다.

중국인들의 고구려에 대한 적대감은 고유명사의 표기에도 그대로 반영되어 있는데, 고구려 5부 가운데 주몽으로 대표되는 외부로부터의 이입 집단인 '계루부(桂婁部)'를 제외하고, 원래부터 압록강 중류 지역에 산거해 왔던 네 개의 부를 '연노(涓奴)', '절노(絕奴)', '순노(順奴)', '관노(灌奴)' 등으로 모두 '奴'라는 명칭으로 표기하였다. 주지하다시피 '奴'는 주인에게 예속되어 천대받던 신분을 가리키는 말이기도 하면서, 중국인들에게 공포감과 혐오감을 불러일으켰던 북방의 유목민족 '흉노(匈奴)'와 연관되는 말이기도 했다. 중국인들이 고구려의 5부 명칭을 기록하면서 고구려인들이 스스로 표기한 '나(那)'라는 용어 대신 유사한 발음의 '奴'를 선택한 것은 결국 줄곧 자신들을 괴롭혀 왔던 고구려에 대한 강한 적개심의 발로로밖에 달리 이해할 길이 없다.

선입견으로 인한 은폐와 왜곡의 가능성은 금석문 자료인 〈광개토왕릉비문〉에서도 확인되는데, 거기에는 자신들이 공격하여 굴복시킨 백제를 '백잔(百殘)'이라는 이름으로 표기하였다. 이는 백제(百濟)의 '제(濟)'가 '도와준다', '구제한다'는 좋은 의미를 지니는 한자이기에, '온갖[百] 도움을 주는[濟]' 좋은 나라라는 의미로 읽힐 수 있는 명칭을 사용하고 싶지 않은 데서 비롯된 국명 변개로 파악된다. 대신 '찌꺼기', '쓰레기' 등의 의미를 갖는 '잔(殘)'을 써서 '온갖[百] 쓰레기들[殘]'이 모여 있는 역겨운 나라라는 뜻의 '百殘'이라는 이름을 구상해냈던 것이다.

당시 고구려인들이 백제에 대해 악감정을 가졌던 것은 371년에 벌어진 평양성 전투에서 고국원왕이 백제군의 공격을 막다가 유시(流矢)에 맞아 전사한 것이 가장 큰 이유였다고 할 수 있다. 광개토왕의 즉위 직후부터 백제에 대한 공략이 집중적으로 이루어졌던 것도 이런 배경에서였지만, 정작 〈광개토왕릉비문〉에는 백제 정벌의 명분을 '신라와 함께 옛날부터 속민(屬民)으로서 조공을 바쳐 왔는데, 왜(倭)가 신묘년에 바다를 건너와 백잔과 신라를 그들의 신민(臣民)으로 삼았기에 백잔을 정벌하게 되었다.'는 식으로 적어 놓았다. 엉뚱하게 신라와 왜를 끌어들임으로써, 백

제를 공격한 실제 이유를 은폐하고 왜곡해 놓은 것이다.[10]

〈광개토왕릉비문〉은 비문 작성자가 어떤 편견과 의도를 갖고 비문을 썼는지를 제대로 파악할 수 있어야 온전한 이해가 가능하다. 사료의 행간에 숨어 있는 작성자의 감정을 읽어 내는 '콘텍스트 비판'이 왜, 그리고 얼마나 중요한지를 〈광개토왕릉비문〉의 사례는 잘 보여 주고 있다.

(2) 텍스트 비판

사료가 전승되는 과정에서 의도하지 않았던 착오가 발생하는 경우는 허다하다. 어린 시절 말 전달 놀이를 해 본 경험을 갖고 있다면, 처음 말한 자의 이야기가 네댓 명을 거쳐 마지막으로 들은 자에 이르러서는 전혀 다른 내용으로 바뀌기도 한다는 사실을 기억할 것이다. 이야기가 전해지는 과정에서 각 단계마다 듣는 자의 사고체계에 좌우되어 가감이 생기기도 하고 변형이 일어나기도 하는 것이다. 사료도 이와 마찬가지로, 전승 과정에서 기록하는 자의 선입견 또는 오해로 인해 실제 사실과는 거리가 먼 내용으로 전해질 수 있다.

① 역사가의 오판에서 비롯되는 전록(轉錄) 및 편사(編史) 과정에서의 사실 왜곡

사료의 신뢰성에 큰 영향을 끼치는 것 가운데 하나는 역사가의 오판에서 비롯된 왜곡이다. 역사가의 선입견 등이 작동하여 실제 사실과 다른 내용으로 왜곡이 이루어진 대표적인 사례로는 《남제서》 백제전에 보이는 '위로(魏虜)의 백제 침략' 기사를 들 수 있다. 실제로 백제를 공격한 나라가 고구려였음에도, 《남제서》의 편찬자인 소자현(蕭子顯)이 애초에 남제에 보내진 백제 동성왕의 국서에 '험윤(獫狁)', '흉리(匈梨)'로 표현된 세력을 '흉노'를 지칭하는 것으로 보고서 당시 북중국을 지배하고 있던 유목민족 국가 북위라고 오판함으로써, 마치 북위가 침공의 주체였던 것처럼 왜곡이 발생하였던 것이다.[11] 그동안 이 기사의 신빙성을 둘러싸고 많은 논란이 있었던바, 북위가 '기병(騎兵)'을 동원하여 백제를 침략했다는 기사 내용에 주목하면서 이 시기 백제의 영역이 중국의 동해안 일대에도 존재하고 있었다고 주장한 긍정론과 정

10) 이에 관한 상세한 논의는 본서 제Ⅰ부 제5장 참조.

11) 이에 관한 상세한 논의는 본서 제Ⅱ부 제3장 참조.

황상 북위가 백제를 공격할 만한 이유가 딱히 없다는 인식 아래 이 기사의 신빙성을 아예 인정하지 않으려 한 부정론이 대립해 왔다. 그렇지만 처음부터 논자들이 전록 과정에서의 오판 가능성을 고려하면서 사료에 접근했다면, 이러한 논란은 애당초 일어나지 않았을 것이다.

역사가의 자의적 판단으로 인해 전승 과정에서 착오가 발생한 사례는 우리 측 사서인 《삼국사기》나 《삼국유사》 등에서도 어렵지 않게 찾아진다. 《삼국유사》의 사례부터 살펴보면, 기이편(紀異篇) 태종춘추공조에 다음과 같은 기사가 있다.

> 5년 경신년에 김인문을 사신으로 보내어 군사를 청하니, 당 고종은 좌호위대장군 형국공 소정방을 신구도행군총관으로 삼아, 좌위장군이며 자(字)가 인원(仁遠)인 유백영(劉伯英)과 좌호위장군 풍사귀, 좌효위장군 방효공 등을 데리고 13만의 군대를 통솔하여 백제를 정벌하게 하였다.[12)]

이 기록은 본래 《삼국사기》 백제본기에 실린 기사를 《삼국유사》의 저자인 승려 일연이 옮겨 적은 것인데, 밑줄 친 부분, 즉 좌위장군 유백영의 자가 인원이라고 한 구절은 애초에 《삼국사기》에 없던 내용이 삽입된 것이다. 아마도 일연은 백제를 멸망시킨 후 곧바로 돌아가지 않고 남아서 사비성을 지킨 당나라 장수 유인원(劉仁遠)이 유백영과 동일 인물일 것으로 판단하여, 인원은 곧 유백영의 자라고 독자들에게 나름대로 친절한 설명을 붙였던 것 같다.

그렇지만 유백영과 유인원은 성이 같을 뿐 전혀 다른 인물들로, 유백영의 자가 인원이라는 것은 일연의 막연한 추측에 지나지 않는다. 백제를 멸망시킨 후 새겨진 〈대당평백제국비명(大唐平百濟國碑銘)〉에 의하면, 유백영은 대총관 소정방에 이어 '부대총관(副大摠管) 관군대장군(冠軍大將軍) □□□위장군(衛將軍) 상주국(上柱國) 하박공(下博公)'으로 나오고 있으며, 유인원은 그보다 한참 뒤에 '우일군총관(右一軍摠管) 선위장군(宣威將軍) 행좌효위랑장(行左驍衛郎將) 상주국(上柱國)'이라는 직함으로 따로 소개되어 있다.[13)]

---

12) "五年庚申 遣使仁問請兵 唐高宗詔 左虎衛大將軍荊國公蘇定方爲神丘道行軍摠管 率左衛將軍劉伯英字仁遠 左虎衛將軍馮士貴 左驍衛將軍龐孝公等 統十三萬兵來征"

13) 한국고대사회연구소 편, 1992 《역주 한국고대금석문》 제1권, 재단법인 가락국사적개발연구원, 456~465쪽 참조. 아울러 현재 국립부여박물관 진입로의 비각에 보존되어 있는 〈유

유백영은 소정방을 보좌하여 백제 정벌군의 부사령관으로 왔다가 임무를 마치고 돌아간 것으로 보이는데, 《삼국사기》 등에 백제 정벌군 편성 기사에서만 이름이 거론되고 다른 곳에서 자취를 보이지 않는다. 그런 탓에 하나의 사서에만 매몰되어 당시 상황을 이해할 경우, 이후 사비도성 수비의 책임자로서 여러 군데 모습을 드러내는 유인원이 혹시 유백영과 동일 인물이 아닐까 추측을 해 볼 여지가 있기는 하다. 아마도 일연 또한 그런 견지에서 자신의 추측을 담아 위와 같은 기록을 남겼을 것이다. 그러나 어쨌든 그의 추측은 실제 사실과는 다른 것이었고, 따라서 그 잘못된 추측을 비판 없이 받아들여 역사상을 그려 내려 해서는 곤란한 것이다. 앞선 시기에 작성된 기사가 후대 사서에 인용되는 과정에서 역사가의 자의적 판단이 끼어든 부분에 대해서는 신중하게 사실성 여부를 검증할 필요가 있음을 기억하지 않으면 안 된다.

역사가의 자의적 판단으로 말미암아 엉뚱한 역사상이 만들어진 사례는 《삼국사기》에서도 적지 않게 발견된다. 대표적인 사례가 《삼국사기》 신라본기와 백제본기의 초기 기록에 보이는 '낙랑(樂浪)'과 '말갈(靺鞨)' 관련 기사들이다. 이 기사들은 대부분 원사료상의 '진한(辰韓)'과 '예맥(濊貊)'을 편사자 나름의 판단 기준에 의거하여 각각 '낙랑'과 '말갈'로 개서(改書)한 것으로 판단되는데,[14] 전록 과정에서 발생할 수 있는 개서의 가능성을 염두에 두지 않을 경우, 사료 자체의 신빙성을 아예 무시하여 활용을 포기할 수도 있고, 반대로 사료 자체를 곧이곧대로 받아들여 실제의 사실과 전혀 다른 역사상을 구축할 우려도 있다.

《삼국사기》에서 확인되는 편사자의 자의적 판단에 의한 왜곡의 다른 사례로는 지리지의 '본고구려군현(本高句麗郡縣)' 관련 기사를 들 수 있다. 거기에 따르면, 오늘날 경상북도의 봉화, 영주, 안동, 청송, 울진, 영덕, 포항 등 소백산맥 이남의 북·동부 산간 지대 및 동해안 일대가 고구려의 군 또는 현이 설치되었던 지역으로 나온다. 그렇지만 그것은 《삼국사기》 신라본기에 반영된 상황과 배치될뿐더러 현재까지 나타난 고고학적 발굴 결과로 입증되지 않는다. 오히려 그와 정반대의 상황, 즉 소백산맥 이남 지역은 물론이고 동해안에서도 북쪽으로 강릉, 양양 일대까지는 문화적으로 신라권에 속했던 양상이 발굴 조사를 통해 확인되고 있어, 섣불리 《삼국사

인원기공비(劉仁遠紀功碑)〉에는 유인원의 자가 '사원(士元)'이었음이 나타난다(같은 책, 477~482쪽).

14) 이에 관해서는 강종훈, 2011 《삼국사기 사료비판론》, 여유당, 45~79쪽 참조.

기》 지리지의 기록을 신뢰하기는 어렵다.

지리지가 이처럼 많은 문제를 내포하게 된 것은 편사자의 오해와 그로부터 유발된 획일적인 기술 방식 때문이다. 지리지의 서두에는 신라가 삼국을 통일한 후 9주를 설치했음을 언급한 후 본래 신라의 경계 내에 3주, 옛 백제 지역에 3주, 옛 고구려의 남쪽 지역에 3주를 두었다고 적어 놓았다. 여기서 옛 고구려의 남쪽 지역에 설치되었다는 주는 한주와 삭주, 명주를 가리키는데, 이 세 주가 과거 고구려 영역의 남쪽 부분을 포함하고 있었던 것(3주⊃고구려 남계)은 역사적 사실이지만, 그렇다고 해서 세 주에 속한 군현들이 모두 옛 고구려 영토의 남쪽 지역에 해당하는 것(3주⊆고구려 남계)은 아니었다. 다시 말해 세 주 소속 군현들은 애초부터 신라 영역에 들어 있던 것들과 고구려로부터 빼앗은 지역이 섞여 있었던 것임에도, 편사자는 한주, 삭주, 명주를 모두 옛 고구려 영역이라고 확대 해석하여 세 주 소속 군현의 연혁을 서술함에 있어 '본래 고구려의 ㅇㅇ군/현'이라고 일괄적으로 덧붙여 놓았던 것이다.[15)]

지금까지 역사가의 오해로 인해 실제와 전혀 다른 내용으로 사실이 왜곡된 사례들을 살펴보았는데, 최초의 원자료가 아닌 2차 사료, 3차 사료의 경우에는 특별히 이런 점에 유의하면서 사료에 접근할 필요가 있다.

② 오해 또는 의도에 의해 최초 기록 단계에서부터 발생하는 사실 왜곡

사실의 왜곡은 원자료가 전록되는 과정에서만 일어나는 것은 아니다. 최초 단계의 사료가 만들어지는 순간부터 여러 가지 요인으로 잘못된 정보가 들어가는 경우도 있다. 그 요인은 오해로 인한 착오일 수도 있고, 전달자나 기록자의 의도에 따른 것일 수도 있다.

먼저 오해로 말미암은 착오의 사례로는 중국의 역사서인 《삼국지》 한전(韓傳)의 다음과 같은 기사가 거론될 수 있다.

> 그 나라 안에 무슨 일이 있거나 관가(官家)에서 성곽을 쌓게 되면, 용감하고 건장한 젊은이는 모두 등의 가죽을 뚫고 큰 밧줄로 꿰고서는 그곳에 한 발쯤 되는 나무막대를 매달고 온종일 소리를 지르며 일을 하는데, 이를 아프게 여기지 않는다.[16)]

---

15) 이에 관해서는 위 책, 153~177쪽 참조.

16) "其國中有所爲及官家使築城郭 諸年少勇健者 皆鑿脊皮 以大繩貫之 又以丈許木鍤之 通日嚾呼

이 기사는 3세기 전반 당시 마한 지역에서 토목 공사를 벌일 때 청년들이 우리 고유의 운반 도구인 지게를 지고 노동을 하던 모습을 관찰한 중국인의 전문(傳聞)에 바탕을 둔 것으로 여겨진다. 사람의 등가죽[脊皮]을 뚫어 큰 밧줄로 꿰었다고 한 것은 관찰 자체가 잘못된 것이기에 사실이라고 할 수 없다. 이처럼 이방(異邦)의 풍습을 소개할 때는 전달자의 오해로 말미암아 와전이 일어날 수 있고, 때로는 과장이 섞이면서 실제와는 거리가 먼 내용으로 변질될 여지가 많은 것이다.

한편 최초 기록 단계에서 의도적인 왜곡이 발생하는 경우도 많다. 어떤 사실이 처음 전달되는 과정에서 누군가에 의해 왜곡된 정보가 기록자에게 흘러들어가게 되면, 설혹 1차 사료라고 하더라도 그 사료는 신뢰성에 문제가 생길 수밖에 없다. 이와 관련하여 주목할 사료는 《양직공도(梁職貢圖)》이다.

훗날 양의 원제(元帝)로 즉위한 소역(蕭繹)이 6세기 전반 형주자사로 있던 시절에 제작한 《양직공도》에는 백제 사신의 그림과 함께 백제를 소개하는 글이 '백제국사(百濟國使)'라는 표제 하에 실려 있다. 그 가운데 "그 주변의 작은 나라인 반파(叛波), 탁(卓), 전라(前羅), 사라(斯羅), 지미(止迷), 마련(麻連), 상기문(上己文), 하침라(下枕羅) 등이 그 나라(즉 백제)에 부속해 있다."는 내용이 나온다. 여기서 사라는 당시 백제와 동맹을 맺고 있던 신라를 가리키며, 반파는 섬진강 유역의 패권을 둘러싸고 백제와 대립하고 있던 대가야를 지칭하는 것으로 파악된다. 《양직공도》 백제국사조의 내용은 대체로 521년에 양을 방문한 백제 사신의 전언을 토대로 작성되었을 것으로 여겨지는데, 이 시기에 신라나 대가야 등이 백제의 속국이었다고 하는 것은 당연히 사실과 다른 것이다. 대가야는 양과 직접 교섭을 가진 바 없었고, 신라의 경우에는 그해에 백제 사신에 동반하는 형식으로 처음 사신이 양을 방문하였으나 거듭된 통역[重譯]을 거쳐 의사소통을 해야 했던 관계로 자신들의 사정을 제대로 알리기 어려웠다. 백제 사신은 바로 이런 상황을 교묘하게 이용하여 마치 신라와 대가야가 백제에 부용된 나라인 것처럼 양의 지배층에 과장된 정보를 흘렸던 것이며, 그것이 여과 없이 전달되어 기록으로 남게 된 것이라 할 수 있다. 《양직공도》의 사례는 최초 정보 제공자가 전한 내용이 거짓된 것이라면 1차 사료라고 하더라도 사실을 왜곡하게 됨을 잘 보여 준다.

作力 不以爲痛"

최초 기록 단계에서의 의도적 왜곡은 기록자 본인에 의해서도 생겨난다. 콘텍스트 비판과 관련해서도 이미 거론한 바 있는 〈광개토왕릉비문〉의 이른바 '신묘년조' 기사가 이런 유형의 왜곡의 대표적 사례에 해당될 수 있다. 신묘년조 기사는 왜의 한반도 남부 침략이라는 엉뚱한 이유를 갖다 대며 백제 정벌의 명분을 호도한 것으로, 기록자에 의한 의도적 왜곡의 전형적인 예가 된다.

최초 기록자에 의한 왜곡은 관련되는 인물이나 집단의 권위를 높일 목적에서 이루어지는 경우가 많다. 예컨대 고구려, 신라, 가야의 시조 설화는 장기간에 걸친 구전 과정에서 '천강(天降)', '난생(卵生)' 등의 신화적 요소가 가미되며 이미 실제의 역사적 사실과는 사뭇 다른 내용으로 윤색이 일어났겠지만, 역사서 형태의 기록물에 처음 문자화될 때 왕실의 권위를 높이기 위해 또 한 차례의 의도적 왜곡이 가해졌을 수 있다. 어느 누구도 실제 사실을 정확히 알 수 없는 경우에는 창작의 가능성은 더욱 커지는 것이며, 신화화를 동반한 사실 왜곡은 그런 상황에서 쉽게 일어나기 마련이다.

③ 부정확한 기억과 자의적 구상이 어우러져 만들어지는 사실 왜곡

그동안 우리 학계에서 《삼국사기》의 사료적 신빙성을 둘러싸고 많은 논란이 있었다. 여러 사안들이 거론되었지만, 핵심적인 논쟁거리가 되었던 것은 삼국의 본기에 실린 초기 역사 관련 부분의 기년(紀年)을 그대로 믿을 수 있느냐의 문제였다. 초기 기록의 기년은 숱한 문제점을 지니고 있어 곧바로 신뢰하는 것은 곤란하다는 주장이 대세를 이루고 있다고 판단되는데,[17] 사실 그 기년이 문제점을 지닐 수밖에 없는 이유는 상식에 입각하여 설명이 가능하다.

삼국 초기의 역사는 처음부터 문자로 기록되었던 것이 아니다. 오랜 기간 구전의 형태로 사건에 관한 전승이 내려오다가 어느 시기엔가 사서가 편찬될 때 문자로 정착되었다. 구전 과정에서 와전이 일어났을 것은 당연한 것이며, 특히 '시점'에 관해서는 기억 자체가 부정확했을 수밖에 없다. 특정 사건이 구체적으로 어느 시점에 발생했는지를 확정할 수 없다는 것은 사관들이 사서 편찬에 임하면서 가장 난감했을 부분이다. 그들이 접했을 정보는 아마 어느 왕 시기에 어떤 일이 벌어졌다는 정도

17) 이에 관해서는 강종훈, 2000《신라상고사연구》, 서울대학교출판부, 7~59쪽 참조.

외에는 없었을 것이다. 그런 악조건에서 연대기가 근간이 되는 사서를 편찬해야 했을 테니, 그들이 할 수 있는 일이란 어떤 기준을 정한 후에 자의적으로 사건의 연대를 배정하는 것뿐이었을 것이다.

신라의 경우, 건국 시조인 혁거세의 출현 시점을 정확히 알 수 없는 상황에서 그가 나타나기 전에 '조선 유민(遺民)'이 육촌을 이루고 살았다는 전승에 유념하면서, 고조선 멸망 이후 시점으로 고구려의 시조 주몽의 건국 시점보다는 앞선 연대로서 육십 간지 가운데 첫 해에 해당하는 연도를 선택했던 것인바, 그것이 곧 기원전 57년 갑자년으로 건국 연대가 결정된 이유였다고 할 수 있다.[18] 아울러 혁거세의 건국 시점이 이렇게 올라가서 잡히다 보니 나머지 상고기 왕들의 재위 연대도 전체적으로 인상되어 설정될 수밖에 없었던 것이라 하겠다. 《삼국사기》 초기 기록의 기년은 기억과 구전의 부정확함이 근본 원인으로 작용한 상태에서 최초의 사서 편찬 때 사관들의 자의적 구상에 입각하여 왜곡이 이루어진 대표적 사례이다.

④ 기존 사서의 인용 과정에서 임의적 기사 배치로 인해 발생하는 사실 왜곡

사서를 편찬하는 과정에서 임의적으로 기사를 배치함으로써 사실이 왜곡된 또 다른 사례로서 《삼국사기》 백제본기에 실려 있는 다음과 같은 기사들이 거론될 수 있다.

A. 고이왕 27년 봄 정월에 내신좌평(內臣佐平)을 두어 선납(宣納)의 일을 담당하게 하고, 내두좌평(內頭佐平)을 두어 고장(庫藏)의 일을 담당하게 하고, 내법좌평(內法佐平)을 두어 예의(禮儀)의 일을 담당하게 하고, 위사좌평(衛士佐平)을 두어 숙위병(宿衛兵)의 일을 맡게 하고, 조정좌평(朝廷佐平)을 두어 형옥(刑獄)의 일을 맡게 하고, 병관좌평(兵官佐平)을 두어 외병마(外兵馬)의 일을 맡게 하였다.[19]

B. 또 달솔(達率), 은솔(恩率), 덕솔(德率), 한솔(扞率), 나솔(奈率) 및 장덕(將德), 시덕(施德), 고덕(固德), 계덕(季德), 대덕(對德), 문독(文督), 무독(武督), 좌군(佐軍), 진무(振武), 극우(克虞)를 두니, 6좌평은 모두 1품에 해당하고, 달솔은 2품, 은솔은 3품, 덕솔은 4품, 한솔은 5품, 나솔은 6품, 장덕은 7품, 시덕은 8품, 고덕은 9품, 계덕은 10품,

---

18) 이에 관해서는 강종훈, 2011 앞 책, 248~256쪽 참조.

19) "古爾王 二十七年 春正月 置內臣佐平 掌宣納事 內頭佐平 掌庫藏事 內法佐平 掌禮儀事 衛士佐平 掌宿衛兵事 朝廷佐平 掌刑獄事 兵官佐平 掌外兵馬事"(《三國史記》卷24 百濟本紀2 古爾王 27年)

대덕은 11품, 문독은 12품, 무독은 13품, 좌군은 14품, 진무는 15품, 극우는 16품에 해당하였다.[20]

위 기사들은 백제가 3세기 고이왕 대에 6좌평제와 16관등제의 정연한 관료 체계를 갖추었음을 전하는 것들이다. 이것이 사실이라면 백제의 국가적 성장을 비교적 이른 시기부터 상정할 수 있겠다. 그런데 백제본기를 전체적으로 훑어보면, 다른 부분에 비해 특별히 이 부분의 서술이 상세하다는 점이 눈에 띈다. 바로 이 점에서 왜 사료가 이런 분량의 불균형 상태를 보이게 되었을까 고민을 해보는 것이 필요해진다. 《삼국사기》 편찬에 앞서 이미 존재한, 예컨대 이른바 《구삼국사(舊三國史)》 등에서부터 이런 모습으로 전해졌을 수도 있지만, 또 하나의 가능성, 즉 이전부터 전해 내려오던 우리 측 사서에 없던 내용을 《삼국사기》를 편찬하는 과정에서 어떤 다른 자료를 참고하여 보충한 결과일 가능성도 따져 보아야 하는 것이다.

이런 관점에서 다른 사서들을 검색해 보면, 위의 사료 가운데 A는 중국 사서인 《구당서(舊唐書)》 백제전에서 동일한 내용의 기사가 확인되며,[21] B는 《주서(周書)》와 《북사(北史)》의 백제전에서 거의 같은 내용이 포함된 좀 더 상세한 기사가 찾아진다.[22] 이것은 결국 A와 B가 애초부터 우리 측 자료에 실려 있던 것이 아니라, 《삼국사기》가 편찬될 당시 중국 사서의 기록을 '베껴다가(copy)' 고이왕기에 '붙여 넣었을(paste)' 가능성이 매우 높음을 시사하는 것이다. A와 B 기사의 뒤에는 "3월에 왕의 아우 우수(優壽)를 내신좌평으로 삼았다."는 기사가 덧붙여져 있는데, 아마도 이전 시기부터 내려오던 자료에 고이왕 대의 사실로 우수의 좌평 임명과 관련된 전승이 실려 있는 것을 보고, 《구당서》와 《주서》, 《북사》 등에 전하는 6좌평 및 16관등 설치 기사를 이 전승과 직접 관련되는 것으로 파악하여 고이왕 27년조에 함께 배치했을 가능성이 높다. 그렇지만 여하튼 현재 《삼국사기》에 전하는 고이왕 27년조의 기사

20) "又置達率恩率德率扞率奈率及將德施德固德季德對德文督武督佐軍振武克虞 六佐平並一品 達率二品 恩率三品 德率四品 扞率五品 奈率六品 將德七品 施德八品 固德九品 季德十品 對德十一品 文督十二品 武督十三品 佐軍十四品 振武十五品 克虞十六品"(위와 같음)

21) "所置內官日內臣佐平 掌宣納事 內頭佐平 掌庫藏事 內法佐平 掌禮儀事 衛士佐平 掌宿衛兵事 朝廷佐平 掌刑獄事 兵官佐平 掌在外兵馬事"(《舊唐書》 卷199上 列傳149上 百濟)

22) "官有十六品 左平五人一品 達率三十人二品 恩率三品 德率四品 杆率五品 奈率六品 已上冠飾銀華 將德七品紫帶 施德八品皂帶 固德九品赤帶 季德十品青帶 對德十一品 文督十二品 皆黃帶 武督十三品 佐軍十四品 振武十五品 剋虞十六品 皆白帶"(《北史》 卷94 列傳82 百濟)

A, B는 편찬 과정에서 중국 사서의 내용을 따와서 임의적으로 배치된 것에 지나지 않으므로, 이 기사들을 근거로 삼아 고이왕 대 6좌평제 및 16관등제 정비를 주장할 수는 없는 것이다.[23] 이 사례는 앞서 거론한 바와 같이 최초 단계의 사서 편찬 때 부정확한 기억과 구전으로 인해 자의적 구상이 개입되면서 왜곡이 일어난 것과는 다른 양상이지만, 후대 사서 편찬자가 기존의 자료를 자의적으로 활용함에 의해서도 유사한 왜곡이 발생할 수 있음을 잘 보여 준다.

이런 형태의 왜곡의 사례로서 하나 더 거론할 수 있는 것은《삼국사기》백제본기에 보이는 475년 웅진 천도 이후 '한성(漢城)' 관련 기사들이다. 고구려군의 공격으로 한성이 함락되고 개로왕이 피살되면서 백제가 한강 이남의 오늘날 경기도 지역을 완전히 상실하였다는 것은 이미 상식에 속하는 사실이지만, 백제본기를 보면 551년 성왕에 의해 한강 하류 지역이 회복되기 전에도 한성이나 한강 이북[漢北]의 땅이 여전히 백제의 영역에 들어 있었던 것처럼 나와 독자들에게 큰 혼란을 야기하고 있다. 대체로 백제가 웅진에 도읍하고 있던 시기의 사실로 기재된 이 기사들 역시 시점을 제대로 파악하기 어려운 기사들을 임의로 배치하는 과정에서 빚어진 오류의 사례로 파악된다.[24]

지금까지 사료의 신뢰성을 저울질하는 내적 비판에 관해 살펴보았다. 그 가운데서도 텍스트 비판과 관련하여 신뢰성에 영향을 끼치는 요인들을 집중적으로 다루었는데, 최초 단계의 기록에서부터 오해 또는 의도에 의해 잘못된 정보가 들어가 신뢰성을 떨어뜨리는 경우도 있고, 전록 과정에서 편사자의 오판이나 자의적 편성 등으로 인해 사실과 다르게 내용이 왜곡되는 경우도 있음을 알 수 있었다. 사료를 파악할 때는 이런 점들에 늘 주의해야 역사의 실상에 더 가까이 다가갈 수 있는 것이다.

---

23) 노중국, 1988《백제정치사연구》, 일조각, 214~217쪽 참조. 이와 함께《삼국사기》백제본기 고이왕 29년조에 실린 "春正月 下令 凡官人受財及盜者 三倍徵贓 禁錮終身"이라는 기사도《구당서》백제전에 보이는 "官人受財及盜者 三倍追贓 仍終身禁錮"를 그대로 옮긴 것으로, 고이왕 대의 사실이라고 단정하기는 어렵다.

24) 이에 관해서는 강종훈, 2014〈5~6세기 삼국 간 국경의 변동에 관한 諸說의 검토 –한강 유역을 중심으로–〉《대구사학》116집, 23~33쪽 참조.

제3장
사료를 파악할 때 무엇에 유의해야 하는가?

삼국유사 파른본

1. 비판적으로 접근하되 지나치게 말살적인 태도는 경계해야

사료를 파악할 때 가장 중요한 것은 비판적 접근 자세를 늘 견지해야 한다는 점이다. 새로 발견된 자료일 경우, 날조 여부를 판별하는 외적 비판에 우선적으로 신경을 써야 한다. 날조 가능성이 낮다고 판단되는 자료라도 사료적으로 신빙성이 어느 정도 있는지를 검증하는 내적 비판을 엄격하게 진행하지 않으면 안 된다. 앞 장에서 살펴본 바와 같이, 현재 남아 있는 자료는 의도적이건 무의도적이건 처음 만들어질 때부터 잘못된 정보가 담겼을 수 있고, 전해져 내려오는 과정에서도 오류와 왜곡이 일어났을 수 있으므로, 그런 문제점을 제대로 파악한 후 사료로 이용하려는 신중한 태도가 필요하다. 간혹 왜 곧장 믿으려 하지 않느냐는 식의 순진한 발상을 접할 때가 있는데, 그런 무비판적인 접근 태도를 갖고 있다면 역사학의 본령에 다다르는 것은 어려울 수밖에 없다.

또 하나 유념해야 할 것은 비판의 정신이 과도한 나머지 사료가 지니는 가치를 아예 인정하지 않으려는 방향으로 나아가려 해서도 안 된다는 점이다. 허구적 내용의 날조물이 아닌 한, 어떤 사료든지 그것이 만들어진 시대의 상황을 일정하게 반영하는 법이다. 왜곡된 내용을 걷어 내면 시대상을 복원하는 데 유용하게 쓰일 수 있는 자료를 일부분의 왜곡을 빌미로 쓸모없다며 내던져버리는 것은 현명한 처사라고 할 수 없다. 과거 일본인 학자들은《삼국사기》초기 기록에 많은 문제가 있다며 사료로서의 가치를 아예 인정하지 않으려 했고, 그로 인해 백제의 경우는 4세기 후반, 심지어 신라의 경우는 6세기 이후에 해당하는 기사들부터 역사적 사실을 반영한다고 주장하기도 했다. 이런 인식은《삼국사기》에 전하는 신라 초기의 왕명이나 왕실 계보 등을 가공의 것으로 치부하는 데까지 확장되었는바, 이 정도가 되면 사료 비판이라기보다는 차라리 '사료 말살'이라고 하는 것이 더 적절한 표현이 될 것이다.[1)]

《삼국사기》와 더불어 그동안 사료 비판 문제와 관련하여 숱하게 거론된 사서로는 일본의 고대 역사서인《일본서기》가 있다. 일본에서 천황권이 고양되던 8세기 초에 편찬된 책으로, 특히 한반도의 삼국 및 가야 관계 기사 등에서 사실 왜곡이 심하다는 평가를 받고 있다. 이런 연유로 대체로 우리 학계에서는《일본서기》소재 기사들

1) 이에 관해서는 강종훈, 2000《신라상고사연구》, 서울대학교출판부, 17~27쪽 참조.

의 신뢰성을 낮게 보면서 사료로 활용하는 것 자체를 꺼려하는 분위기가 강하다. 그렇지만 윤색과 왜곡으로 물들여져 있다고 하여 해당 기사에 담긴 본연의 역사적 사실마저 놓쳐서는 안 된다. 다음 기사들을 살펴보자.

A. 진구[神功]황후 섭정 46년 봄 3월에 시마노스쿠네[斯摩宿禰]를 탁순국(卓淳國)으로 보내니, 탁순왕 말금한기(末錦旱岐)가 이르기를, "지난 갑자년 칠월에 백제인 구저(久氐), 미주류(彌州流), 막고(莫古) 등 세 사람이 우리 땅에 와서 '백제왕이 동방에 일본이라는 귀한 나라[貴國]가 있음을 듣고 저희들을 보내 그 귀한 나라에 조공을 하게 하였습니다. 그래서 길을 구하다가 여기에 이르렀습니다. … 만약 귀한 나라의 사인(使人)이 온다면 꼭 우리나라에 알려 주십시오.'라고 하고 돌아갔습니다."라 하였다. 시마노스쿠네가 곧바로 그를 수행하여 따라온 니하야[爾波移]와 탁순인 과고(過古) 두 사람을 백제국에 보내 그 왕을 위로하였다. 이때 백제 초고왕(肖古王)이 매우 기뻐하며 후하게 대우하면서, … 보물 창고를 열어 여러 진기한 것들을 내보이며 말하기를, "우리나라는 이런 보물을 많이 갖고 있어 귀한 나라에 공물로 바치고자 했지만 길을 알지 못하여 뜻을 이루지 못하고 있었는데, 이제 사인(使人) 편에 부쳐 공헌하도록 하겠다."고 하였다.[2)]

B. 진구황후 섭정 47년 여름 4월에 백제왕이 구저, 미주류, 막고를 보내 조공을 하게 하였다. … 이에 황태후와 태자 호무타와케노미코토[譽田別尊]가 크게 기뻐하며 말하기를, "선왕(先王)께서 소망하던 나라 사람이 이제 조공을 바치러 왔다. 천황께 뵙게 하지 못함이 애통하구나."라고 하니 신하들이 모두 눈물을 흘리지 않은 자가 없었다.[3)]

기사 A는 백제 근초고왕 때 가야 소국 가운데 한 나라인 '탁순국'을 매개로 백제와 왜 사이에 첫 교류가 이루어진 사정을 전하는 것이다. 왜를 '일본(日本)'이라고 표기한 것부터가 이미 이 자료의 작성 시점을 '일본'이라는 국호의 본격적인 사용이 시작

---

2) "四十六年春三月乙亥朔 遣斯摩宿禰于卓淳國 … 於是 卓淳王末錦旱岐告斯摩宿禰曰 甲子年七月中 百濟人久氐彌州流莫古三人 到於我土曰 百濟王聞東方有日本貴國 而遣臣等令朝其貴國 故求道路以至于斯土 … 若有貴國使人來 必應告吾國 如此乃還 爰斯摩宿禰卽以傔人爾波移與卓淳人過古二人 遣于百濟國 慰勞其王 時百濟肖古王 深之歡喜而厚遇焉 … 便復開寶藏 以示諸珍異曰 吾國多有是珍寶 欲貢貴國不知道路 有志無從 然猶今付使者"(《日本書紀》卷9 氣長足姬尊 攝政46年條)

3) "四十七年夏四月 百濟王使久氐彌州流莫古令朝貢 … 於是 皇太后太子譽田別尊 大歡喜之曰 先王所望國人今來朝之 痛哉不逮于天皇矣 群臣皆莫不流涕"(위 책, 같은 권, 攝政47年條)

된 7세기 후반 이후로 한정시켜 주지만, 백제의 근초고왕이 스스로 왜를 '귀한 나라[貴國]'이라고 지칭했다거나 백제가 먼저 나서서 왜에 조공을 바치려 했다고 하는 등의 내용은 도저히 사실로 보기 어려운 날조에 불과하다.

그렇지만 이처럼 조작이 가해진 부분이 있음을 이유로 A 기사에 반영된 역사적 사실을 아예 도외시하는 것도 온당치 않다. A 기사에서 전하는 핵심적인 내용은 백제의 근초고왕 시기에 백제와 왜 사이의 교류가 시작되었다는 것이며, 양국의 첫 교섭에 탁순국이 개입되어 있었다는 것이다. 이 점은《삼국사기》를 위시한 다른 사서에서 확인할 수 없는 귀중한 정보가 되며, 굳이 역사적 사실이 아니라며 배제할 필요가 없다.

한편 B 기사에는 백제와의 교류가 마침내 이루어진 것에 왜의 지배층 모두가 감격했다는 내용이 보인다. 백제 사신단이 '조공'을 바치러 왔다는 내용은 물론 사실의 왜곡이지만, 백제를 '선왕이 소망하던 나라'라고 표현한 것은 당시 왜가 한반도 중부의 백제와의 교류를 얼마나 갈망하고 있었는지를 숨김없이 드러내주는 것이라 할 수 있다. 이를 통해 A 기사에서의 왜곡된 내용을 바로잡을 수 있는 단서를 확보하게 되며, 그런 점에서 B 기사가 지니는 사료적 가치의 일면을 충분히 인정할 수 있는 것이다.

윤색과 왜곡으로 점철되어 있다고 해도 적절한 사료 비판을 거친다면 시대상을 복원하는 데 유용한 자료가 될 수 있는 또 다른 사례로 다음과 같은 기사가 있다.

> 오진[應神]천황 28년 가을 9월에 고려(高麗: 고구려) 왕이 사신을 보내 조공하면서 표(表)를 올렸다. 그 표에 "고려왕이 일본국에 교(敎)하노라."고 되어 있었는데, 당시 태자였던 우지노와키이라쓰코[菟道稚郎子]가 그 표를 읽고서 분노하여 고려의 사신을 꾸짖고 표문의 내용이 무례하다고 하여 그 표를 찢어버렸다.[4)]

이 기사는 5세기 전반으로 추정되는 오진천황의 재위 연간에 고구려의 사신이 처음으로 왜를 방문한 사실을 전하는 것이다. 고구려가 '조공'을 바쳤다느니, 제후가 천자에게 보내는 글을 의미하는 '표'를 올렸다느니 한 것은《일본서기》에서 상투적으

4) "二十八年 秋九月 高麗王遣使朝貢 因以上表 其表曰 高麗王教日本國也 時太子菟道稚郎子 讀其表怒之 責高麗之使 以表狀無禮 則破其表"(위 책, 卷10 應神天皇 28年條)

로 나타나는 왜곡의 사례에 해당하므로 역사적 사실로 볼 수 없음은 분명하다. 그렇지만 표문에 '고구려왕이 왜왕에게 교(敎)한다'는 표현이 들어 있어 왜의 지배층의 반발을 샀다고 한 것을 보면, 이 기사가 전면적으로 날조된 것은 아니라는 짐작을 충분히 해 볼 수 있다. 여기에는 고구려가 양국 간 관계에서 스스로 우위에 있다고 인식한 사실이 그대로 노출되어 있는바, 만일 있지도 않았던 일이 날조되었다면 이런 내용의 기사는 《일본서기》에 실려 있지 않아야 정상일 것이다. 따라서 위의 기사는 고구려와 왜 관계의 추이를 고찰함에 있어 매우 중요한 가치를 지니는 사료가 될 수 있다. 《일본서기》가 비록 날조와 왜곡의 혐의가 짙은 사서라고 하더라도, 그런 이유로 이 사료를 섣불리 사장시키는 것은 옳지 않다. 그동안 고구려와 왜 사이의 사신의 왕래가 6세기 후반인 570년부터 시작되었다고 보는 견해들이 많았지만, 이는 과도한 사료 비판에서 비롯된 또 다른 차원의 역사 왜곡이라고 할 수 있다.[5)]

2. 사료의 성격을 제대로 이해해야

사료를 파악할 때 놓쳐서는 안 될 것은 해당 사료의 성격이다. 즉 1차 사료인지 2차 또는 3차 사료인지를 구별하고, 그 사료가 어떤 상황에서 어떻게 만들어졌는지를 이해하는 것이 필요하다. 1차 사료와 2차 사료에서 함께 동일한 사건이나 사정을 전하는 경우, 기본적으로 1차 사료의 신뢰성이 높다는 것은 두말할 나위가 없다. 특별한 경우가 아니라면 당대(當代)에 작성된 자료가 후대에 정리된 자료에 비해 구체적이고 정확한 정보를 담고 있는 것이 상례이다.

예를 들어 광개토왕의 치세에 관한 기록으로는 1차 사료인 〈광개토왕릉비문〉과 2차 사료인 《삼국사기》 고구려본기의 광개토왕기가 있는데, 양자를 비교하면 즉위 연도에서 1년의 차이가 관찰된다. 즉 〈광개토왕릉비문〉에는 영락(永樂) 5년을 '을미년(395)'이라고 하여 왕의 즉위가 서기 391년에 이루어졌음을 알려 주는 반면, 《삼국사기》에는 선왕인 고국양왕이 재위 9년째인 서기 392년에 사망하자 광개토왕이 즉위한 것으로 나와 있는 것이다. 이러한 연도의 상이(相異)는 광개토왕의 사망 연도와 그 뒤를 이은 장수왕의 즉위 연도에도 영향을 주어, 〈광개토왕릉비문〉에는 391

5) 5세기 전반 고구려와 왜 사이 교섭의 실상에 관한 상세한 논의는 본서 제Ⅱ부 제5장 참조.

년에 18세의 나이로 즉위한 광개토왕이 39세에 해당하는 412년에 사망하였다고 전함에 비해, 《삼국사기》에서는 392년에 즉위한 후 22년째가 되던 413년에 사망하고 아들인 장수왕이 그 해에 즉위하였다고 기록해 놓았다. 이처럼 두 사료에서 같은 사건의 연도가 달리 나온다고 할 때, 신빙성은 당연히 1차 사료인 〈광개토왕릉비문〉이 높을 수밖에 없다. 2차 사료인 《삼국사기》를 이용하여 광개토왕의 활동상을 정리할 때는 이런 점에 주의하지 않으면 안 된다.

한편 1차 사료의 성격을 지니는 금석문 자료라고 해서 거기에 기록된 내용 모두가 역사적 진실을 담고 있다고 단정하는 것은 매우 위험하다. 〈남산신성비〉, 〈대구 무술오작비〉처럼 토목 공사 관련 내용을 기록한 비석들이나 〈영일 냉수리비〉, 〈울진 봉평비〉 등 민사 또는 형사상의 판결 내용을 담은 비석들은 특별히 날조와 왜곡이 가해질 여지가 별로 없으므로 신뢰성을 의심할 필요가 없다. 하지만 〈광개토왕릉비〉를 위시하여 개인의 업적을 기록한 비문 등에서는 의도적 왜곡을 포함하여 여러 오류가 섞여 있을 수 있음을 고려해야 한다. 앞 장에서도 살펴보았듯이 〈광개토왕릉비문〉은 백제 정벌의 명분을 기술한 부분에서 고의적인 은폐와 왜곡의 혐의를 피하기 어려운데, 그 밖에도 백제 정벌이 영락 6년 즉 396년에만 실행된 것처럼 나오는 것 역시 실제 사실과는 달랐을 가능성이 있다. 즉 광개토왕의 즉위 직후부터 수년에 걸쳐 펼쳐진 백제 공략전이 396년에 이르러 아신왕의 굴복으로 결실을 맺었던 것을 비문에서는 영락 6년조에 몰아서 서술하는 형식을 취했다고 보는 것이다.[6] 이런 사례들은 비록 1차 사료에 해당하는 자료라고 하더라도 경우에 따라서는 왜곡이 가해져 있을 수 있기에 무한의 신뢰를 보내서는 곤란함을 환기시켜 준다.

금석문 자료 가운데 특히 능비나 묘지명 등에는 주인공의 조상에 관해 서술한 부분이 들어 있는 것들이 많다. 여기에도 찬자의 무지 또는 착각에 의해 생긴 오류가 있을 수 있고, 의도적인 윤색과 부회가 가해졌을 수도 있다. 전자의 예를 하나 들어 보면, 고구려 유민으로서 당에서 활동하다가 사망한 고자(高慈)의 묘지명에 그의 20대 조상 고밀(高密)이 '후한(後漢) 말'에 '연모용(燕慕容)' 곧 모용연과의 전쟁에서 공을 세웠다는 내용이 실려 있다.[7] 선비족 모용씨와 고구려와의 갈등은 대체로 서진(西

6) 이에 관해서는 본서 제I부 제5장 참조.

7) 韓國古代社會硏究所 編, 1992《譯註 韓國古代金石文》Ⅰ, 재단법인 가락국사적개발연구원, 509~517쪽 참조. 최근 중국에서 고자의 부친인 고질(高質)의 묘지명이 새로 발견되었는데, 거

晉) 말 동진(東晉) 초의 혼란기에 시작되었는바, 그보다 백여 년이나 앞선 시점인 '후한 말'에 양자 사이에 전쟁이 일어났다는 것은 역사적 사실이 아니다. 아마도 묘지명의 찬자인 위승경(韋承慶)[8]이 모용씨 세력의 흥기 시점을 착각했거나 그 역사에 대해 무지했기 때문에 빚어진 오류일 것이다.

후자 즉 의도적 부회의 사례로는 〈문무왕릉비〉와 〈김인문비〉 등에 보이는 신라 김씨 왕실의 시조 전승을 들 수 있다. 먼저 〈문무왕릉비〉에는 중국 신화상의 삼황(三皇) 가운데 하나인 '염제(炎帝) 신농씨(神農氏)' 및 흉노족 출신으로 한 무제로부터 '투후(秺侯)'로 책봉된 김일제(金日磾)가 각각 김씨 왕실의 뿌리로서 언급되었고, 〈김인문비〉에서는 역시 중국 신화상에 오제(五帝)의 한 명으로 거론되는 '소호(少皞) 금천씨(金天氏)'가 김씨 왕실의 연원으로 부각되었다. 이러한 전승이 역사적 사실일 수 없음은 굳이 말할 필요도 없다. 삼국통일전쟁 과정에서 중국과의 접촉이 늘어남에 따라 중국 모방의 풍조가 확산되고, 그런 가운데 신라가 애초에 중국과 혈통적으로도 연관이 있음을 강변하려는 의도에서 이런 사실의 왜곡이 일어났을 것이다.[9] 이 자료들은 7세기 후반 신라 사회에서의 왕실 출자 인식과 관련하여 매우 중요한 정보를 전해 준다는 점에서는 1차 사료로서의 성격을 지니고 있으나, 거기에 나타난 인식과 역사적 사실은 별개의 문제임을 명심하지 않으면 안 된다.

사료의 성격을 제대로 파악함에 있어 또 하나 유의해야 할 것이 외교 문서이다. 외교 문서는 비록 후대의 사서에 인용되어 있다고 하더라도 원문이 발췌되어 옮겨진 것이라면, 기본적으로 1차 사료의 성격을 지닌다고 할 수 있다. 그렇지만 그런 이유로 외교 문서에 실린 내용이 모두 역사적 진실을 반영한다고 속단해서는 곤란하다. 앞 장에서 백제 동성왕이 남제에 보낸 국서의 내용을 거론한 바 있는데, 거기에는 고구려를 지칭하는 표현으로 '험윤(獫狁)', '흉리(匈梨)'라는 용어가 사용되었다. 이로 인해 《남제서》의 편찬자인 소자현(蕭子顯)이 고구려를 '북위'로 오해하는 일까지

기서도 동일한 내용이 확인된다(閔庚三, 2007 〈신출토 高句麗 遺民 高質 墓誌〉《新羅史學報》 9; 2009 〈中國 洛陽 신출토 古代 韓人 墓誌銘 연구 -高質 墓誌銘을 중심으로-〉《新羅史學報》 15 참조).

8) 고자 묘지명에는 찬자가 나타나 있지 않은데, 고질 묘지명에 위승경이 찬했음이 확인된다. 내용과 격식의 흡사함으로 미루어 볼 때, 위승경이 두 묘지명을 같이 지은 것으로 판단할 수 있다(閔庚三, 2009 앞 논문, 220~224쪽).

9) 이에 관해서는 본서 제Ⅰ부 제5장 참조.

벌어졌던 것인바, 중국과의 외교 관계에서 작성된 문서는 은유(隱喩)나 환유(換喩)의 수사법이 난무하기 마련이라서 실체를 파악하는 데 특별히 신경을 써야 함을 일깨워 주는 사례가 된다.

외교 문서에는 윤색과 과장, 부회가 들어갈 여지가 많을 수밖에 없다. 문서를 받아 볼 사람들에게 뛰어난 문장력을 과시하는 것은 국격(國格)을 높이는 데 매우 중요한 것이며, 그 때문에 문서 작성 과정에서 윤색과 과장이 들어가는 것은 어쩌면 당연한 것이기도 하다. 그리고 외교 문서를 통해 원하는 바를 얻기 위해서는 어떤 사실을 기술함에 있어 실제와는 약간 차이가 있더라도 그럴 듯한 다른 말로 부회하거나 포장하는 일도 생기기 마련이다. 대표적인 사례가 472년 백제의 개로왕이 북위에 보낸 국서에 나오는 다음 내용이다.

> 신(臣: 개로왕)은 고구려와 더불어 근원이 부여로부터 나와서 선대에는 우의가 돈독하였습니다. 그런데 그들의 조상인 쇠(釗: 고국원왕)가 이웃 나라 사이의 우호를 경솔히 깨뜨리며 친히 군사를 이끌고 신의 영토를 침범하였습니다. 이에 신의 조상인 수(須: 근구수왕)가 군사를 정돈하고 번개처럼 달려가 기회를 타서 질풍처럼 공격하여, 화살과 돌이 잠시 오고 간 뒤 쇠의 머리를 베어 내걸었습니다[梟斬釗首]. 이 일이 있은 이래 감히 남쪽을 엿보지 못하다가 풍씨(馮氏: 북연)의 운수가 다하면서 그 남은 무리가 달아나 숨게 되자 추한 무리들이 점점 강성해져 드디어 침략을 일삼게 되어, 원한을 맺으며 재앙을 잇게 된 것이 삼십 여 년이 되었으니, (신은) 재물이 바닥나고 힘이 고갈되어 나라가 망할 지경에 이르렀습니다.[10)]

나제동맹이 본격적으로 가동된 후 이에 대응하여 고구려의 남진 압박이 거세지자, 백제 개로왕이 북위에 사신을 보내 자신들을 속히 구원해 줄 것을 청하면서, 백제와 고구려 사이 원한 관계의 유래와 현재와 같이 다급한 상황이 벌어지게 된 연유를 설명한 부분이다. 앞부분에서는 371년 백제군이 평양성을 공격하여 고구려의 고국원왕을 죽인 사건을 자못 자랑스럽게 서술하였는데, '쇠의 머리를 베어 내걸었다[梟斬釗首]'고 한 것은 실제 사실과는 다른 과장에 해당한다. 《삼국사기》의 고구려본기와 백제본기에는 고국원왕이 '유시(流矢)'에 맞아 죽고 백제군은 평양성을 함락

10) "臣與高句麗 源出夫餘 先世之時 篤崇舊款 其祖釗 輕廢鄰好 親率士衆 陵踐臣境 臣祖須 整旅電邁 應機馳擊 矢石暫交 梟斬釗首 自爾已來 莫敢南顧 自馮氏數終 餘燼奔竄 醜類漸盛 遂見陵逼 構怨連禍 三十餘載 財殫力竭 轉自孱踧"(《魏書》 권100 열전88 백제국)

시키지 못한 채 물러났다고 되어 있는바, 이 기록이 오히려 사실에 가깝다. 만약 고국원왕이 백제군에게 붙잡혀 참수를 당했을 정도라면, 훗날 475년에 벌어진 고구려군의 한성 함락 때처럼 평양성도 백제군에게 함락되고, 이후 평양을 포함한 대동강 유역까지 백제의 영토가 확장되었을 것으로 보아야 순리일 텐데, 그런 정황은 어느 사료에서도 확인되지 않기 때문이다. 따라서 '梟斬釗首'라는 문구는 외교 문서상의 '레토릭(rhetoric)'으로 간주해야지 실제 사실을 반영하는 것으로 판단하는 것은 합당치 않다.

개로왕 국서에서의 사실 왜곡은 고구려가 강성해져서 백제를 괴롭히기 시작한 연유를 풍씨 즉 북연(北燕)의 멸망으로부터 찾은 데서도 드러난다. 국서가 보내지기 36년 전인 436년에 요서 지방을 차지하고 있던 북연이 북위의 공격을 받아 멸망하고, 그 과정에서 북연의 왕 풍홍(馮弘)이 고구려군의 도움을 받아 무리를 이끌고 고구려로 망명하는 일이 있었는데, 바로 그 사건 이후로 고구려가 강성해졌다고 거론함으로써, 광개토왕의 공략으로 말미암아 아신왕이 굴복한 사실을 비롯하여 4세기 후반부터 백제가 국가적 위기에 봉착했던 사실을 은폐하고 있다. 그리고 북연이 멸망하기 전까지는 마치 고구려가 백제를 넘보지 못했던 것인 양 왜곡하면서, 백제가 곤경에 처한 것이 30여 년 사이에 벌어진 일로 서술하기도 하였다.

개로왕의 국서에서 애먼 북연을 들먹인 것은 북위의 관심을 끌려는 목적에서였을 것이다. 북위에게 멸망당한 북연의 잔여 무리가 고구려에 숨어든 것이 문제를 일으킨 근본 원인이니 그 무리를 받아들인 고구려를 징치하는 것이 마땅하다며, 고구려를 정벌해야 할 명분을 북위 조정에 제시한 것이라 할 수 있다.

이처럼 외교 문서는 작성 당시의 목적에 따라 실제의 사실을 호도(糊塗)하고 엉뚱한 부회를 해 놓은 경우들이 있기 때문에, 비록 1차 사료라고 하더라도 거기에 실린 내용을 액면 그대로 받아들여서는 안 된다.

이와 관련하여 또 다른 사례로 거론될 수 있는 것이 《삼국사기》 최치원 열전에 실린 〈상대사시중장(上大師侍中狀)〉이다. 거기에 보면, "고구려와 백제가 전성 시기에 강한 병사 100만으로 남으로 오(吳), 월(越)을 침략하고 북으로 유(幽), 연(燕), 제(齊), 로(魯)를 뒤흔들어 중국에 큰 좀과 같은 존재였다."는 내용이 나온다.[11] 이 또

11) "高麗百濟全盛之時 强兵百萬 南侵吳越 北撓幽燕齊魯 爲中國巨蠹"(《三國史記》 卷46 列傳6 崔致遠)

한 외교 문서로서의 성격을 감안하여 접근해야지, 1차 사료에 해당할 수 있다는 점만으로 역사적 사실이라고 단정하면서 사료를 파악하려 해서는 매우 위험하다. 윤색, 과장, 부회, 호도의 가능성을 유념하지 않는다면, 1차 사료의 활용은 자칫 허황된 역사상의 구축으로 이어질 위험이 높음을 인식할 필요가 있다.

3. 필사 및 재록(再錄) 과정에서의 오류 가능성을 고려해야

사료의 가치를 저울질할 때 또 하나 유념해야 할 것은 현존하는 사료가 원상태를 완벽하게 유지하고 있을 것이라는 환상을 가져서는 안 된다는 점이다. 사료가 최초로 만들어지는 과정에서도 오기(誤記)나 탈자(脫字) 같은 사소한 실수가 발생할 수 있고, 옮겨지고 정리되는 과정에서도 예기치 않은 오류가 나올 수 있다는 것이다.

우선 사료가 처음 만들어질 때나 그것이 전록될 때는 기본적으로 필사(筆寫)를 거치게 되는바, 이 과정에서 인명이나 지명과 같은 고유명사는 오기가 이루어질 가능성이 상대적으로 높다. 특히 사정을 잘 알지 못하는 외국과 관련된 경우, 인명과 지명에서 착오가 생길 여지가 훨씬 커진다. 대표적인 사례로 들 수 있는 것이 중국 측 자료인 《양서》 신라전에 보이는 신라 법흥왕의 이름이다. 거기에는 521년 양에 사신을 파견한 신라 법흥왕의 이름이 전하는데, 현전하는 판본들에 각기 다른 형태로 기술되어 있다. 즉 급고각본(汲古閣本)에는 '모, 이름은 진[募名秦]'이라고 나오고, 무영전본(武英殿本)과 백납본(百衲本)에는 '이름이 모태[名募泰]'라고 나온다. 양자를 비교해 보면, 전자의 '모명(募名)'이 후자에서는 '명모(名募)'로 도치되어 있고, 마지막 글자가 '진(秦)'과 '태(泰)'로 서로 다르게 표기되어 있다. 《양서》를 재록(再錄)된 《남사(南史)》에서는 '성은 모, 이름은 태[姓募名泰]'로 전하여, 《양서》 판본들의 내용이 교묘히 절충되는 한편, 앞에 '성(姓)'이라는 글자가 추가된 모습을 보인다.

법흥왕의 이름은 《삼국사기》에는 '원종(原宗)'이라고 전하는데, 법흥왕의 재위 연간에 작성된 〈울진 봉평비〉(524)와 〈울주 천전리각석〉의 추명(追銘: 539)에는 각각 '모즉지(牟卽智)'와 '무즉지(另卽知)'로 나타난다. 법흥왕 당대에 신라인 스스로가 만든 금석문 자료에 나오는 이름이 가장 실상에 가까울 것은 두말할 필요가 없다. 양의 지배층 인사가 신라 사신이나 그를 통역해 주던 백제 사신을 통해 구두(口頭)로든지 필담에 의해서든지 법흥왕의 이름을 전해 듣고서 적었을 텐데, 여하튼 최초로 작성된 자료에는 모즉지 또는 무즉지와 음이 가까운 '모진(募秦)' 정도로 기록되었을 가능성이 높다. 아마 '왕의 이름은 모진[王名募秦]'이라고 적혀 있었을 문구가 후대에 전록되는 과정에서 '진(秦)'이 유사한 자형의 '태(泰)'로 잘못 필사되어 무영전본과 백납본에서처럼 '王名募泰'로 표기되기도 하고, '名募'가 '募名'으로 도치되면서 급고각본처럼 '왕은 모(募)인데 이름이 진(秦)[王募名秦]'이라는 식으로 와전되기도 하였으며, 《남사》에서는 아예 '성(姓)'이라는 글자가 끼어들어가 '王姓募名泰' 즉 '왕의 성은 모(募)이고 이름은 태(泰)'라는 식으로까지 바뀌게 되었던 것으로 보인다. 《남사》의 내용은 당시 신라 왕실이 '모(募)'를 성씨로 사용했다고 전하는 것인데, 이것이 역사적 사실과 전혀 다름은 굳이 말할 필요도 없는 것이지만, 외국 사정을 제대로 알지 못한 편사자가 성(姓)과 명(名)을 구분하던 자신들의 상황에 맞추어 부회와 왜곡을 일삼은 사례가 되기에는 충분하다.

《양서》 신라전의 법흥왕 이름 관련 기사는 외국 사서에 실린 사료를 다룰 때 유념해야 할 점을 네 가지 측면에서 알려 준다.

먼저, 모즉지 또는 무즉지가 '모진(募秦)'으로 표기된 사례를 통해 알 수 있듯이, 인명을 비롯한 고유명사는 애초부터 실제와 다르게 기록되는 경우가 많다는 점이다.

같은 《양서》 신라전에 전하는 신라의 관명 '자분한지(子賁旱支)', '제한지(齊旱支)', '알한지(謁旱支)', '일고지(壹告支)',[12] '기패한지(奇貝旱支)' 등이 《삼국사기》를 위시한 우리 측 문헌 기록이나 신라 중고기 금석문 자료상의 관등명과는 확연히 다른 양상을 보이는 것도 이런 사정을 반영하는 것이라 할 수 있다.

둘째, '募秦'이 판본에 따라 '募泰'로도 나옴에서 드러나는 것처럼, 자신들의 언어로 의미가 잘 통하지 않는 고유명사의 경우, 앞서 작성된 자료가 전록되는 과정에서 잘못된 판독으로 인해 새로운 오류가 발생할 수 있다는 점이다.

유사한 사례로 들 수 있는 것은 셀 수 없이 많지만, 대표적인 것이 고구려 초기 5부 가운데 하나로 《후한서》 고구려전과 《한원(翰苑)》 고려조 등에 '소노부(消奴部)'로 기록된 부가 《삼국지》 고구려전에는 '연노부(涓奴部)'로 표기되어 있다는 것이다. 후한 대 이후 초서(草書)와 같은 흘림체가 유행하던 상황에서, 독자에 따라 자신이 본 자료상의 '消'가 유사한 자형의 '涓'으로 오독되면서 생긴 결과로 보인다.

12) '壹告支'는 《남사》 신라전에는 '일길지(壹吉支)'로 나오는바, 필사 과정에서 '吉'을 비슷한 자형의 '告'로 잘못 적은 것일 가능성이 매우 높다.

셋째, '名募秦'이 '募名秦'으로 자구(字句)상의 도치가 이루어진 것에서 볼 수 있듯이, 필사 과정에서의 부주의로 인해 애초와는 사뭇 다른 내용으로 바뀌는 경우도 생긴다는 점이다. 글자가 도치된 사례는 국외 사료, 국내 사료를 가리지 않고 흔하게 나타나는데, 고유명사에서도 보이지만 전록자의 착각이나 실수의 범위가 확대되면 일반명사나 술어 등에서 보이기도 한다.

'名募'가 '募名'으로 바뀐 예를 제외하고 도치의 대표적 사례를 들자면, 《주서(周書)》 고려전과 그 내용이 전재된 《북사》 고구려전에서 부여신(夫餘神)과 함께 당시 고구려 사회의 2대 신격으로 떠받들어졌다고 전하는 존재가 각각 '등고신(登高神)'과 '고등신(高登神)'으로 기록되었다는 것이다. '登高'든 '高登'이든 '높은 곳으로 올라간다.'는 뜻을 갖기 때문에, 원자료의 표기가 무엇이었든 간에 필사 과정에서 부주의나 자의적 판단에 따라 도치가 일어날 가능성은 매우 높았다고 할 수 있다. 같은 사서들에서 고구려 관인이 쓰던 관(冠)의 이름이 전자의 경우 '골소(骨蘇)', 후자의 경우 '소골(蘇骨)'로 글자의 순서가 서로 바뀌어 나오는 것 또한 외국어 고유명사의 표기에서 착오에 의한 도치가 얼마나 빈번하게 발생할 수 있는지를 잘 보여 주는 것이다.

마지막으로 《양서》 백제전의 내용을 옮기다시피 한 《남사》 백제전에서 '募名秦'이나 '名募秦'라는 자구 앞에 애초에 들어 있지 않았던 '姓'을 넣어 '姓募名秦'라는 또 다른 내용을 구성한 데서 나타나는 바와 같이, 편사자의 자의적 판단에 의해 새로운 글자나 자구가 추가되면서 실상과 다른 왜곡이 생길 수 있다는 점이다.

이와 관련하여 유사한 사례 하나가 《위서》 고구려전에서 찾아지는데, 거기에는 "위 정시(正始) 연간에 '요서안평(遼西安平)'에 들어와 노략질하다가 유주자사 무구검에게 격파되었다.[魏正始中 入寇遼西安平 爲幽州刺史毋丘儉所破]"라고 하는 기사가 실려 있다.[13] 요서 지역의 안평이라는 곳을 고구려가 공격했다는 내용으로 해석될 수 있으나, 실상 이 기사는 《삼국지》 고구려전에 '正始三年 宮寇西安平 其五年 爲幽州刺史毋丘儉所破'라는 기사를 편사자가 잘못 이해함으로써 왜곡이 발생한 예가 된다. 서안평(西安平)은 본디 요동군의 속현이었으며, 압록강 하구의 요충지로서 지금의 중국 요녕성 단동시 일대에 설치되었던 것이다. 그런데 《위서》의 편찬자인 위수(魏收)는 서안평이 과거에 요동군의 속현이었음을 알지 못한 채, '安平'이 현의 이름이고 '西'는 '遼西'라는 두 글자에서 앞 글자가 빠져 남겨진 것으로 생각하여 그 앞에

13) 《북사》 고구려전에도 "正始三年 位宮寇遼西安平"이라고 하여 동일한 내용의 기사가 보인다.

'遼'를 추가한 것으로 짐작된다.[14] 편사자의 무지로 말미암아 원자료에 없던 글자가 자의적으로 삽입되면서 엉뚱한 역사상이 만들어질 수 있음을 이 사례를 통해 다시금 확인하게 된다.

한편 필사와 재록 과정에서는 들어가야 할 글자가 착오에 의해 빠지는 경우도 흔하게 나타난다. 대표적인 사례를 하나만 들자면, 《북사》 고구려전에서 북위의 사신 이오(李敖)의 보고 내용을 전하면서, "요동으로부터 남쪽으로 1천여 리 거리에 있으며, 책성에 이르고 남으로는 소해(小海)에 이르고 북으로는 옛 부여에 이른다.[去遼東南一千餘里 <u>至柵城</u> 南至小海 北至舊夫餘]"고 하였다. 여기서 '至柵城'이라는 문구는 《북사》 편찬의 기본 자료로 활용된 《위서》의 해당 부분에 분명히 나오듯이 '東至柵城'이 되어야 옳은데, 착오로 '東'을 빠뜨린 것이다. 이러한 '탈자(脫字)'의 사례들은 고유명사, 일반명사, 술어를 가리지 않으며, 국내 사료와 국외 사료를 불문하고 광범위하게 드러나는바, 문맥을 어그러뜨리기도 하고 더 나아가 사실 왜곡을 조장하기도 하므로, 심상히 흘려서는 안 된다.

4. 판본(版本) 제작 과정에서의 착오 여부에도 신경 써야

현전하는 문헌 사료들은 필사본의 형태로 존재하는 것들도 있지만, 수백 년 이상 목판본 또는 활자본의 형태로 내려온 것들이 많다. 그런데 목판본이나 활자본을 만드는 과정에서 서자(書者)의 오판과 실수, 각수(刻手)나 식자공(植字工)의 무지와 착각 등에 의해 엉뚱한 결과가 나타날 수도 있다.

목판본이나 활자본을 제작할 때는 먼저 필사된 정서본(正書本)이 만들어져야 한다. 목판에 새기거나 활판을 조립하기 위해 필요한 정서본은 오독의 여지를 줄이기 위해 정자체로 작성되는 것이 일반적이다. 바로 이 정서 과정에서부터 오(誤)·탈자(脫字)가 생기기도 하고, 목판본의 경우에는 정서본을 목판에 부착하여 새기는 과정에서 각수(刻手)의 무지와 부주의로 인해 획이 잘못 표현되거나 심지어 글자가 누락되면서 오·탈자가 나오기도 한다.

14) 애초에 '遼東西安平'으로 되어 있었는데 '東'이 잘못 들어간 것으로 판단하여 삭제한 결과로 생각할 수도 있겠으나, 《위서》의 편찬자가 참고한 《삼국지》 고구려전에 '遼東'이 들어 있지 않았음을 감안하면, 그랬을 가능성은 높지 않다.

먼저 오자의 경우부터 살펴보면, 조선 초기와 중기에 인간(印刊)된 《삼국사기》나 《삼국유사》의 판본들에서 그 사례가 무수히 발견된다. 피휘(避諱)를 위해 글자의 획 일부를 일부러 뺌으로써 마치 오자처럼 보이는 것들은 정서본 단계에서 이미 나타났을 것이지만(〈사진 1〉),[15] 오자나 오자 수준에 가까운 이체자(異體字)의 다수는 판각 과정에서 이루어진 것으로 보인다.

각수가 판각하는 과정에서 무지와 부주의로 인해 오자가 발생한 사례는 우선 《삼국유사》 권2 진성여대왕(眞聖女大王) 거타지(居陁知)조에서 하나를 찾아 볼 수 있다. 〈사진 2-1〉은 1512년(중종 7)에 판각이 이루어진 이른바 '정덕본(正德本)'[16]에 나타난 것으로, '南無亡國 剎尼那帝 判尼判尼蘇 判尼于于三阿干 鳧伊娑婆訶'라는 내용의 다라니를 풀이하는 대목에서 '于于三阿干'이 다시 언급될 때 마지막 글자인 '干'이 '十'으로 잘못 새겨진 것이다. 정서한 자는 아마도 전체 문맥을 알고 썼을 테니 앞서 나온 '三阿干'을 '三阿十'으로 잘못 적었을 가능성은 매우 낮다. 참고로 〈사진 2-2〉는 정덕본에 앞서 조선 초기에 간행된 것으로 알려진 이른바 '파른본'의 해당 부분을 비교해 본 것인데,[17] 여기서는 분명히 '干'으로 나와 있다. 결국 정덕본을 새로이 판각할 때, 각수의 실수로 인해 이런 오자가 생긴 것으로 볼 수밖에 없는 것이다.

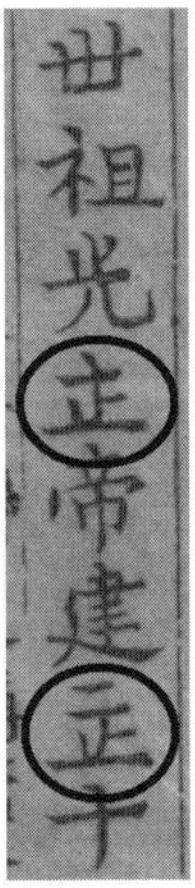
사진 1

사진 2-1

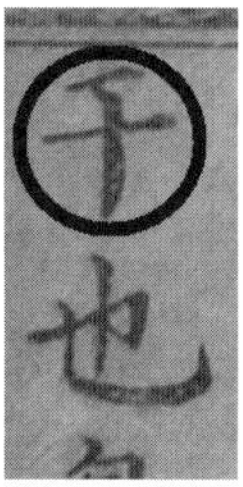
사진 2-2

획이 빠진 것이 아니라 가획(加劃)이 이루어짐으로써 엉뚱한 글자가 들어간 예도 있다. 《삼국유사》 권2 후백제(後百濟) 견훤(甄萱)조의 내용 중에는 견훤의

---

15) 〈사진 1〉은 《三國遺事》 卷2 紀異2 駕洛國記條에 보이는 것으로, '後漢世祖光武帝建武十八年'이라고 나오는 부분의 일부이다. 두 군데의 '武'자가 모두 오른쪽 '弋' 부분이 결획된 채로 나타나 있는데, 이는 고려 제2대왕 혜종의 이름인 '武'를 피휘한 방법 가운데 하나이다.

16) '正德本'이라는 명칭은 1505년부터 1521년까지 재위한 명 황제 정덕제의 연호에서 따온 것으로, 근래에는 우리나라의 왕명과 60간지의 연도를 써서 '중종임신본(中宗壬申本)'으로 부르기도 하는데, 여기서는 편의상 그동안 통용되었던 '정덕본'이라는 이름을 사용하기로 한다. 아울러 이 글에서 활용한 정덕본의 사진은 국사편찬위원회의 한국사데이터베이스에 올라와 있는 규장각 소장본의 원문 이미지를 가공한 것임을 밝혀둔다.

17) 이 글에서 활용한 파른본의 사진은 연세대학교 박물관, 2016 《파른본 삼국유사 교감》, 도서출판 혜안에 첨부되어 있는 사진을 스캔하여 가공한 것이다.

장자 신검이 쿠데타를 일으킬 때의 사정을 전하는 대목으로 '王年老暗於軍國政要' 즉 '왕이 연로하여 군국의 정사에 어둡다'고 언급한 부분이 있는데, 이 부분이 정덕본(〈사진 3-1〉)에는 '王'이 아니라 '五'라고 나온다. 맥락을 알고 쓴 정서자는 당연히 '王'이라고 썼을 것이지만, 한문에 대한 소양이 부족했을 각수가 뒤에 나온 '年'에 구애되어 자의로 '五'로 가획하여 새김으로써 발생한 오류라고 할 수 있다. 파른본(〈사진 3-2〉)에는 정상적으로 '王'이라고 나오는 것을 보면, 애초부터 오자였던 것은 아니고 정덕본 판각 때 새로 만들어진 오자임이 확인된다.[18)]

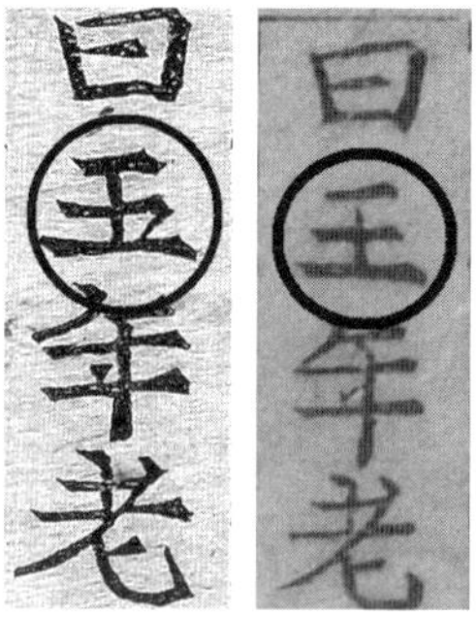
사진 3-1 사진 3-2

《삼국유사》에서 오자가 어떻게 만들어지고 어떻게 이어지는지를 보여 주는 대표적 사례 중 하나가 권2 가락국기(駕洛國記)조에서 찾아진다. 〈사진 4-1〉과 〈사진 4-2〉는 가락국 즉 금관가야의 마지막 왕으로 신라에 항복해 들어간 구형왕(仇衡王)[19)]을 표기한 것으로, 전자는 정덕본, 후자는 파른본에 드러난 것이다. 둘 다 '王'자가 아닌 '三' 또는 가운데 가로획과 아래의 가로획만 세로획으로 이어진 글자로 표현되었다. 신라의 문무왕이 금관가야의 시조 수로왕의 능묘에 대한 제사 체계를 정비하고자 내린 제(制)에 '伽耶國元君九代孫仇衡王之降于當國也(가야국 원군의 9대손인 구형왕께서 우리나라에 항복할 때)'라는 부분이 들어 있는데, 전후 맥락에서 '王'으로 나와야 마땅한데도 엉뚱한 글자들로 잘못 표기되어 있는 것이다.

사진 4-1 사진 4-2

정덕본의 판각이 이루어질 때 최초 정서본 작성 단계에서 이미 이러한 실수가 발생했는지, 아니면 각수가 판각을 하는 과정에서 부주의로 말미암아 세로획 표현이 누락된 것인지 확실하게 알 수는 없다. 만약 전자라면 정서자는 '仇衡三' 세 글자를 이름으로 판단했다는 이야기도 가능하

18) 《삼국유사》에는 이 밖에도 '未'와 '末', '干'과 '于', '已'와 '己' 또는 '巳' 등이 잘못 새겨진 사례들이 많다. 그 대다수는 정서 과정에서의 실수보다는 판각 과정에서의 실수로부터 말미암은 것으로 보인다.

19) 사진에서 드러나듯이 《三國遺事》에는 '형(衡)'이 아니라 '충(衝)'으로 나오는데, 그동안 학계에서는 일반적으로 '衡'의 오기라고 파악해 왔다. 논란의 여지가 남아 있지만, 여기서는 편의상 '衡'으로 읽는 것으로 하겠다.

다. 파른본처럼 이전부터 내려오던 판본에 나타난 글자가 이상하다는 생각에서 오자로 판단하고, 대안으로 '三'을 선택했을 수 있다는 것이다.

그런데 파른본에 나타난 정체불명의 글자는 《삼국유사》의 다른 곳에서 '亡'자로 확인된다. 〈사진 5-1〉은 권2 김부대왕(金傅大王)조의 '國家日衰 幾何其不亂且亡也哉(나라가 날로 쇠약해지니 어찌 어지러워지지 않을 것이며 또한 망하지 않을 것인가?)'라는 문구의 일부분이다. 본디 이 구절은 《삼국사기》 권12 신라본기12 경순왕기의 말미에 실린 사론에서 인용한 것으로, 현재 전해지는 《삼국사기》 정덕본에는 〈사진 5-2〉에 보이는 바와 같이 글자의 첫째 획이 가로획이 아니라 왼쪽 위에서 오른쪽 아래로 비스듬히 내려서 살짝 눌러 찍은 획으로 표현되어 누가 보아도 '亡'자임을 확실하게 알 수 있다.

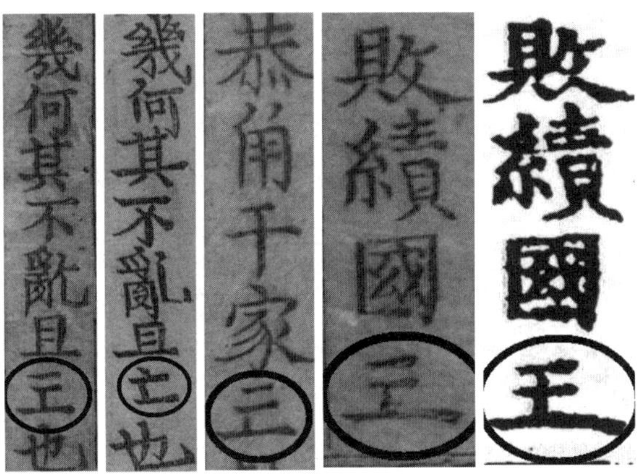

사진 5-1 사진 5-2 사진 5-3 사진 5-4 사진 5-5

〈사진 5-3〉은 권2 혜공왕(惠恭王)조의 '大恭角干家亡 輸其家資寶帛于王宮(대공 각간의 집이 망하자 그 집의 재산, 보물, 비단을 왕궁으로 실어 왔다.)'이라는 구절의 일부분이다. 〈사진 5-4〉는 권2 후백제 견훤조의 '天福元年丙申 與高麗兵會戰於一善郡 百濟敗績國亡云(천복 원년 병신년에 고려병과 일선군에서 만나 싸웠는데 백제가 패배하고 나라가 망했다고 한다.)'이라는 부분에서 보이는 것이다. 모두 문맥상 '三'이나 '王'이 될 수 없음에도, '亡'으로 판독하지 않고 '三'으로 읽기도 하고,[20] 정덕본에 가필이 이루어진 이른바 '순암수택본(順庵手澤本)'의 경우 〈사진 5-5〉에 나타난 바와 같이 아예 가획을 하여 '王'으로 표현하기도 하였다. 요컨대 이러한 여러 사례들은 '王'과 '亡', '三'이 판각 과정에서 서로 혼동될 여지가 크다는 사실을 잘 보여 준다.

다시 정덕본과 파른본에서의 '仇衡王'의 오각과 관련된 문제로 돌아가면, 조선 초

20) 〈사진 5-1〉의 '亡'을 三品彰英은 '三'으로 교감하였다(三品彰英 遺撰, 1979 《三國遺事考證 中》, 塙書房, 172쪽).

기에 파른본 등이 판각될 때, 정서 과정에서 이전 시기의 자료를 옮겨 적으면서 '仇衡王'의 '王'을 '亡'으로 잘못 옮겼을 수도 있고, 이전부터 내려온 자료에 이미 '亡'으로 잘못 적혀 있었을 수도 있다. 이후 정덕본의 판각이 이루어질 때, 조선 초기 판본의 '亡'이 왕의 이름으로 어울리지 않는다고 판단한 정서자가 '三'으로 고쳐 적음으로써 현재의 정덕본처럼 되었을 수도 있고, 정서본에는 파른본에서와 같이 '亡'으로 적혔던 것을 판각을 담당한 각수가 부주의 또는 오판으로 세로획을 새기지 않음으로써 '三'으로 나타났을 수도 있다.

결국 현존하는 판본의 글자들이 애초에 작성된 자료의 내용을 완벽하게 반영할 것으로 믿으려 해서는 안 된다. 사소한 몇 글자라도 원래의 문맥을 파괴하는 것으로 인식되면, 의심을 갖고 세밀히 살펴볼 필요가 있다. 특별히 이 점을 강조하는 이유는 그동안 사이비 역사학계 일각에서 《삼국유사》 권1 고조선조의 '古記云 昔有桓因[謂帝釋也]庶子桓雄 數意天下 貪求人世(고기에 이르기를, 옛날 환인[제석을 일컫는다]의 서자 환웅이 천하에 자주 뜻을 두고 인간 세상을 탐하고 구하였다.)'라는 구절의 '桓因'이 정덕본에 〈사진 6-1〉에서와 같이 '桓国'으로 나오는 것을 들어, 단군의 고조선 이전에 '환국'이 라는 나라가 존재했다고 주장해 왔기 때문이다. 그렇지만, 설령 애초부터 '桓国'이라고 되어 있었다고 하더라도, 문맥상 그것은 서자로 환웅을 둔 아버지의 이름일 뿐이지 국명이 될 수는 없는 것이고, 주석을 붙여 불교의 천신 가운데 하나인 제석천(帝釋天)을 일컫는다고 해 놓은 것을 보아도 그것을 국명으로 보는 것이 무리함은 상식적으로 판단할 수 있는 일이다. 더욱이 최근 발견된 조선 초기의 판본으로 파른본에는 〈사진 6-2〉에 보이는 것처럼 해당 글자가 '国'이 아니라 에운담 몸(囗) 안에 선비 사(士)가 들어간 형태로 나오는바, 그것은 곧 〈사진 6-3〉에서 확인할 수

사진 6-1

사진 6-2

사진 6-3

있듯이 '因'의 이체자이다.[21] 따라서 정덕본 판각 때 발생한 착오를 고려하지 않고, 무작정 현전하는 판본 가운데 '国'으로 나오는 것이 있으니, 환국으로 보아야 한다고 주장하는 것은 억지에 지나지 않는다.[22] 사료를 검토할 때 판각 과정에서의 착오 가능성에도 유념해야 할 이유는 바로 여기에 있다.

판본에서 확인되는 오자의 사례들은 금석문 자료의 판독에도 효과적으로 적용될 수 있다. 신라에서 율령이 반포된 후 그에 입각한 처벌이 이루어졌음을 보여 주는 〈울진 봉평비〉에는 모종의 사건이 발생하여 대군이 출동했다는 내용이 나오는데, 〈사진 7-1〉은 그 모종의 사건에 관한 정보를 담고 있는 부분이다. 두 글자는 대체로 '失火'로 판독되지만, 논자에 따라서는 '失大'로 판독하기도 한다.[23] '失大'로 읽으면 앞뒤 문맥이 이어지지 않아 사건의 실체를 규명하기가 사실상 불가능해지는데,

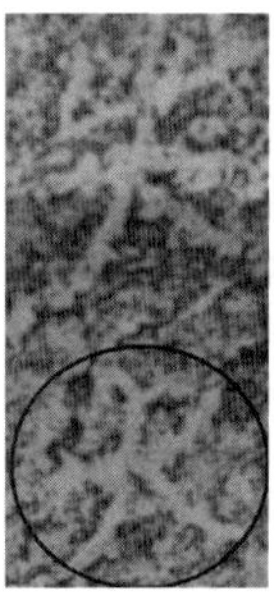

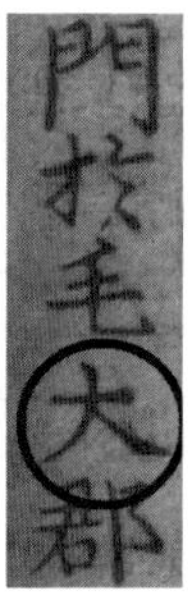

사진 7-1 사진 7-2

그럼에도 이런 주장이 나오게 된 것은 두 번째 글자의 가로획이 하나로 이어진 듯 보여 '大'로 파악될 여지가 있기 때문이었다.

그런데 '火'와 '大'는 《삼국유사》의 판본에서도 혼동된 사례가 확인된다. 즉 권2 효성왕(孝成王)조를 보면, 관문(關門)을 축조한 지역의 이름으로 〈사진 7-2〉에 나타난 바와 같이 '毛大郡'이라는 지명이 등장한다. 여기서의 '大'는 '火'를 잘못 새긴 것인데, 파른본에서부터 '大'로 나오는 것을 보면 처음 《삼국유사》 편술의 자료가 작성될 당시부터 '火'가 아니라 '大'로 오기가 이루어졌을 가능성이 높은 것으로 보인다. 이처럼 《삼국유사》의 판본에서 '火'가 '大'로 잘못 새겨진 경우가 확인된다는 사실은 사건의 실상 파악이라는 중대한 문제가 걸려 있는 〈울진 봉평비〉 해당 부분(〈사진 7-1〉)의 두 번째 글자가 형태상 '大'처럼 보일 수는 있어도 그 실체는 '火'라고 단정지을 수 있는 방증이 된다.

---

21) 〈사진 6-3〉은 伏見冲敬, 1999 《合本 書藝大字典》, 教育出版公社에서 스캔한 것이다. 이하 자형의 대비를 위해 이런 형태로 제시하는 것은 모두 이 책에 의한다. 아울러 '因'의 이체자로서 〈사진 6-3〉의 아래 글자와 동일한 모양을 보이는 것은 이외에도 북위 때의 금석문인 원욱(元頊)묘지를 비롯하여 다수의 사례를 찾아볼 수 있다(위 책, 402쪽 참조).

22) 이에 관해서는 김상현, 2013 〈삼국유사 고판본과 파른본의 위상〉 《동방학지》 162집, 21~22쪽과 하일식, 2013 〈《삼국유사》 파른본과 임신본의 비교 연구〉 같은 책, 122~123쪽에서 이미 적절한 언급이 있었다.

23) 이에 관해서는 강종훈, 2009 〈울진봉평신라비의 재검토〉 《동방학지》 148집, 9쪽 참조.

금석문 자료를 판독함에 있어 자의적인 추독을 앞세우는 것은 곤란하다. 그렇지만, 그와 정반대로 문맥을 전혀 고려하지 않고 자형(字形)의 현상에만 집착하는 것은 더욱 큰 논란을 불러일으킬 수 있음을 유념해야 한다. 사실 앞서 거론한 《삼국유사》 판본에서의 '王'과 '三', '亡'의 혼동 사례는 〈울주 천전리각석〉의 이른바 원명(原銘)과 추명(追銘)에도 유사하게 나타나는바, 전체 맥락상 '王'자로 보아야 타당할 글자가 마치 '三'자처럼 보이는 부분이 있어 판독과 해석에서 혼란이 발생한 적도 있었다.[24] 각석에 글자를 새긴 자의 소양이 떨어져 일부 글자에서 오각(誤刻)이 이루어졌을 가능성 자체를 닫아둔 채 명문의 내용을 파악하려 하면, 심지어 판독문에 '병유(丙酉)', '해사(亥巳)', '술해(戌亥)' 등 존재하지도 않는 간지들을 싣는 황당한 일까지 생기게 되는 것이다.[25]

다시 판본 제작 과정과 관련된 문제로 돌아가 논의를 계속하자면, 오자 외에 탈자(脫字)의 문제가 거론될 수 있다. 탈자는 당연히 들어가야 할 글자가 빠진 것을 말하는데, 정서 단계에서 발생하는 것이 대부분이기는 하지만, 간혹 각수(刻手)의 부주의로 글자가 새겨지지 않은 것으로 여겨지는 부분도 있다. 정덕본과 파른본을 비교해 볼 때, 동일하게 공백 상태로 나타나는 것들은 당연히 파른본 제작 당시 혹은 그 이전에 이미 발생했던 착오가 정덕본 판각 과정에도 영향을 끼친 것으로 볼 수 있다. 여기서는 글자의 공백 상태를 보이는 사례 두 가지를 통해 사료 파악과 관련하여 주의할 점을 살펴보자.

〈사진 8-1〉은 정덕본, 〈사진 8-2〉는 파른본에 나타난 것으로, 모두 《삼국유사》 권2 후백제 견훤조의 일부분이다. 자세히 보면 획의 굵기에서 미세한 차이가 있기는 하지만, 전체적으로 볼 때 같은 판목으로부터 인쇄된 것으로 판단할 수 있다. 즉 이 부분은 정덕본 판각이 이루어질 때 새로 새겨진 판목에서가 아니라 조선 초기에 이미 제작되어 파른본을 인출(印出)했던 판목에서 재인출(再印出)한 것이며, 동일한 판목의 상황을 보여 주므로 양자의 비교는 그다지 의미가 없다. 파른본에서부터 공백 상태를 보이는 이 부분의 앞뒤 구절은 '百姓流移 群盜蜂起 於是萱竊有□心 嘯聚徒侶'로, "백성들이 떠돌고 도적떼가 벌떼처럼 일어나니, 이에 견훤이 몰래 □할 마음을 갖고 무리들을 불러 모았다."는 내용이다. 문맥상 '□心'은 '반란을 일으킬

24) 이에 관해서는 강종훈, 1999 〈울주 천전리서석 명문에 대한 일고찰〉《울산연구》 1집 참조.
25) 한국선사미술연구소, 2003 《국보 147호 천전리각석 실측조사보고서》, 울산광역시, 86~92쪽.

사진 8-1

사진 8-2

사진 8-3

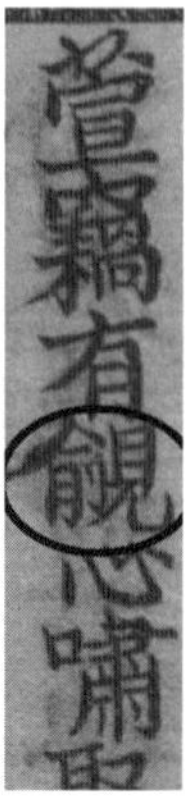

사진 8-4

마음' 정도로 볼 수 있겠는데, 실제로 정덕본에 가필이 이루어진 순암수택본에는 〈사진 8-3〉에 나타난 것처럼 '叛'이라는 글자가 마치 원래 글자였던 양 꾸며져 있기도 하다.

여기서 한 가지 중요한 문제가 떠오르는바, 추정해서 넣은 '叛'을 원사료의 것으로 인정하고 활용하는 것이 과연 타당한가이다. 《삼국유사》 후백제 견훤조에 실린 내용은 그보다 앞서 편찬된 《삼국사기》의 견훤 열전으로부터 인용한 것이 대부분이고, 위의 구절도 거기서부터 연유한 것이다. 그런데 《삼국사기》 정덕본의 해당 부분을 보면, 《삼국유사》 판본에 비워져 있는 곳의 글자가 '叛'이 아니라 〈사진 8-4〉와 같이 '覦(유)'로 나온다. '覦'는 '넘겨다보다'는 뜻의 한자로, '견훤이 몰래 (권력을) 넘보는 마음을 갖고'라는 의미로서 전후 맥락을 자연스럽게 연결해 준다. '覦'를 '叛'으로 바꾸어 인식하는 것은 결국 '비슷하지만 아닌[似而非]' 내용의 사료를 만들어 내는 셈이 되는데, 이런 자의적인 보입(補入)은 자칫 역사 왜곡으로도 이어질 위험이 있다.

이와 관련하여 주목해야 할 사례가 《삼국유사》 권2 남부여(南扶餘) 전백제(前百濟)조에 보이는 사비도성의 '삼산(三山)' 기사이다. 즉 백제의 수도였던 사비 지역에 '□山, 吳山, 浮山'이라는 이름의 3산이 있어 백제의 전성 시기에는 그 산에 각기 거하던 신인(神人)이 공중을 날아서 서로 왕래함이 아침저녁으로 끊이지 않았다는 내용의 기사인데, 〈사진 9-1〉의 정덕본이나 〈사진 9-2〉의 파른본에는 첫 번째로 거론된 산의 이름이 공백으로 나타나 있다. 이는 적어도 《삼국유사》의 판본상으로는 3산 중 첫째 산의 이름을 확인할 수 없음을 의미하며, 현재 상황에서 그 누구도 이 산의 이름을 함부로 말할 수 없다는 이야기가 된다.

그런데 현재 유포되어 있는 다수의 《삼국유사》 번역본에는 이 산의 이름이 '일산(日山)'인 것으로 나오고 있다. 그것은 정덕본을 가필한 순암수택본에서 공백 부분에 '日'자가 삽입되어 있는 데서 유래하는데(〈사진 9-3〉), 순암 안정복이 무슨 근거로 그 글자를 넣었는지 알기는 어려우나, 위에서 살펴본 '覦'의 '叛'으로의 오입(誤入)

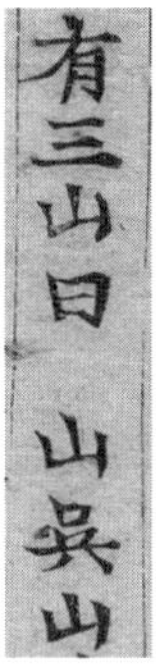
有三山曰 山吳山

有三山曰 山吳山

有三山曰日山吳山

사진 9-1 사진 9-2 사진 9-3

사례에서 짐작할 수 있듯이 거기에 섣불리 신뢰성을 부여하기는 힘들다.[26] 후대의 가필을 엄격하게 구별하지 않고 그 가필된 사료를 마치 원자료인 것처럼 활용할 경우, 시간이 흐를수록 애초에 알려지지 않았던 산 이름이 마치 실제 있었던 산명처럼 사람들의 머릿속에 심어질 가능성이 매우 커진다. 역사 왜곡은 이런 사소한 글자 하나에서부터 시작된다는 것을 유념할 필요가 있다.

판본 내용의 자의적인 보충을 조심해야 함을 보여 주는 사례를 하나만 더 들어 보자.

〈사진 10〉은 앞에서 각수의 부주의로 인한 오자의 사례로도 거론한 바 있는 《삼국유사》 권2 진성여대왕 거타지조의 전반부 내용이 파른본에 나타난 것이다. 좌측의 밑줄 친 부분은 현재 여러 역주본에 다음과 같이 원문이 소개되어 있다.

于于三阿干<u>者 言三四寵臣</u>也 鳧伊者 言鳧好也

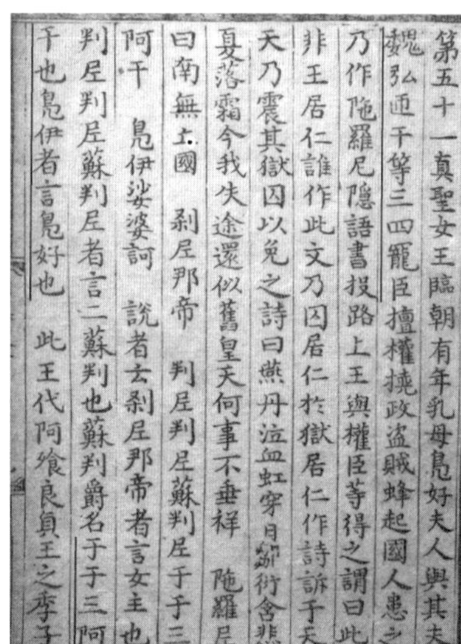
第五十一眞聖女王臨朝有年乳母鳧好夫人與其夫
魏弘匝干等三四寵臣擅權撓政盜賊蜂起國人患之
乃作陁羅尼隱語書投路上王與權臣等得之謂曰此
非王居仁誰作此文乃囚居仁於獄居仁作詩訴于天
天乃震其獄囚以免之詩曰燕丹泣血虹穿日鄒衍含悲
夏落霜今我失途還似舊皇天何事不垂祥 陁羅尼
曰南無亡國 刹尼那帝 判尼判尼蘇判尼于于三
阿干 鳧伊娑婆訶 說者云刹尼那帝者言女主也
判尼判尼蘇判尼者言二蘇判也蘇判爵名于于三阿
干也鳧伊者言鳧好也 此王代阿飡良貝王之季子

사진 10

정덕본은 물론이고 파른본에서조차 위 인용문의 밑줄 친 '者 言三四寵臣'은 보이지 않는다. 문맥상으로 '于于三阿干'의 실체를 설명하는 내용이 나와야 하는데, 빠져 있으므로 〈사진 10〉 우측의 '魏弘匝干等 三四寵臣'이라는 부분에서 '三四寵臣'을 끌어다가 보입(補入)을 한 것이다.

그런데 누락된 부분이 있는 것은 틀림없지만, 그것이 꼭 '三四寵臣'이라고 단정지

26) 참고로 조선 전기에 편찬된 《新增東國輿地勝覽》 卷18 扶餘縣 山川條에는 '浮山'이 보이고 '吳山'은 같은 발음의 '烏山'으로 나오고 있지만, '日山'은 확인되지 않는다. 대신 '부소산(扶蘇山)', '망월산(望月山)', '취령산(鷲靈山)' 등이 소개되어 있으며, 고개의 이름으로 '탄현(炭峴)'과 '나소현(羅所峴)'이 함께 나타날 뿐이다. 《삼국유사》가 처음 편술될 때 지금 문제가 되는 공백 부분의 글자가 '日'자로 기록되었을 가능성은 매우 낮음을 여기서도 알 수 있다.

을 수 있는 것은 아니다. '魏弘匝干等 三四寵臣'이라고 했을 때, '三四寵臣'에는 '魏弘匝干'이 당연히 포함되는데, 그는 다라니의 해설에서 언급된 바로는 '判尼判尼蘇判尼'의 '二蘇判'에 해당하는 인물이지 '于于三阿干'에 들어갈 인물은 아닌 것이다. 따라서 '于于三阿干' 뒤에 원래 들어 있었을 내용은 '三四寵臣'이 아닌 다른 구절이었을 가능성이 오히려 더 높다고도 할 수 있다. 이처럼 실제와 다른 내용을 보입하면서 그것을 사료로 활용하는 것은 예기치 않은 왜곡을 불러올 수 있으므로, 피하는 것이 마땅하다.

5. 사료의 맥락을 제대로 짚을 수 있어야

고대사 관련 사료는 양적으로 매우 부족하다. 이런 상황에서 어떤 사료의 내용을 정확히 이해하기 위해서는 사료 그 자체의 고립적인 관점에서만이 아니라 전후 맥락 속에서 의미를 찾아보려는 노력이 요망된다.

《삼국사기》 권47 열전7을 보면, 백성군(白城郡) 사산(蛇山) 출신의 신라 지방민으로 675년 나·당 전쟁 과정에서 아달성(阿達城)을 지키던 중 말갈병의 침입에 맞서 싸우다가 장렬히 전사한 소나(素那)에게 '잡찬(迊飡)'이 추증되었다는 기사가 나온다. 잡찬은 신라 17관등 가운데 제3관등에 해당하는 고위 관등으로서, 바로 위에서 거론한 신라 말 진성여왕 대의 총신 위홍이 지녔던 관등 잡간(匝干) 또는 소판(蘇判)을 달리 표기한 것이다. 신라 최고위 신분이었던 진골만이 향유할 수 있었던 이 관등이 비록 추증이기는 하더라도 '지방민'인 소나에게 부여되었다고 하는 것은 매우 놀라운 일이다. 소나에게의 잡찬 추증은 곧 소나의 유가족들에게 진골 신분으로의 편입을 용인했다는 이야기가 되는바, 실제로 당시 신라 사회에서 일어날 수 있던 일이었을지 의심을 갖지 않을 수 없게 된다. 그렇다면 소나에게 잡찬이 추증되었다고 한 기사의 신빙성은 어떻게 검증해야 할까?

고립적으로 존재하는 소나 열전의 내용만으로는 의심을 해소할 단서를 찾기가 불가능하기 때문에, 이 경우 필요한 검증 방법은 소나와 유사한 사례를 찾아서 비교를 해보는 것이다. 즉 여러 사료를 관통하는 맥락을 살펴서 그 사실성 판별의 준거를 확보하는 것이 필요하다는 말이다.

이런 관점에서 《삼국사기》 권47을 포함하여 다른 부분에서 전쟁 유공자에 대한 신라 조정의 포상이 어떻게 이루어졌는가를 점검해 보면, 왕경 출신자로 전쟁에서 공을 세우고 죽은 인물들에게는 제7관등인 일길찬부터 제10관등인 대나마까지가 추증되었고, 지방민 출신의 유공자에게는 소나를 제외하면 제9관등인 급찬과 제10관등 대나마가 추증된 것으로 나타난다.[27] 왕경인 가운데는 김흠운(일길찬 추증), 반굴(급찬 추증), 관창(급찬 추증) 등 애초의 신분이 진골이었던 자들도 있으나, 대체로 5두품 이하 신분을 가졌던 것으로 파악되며, 따라서 후자의 경우 제9관등 급찬 이상의 관등에 추증된 것은 6두품으로 신분 상승을 의미하는 것이라 할 수 있다. 지방민으로 급찬의 관등이 추증된 자는 대야성 출신의 죽죽(竹竹)이 확인되는데, 그는 642년 백제에게 대야성을 빼앗길 때 끝까지 신라를 위해 충성을 바친 인물로서, 그의 사후 그 가족들은 왕경으로 옮겨 살게 하였다고 한다. 이는 그 가족들에게 지방민에서 왕경인으로 위상이 바뀜을 의미함과 동시에, 왕경의 6두품 신분을 인정받게 되었음을 뜻하는 것이었다.

아무튼 신라가 삼국을 통일하는 과정에서 전쟁 유공자에 대한 포상이 관등 추증 등의 형태로 이루어졌는데, 공통적으로 나타나는 현상은 지방민이건 왕경인이건 진골 신분이 독점하던 고위 관등으로의 추증은, 소나의 경우를 제외하고는, 발견되지 않는다는 것이다. 이것은 달리 말해서 소나가 '잡찬(迊飡)'에 추증된 것으로 나오는 《삼국사기》의 기록이 확실하게 문제를 지님을 말해 주는 것이며, 다른 각도에서 이 문제에 접근하는 것이 필요함을 알려 주는 것이다.

사진 11

사진 12

이때 가장 먼저 고려해 볼 사항은 앞 절에서 거론한 '오기(誤記)'의 가능성을 따져 보는 것이다. 즉 전록(轉錄)을 포함한 여러 단계의 필사 과정에서나 판본 제작 과정에서 어떤 글자가 '迊飡'으로 오인되어 현재와 같은 내용으로 전해지게 되었을 가능성이다. '찬(飡)' 계열의 관등 가운데 '迊飡'과 혼동될 가능성이 가장 큰 것은 제8관등 '사찬(沙飡)'일 것이다. '迊'과 '沙'는 〈사진 11〉과 〈사진 12〉에서 보듯이 서체상으로 혼동될 여지가 상당히 높다.[28] 만약 소나가 추증을 받은 관등이 '사찬'이었다면, 그것은 전쟁 유

27) 이에 관해서는 강종훈, 2011《삼국사기 사료비판론》, 여유당, 220~223쪽 참조.

28) 〈사진 11〉은 '匝'의 초서체이고 〈사진 12〉는 '沙'의 초서체인데, '迊'의 초서체로 뚜렷한 예가 확

공자에 대한 다른 포상 사례에서 나타난 것과 맥락상 크게 어긋나지 않는 것으로, 당시의 상황에 부합한다고 할 수 있다.

사료를 파악할 때 맥락을 중시해야 함을 보여 주는 또 하나의 사례는 《삼국사기》 신라본기에 나오는 다음과 같은 기사이다.

> 파사 이사금 23년 가을 8월에 음즙벌국(音汁伐國)과 실직곡국(悉直谷國)이 영토를 다투다가 왕에게 와서 해결을 청하였다. 왕이 어렵게 여기고서, "금관국(金官國)의 수로왕(首露王)이 나이가 들어 지식이 많다."고 하고는 그를 불러[召] 물어보았다. 수로왕이 곧바로 의견을 내어 분쟁이 일어난 땅을 음즙벌국에 속하게 하였다. 이에 왕이 6부에 명하여, 모여서 수로왕을 대접하라고 하였다. 5부에서는 모두 이찬을 주(主)로 삼았는데, 유독 한기부(漢祇部)에서는 위(位)가 낮은 자로 주(主)를 삼았다. 수로가 노하여 노(奴)인 탐하리(耽下里)에게 한기부의 주 보제(保齊)를 죽이게 하고는 돌아가 버렸다.[29]

이 기사에서는 두 가지 점을 중시해야 하는데, 하나는 수로왕의 신라 방문의 성격이고, 다른 하나는 한기부의 '주(主)'로 나오는 보제의 위상이다.

먼저 금관국 즉 금관가야의 수로왕이 파사왕의 '부름[召]'에 응해 신라의 수도를 방문한 것이 당시 신라와 가야 관계를 어떻게 반영하는가이다. 가야사를 전공하는 연구자들 가운데 일부는 수로왕이 신라의 국가적 사안에 대해 평결을 내려주었으니, 당시 가야가 신라와의 관계에서 우위에 서 있었음을 보여 준다고 판단하기도 한다.[30] 그렇지만, 비록 '부름'이라는 것이 후대의 윤색에 불과할지라도 수로왕이 파사왕의 초청에 따라 노구를 이끌고 몸소 신라를 찾아간 것이나, 수로왕의 의견 개진에 힘입어 영토 분쟁에 관한 처결이 내려진 후 수로왕을 대접하는 만찬이 파사왕에 의해서가 아니라 그 아래 육부의 수장들에 의해 마련된 것 등은 수로왕이 파사왕보다 위상이 높지 않았음을 시사하는 것이라 할 수 있다. 더욱이 위 기사에 앞서 파사 이

인되지 않아 여기서는 '匝'의 초서체를 제시하였다. '迊'과 '沙'의 부수인 '辶'과 '氵'는 흘려 쓰게 되면 구별이 어려울 때가 많고, 사진에서 뚜렷하게 나타나듯이 '帀'과 '少'는 초서체에서 거의 동일한 필획을 보인다.

29) "婆娑尼師今 二十三年 秋八月 音汁伐國與悉直谷國爭疆 詣王請決 王難之 謂金官國首露王 年老多智識 召問之 首露立議 以所爭之地 屬音汁伐國 於是 王命六部 會饗首露王 五部皆以伊湌爲主 唯漢祇部 以位卑者主之 首露怒 命奴耽下里 殺漢祇部主保齊而歸"(《삼국사기》 권1 신라본기1)

30) 白承忠, 1995 〈弁韓의 成立과 發展〉《韓國古代史硏究》 10, 164쪽.

사금 18년조에 "봄 정월에 군사를 일으켜 가야를 정벌하려고 하였으나, 그 왕이 사신을 보내 사죄하여 그만두었다."라는 기사가 나옴을 감안한다면, 사료의 전체 맥락상으로도 당시 양국 관계에서의 신라의 우위 양상을 충분히 짐작할 수 있는 것이다.

다음으로 한기부의 주(主) 보제가 어떤 위상을 가진 인물이었는가의 문제인데, 많은 연구자들이 보제가 한기부의 최고 수장으로서의 '부주(部主)'였고, 그 아래에 이찬이 따로 있었던 것으로 이해하고 있다.[31] 그러나 위 사료의 문맥을 잘 살펴보면, 이 기사에서의 '主'는 각 부의 우두머리를 뜻하는 것이 아니라, 수로왕에게 잔치를 베푸는 '主', 다시 말해서 영어로 'host'를 의미하는 것으로 봄이 타당하다. 부의 우두머리로서의 이찬이 잔치의 '主'로 나온 다른 부들과는 달리 한기부에서는 '위(位)가 낮은 자[位卑者]'인 보제를 잔치의 주최자로 내보냈다가 수로왕의 격분을 일으켰던 것이며, 따라서 한기부의 최고 수장은 여타 부처럼 '이찬'이었지 '부주'라는 명칭을 지닌 다른 인물로 볼 수는 없는 것이다.

'부'로 칭해진 신라 초기 지배자 집단의 우두머리가 《삼국사기》에서 '이찬'이라는 명칭으로 지칭된 사례는 또 있다.

> 지마(祇摩) 이사금이 섰다. … 파사왕의 적자이며, 어머니는 사성부인이다. 비는 김씨 애례부인인데, 갈문왕 마제의 딸이다. 처음에 파사왕이 유찬택에서 사냥을 하자, 태자가 따라갔다. 사냥을 마친 후 한기부를 지나게 되었는데, 이찬인 허루가 잔치를 베풀었다. 술기운이 돌자 허루의 처가 어린 딸을 데리고 나와 춤을 추게 하였다. 그러자 마제 이찬의 처도 어린 딸을 이끌고 나왔다. 태자가 보고서 몹시 기뻐하였다. 허루가 언짢아하자 왕이 허루에게 말하기를, "이곳의 이름이 대포(大庖)인데, 공이 여기에 갖가지 음식과 좋은 술을 차려 놓고 연회를 베풀어 주었으니, 마땅히 주다(酒多)의 위(位)를 주어 이찬의 상위에 두어야겠다." 고 하고, 마제 이찬의 딸을 태자의 배필로 삼았다. 주다는 후에 각간(角干)이라고 하였다.[32]

이 기사는 신라 관등제에서 최고위 관등인 '각간' 즉 이벌찬이 두어지게 된 유래를 전하는 설화이다. 각간의 우리말이 쇠불한, 서불한, 서울한, 술한으로 변형을 일으

---

31) 全德在, 1996《新羅六部體制研究》, 一潮閣, 45쪽.

32) "祇摩尼師今立 … 婆娑王嫡子 母史省夫人 妃金氏愛禮夫人 葛文王摩帝之女也 初婆娑王獵於楡湌之澤 太子從焉 獵後 過韓岐部 伊湌許婁饗之 酒酣 許婁之妻 以少女子出舞 摩帝伊湌之妻 亦引出其女 太子見而悅之 許婁不悅 王謂許婁曰 此地名大庖 公於此置盛饌美醞 以宴衎之 宜位酒多 在伊湌之上 以摩帝之女 配太子焉 酒多後云稱角干"(《삼국사기》 권1 신라본기1)

키는 것에 착안하여, 술한이라는 명칭이 '술[酒]을 많이[多]' 차려 왕을 접대한 데서 생긴 것이라는 설화가 꾸며진 것이므로, 사냥 후에 술잔치가 베풀어지고, 허루의 딸과 마제 이찬의 딸이 춤으로 경쟁하고, 그 결과 후자가 태자인 지마의 선택을 받았다는 등의 이야기는 역사적 사실이라고는 볼 수 없다. 그렇지만, 이 설화에서 핵심을 이루는 이야기, 즉 파사 이사금 시기에 허루로 대표되는 한기부 세력과 마제 이찬의 소속 집단 사이에 경쟁이 심하게 일어났다는 것과 한기부 세력이 거기서 패해 소외될 위기를 맞자 그들의 불만을 달래기 위해 허루에게 여타 집단의 우두머리인 이찬들보다 상위의 지위를 보장해 주었다는 것은 굳이 사실성을 의심할 필요가 없다. 파사 이사금 때 각간이 새로 생기면서 이찬의 상위자로서의 위상을 갖게 되었다는 것은 앞서 살펴본 수로왕 관련 기사에서의 '부주'가 이찬보다 상위에 존재한 부의 최고 지위자의 명칭이 아니었음을 다시 한 번 확인시켜 준다.

고립된 기사 내의 문맥만이 아니라 앞뒤에 배치된 기사와의 연결성을 주목하면서 사료의 맥락을 제대로 짚어야 당시 상황에 대한 오해를 줄일 수 있음을 보여 주는 또 하나의 사례를 살펴보자.

> 박제상(朴堤上)은 시조 혁거세의 후손이며 파사 이사금의 5세손이다. 할아버지는 아도 갈문왕이고, 아버지는 파진찬 물품이다. 제상은 벼슬길에 나가 삽량주간(歃良州干)이 되었다. … 눌지왕이 즉위하자 말을 잘하는 사람을 구하여 두 아우를 맞이해 올 것을 생각하고, 수주촌간(水酒村干) 벌보말과 일리촌간(一利村干) 구리내, 이이촌간(利伊村干) 파로 등 세 사람이 현명하고 지혜가 있다는 말을 듣고 불러서 물었다.[33]

여기서 문제가 되는 것은 삽량주간 박제상과 수주촌간 벌보말 등을 어떤 존재로 볼 것인가이다. 그동안 많은 연구자들이 수주촌간 벌보말과 일리촌간 구리내, 이이촌간 파로 등을 신라의 '재지 수장층' 즉 지방 세력으로 보고 논지를 전개해 왔다.[34] 그런데 이들과 함께 '간(干)'으로 나오는 박제상의 경우는 지방 세력으로 보는 연구자

---

33) "朴堤上 始祖赫居世之後 婆娑尼師今五世孫 祖阿道葛文王 父勿品波珍湌 堤上仕爲歃良州干 … 及訥祗王卽位 思得辯士 往迎之 聞水酒村干伐寶靺 一利村干仇里迺 利伊村干波老三人有賢智 召問"(《삼국사기》 권45 열전5)

34) 이런 주장은 金哲埈, 1952 〈新羅 上代社會의 Dual Organization(上)〉《歷史學報》 1; 1990 《韓國古代社會研究》, 서울대학교출판부, 137~138쪽에서 처음 제기된 이후 근년에 이르기까지 이어지고 있다.

도 있지만,[35] 대다수 연구자들은 왕경인으로 보고 있다.[36] 이러한 논의는 사료를 자의적으로 활용한다는 비판을 면키 어렵다. 일단 앞부분에 실린 박제상의 가계에 관한 전승은 그가 애초부터 재지 수장층이었을 가능성이 거의 없음을 알려 준다. 시조인 혁거세 거서간과 파사 이사금의 혈통을 이어받은 인물이라는 것, 그리고 조부가 갈문왕을 지냈으며 부친이 파진찬이라는 고위 관등을 지녔다는 것은 박제상을 신라 왕경 출신의 지배층 인물로 단정짓게 하는 중요한 근거가 된다. 그런 그가 삽량주간이 되었다고 하는 것은 삽량주라는 변경의 요충을 지키는 신라 군대의 지휘관이 되었음을 의미하는 것이라고 할 수 있다. 그렇다면 눌지왕이 두 아우를 맞이해 오기 위해 자문을 구한 것으로 전해지는 벌보말, 구리내, 파로 등도 박제상과 마찬가지로 지방의 요충지에 파견된 군사 지휘관으로서의 성격을 갖는다고 보는 것이 사료의 맥락에 맞는 것이다. 중고기 금석문 등에 '간(干)'으로 나오는 인물들이 재지 수장층에 해당하는 경우가 많다는 것에 구애되어 문헌 사료의 '干'마저 그렇게 이해하는 것은 사료의 맥락을 제대로 짚지 못하는 것이라고 할 수 있다. 적어도 《삼국사기》에서는 상고기의 재지 수장층이 '리(吏)' 또는 '군인(郡人)' 정도로 표현되었을 뿐 '간(干)'이라고 지칭된 예가 달리 찾아지지 않는다는 것도 박제상 열전에 나오는 '干'의 사료적 맥락을 잘 나타내 주는 것이다.[37]

사료 맥락의 제대로 된 파악과 관련하여 마지막으로 거론할 것은 사료가 왜 이런 형태로 남게 되었는지를 고민하면서 문맥 속에서 숨은 의미를 찾아내려고 해야 한다는 점이다. 이와 관련하여 대표적인 사례로 들 수 있는 것은 앞 절에서 잠깐 거론한 바 있는 《양서》 신라전에 보이는 신라의 관등명이다. 거기에는 신라의 관등으로 '자분한지(子賁旱支)'를 위시하여, '제한지(齊旱支)', '알한지(謁旱支)', '일고지(壹告支)', '기패한지(奇貝旱支)' 등이 전해지고 있다.[38]

이것을 두고 신라 사신이 양나라로 파견되었던 521년 당시 신라에는 대여섯 개의

35) 金龍善, 1979 〈朴堤上 小考〉《全海宗博士華甲紀念史學論叢》, 一潮閣, 601~604쪽.
36) 박제상의 출자를 둘러싼 최근까지의 논의의 흐름은 申鉉雄, 2006 〈朴堤上의 出自와 身分 問題〉《新羅文化》27, 동국대 신라문화연구소 참조.
37) 이에 관한 저자의 견해는 강종훈, 2000 앞 책, 193쪽의 주 84) 참조.
38) 《양서》의 내용을 전재하다시피 한 《남사》에는 '子賁旱支'와 '齊旱支' 사이에 '壹旱支'가 추가되어 있다.

관등만 존재하였다고 판단하는 것은[39] 난센스이다. 이미 다수의 연구자들이 규명한 바와 같이, 양으로 사신이 파견되기 1년 앞선 520년에 율령이 반포되면서 17관등제가 이미 구비된 것으로 보이는데,[40] 그렇다면 왜 《양서》에는 그 중 일부에 불과한 대여섯 개의 관등명만 기록된 것일까? 이에 대해 《양서》에 이름이 나오는 신라 관등들은 520년 이전, 구체적으로는 지증왕 대 이전의 관등제의 양상을 반영한다고 본 견해도 있으나,[41] 521년에 입수된 정보를 담고 있는 《양서》가 그보다 앞선 시점의 상황을 전하는 것으로 보는 것은 설득력을 지니기 어렵다.

이 문제의 해답은 결국 양의 지배층이 정보를 얻었던 방식을 추론하여 얻을 수밖에 없는데, 그것은 곧 의사소통이 가능했던 백제 사신들을 통해 신라 사신단의 인적 사항을 파악하고서,[42] 그들이 지녔던 관등만을 정리한 것으로 이해함이 타당할 것이다. 최고위 관등으로서의 자분한지부터 기패한지까지 '한지(旱支)'의 관등 어미를 띤 사신단 외에도 그들을 수행한 하급의 인원들이 물론 있었을 것이지만, 굳이 중요도가 떨어지는 인물들까지 주목을 받지는 않았을 것이고, 그로 인해 사신단의 주요 인물들의 관등에 관한 정보만 훗날 《양서》의 편사자에게 전달되었던 것이라고 볼 수 있다. 사료의 맥락을 이렇게 짚어 보면, 《양서》 신라전의 관등 관련 기사는 처음으로 양나라에 파견된 신라 사신단이 어떻게 구성되었을지 짐작하는 데 매우 소중한 자료로도 활용될 여지가 생기는 것이다.

6. 선입견에 얽매이지 말아야

사료를 파악할 때 또 하나 유의해야 할 점은 선입견에 얽매여서는 안 된다는 것이

39) 과거 일본인 학자들 가운데 일부가 이런 견해를 표명한 바 있는데, 그 내용과 그에 대한 비판은 하일식, 2006 《신라 집권 관료제 연구》, 혜안, 20~30쪽 참조.

40) 全德在, 1996 앞 책, 121~129쪽; 하일식, 위 책, 106~121쪽 참조.

41) 全德在, 위 책, 128~129쪽.

42) 《양서》에 보이는 신라 관등의 명칭이 6세기 신라 금석문에 나타나는 것과 확연하게 다른 모습을 띠는 것은 그것이 신라인 스스로의 전언(傳言)에 따른 것이 아님을 시사하는 것이다. 중간에서 통역을 한 백제 사신이 적어준 것에 의존하였을 가능성이 매우 높은데, 관등 어미가 당시 신라에서일반적으로 표기되던 '간지(干支)'가 아니라 '한지(旱支)'로 나오는 것도 그 가능성을 충분히 엿보게 하는 것이다. '旱支'는 백제 계통의 사료를 기반으로 작성되었을 것으로 판단되고 있는 《日本書紀》 흠명기(欽明紀)의 이른바 '임나부흥회의' 기사에 보이는 '한기(旱岐)'와 흡사한 표기이기 때문이다. 이 점은 하일식, 2006 앞 책, 27쪽에서도 적절하게 지적된 바 있다.

다. 앞 절에서 거론한 '부주(部主)'와 '간(干)'의 사례도 사료를 파악할 때 선입견에 얽매이지 않아야 함을 보여 주는 사례이지만, 여기서는 다른 몇 가지 사례를 통해 관련된 논의를 좀 더 상세하게 해 보도록 하자.

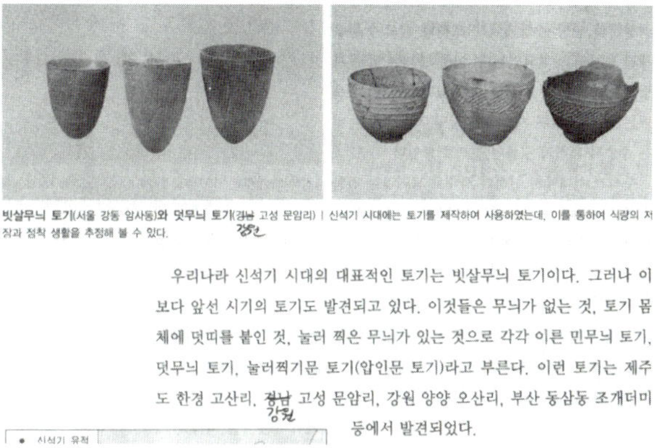

빗살무늬 토기(서울 강동 암사동)와 덧무늬 토기(경남 고성 문암리) | 신석기 시대에는 토기를 제작하여 사용하였는데, 이를 통하여 식량의 저장과 정착 생활을 추정해 볼 수 있다.

우리나라 신석기 시대의 대표적인 토기는 빗살무늬 토기이다. 그러나 이보다 앞선 시기의 토기도 발견되고 있다. 이것들은 무늬가 없는 것, 토기 몸체에 덧띠를 붙인 것, 눌러 찍은 무늬가 있는 것으로 각각 이른 민무늬 토기, 덧무늬 토기, 눌러찍기문 토기(압인문 토기)라고 부른다. 이런 토기는 제주도 한경 고산리, 경남 고성 문암리, 강원 양양 오산리, 부산 동삼동 조개더미 등에서 발견되었다.

사진 13

〈사진 13〉은 2002학년도에 제7차 교육과정에 맞춰 고등학교에서 사용되었던 국정 《국사》 교과서에서 신석기 시대 유물을 시각 자료로 제시하고 관련 내용을 본문에서 서술한 것이다. 시각 자료의 캡션과 본문에서 모두 '경남 고성 문암리'로 소개했으나, 실제로 사진으로 제시된 덧무늬 토기들은 경상남도 고성군(固城郡)이 아니라 강원도에 있는 고성군(高城郡)의 문암리 유적에서 출토된 것들이다. 아마도 교과서를 편찬하는 과정에서 집필자가 '고성 문암리'라고만 정보를 제공하자, 편집진에서 그 고성을 자신들이 알고 있던 경남 고성으로 착각하고 '경남 고성 문암리'로 잘못 표시한 것이 아닌가 여겨진다. 이 사례는 사서를 편찬하는 과정에서 편찬자가 갖고 있던 선입견이나 고정관념이 어떻게 사실을 왜곡시킬 수 있는지를 잘 보여 주는 사례라고 할 수 있다.

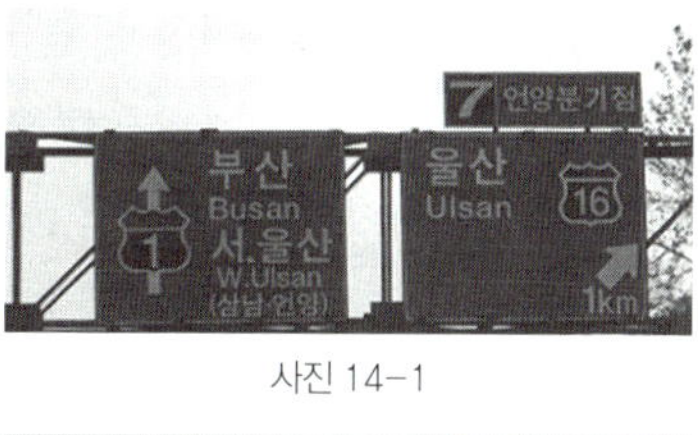

사진 14-1

사진 14-2

비근한 예로 경부고속도로를 타고 가다 보면, '서울산'이라고 적힌 길안내판을 접하게 되는데, 울산의 서쪽이라는 의미의 '서-울산'이지만, 많은 사람들이 순간적으로 '서울-산'으로 잘못 읽는 것을 저자는 여러 차례 목격한 바 있다. 서울이 워낙 사람들 뇌리에 깊이 박혀 있는 이름이라 앞의 두 글자가 '서울'이라는 것에 눈이 끌려 잠시나마 '서울의 산인가?'라며 고개를 갸우뚱하게 되는 것

이다.[43]

사료를 읽을 때도 마찬가지이다. 특히 마멸이 심하거나 파괴된 채 발견되어 명문의 전체 내용을 제대로 알기 어려운 금석문 자료의 경우에는 선입견에 좌우되어 사료의 내용을 오독하는 일이 잦을 수밖에 없다. 대표적인 사례로 들 수 있는 것이 바로 〈광개토왕릉비문〉에 나오는 '안라인수병(安羅人戍兵)'이다.

〈광개토왕릉비문〉에는 이른바 '경자년조'에 서기 400년에 있었던 고구려군의 신라 구원전에 관한 내용이 보이는데, 거기에 '安羅人戍兵'이 세 군데에 걸쳐 나오고 있다. 첫 번째는 "官軍方至 倭賊退□ □背急追 至任那加羅從拔城 城卽歸服 安羅人戍兵 □新羅城□城 倭寇大潰"라는 구절에 나오고, 두 번째는 그 뒤를 이은 구절인 "城□□□ 盡□□□ 安羅人戍兵 新□□□□"에 나오며, 마지막 세 번째는 글자가 거의 보이지 않는 부분을 이어 "潰□□□□安羅人戍兵 昔新羅寐錦未有身來論事…"라는 구절에 나온다. 첫 번째 구절의 내용은 대체로 "관군이 바야흐로 이르자 왜적이 퇴(각하니), 그 뒤를 □하며 급히 추격하였다. 임나가라의 종발성에 이르자 성이 곧 항복하니, '안라인수병'하였다. 신라성과 □성을 □하니[44] 왜구가 크게 무너졌다." 정도가 된다. 두 번째 구절은 앞뒤 문맥이 제대로 연결되지 않지만, '안라인수병' 다음에 '新'으로 시작되는 문구가 이어지는 것으로 보아 '안라인수병'에서 일단 문장이 끝나는 것으로 보는 것이 합리적이고, 세 번째 구절 역시 '안라인수병'과 '昔' 이하의 문구는 곧바로 연결되지 않는 의미상의 단절이 있다고 보는 것이 옳다.

그렇다면 '안라인수병(安羅人戍兵)'은 그 자체가 하나의 명사를 이루는 것이라기보다는 술어적 표현으로 사용되었을 가능성이 높다고 보아야겠는데, 그동안 많은 연구자들이 '안라(安羅)'가 《일본서기》 등에 나오는 가야연맹의 한 소국 '안라국(安羅國)'을 뜻하는 것으로 보고 '안라인수병'은 '안라국 사람으로 구성된 방수병(防戍兵)' 정도로 이해해 왔다.[45] 그러나 고구려군의 임나가라 종발성 공격이 이루어진 후 느닷없

---

43) 톨게이트가 개설된 2000년부터 한동안 '서울산'으로 표시되어 있던 길안내판은 통행자들의 이런 착각을 방지하기 위해 2009년 현재 〈사진 14-1〉처럼 '서.울산'으로 표기가 바뀌었고, 그마저도 멀리서는 분간이 어렵다는 생각에서인지 2015년 현재는 〈사진 14-2〉와 같이 아예 '(서)울산'으로 형식을 변경하면서 '(서)'를 빨간색으로 처리하여 식별도를 높여 놓은 상태이다.

44) 이 부분은 문맥상 '신라성으로부터[從] (종발)성까지[至]'로 추독할 수도 있다.

45) 〈광개토왕릉비문〉 연구가 시작된 19세기 말에 나카 미치요[那珂通世]가 '安羅'를 국명으로 이해한 이래 최근까지 다수의 연구자들이 이에 동조해 왔다(那珂通世, 1893 〈高麗古碑考〉《史學雜誌》 49, 33쪽 참조).

이 안라인(安羅人)으로 구성된 수병(戍兵)이 등장하는 것도 어색하고, '안라인수병'을 명사로 보고 뒤에 따라오는 문구의 주어인 것처럼 해석할 경우, "임나가라 종발성이 곧 항복하자, 안라인수병이 신라성과 □성을 □하니 왜구가 크게 무너졌다."는 식으로 문맥이 이어질 수밖에 없는데, 안라인수병이 갑자기 나타나 신라성과 □성을 □함으로써 마치 왜구를 소탕한 주체처럼 부각되는 것은 해석이 극히 부자연스럽다는 비판을 피하기 어렵게 된다. 결국 이 부분은 '(신)라인으로 구성된 수병[羅人戍兵]'을 안치[安]하였다는 식의 술어적 표현으로 보는 것이 타당할 것인데,[46] 그럼에도 불구하고 많은 연구자들이 '안라인수병' 자체를 안라인으로 구성된 수병이라고 보았던 것은 강한 선입견을 불러일으키는 '안라(安羅)'라는 국명에 매몰되어 전체 문맥을 제대로 짚지 못했기 때문일 것이다.

선입견은 특정 사안에 대한 거부감에서 비롯되는 경우도 있다. 즉 이미 제기되어 있는 사안을 받아들이지 않고 반박하려는 마음이 강하면, 그런 반감으로 인해 사료의 전체 맥락을 무시하는 방향으로 논의를 끌고 가려 할 수 있다는 것이다. 그 대표적인 예가 역시 〈광개토왕릉비문〉에 나오는 '신묘년조' 기사를 둘러싼 끊어 읽기 논란이다.

앞 장에서도 잠깐 언급한 바 있지만, 신묘년조 기사의 내용은 영락 6년(396) 백제 정벌의 명분을 제시하면서 "百殘新羅 舊是屬民 由來朝貢 而倭以辛卯年來渡海 破百殘□□新羅 以爲臣民"이라고 한 것이다. 정상적으로 해석을 하면, "백잔과 신라는 옛날부터 고구려의 속민(屬民)으로 조공을 해 왔는데, 왜가 신묘년(391)에 바다를 건너와 백잔을 격파하고 신라를 …하여 신민(臣民)으로 삼았다." 정도가 되겠는데, 그동안 민족주의 사학자인 위당 정인보 이후 이 기사를 달리 해석하려는 시도들이 있어 왔다. 정인보는 '倭以辛卯年來/渡海破/百殘□□新羅/以爲臣民'으로 끊어 읽기를 달리 하여 "왜가 신묘년에 침입해 오자, (고구려가) 바다를 건너 (왜를) 격파하였다. 백제가 (왜와 연결하여) 신라를 침략하고 그의 신민으로 삼았다."고 해석하였다. 바다를 건넌 주체를 왜가 아니라 숨어 있는 주어로 고구려를 상정하고, 왜는

46) '안라인수병'을 명사가 아니라 술어적 표현이라고 본 최초의 연구자는 중국의 왕건군이었다(王健群, 1984《好太王碑硏究》; 임동석 역, 1985《광개토왕비연구》, 역민사, 308~309쪽 참조). 다만 왕건군은 '신라인을 배치하여[安羅人] 지키게[戍兵] 하였다.'로 해석하고 있어, 저자의 '신라인 수병을 안치시켰다.'와는 조금 다르다.

고구려에 의해 격파된 객체로 보겠다는 것이었다.

정인보의 주장은 북한의 역사학자 박시형에게 그대로 이어졌는데, 박시형의 견해는 얼마 뒤 같은 북한의 역사학자인 김석형에 의해 약간의 수정을 보게 되었다. 김석형은 '倭以辛卯年來/渡海破百殘□□新羅/以爲臣民'으로 끊어 읽기를 하여, "왜가 신묘년에 건너오니, (고구려가) 바다를 건너 백제와 신라 등을 격파하여 신민으로 삼았다."는 새로운 해석을 내놓았다. 바다를 건넌 주체는 여전히 숨어 있는 주어로서 고구려라고 보되, 고구려에 의해 격파된 객체는 왜가 아니라 백제와 신라로 본 것이다.

이와 같이 끊어 읽기를 달리 하는 것은 무엇보다도 자의적인 해석이라는 비판을 면하기 어렵고, 따라서 객관적인 입장에 서 있는 연구자들에게서 동조를 이끌어 내기는 거의 불가능하다. 〈광개토왕릉비문〉의 다른 곳에서는 정상적인 비문 작성이 이루어졌는데, 유독 이 부분에서만 주체와 객체가 애매모호하게 묘사되었다고 보는 것은 설득력이 전혀 없다. 신묘년조 기사는 앞에서 이미 거론한 바와 같이 비문 작성자의 의식구조를 정확히 파악하고 접근해야 그 실상을 바로 알 수 있는 것이지, 강한 거부감에 바탕을 둔 선입견에 얽매어 자의적인 끊어 읽기를 하는 것으로는 또 다른 역사 왜곡이 초래될 위험성이 매우 큰 것이다.[47]

한편 선입견에 좌우되어 자의적으로 바꿔 읽기를 하는 경우도 있다. 대표적인 사례가 다음의 두 기사이다.

> A-모용황의 기실참군인 봉유가 간언하였다. "(중략) 구려(句麗)와 백제 및 우문부와 단부 사람들은 모두 전쟁으로 인해 강제로 끌려온 자들이지 중국인들처럼 의(義)를 사모하여 온 자들이 아닙니다. 그래서 모두들 고향으로 돌아가고자 하는 마음을 갖고 있습니다."[48](《진서》 권109 재기9 모용황)

> B-애초에 부여는 녹산에 자리 잡고 있었는데, 백제의 침략을 받아 부락이 쇠약해져 흩어졌다. 서쪽으로 연(燕)에 가까운 곳으로 옮겨갔으나 대비를 하지 않고 있으니, 전연의 왕 모용황이 세자 모용준을 보내어 모용군, 모용각, 모여근 세 장군의 17,000 기병을 거느리고 부여를 습격하게 하였다.[49](《자치통감》 권97 진기 목제 영화 2년 정월)

---

47) 이에 관해서는 본서 제Ⅰ부 제5장 참조. 자의적 끊어 읽기와 관련된 다른 사례로는 《양직공도》에 실린 '樂浪亦有遼西晉平縣' 기사가 있는데, 이에 관해서는 본서 제Ⅱ부 제4장 참조.

48) "皝記室參軍封裕諫曰 … 句麗百濟及宇文段部之人 皆兵勢所徙 非如中國慕義而至 咸有思歸之心"

49) "初夫餘居于鹿山 爲百濟所侵 部落衰散 西徙近燕而不設備 燕王皝 遣世子儁 帥慕容軍慕容恪慕輿

A 기사는 앞 장에서 사료의 종류를 다룰 때도 거론한 것인데, 그동안 백제의 요서 지역 진출과 관련된 사료로 주목을 받아 왔다. 요서 지역을 근거로 삼아 일어난 선비족 모용씨의 나라 전연에서 기실참군이라는 관직에 있던 봉유가 345년에 왕인 모용황에게 상서문을 올리면서 당시 백제의 포로가 고구려 포로 등과 함께 전연의 도성에 붙잡혀 있음을 언급한 것이다. B 기사 역시 A 기사와 시간적으로 맞닿아 있는 것으로, 346년 정월에 전연이 부여를 침공하여 멸망시키기에 앞서 백제가 부여를 공격하여 쇠약하게 만들었다는 내용이 들어 있어, 백제의 요서 지역 진출을 입증하는 자료로 취급된 바 있다.

그런데 백제의 요서 진출 사실을 인정하려 하지 않는 입장에 서 있는 논자들은 이 두 기사에서의 '백제'가 각각 '부여'와 '고구려'를 잘못 적은 것으로 파악하고, A 기사에서는 '고구려와 부여 및 우문부와 단부 사람들'로, B 기사에서는 '고구려의 침략을 받아 부락이 쇠약해져 흩어졌다.'로 고쳐 읽어야 한다고 주장해 왔다.

얼핏 보면 당시 정황에 맞는 합리적인 이해인 것처럼 보이기도 하지만, 문제는 그것을 사료적으로 입증하기가 어렵다는 것이다. 특히 A 기사는 비록 2차 사료인 《진서》에 실려 있더라도, 상서문의 내용을 인용한 것이므로 기본적으로는 1차 사료적 성격을 유지하고 있는 것이다. 1차 사료에 실린 국명이 2차 사료에 전재될 때 납득할 만한 사유가 없이 변개되는 경우는 거의 없음을 감안하면, A 기사에서의 '백제'가 '부여'로 잘못 표기되었다고 단정하는 것은 대단히 위험하다. B 기사에서 '백제'가 '고구려'의 오기라고 주장하는 것 역시 정황상 백제일 리가 없다는 선입견에서 비롯된 것일 뿐 확실한 근거를 갖추지 못한 것은 마찬가지이다.[50] 사서 편찬자의 오해로 말미암아 명칭의 일괄적인 변개가 이루어진 사례가 없는 것은 아니지만,[51] 사료적으로 변개를 입증할 수 있는 증거를 제시하지 않고 마냥 선입견만으로 바꿔 읽기를 시도하는 것은 사실 왜곡의 결과를 불러올 수 있음을 유념할 필요가 있다.

강한 선입견이 올바른 사료 파악을 가로막는 사례를 하나 더 거론하자면, 《일본서기》에 대한 접근 태도를 들 수 있다. 이 장의 첫머리에서도 언급한 바와 같이, 고구려와 왜의 외교 관계의 수립 문제와 관련하여 그동안 많은 연구자들이 5세기 대 사

根三將軍萬七千騎 襲夫餘"

50) 이에 관한 자세한 논의는 본서 제Ⅱ부 제3장 참조.

51) 이에 관해서는 강종훈, 2011 앞 책, 45~79쪽 참조.

정을 반영하는 것으로 파악되는 《일본서기》 응신천황기 등에 실린 기사들의 사실성을 인정하지 않고, 6세기 후반인 570년 고구려 사신의 고시[越] 해안 표착 기사를 양국 관계의 시작을 알려 주는 것으로 인식하여 왔다. 《일본서기》에 수록된 기사들이 내포한 사료적 문제점을 경시해서는 물론 안 되지만, 그렇다고 해서 6세기 이전의 모든 기사가 사료적 가치를 지니지 못한다고 생각하는 것은 편견이고 선입견일 뿐이다. 얼마만큼 비판적인 태도를 견지하면서 어떤 식으로 접근하느냐에 따라, 삼국시대사와 고대 한일관계사의 중요 문제들을 해결할 단서를 얻을 수 있느냐 그렇지 못하느냐가 좌우될 수 있다.[52)]

7. 선학의 불합리한 추측을 금과옥조로 삼아서는 안 돼

선입견과도 일정하게 관련되는 것이지만, 사료를 파악할 때 유념해야 할 또 하나의 중요한 점은 선학의 불합리한 추측을 여과 없이 받아들이려 해서는 안 된다는 것이다.

〈사진 15〉는 2012년까지 고등학교에서 사용된 국정 《국사》 교과서에 실려 있던 지도와 관련 서술 내용이다. 백제가 중국의 요서 지역을 포함하여 산동반도 지역, 그리고 일본의 규슈 지역에 진출했다는 주장은 1974년에 간행된 제3차 교육과정 국정 《국사》 교과서부터 단골로 실려 왔던 것인데, 산동반도 지역과 규슈 지역 진출은 사료적으로 아무런 뒷받침을 받을 수 없는 것이고, 관련 자료가 있는 요서 지역 진출조차 학계의 많은 논란을 불러일으켰던 주제였다. 이와 같은 상황임에도 국정 교과서에 이런 내용이 마치 역사적 사실처럼 실리게 된 것은 1970년대 초 사회 전반에 불어닥친 민족주의적 정서가 그 주된 원인이라고 할 수 있다. 문제는 요서 진출 시점을 그동안 대부분의 교과서에서 백제의 최전성기라고 알려진 근초고왕 시기로 서술했다는 것인데, 이는 1967년에 우리 학계에서 처음으로 이 문제가 제기될 때[53)] 나왔던 추측을 그대로 받아들인 결과였다.

백제의 요서 진출 사실을 직접적으로 언급한 《송서》와 《양서》 등의 백제전을 보면, "고구려가 요동을 점거하자 백제 또한 요서를 점령하였다."는 식으로 기술되어 있다. 이는 백제가 실제로 요서 지역에 군사적으로 진출했다면, 그 시기는 고구려가

52) 이에 관한 자세한 논의는 본서 제Ⅱ부 제5장 참조.

53) 金庠基, 1967 〈百濟의 遼西經略에 對하여〉 《白山學報》 3.

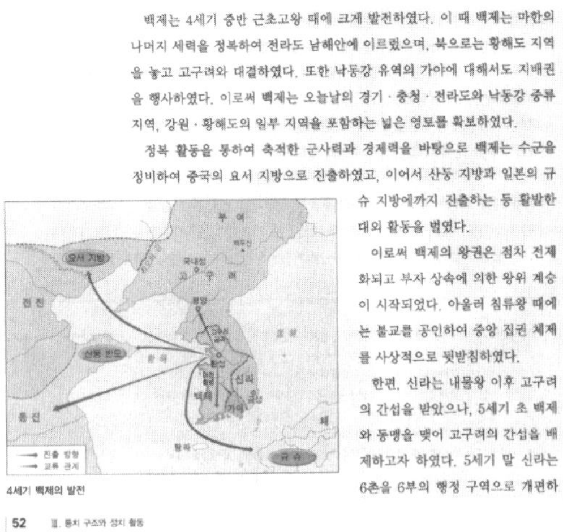

백제는 4세기 중반 근초고왕 때에 크게 발전하였다. 이 때 백제는 마한의 나머지 세력을 정복하여 전라도 남해안에 이르렀으며, 북으로는 황해도 지역을 놓고 고구려와 대결하였다. 또한 낙동강 유역의 가야에 대해서도 지배권을 행사하였다. 이로써 백제는 오늘날의 경기 · 충청 · 전라도와 낙동강 중류 지역, 강원 · 황해도의 일부 지역을 포함하는 넓은 영토를 확보하였다.

정복 활동을 통하여 축적한 군사력과 경제력을 바탕으로 백제는 수군을 정비하여 중국의 요서 지방으로 진출하였고, 이어서 산동 지방과 일본의 규슈 지방에까지 진출하는 등 활발한 대외 활동을 벌였다.

이로써 백제의 왕권은 점차 전제화되고 부자 상속에 의한 왕위 계승이 시작되었다. 아울러 침류왕 때에는 불교를 공인하여 중앙 집권 체제를 사상적으로 뒷받침하였다.

한편, 신라는 내물왕 이후 고구려의 간섭을 받았으나, 5세기 초 백제와 동맹을 맺어 고구려의 간섭을 배제하고자 하였다. 5세기 말 신라는 6촌을 6부의 행정 구역으로 개편하

4세기 백제의 발전

52 Ⅲ. 통치 구조와 정치 활동

사진 15

요동을 점거한 시점과 맞물려 있음을 의미하는 것이다. 따라서 백제의 진출 시점을 추측할 때는 고구려가 요동을 점거한 시점이 구체적으로 언제인가를 먼저 살펴보는 것이 합당한 순서일 것이다. 그렇지만, 최초의 문제 제기 때 그러한 검토는 제대로 행해지지 않았고, 막연하게 백제의 최전성기가 근초고왕 시기이니 그 무렵일 것이라고 추측했던 것인데, 그런 추측이 마치 역사적 사실인 양 둔갑하여 교과서에까지 실리게 되었던 것이다. 근초고왕 시기의 고구려왕은 고국원왕과 소수림왕이었던바, 이 두 왕의 재위 시기에는 요동 점령이 실현되지 않았음은 고구려사에서 상식처럼 되어 있다. 따라서 그 추측은 애당초 성립되기 어려운 것이었으며, 근초고왕 대 백제의 요서 지역 진출은 역사적 사실과는 거리가 먼 것이었다고 할 수 있다.

선학이 사료를 잘못 파악함으로써 엉뚱한 추측을 한 사례로 추가할 수 있는 것은 백제 시조 설화에 나오는 '우태(優台)'와 '구태(仇台)'를 동일시한 견해이다.[54] 백제 시조 설화는 《삼국사기》 백제본기 시조 온조왕기에 실린 온조 설화와 비류 설화, 그리고 《삼국사기》에도 인용되어 있지만 본래 중국 측 사서인 《주서》와 《수서》, 《북사》 등에 실려 있던 구태 설화 등이 있는데, 이 가운데 비류 설화를 보면 시조인 비류의 아버지는 우태로서 졸본 지역에서 연타발의 딸 소서노(召西奴)와 결혼하여 비류와 온조라는 아들들을 낳고서 일찍 죽었다고 한다. 소서노는 그 후 부여에서 내려온 주몽에게 다시 시집을 가서 주몽이 고구려를 세우는 데 크게 도움을 주었으나, 주몽이 부여에 있을 때 낳은 아들인 유류(孺留)가 내려와 주몽의 왕위를 잇게 되자 비류는 예견되는 핍박을 피해 아우인 온조와 함께 남하하여 미추홀에 거하였다고 되어 있다.

---

54) 千寬宇, 1976 〈三韓攷 제3부 －三韓의 國家形成〉《韓國學報》 2, 3; 1989 《古朝鮮史・三韓史研究》, 一潮閣, 334~335쪽.

한편 중국 측 사서에 실려 있는 구태 설화는 백제의 시조가 부여의 시조 '동명(東明)'의 후손인 구태로, '대방의 옛 땅[帶方故地]'에 백제를 세웠다고 전한다. 그리고 한의 요동태수 공손탁(公孫度)이 자기 딸을 주어 아내로 삼게 하니, 백제가 마침내 동이의 강국이 되었다는 내용이 덧붙여져 있다. 《삼국지》 동이전 부여조에는 2세기 말에 요동에 지방 정권을 수립한 공손탁이 부여왕 '위구태(尉仇台)'에게 종녀(宗女)를 시집보냈다는 기록이 나오는데, 《수서》나 《북사》의 편찬자는 이 위구태를 구태로 혼동한 것으로 보인다. 위구태는 《후한서》 동이전 부여조에 이미 2세기 전반에 부여의 왕자로서 후한의 조정을 방문한 인물로도 알려져 있어 생존 및 활동 시기를 둘러싸고 논란의 여지가 남아 있기는 하지만, 어쨌든 부여의 왕으로서 활동하다가 사망하고 그의 뒤를 이어 '간위거(簡位居)'가 부여의 왕이 되었다고 전하는바, 그가 한반도 중부 지역에서 백제를 세운 시조 구태일 수는 없는 것이다.

마찬가지로 비류 설화에 보이는 우태가 대방의 옛 땅에 백제를 세운 구태와 같은 인물일 수도 없다. 졸본 지역에서 이미 사망한 것으로 나오는 우태가 한반도 중부로 남하하여 백제를 건국한 인물은 될 수 없기 때문이다. 그런데도 '우태=구태'설의 주창자는 양자의 이름에 보이는 유사성에 착안하여 중국 측 사서에 나오는 백제의 시조 구태는 곧 우리 측 사서의 비류 설화에서 비류의 생부로 나오는 우태와 동일한 인물이라고 추측한 것이다. '우태=구태'설은 백제 초기사의 전개 과정에서 비류-고이계의 위상과 역할을 강조하는 논의로 이어지며 후학들에게 많은 시사점을 던져준 것으로 평가되고 있다. 그렇지만, 적어도 '우태=구태'설은 잘못된 착안에서 출발한 것으로서, 성립될 수가 없는 것이다. 향후 이 방면 연구에 임하는 자들이 명심해야 할 부분이다.[55)]

선학이 제기한 설 가운데는 세밀한 검토 없이 가볍게 던진 것인데도 후학들에게 의외로 많은 영향을 끼치는 경우들이 있다. 대표적인 사례가 신라 진흥왕의 아들로 그의 뒤를 이어 왕위에 오른 진지왕의 이름 '금륜(金輪)'과 관련된 논의이다. 진지왕은 《삼국사기》 신라본기 진지왕 즉위년조에 "이름은 사륜(舍輪)이다."라고 나오는데, 그에 대한 협주로 "혹은 금륜(金輪)이라고도 한다."라는 내용이 덧붙여져 있다.[56)]

---

55) 백제 시조 설화와 관련한 상세한 논의는 강종훈, 2009 〈백제왕실교체설의 재검토〉《한국 고대사 연구의 현단계》(이기동교수정년기념논총), 주류성 참조.

56) 참고로 《삼국사기》의 연표에는 진지왕의 이름이 '金輪'으로만 기재되어 있다.

《삼국유사》의 왕력에도 《삼국사기》의 내용이 반영된 듯 같은 내용이 보이며,[57] 기이편 도화녀 비형랑조에는 아예 '사륜왕(舍輪王)'으로 표기되어 있기도 하다.

여기서 '舍'와 '金'은 각각 〈사진 16〉과 〈사진 17〉에 나타나는 바와 같이 자형이 근사(近似)한바, 둘 중 어느 하나는 애초에 오사(誤寫)된 것일 가능성이 매우 크다. 그런데 금륜은 불교에서 은륜, 동륜, 철륜과 함께 전륜성왕(轉輪聖王)을 이루는 존재로 알려져 있다. 반면 사륜은 전륜성왕과 관련하여 불교 경전에 이름이 전해지지 않는다. 아울러 금륜 곧 진지왕의 형이자 진흥왕의 장남으로 원래 태자의 지위에 있었다가 요절한 인물이 있었는데, 그의 이름은 바로 '동륜(銅輪)'이다. 즉 진흥왕은 아들들의 이름을 전륜성왕의 이름을 따서 동륜, 금륜으로 붙인 것을 알 수 있다.

사진 16

사진 17

사정이 이러한데도 그동안 학계에서는 1950년대 이래 금륜을 오기로 보고 사륜이 맞다고 보는 견해들이 이어져 왔다. 사륜을 쇠륜의 음사로 파악하면서 쇠륜은 곧 '철륜(鐵輪)'이 되니, 진지왕은 금륜왕이 아니라 철륜왕으로 보아야 한다는 것이다.[58] 형이 동륜이니 동생은 그보다 높은 위상의 금륜이 될 수 없고, 그 아래의 철륜이 되어야 마땅하다는 인식이 바탕에 깔려 있는 것으로 보인다. 아울러 《삼국사기》의 본문에 분명히 '舍輪'이라고 나오고 있으니, 협주에 부기된 '金輪'은 오히려 잘못된 전승일 수 있다는 생각도 위와 같은 견해에 동조하는 배경이 되었을 것이라고 여겨진다.

하지만 이런 주장은 불교의 전륜성왕 설화를 제대로 이해하지 못한 데서 나온 오류이다. 불교 경전에 따르면 네 명의 전륜성왕은 출현 순서가 정해져 있는데, 가장 먼저 철륜왕이 나타나 우주의 중심에 위치한 수미산의 남쪽 남염부주(南閻浮洲)를 무력으로 정복하여 통치하고, 그 뒤를 이어 동륜왕이 등장하여 남염부주 외에 한 주를 더 지배하며, 다시 그 뒤를 이어 은륜왕이 나타나 세 주를, 마지막으로 금륜왕이 출

57) 정덕본에는 '名金翰一作金翰'으로 잘못 판각되어 있으나, 근래 발견된 조선 초기본인 파른본에는 '名舍輪一作金輪'으로 나온다.

58) 이런 주장은 김철준, 1952 앞 논문; 1990 앞 책, 148쪽에서 처음 제기된 이래 현재 대다수 연구자들이 따르고 있다.

현하여 사방의 모든 주를 정법(正法)으로 다스린다고 한다.[59] 그렇다면 먼저 태어난 큰아들의 이름에 동륜이, 다음에 태어난 둘째 아들의 이름에 금륜이 붙어진 것은 하등 이상할 것이 없는 것이다. 만약 사륜이 금륜이 아닌 철륜을 뜻하는 '쇠륜'의 음사였다면, 동륜 또한 '구리륜' 정도로 표기되었어야 일관성이 있다고 할 수 있을 텐데, 그렇지 않다는 사실도 사륜이 금륜의 오기이지 철륜의 이표기일 수 없음을 증명해 주는 것이다.

아마도 진흥왕은 스스로를 철륜왕이라고 표방하고, 자신의 아들들을 동륜왕, 금륜왕으로 내세우면서 왕실의 위상을 높이고 왕권을 강화하려고 한 것이 아닐까 생각되는데, 오기를 오기로 판별하지 못하고 억지로 그에 맞춰서 이해하려고 하면 실제의 역사상을 제대로 복원하기는 어려워지는 것이고, 그런 잘못된 추측을 비판적으로 검토하지 않고 선학의 견해이니 추종하는 것이 맞다는 자세로 연구에 임한다면 더 큰 오류를 범할 수밖에 없음을 기억할 필요가 있다.

8. 사료를 남긴 사람의 의식구조를 잘 살펴보아야

사료를 파악할 때 또 하나 유의해야 할 점은 해당 기록을 남긴 자의 사고체계 즉 의식구조를 잘 살펴보아야 한다는 것이다. 앞에서 거론했듯이 〈광개토왕릉비문〉의 신묘년조는 비문 작성자의 의식구조를 제대로 이해하지 못한다면 역사적 실상에 다가가기 어렵다.

사료가 왜 이런 형태로 남게 되었을까를 고민하는 과정에서 의외로 많은 정보를 얻을 수 있고, 사료에 대한 정합적인 이해가 가능해지기도 하는데, 《한서》 지리지에 전하는 고조선의 범금 8조는 그 대표적인 사례에 해당한다.

> A-낙랑의 조선민에게는 범하는 것을 금지하는 8개의 조항[범금 8조]이 있었는데, 남을 죽이면 곧바로 죽임으로써 되갚음을 받게 하고, 남에게 상해를 입히면 곡물로 되갚게 하며, 남의 물건을 훔친 자는 남자면 그 집의 노가 되게 하고 여자면 비가 되게 하되, 속죄를 하고자 하는 자는 사람마다 50만 전을 내게 하였다. 비록 면하여 민이 되더라

59)전륜성왕에 관한 상세한 논의는 Pankaj Mohan, 2004 〈6세기 신라에서의 아소카상징(Asokan Symbolism)의 수용과 그 의의〉《韓國思想史學》 23 참조.

도 사람들 사이에서 오히려 부끄럽게 여기니, 시집을 가거나 아내를 얻고자 하더라도 짝을 찾을 수 없었다. 이에 그 백성들이 남의 물건을 훔치지 않아 집의 문을 닫아두는 일이 없었고, 부인들은 정조를 지키고 신의가 있어 음란하지 않았다.[60]

범금 8조라고 하면 8개 조항이 있었다는 이야기가 되는데, 유독 세 가지만 전해지고 있다. 즉 살인죄와 상해죄, 절도죄에 대한 처벌 조항만《한서》에서 확인되고, 나머지 5개 조항은 알려지지 않는 것이다.《한서》를 편찬한 반고(班固)는 이 나머지 5개 조항에 대해서도 정보를 갖고 있었을 것이 분명한데, 대체 왜 세 가지만 소개를 했던 것일까? 범금 8조를 제대로 이해하려면 이 의문의 해소로부터 출발해야 한다.

반고가 이 문제에 대해 어떠한 언급도 하지 않았기 때문에 추측을 해 볼 수밖에 없는데, 그의 인식구조를 엿보게 하는 기사가 위에서 인용한 자료 뒤에 다음과 같이 나오고 있다.

B-낙랑군에서 처음 관리를 요동군에서 취하였는데, 관리들이 살펴보니 백성들이 문을 닫거나 물건을 감추어두는 일이 없었다. 그러다가 중국의 상인들이 오가며 밤에 도둑질을 하는 일이 일어나자 사람들이 점점 각박해져서, 이제는 범금이 계속 늘어나 60여 조에 이르렀다.[61]

반고는 애초에 8조밖에 없던 고조선의 범금이 낙랑군 지배가 실시된 후 중국 상인들의 도적질로 인해 풍속이 각박해지면서 60여 조까지 늘어나게 된 것을 안타깝게 생각하였음을 확인할 수 있다. 즉 그는 법 조항이 많은 것에 대해 긍정적으로 바라보지 않았던 것이며, 오히려 적으면 적을수록 이상적인 사회라는 사고를 지녔을 것으로 충분히 추측해 볼 수 있다. 이 경우 자연스럽게 머릿속에 떠올리게 되는 것은 한 고조 유방이 항우에 앞서 진의 수도 함양(咸陽)을 장악한 후 관중(關中)의 부로(父老)들에게 약속했다는 이른바 '약법삼장(約法三章)'이다.

60) "樂浪朝鮮民犯禁八條 相殺以當時償殺 相傷以穀償 相盜者男沒入爲其家奴 女子爲婢 欲自贖者人五十萬 雖免爲民 俗猶羞之 嫁取無所讎 是以其民終不相盜 無門戶之閉 婦人貞信不淫辟"(《漢書》卷28下 地理志8下)

61) "郡初取吏於遼東 吏見民無閉臧 及賈人往者 夜則爲盜 俗稍益薄 今於犯禁浸多 至六十餘條"(위와 같음)

C-한(漢) 원년 10월에 … 여러 현의 부로와 호걸들을 불러모아 말하기를, "부로들이 진의 가혹한 법에 고통을 받은 지 오래되었다. 비방한 자는 멸족을 하고, 모여서 속닥거린 자는 저잣거리에서 처형을 하였다. 내가 제후와 약속하기를 먼저 관중(關中)에 들어간 자가 왕이 되자고 하였는데, 내가 관중에서 왕이 된다면 부로들과 약속하여 법은 세 가지만 시행하려 하니, 남을 죽인 자는 사형에 처하고 남에게 상처를 입힌 자와 도둑질을 한 자는 그에 해당하는 죄를 물을 것이며, 나머지는 진에서 행한 법을 모두 없앨 것이다."고 하였다.[62]

유방이 진의 악법을 없애겠다고 하면서 세 가지 범죄에 대해서만 처벌할 것을 약속한 것이 바로 '약법삼장'인데, 그 세 가지가 바로 고조선의 범금 8조 가운데 처벌 조항의 내용이 전해지는 살인죄, 상해죄, 절도죄와 같은 것이다. 반고가《한서》를 편찬하면서 특별히 주목하여 그 세 가지 처벌 조항을 소개한 것은 결국 약법삼장을 염두에 두고 있었기 때문이라고 할 수 있으며, 나머지 다섯 가지 조항은 관심밖에 존재했기 때문에 구체적으로 그 내용을 적지 않았다고 정리할 수 있는 것이다.

나머지 다섯 가지 조항의 내용은 안타깝게도 알 길이 없지만, 하나 정도는 무엇에 관한 것이었는지를 어렴풋이 짐작할 수는 있다. A 기사의 말미에 "이에 그 백성들이 남의 물건을 훔치지 않아 집의 문을 닫아 두는 일이 없었고, 부인들은 정조를 지키고 신의가 있어 음란하지 않았다.[婦人貞信不淫辟]"고 나오는 것을 보면, 간음(姦淫), 특히 여성의 간음과 관련된 처벌 조항이 들어 있었을 가능성을 엿볼 수 있다. 남의 물건을 훔치지 않아 집의 문을 닫아 두는 일이 없었다는 것이 범금 8조의 내용 중 절도죄에 관한 처벌과 직접적으로 관련된 풍속을 전하는 것이라면, 부인들이 정조를 지키고 신의가 있어 음란하지 않았다는 것은 현재 알려져 있지 않은 나머지 5개 조항 가운데 하나와 연결되는 서술일 수밖에 없기 때문이다. 간음과 관련된 처벌 조항은《삼국지》동이전 부여조에서 부여의 법속으로 "남녀가 음란하거나 부인이 투기가 심하면 모두 죽인다.[男女淫 婦人妒 皆殺之]"고 한 것에도 보이는데, 고조선의 경우 사형에 처했는지 단언할 수는 없으나 엄격한 처벌 조항이 있었을 가능성은 매우 크다고 할 수 있는 것이다.

자료를 남긴 자의 의식구조를 읽어내려고 하면, 그동안 잘 풀리지 않았던 미제(謎

62) "漢元年十月 … 召諸縣父老豪桀曰 父老苦秦苛法久矣 誹謗者族 偶語者棄市 吾與諸侯約 先入關者王之 吾當王關中 與父老約 法三章耳 殺人者死 傷人及盜抵罪 餘悉除去秦法"(《史記》卷8 高祖本紀8)

題)의 해결 방향을 찾아낼 수도 있다. 다음은《양직공도》백제국사조의 서두에 실린 내용이다.

> 백제는 옛 래이(來夷) 마한에 속하였다. 진나라 말기에 구슬(駒瑟)이 요동을 먼저 공략하여 차지하자, 낙랑이 또한 요서 진평현(晉平縣)을 차지하였다.[63]

《양직공도》는 본디 남조의 양나라 때 소역(蕭繹)이 만든 것이지만, 현재 전해지는 것은 북송 때의 모사본으로 알려져 있다. '동이(東夷)'를 '來夷'라고 한 것이나 '구려(駒麗)'를 '駒瑟'로 쓴 것은 전록 과정에서 생긴 오자로 판단된다. 여기서 문제는 진나라 말기에 고구려가 요동을 먼저 공략하여 차지하자, '낙랑(樂浪)'이 또한 요서 진평현을 차지하였다고 한 것이다. 이 부분은《양직공도》에 앞서 편찬되어 소역이 위 기록을 작성할 때 참고 자료가 되었을 것이 분명한 사서《송서》에는 "고려(高驪)가 요동을 공략하여 차지하자 백제는 요서를 공략하여 차지하였다. 백제가 다스린 곳은 진평군 진평현이라고 하였다.[高驪略有遼東 百濟略有遼西 百濟所治 謂之晉平郡晉平縣]"라고 나와 있다. 그런데 여기서는 요서 경략의 주체로 백제를 대신하여 느닷없이 '낙랑'이 등장한 것이다.

이로 인해 요서 경략의 주체는 백제가 아니라 '낙랑'이라는 주장도 나왔고, 백제에 관한 서술에 '낙랑'이 주체인 것처럼 나오는 것은 이해하기 어려우므로 끊어 읽기를 달리해서 낙랑은 요동과 함께 고구려에 점령된 객체로 보고 요서 점유의 주체는 숨어 있는 대주어로서 백제라고 보는 주장이 나오기도 했다.[64]

그렇지만 이 기사를 작성한 소역이 백제국사(百濟國使)에 붙인 기록에서《송서》에 기재된 내용을 변형하여 '백제' 대신 '낙랑'을 써넣은 것은 분명하며, 그것은 자신의 사고체계에 맞춘 의도적인 변형이라고 보는 것이 합당하다. 즉 그는《송서》의 관련 기사를 활용하여 '백제국사'조에 해당 내용을 기술해 넣음으로써 요서 진출의 주체는 실상 백제임을 인정하면서도, 그 백제는 '낙랑'이라고 불러도 무방하다는 생각을 갖고 있었기에 이와 같은 필법이 가능했다고 볼 수 있는 것이다. 과연 백제왕은 372년 근초고왕의 동진 견사(遣使)를 계기로 '영낙랑태수(領樂浪太守)'라는 직함을 부여받

---

63) "百濟舊來夷馬韓之屬 晉末駒瑟旣略有遼東 樂浪亦有遼西晉平縣"

64) 이에 관해서는 본서 제Ⅱ부 제4장 참조.

았음이 《진서》에서 확인되는바, 그 직함은 근초고왕 이후에도 한동안 이어졌을 것으로 보인다. 백제왕은 백제라는 자신의 나라를 다스리는 왕이면서 중국 왕조의 낙랑태수이기도 한 이중적 위상을 갖고 있었다는 사실에 주목한 소역이 자신들 입장에서 요서 진출을 단행한 백제를 '낙랑'으로 대칭(代稱)한 것은 일면 자연스러운 일이었다고도 할 수 있다. 이것은 《송서》 등에 전하는 백제의 요서 진출이 영토 확장을 노린 독자적인 군사 작전이 아니라, 동진의 변군으로서의 '낙랑'의 이름을 띤 채 동진과의 연계하에 이루어진 파병이었을 가능성을 높여 주는 것으로, 요서 진출의 성격에 관한 중요한 정보를 제공하는 것이라는 평가가 가능해진다.[65)]

이처럼 사료를 파악함에 있어서는 겉으로 드러난 기사의 내용에 국한하여 이해하는 데서 한 걸음 더 나아가 왜 사료가 이런 형태로 남게 되었는지, 기록을 남긴 사람은 어떤 의식구조를 갖고 있었는지를 주목하여야 역사의 실상에 더욱 가까이 다가갈 수 있는 길이 열릴 것이다.

9. 기타 유의할 점들

지금까지 사료를 파악할 때 신경써야 할 주요한 점들을 하나씩 사례를 통해 살펴보았는데, 그 밖에 유의해야 할 것들을 간략하게 정리해 보자.

먼저 어떤 사서의 판본이 여러 개 존재할 경우, 일반적으로 오래된 것일수록 원형에 가까울 것이다. 그렇지만 늘 그럴 것이라고 단정하는 것은 위험하다. 전록 과정에서의 오사(誤寫)가 이른 시기의 판본에서부터 일어날 수 있고, 여러 계통으로 자료가 전해졌다면 오히려 후대의 판본이 원본의 내용을 반영할 수도 있기 때문이다. 논란이 일어나는 글자나 문구는 전후 맥락을 토대로 원형을 추론해 가는 작업이 필요하다.

다음으로 외국 사서에 어떤 일이 처음 확인된다고 해서 실제로 그때부터 그런 일이 있었을 것이라고 단정해서도 안 된다. 예를 들어 《진서》를 보면 372년에 백제왕 '여구(餘句)'가 조공한 사실이 나오는데, 이를 근거로 백제 사회에서 성씨의 사용이 이때 들어와서야 시작되었다고 주장한다면, 이는 문제가 있는 것이다. 그것은 성

65) 《송서》 백제전 등의 관련 사료를 토대로 백제의 요서 지역 진출의 실상을 타진한 논문으로는 강종훈, 2003 〈4세기 백제의 요서 지역 진출과 그 배경〉 《한국고대사연구》 30이 있다.

씨 사용이 개시된 시점의 하한을 보여 주는 것은 맞지만 상한을 뜻하는 것은 아니기 때문이다. 중국 군현과 직접적 교류가 일찍부터 있었던 백제 사회에서는 상대적으로 이른 시기에 성씨 사용이 시작되었을 수 있다. 실제로 《삼국사기》에는 고구려본기의 초기 기록에도 보이는 해(解)씨가 백제본기의 첫 부분부터 그대로 나오고 있는데, 이를 우연의 일치라고만 볼 수는 없는 것이다.

반대로 《삼국사기》 백제본기 시조 온조왕기에는 "그 계통은 고구려와 더불어 부여에서 같이 나왔기 때문에 부여를 씨(氏)로 삼았다."고 하여 백제 건국 시점부터 부여씨 왕실이 구성된 것처럼 나오는데, 이 역시 곧장 사실로 받아들여서는 안 된다. 《삼국사기》 백제본기의 전체 맥락에서 볼 때, 초창기부터 왕성(王姓)이 부여씨였다고 볼 분명한 근거가 없기 때문이다.

또 하나 거론해야 할 점은 여러 가지 가능성을 따져 보지 않고 속단을 해서는 안 된다는 것이다. 속단으로 인해 오류가 발생하기 쉬운 대표적인 사례를 들어 보자면, 신라 촌락문서에 등장하는 촌들의 지리적 위치를 청주 인근에서만 찾으려는 논의이다. 촌락문서는 두 장에 각각 두 개씩 네 개 촌의 상황이 기재되어 있는데, 한 장에는 '당현사해점촌(當縣沙害漸村)', '당현살하지촌(當縣薩下知村)'이, 다른 한 장에는 이름을 알 수 없는 촌과 서원경(西原京) 소속의 어떤 촌에 관한 정보가 기록되어 있다. 서원경은 오늘날 충북 청주에 설치되었던 신라의 소경이었던바, 서원경 소속의 어떤 촌이 보임을 중시한다면 현재 존재가 알려져 있는 촌락문서가 청주 부근에 위치한 촌의 상황을 전하는 것으로 볼 여지는 충분하다. 그래서 네 개 촌이 모두 청주 일원에 위치한 것으로 생각하는 경향이 의외로 널리 퍼져 있는 듯하다.

그렇지만 사해점촌과 살하지촌은 서원경 소속 촌이 아니라 '당현(當縣)'이라고 표기된 어떤 현에 속한 촌이라는 사실을 놓쳐서는 안 된다. 《삼국사기》 지리지에 의하면, 통일신라의 지방 제도는 주(州) 아래에 군(郡)이 설치되고, 다시 군에는 대부분 몇 개의 현(縣)이 딸린 형태로 구성되었다. 주는 따로 직할 현들을 거느렸으며, 몇몇 주에는 특별 행정구역으로서 소경이 두어지기도 했는데, 소경은 주나 군과는 달리 직속 현을 갖지 않았다. 웅주에 속한 서원경의 경우도 이런 상황이 그대로 적용되어, 그 아래에 어떤 현이 배속된 바 없다. 이런 점을 고려하면, '당현'이라는 이름의 어떤 현은 서원경과는 직접 영속 관계를 갖지 않았을 것을 감지할 수 있으며, 그에 속한 '사해점촌'이나 '살하지촌'이 청주 지역에 위치했을 가능성은 사실상 전무하다는 것이 논리적으로 합당한 귀결이 된다. 속단은 자칫 엉뚱한 오해를 야기할 수 있음을 유념하지 않으면 안 된다.

한편으로 시대상에 맞지 않는 억지 해석을 함으로써 혼란을 불러일으키지 않도록 주의할 필요가 있다. 현재 중·고등학교에서 사용되고 있는 역사 교과서를 보면, 대다수가 고조선의 범금 8조의 내용을 소개하면서 그 첫 번째 조항인 "남을 죽인 자는 곧바로 죽임으로써 되갚음을 한다.[相殺以當時償殺]"를 고조선 사회의 생명 존중의 풍조를 반영한다는 식으로 서술해 놓고 있다. 살인자에 대한 사형 처벌은 동서고금을 통해 보편적으로 나타난 것으로, 국가 공권력의 확립을 보여 주는 것일 뿐 생명 존중과는 아무런 관련이 없는 것이다. 현재 종교계를 중심으로 전개되고 있는 사형제 폐지 운동이 생명 존중과 직결되어 있다고 할 수는 있어도, 사형을 규정해 놓은 범금 8조를 두고 생명 존중 사상의 표출이라고 해석하는 것은 그야말로 억지라고 할 수밖에 없다. 《삼국지》 동이전 부여조를 보면, "남을 죽인 자는 사형에 처하고, 그 가족들은 노비로 삼는다.[殺人者死 沒其家人爲奴婢]"라고 하여 고조선의 범금 8조 내용보다 훨씬 엄한 처벌 규정이 나와 있는데, 백 명을 헤아리는 대규모 순장이 행해진 부여를 두고 생명을 존중한 사회였다고 할 수 없음은 자명한 것이다.

막연한 기대나 환상을 갖고 사료를 자의적으로 이해하려는 경향도 올바른 사료 파악을 가로막는 장애가 될 수 있기 때문에 주의해야 한다. 사이비 역사학계에 널리 퍼져 있는 것이지만, 고조선 영역을 중국 대륙과 시베리아, 심지어 일본 열도까지 확장하여 인식하려는 태도나, 낙랑군 등 한사군이 한반도 바깥에 설치되었다고 강변하는 태도 등은 자신의 감정을 만족시키는 방향으로 과거 역사를 만들어 보겠다는 것으로, 역사학의 근간을 무시하는 잘못된 이해체계라고 할 수 있다.

자신이 상상하고 싶은 쪽으로 사실이 있었기를 기대하는 심리는 일종의 신화 만들기로 이어지게 되는데, 대표적인 사례로 들 수 있는 것이 조선 시대 한글 편지에 담긴 애절한 사랑의 심정을 소재로 한 신화화 시도이다. 지난 1998년 경북 안동시 정상동에서 조선 시대 분묘 이장 작업을 하던 중 무덤 주인공의 부인이 죽은 남편에게 쓴 한글 편지가 발견된 바 있다. '원이 엄마'라고 이름 붙여진 부인이 쓴 절절한 내용의 '사부곡(思夫曲)'은 장안의 화제가 되었고, 최근에는 그녀의 사랑을 소재로 한 문학 작품이나 뮤지컬 등이 만들어지기까지 하였다. 마치 조선 시대 열녀의 상징적 인물처럼 부각되는 분위기도 느낄 수 있다.

그런데 사랑하던 남편의 죽음을 맞이한 부인이 남편의 상을 치르면서 격정적인 심리상태에서 쓴 편지가 그녀의 이후 인생이 평생 남편을 그리워하면서 홀로 살다가 마무리되었을 것이라는 예측을 담보해 주지는 못한다. KBS 역사스페셜 제작진이 그녀의 정체를 밝히고자 남편 이응태가 속한 고성 이씨 가문의 족보를 포함하여 영남 지방의 주요 가문 족보를 다 뒤졌지만, 그녀에 관한 정보를 얻을 수 없었던 것으로 나온다. 고성 이씨 족보에서 이응태는 성회라는 아들을 둔 것으로 나오는데, 정작 그 아들을 낳은 부인이 누구인지는 밝혀져 있지 않다. 이것은 무엇을 뜻하는 것일까?

많은 사람들이 애절한 사랑의 편지에 현혹되어 그녀가 평생 그런 마음을 가슴에 품고 수절했을 것으로 기대했을 수 있지만, 그녀는 실제로 다른 남성에게 재가했을 가능성이 매우 높다. 고성 이씨 족보에 이름이 나오지 않는다는 것은 더 이상 그 가문의 일원으로 남지 않았음을 뜻하는 것인데, 출가하여 여승이 되었거나 다른 남성에게 다시 시집을 갔을 가능성 외에 다른 것을 상정하기는 어렵다. 한글 편지가 작성된 시점은 임진왜란이 일어나기 6년 전인 1586년으로 밝혀졌는데, 이 시기에는 서류부가혼(壻留婦家婚)의 풍습이 이어지면서 남편과 사별한 여성의 재가가 아직 사회적으로 억제되지 않았고, 한편으로 당시 불교가 탄압을 받던 상황에서 사대부 가문의 여성이 출가하여 승려가 되는 것도 흔하게 있던 일은 아니었을 터이므로, 결론은 '재가(再嫁)'로 굳어질 수밖에 없는 것이다. 인간의 마음이란 시간이 흘러가면서 어떻게 바뀔지 아무도 모르는 것이다. 남편을 잃은 극한적인 상황에서 써진 편지의 내용에만 매몰되어, 그녀가 평생을 죽은 남편을 그리워하면서 수절했을 것이라고 생각하는 것 자체가 환상이며, 신화화에 불과함을 인식할 필요가 있다. 사료를 파악함에 있어서도 자신이 믿고 싶은 방향으로만 사고를 펼치려 해서는 안 됨을 유념해야 한다.

10. 사료를 대할 때 가져야 할 자세

역사학자들이 사료를 대할 때는 기본적으로 비판적 태도를 견지해야 한다. 엄밀한 사료 비판 정신은 역사학자가 지녀야 할 가장 중요한 덕목이다. 그렇지만 확실한 근거도 없이 자의적인 판단에 입각하여 사료의 신빙성을 의심하고 급기야 부정하는 것은 피해야 한다. 믿을 수 있는 이유, 또는 믿을 수 없는 이유를 정황적 측면에서뿐만 아니라 사료 자체의 측면에서 논리적으로 설득력 있게 제시해야 한다.

사료만 비판적으로 다룰 것이 아니라, 선학이 그 사료를 활용한 방식도 비판적으로 검토하는 것이 필요하다. 선학이 세워 놓은 설이 과연 적절한 것인지를 따져 보아야 한다는 것이다. 무조건적인 추종이나 근거 없는 비난과 배척은 모두 학문의 발전을 저해할 뿐이다. 정설처럼 받아들여진 주장이 충분한 사료적 근거를 지닌 것인가, 논리적으로 허점은 없는가를 비판적으로 점검하는 과정에서 새로운 설의 수립이 시작될 수 있다.

고대사 연구는 자료가 양적으로 부족하고 질적으로도 문제가 있는 근본적인 한계를 안고 출발한다. 그래서 자료의 뒷받침을 완전히 받지 못하는 가설적 성격을 떨치기 어려울 때가 많다. 이럴 경우에는 사료의 공백을 추론으로 메꾸어야 하는 일이 불가피해지는데, 문제는 그 추론이 얼마나 논리성을 갖추느냐이다. 추론은 해당 사료의 맥락에서도 이루어질 수 있고, 다른 자료와의 비교를 통해 이루어지기도 한다.

추론은 새로운 자료의 출현에 따라 적합성 여부가 판명되기도 하지만, 기존 자료의 재해석에 힘입어 적절성이 높아질 수도 있다. 따라서 사료에 대한 다양한 차원의 접근 노력이 끊임없이 이루어지지 않으면 안 된다. 왜 이 사료가 이렇게 남게 되었는지를 두고 의심과 함께 깊은 성찰이 요망되는 이유이다.

제한된 사료를 바탕으로 논지를 정립해 가는 과정에서 가장 중요한 것은 자신의 생각과 반대가 되는 자료가 있는지를 계속 확인하는 것이다. 머릿속에 떠오른 검증되지 않은 구상을 그냥 밀어붙이려 하면, 결국 황당한 결론으로 빠지는 수가 많다. 사료의 수집과 논지의 설정 과정 모두에서 광범위하고 종합적인 판단이 절실히 필요하다.

제4장
중국 측 문헌 자료의 사료 비판

삼국지 동이전

한국 고대사 연구에서 중국 측 문헌 자료가 차지하는 비중은 결코 낮지 않다. 《삼국사기》, 《삼국유사》 등 우리 측 문헌 자료는 모두 고려 시대 이후에 작성된 것으로, 역사적 사실이 일어난 때보다 시간적으로 상당히 떨어진 시점에 만들어졌다는 점에서 뚜렷한 약점을 지닌다. 역사적 사실들이 이들 문헌에 수록되기까지는 오랜 전승 과정을 거쳤다는 이야기인데, 그 과정에서 부회(附會), 윤색(潤色), 와전(訛傳) 등이 적지 않게 있었을 것은 굳이 말할 필요도 없다. 특히 삼국시대 초기의 사실의 경우 구전(口傳)의 형태로 내려오던 것이 일정 시점에 문자화된 후 다시 수차례의 전록(轉錄) 과정을 거쳤기에, 과연 그 시기에 그런 사실이 있었던 것인가에 대해 많은 논란이 생길 수 있다. 실제로 우리 학계와 일본 학계에서 그를 둘러싼 논란이 심각하게 일어난 바 있다.[1)]

반면 중국 측 문헌 자료는 한(漢) 대 이후 역사 서술의 전통이 뿌리를 깊게 내린 중국에서 역대 왕조들이 사건의 발생 시점으로부터 그다지 떨어지지 않은 시기에 편찬한 것들이 많다. 흔히 '정사(正史)'라는 이름이 붙는 '25사(史)'는 그 대표적인 것으로서, 기전체(紀傳體)의 형식으로 이전 왕조 시기의 사실들을 기록하면서, 특히 열전(列傳) 등에서 주변의 국가들 가운데 해당 왕조와 교류를 가진 나라들에 대한 정보를 실어 놓았다. 우리 역사와 관련된 내용은 최초의 정사로 일컬어지는 《사기(史記)》에서 '조선열전(朝鮮列傳)'이 입전된 이래 열전을 통해 꾸준히 다루어졌고, 연대기인 본기(本紀) 등에서도 교섭 및 전쟁 관련 사실들이 수록되었다.

우리 측 문헌 자료가 양적으로 부족하고 질적으로도 하자가 많은 상황에서, 이러한 정사류를 비롯한 중국 측의 각종 문헌 자료는 매우 큰 가치를 지니는 것이다. 실제로 중국 측 문헌 자료는 《삼국사기》 등 우리 측 문헌 자료가 만들어질 때에도 참고 자료로서 중시되었고, 우리 측 전승의 미비와 부족을 보완하는 데 적극적으로 활용되기도 하였다.

그렇지만, 그렇다고 해서 중국 측 문헌 자료가 모두 사료적으로 결함이 없다고 단언할 수는 없다. 여러 가지 요인에 의해 많은 문제점을 지니는 것들도 적지 않게 있을 수 있다. 그런 점들을 무시하고 중국 측 문헌 자료를 무비판적으로 이용하게 된다면, 왜곡된 역사상을 그려낼 위험성이 크다. 따라서 중국 측 문헌 자료의 사료적

1) 이에 관한 상세한 논의는 강종훈, 2011 《삼국사기 사료비판론》, 여유당, 17~41쪽 참조.

성격을 면밀히 살펴보는 것은 한국 고대사를 연구함에 있어서 반드시 거쳐야 할 과정이 된다. 이 장에서는 중국 측 문헌 자료의 사료적 성격을 개괄적으로 살펴보고, 그동안 논란이 되었던 주제들을 선별하여 세밀한 사료 비판을 진행해 보도록 하자.

1. 한국 고대사 관련 중국 측 문헌 자료의 사료적 성격

1) 중국 왕조가 직접 관련된 사건을 기록한 자료

서두에서 언급한 바와 같이, 한국 고대사와 관련하여 중국 측 문헌 자료에 실린 기록들은 기본적으로 사건 또는 상황의 발생 시점과 별로 멀지 않은 시기에 문자화된 것이다. 이는 곧 장기간에 걸친 전승 과정에서 필연적으로 발생하는 왜곡의 가능성을 크게 낮추는 것으로, 우리 측 문헌 자료와 비교할 때 사료적 신뢰도의 측면에서 상대적으로 강점을 보이는 것이다. 특별히 다음 기사처럼 중국 왕조 자신들과 직접 관련이 있는 역사적 사실의 경우에는 그 강점은 더욱 두드러진다.

> A. 의희(義熙) 12년(416)에 백제왕 여영(餘映)을 사지절(使持節) 도독백제제군사(都督百濟諸軍事) 진동장군(鎭東將軍) 백제왕(百濟王)으로 삼았다. (송의) 고조(高祖)가 즉위한 후 진동대장군(鎭東大將軍)으로 벼슬을 올려 주었다. …(중략)… 태종(太宗) 태시(泰始) 7년(471)에 (백제가) 또 사신을 보내어 공물을 바쳤다.[2]

위 사료는 25사 가운데 하나로서 남조의 나라 송(宋: 420~479)의 역사를 기록한 《송서(宋書)》의 이만열전(夷蠻列傳) 백제국(百濟國)에 나오는 것인데, 백제와 동진, 그리고 동진을 이은 송 사이의 외교 교섭에 관한 내용을 담고 있다. 이러한 교류와 관련된 기사들은 후대에 사서를 편찬할 때 이전 왕조에서 남긴 관찬(官撰) 기록, 이를테면 황제를 가까이서 보필하면서 황제가 행한 일들을 자세히 기록한 《기거주(起居注)》나 외교 관련 업무를 관장한 관청을 비롯하여 여러 유관 관청에서 만든 공식 기록문서 등을 참고하여 작성하였을 것이다. 때로는 사서의 편찬자가 관련 사실을

2) "義熙十二年 以百濟王餘映爲使持節 都督百濟諸軍事 鎭東將軍 百濟王 高祖踐阼 進號鎭東大將軍 … 太宗泰始七年 又遣使貢獻"(《宋書》 卷97 列傳57 夷蠻 百濟國)

직접 목격한 경우도 있을 수 있다. 특히 《송서》의 경우 송이 망한 지 불과 9년 만인 488년에 편찬이 완료된 사서임을 감안하면, 당시 그 편찬에 참여했던 사람들은 송 왕조 때에 이루어진 송과 백제 사이의 교류 사실, 예컨대 태시 7년(471)의 교류는 몸소 눈으로 확인했을 것이 분명하다. 이러한 점들을 고려할 때, 중국 측 문헌 자료에 실려 있는 중국 왕조와의 교섭에 관한 기사들은 대체로 사실성이 높다고 볼 수 있다.

중국 왕조와 직접 관련되는 내용을 담은 기사들은 위에서 본 평화적인 교섭에 관한 기사들 외에도 적대적 관계에서 벌어진 전쟁에 관한 기사들도 있다. 《사기》 조선열전을 비롯하여 《한서》, 《후한서》, 《삼국지》 등에서 고조선이나 고구려 등과의 전쟁에 관한 기사들이 적지 않은 비중으로 다루어져 있고, 후대에 편찬된 《수서》, 《구당서》, 《신당서》 등에서도 우리 민족의 국가들과 중국 왕조가 벌인 전쟁에 관한 내용이 상세히 전한다. 외교적 교섭에 관한 기사들과는 달리 전쟁에 관한 기사들은 전쟁의 명분을 밝힌 부분이나 전황(戰況)이나 전과(戰果)를 설명한 부분에 있어서는 왜곡과 과장이 당연히 있을 수 있으므로 엄밀한 사료 비판을 거쳐야 할 것이다. 하지만 일정 시점에 어디에서 전쟁이 발발했다는 등의 뼈대가 되는 사실 자체는 굳이 날조할 필요가 없는 것이기에, 그 부분에 있어서는 비교적 사실성이 높다고 할 수 있다.

지금까지 살펴본 중국 왕조와의 교섭 또는 전쟁에 관한 기사들은 중국 왕조 스스로가 한쪽 당사자의 입장에 서 있기 때문에, 자연히 사서를 편찬하는 사관의 입장에서도 우선적으로 관심을 가질 수밖에 없고, 서술 또한 상세할 수밖에 없다. 그래서 이러한 내용의 기사들은 중국 측 사서에서 상당히 높은 비중을 차지하며 나타난다. 여기서는 이처럼 중국 왕조와 직접 관련된 사건을 그들 스스로가 당사자의 입장에서 서술한 기사들을 'A유형'의 기사라고 부르기로 하자. A유형의 기사들은 전체적으로 보면 사료적 신뢰성이 높다고 할 수 있지만, 전쟁과 관련된 기사들의 경우에는 의도적 왜곡과 은폐, 과장 등이 들어갔을 가능성을 배제할 수 없기 때문에, 특별히 주의를 기울일 필요가 있다.

2) 중국 왕조가 접촉을 가진 상대 국가의 내부 사정을 기록한 자료

한편, 중국 측 문헌 자료 가운데는 중국 왕조가 외교적으로 교섭을 갖거나 전쟁을 벌인 상대 국가의 '내부 사정'에 관해 적어 놓은 것들도 많다. 예를 하나 들자면, 다음과 같은 기사가 있다.

> B. 부여(夫餘)는 장성(長城)의 북쪽에 있는데, 현토(玄菟)에서 천 리쯤 떨어져 있다. 남쪽은 고구려(高句麗)와, 동쪽은 읍루(挹婁)와, 서쪽은 선비(鮮卑)와 접해 있고, 북쪽에는 약수(弱水)가 있다. 사방 2천 리가 되며, 호수는 8만이다. 그 나라 사람들은 토착하여 생활하며, 궁실과 창고, 감옥을 갖고 있다. 높지 않은 구릉과 넓은 못이 많아서 동이 지역에서는 가장 넓고 평탄한 곳이다.[3)]

이 기사는 3세기 말에 진수(陳壽)가 저술한《삼국지(三國志)》의 위서(魏書) 오환선비동이전(烏丸鮮卑東夷傳) 가운데 부여전(夫餘傳)의 서두에 실려 있는 것이다. 부여전은 부여라는 나라가 어떤 나라인지를 기록한 것으로서 부여의 내부 사정을 자못 상세하게 전하고 있다. 이 기록들은 당연히 부여의 상황을 잘 알고 있거나 실제로 그곳을 찾아가 본 적이 있는 사람들이 전하는 이야기, 즉 '전언(傳言)'에 토대를 두고서 작성된 것으로 보아야 할 것이다.

전언은 진수가 관련자로부터 직접 들은 것도 물론 있을 수 있지만,[4)] 문서의 형태로 기록되어 전해진 것이 대부분일 것으로 생각된다. 예컨대 중국인으로 사신의 임무를 띠고 부여를 직접 다녀간 인물이 보고서나 기행문의 형태로 남긴 것일 수도 있고, 부여와 접촉을 가졌던 요동군이나 현토군 등의 관리들이 여러 경로로 알고 있던 정보를 적어 놓은 것이었을 수도 있다. 후대의 사실이지만, 고려 인종의 재위 연간에 송의 사신단의 일원으로 고려를 찾아왔던 서긍(徐兢)이《고려도경(高麗圖經)》을 저술하여 12세기 전반 고려 사회의 실상을 송의 지식인 사회에 전해 준 바 있다. 부여가 한(漢) 이래 중국 왕조들과 대체로 우호 관계를 유지하였음을 고려할 때, 중국의 사신이 부여를 방문하고서 어떤 형태로든 부여에 관한 기록을 남겼을 가능성은 결코 낮지 않다. 그리고 요동군이나 현토군 등 변방 군현의 관리들도 부여와 접촉하면서

---

3) "夫餘在長城之北 去玄菟千里 南與高句麗 東與挹婁 西與鮮卑接 北有弱水 方可二千里 戶八萬 其民土著 有宮室倉庫牢獄 多山陵廣澤 於東夷之域最平敞"(《三國志》 卷30 魏書30 烏丸鮮卑東夷傳)

4) 《삼국지》 동이전에 수록된 내용들은 어환(魚豢)이 지은《위략(魏略)》을 참고한 것이 많다고 알려져 있다. 부여전의 기록도《위략》에 의지한 부분들이 꽤 많은 것으로 나타나는데, 위 기사의 경우 최소한 앞부분은《위략》에 실렸던 것으로 파악되고 있다(全海宗, 1980《東夷傳의 文獻的 硏究》, 一潮閣, 12~16쪽, 72~78쪽). 그렇다면 이 기사는 실제로는 어환이 누군가로부터 전문(傳聞)한 것에 바탕을 두었을 수도 있다.

그에 관한 정보를 담은 문서를 조정에 수시로 올렸을 것이니, 그런 기록이나 문서에서 전하는 이야기들이 《삼국지》 부여전 편찬의 주된 자료로 활용되었을 것은 의심의 여지가 없다.

한편 부여에 관한 이야기는 중국인들의 눈과 귀를 통해 전해진 것 외에도, 부여인들 스스로의 입으로 전해졌을 수도 있다. 그들은 누구보다도 부여의 상황을 가장 잘 알고 있는 사람들이었으므로, 부여의 사정을 궁금해 하던 중국인들에게 상세한 정보를 제공했을 것이다. 조금 뒤 시기인 북위 때의 일이기는 하지만, 중국의 지리서 가운데 유명한 《수경주(水經注)》의 저자인 역도원(酈道元)은 평소 '패수(浿水)'에 대해 궁금해 하다가 북위를 찾아온 고구려 사신에게서 관련 내용을 전해 듣고서 그것을 책에 기록하였다. 부여의 경우도 예외는 아니었을 것이니, 중국 왕조를 찾아간 부여의 사신들이 전한 이야기들도 《삼국지》 부여전을 서술할 때 소중한 자료가 되었을 것으로 판단된다.[5)]

이렇듯 여러 형태의 전언에 토대를 두고서 해당 국가의 '내부 사정'을 적은 기사들을 여기서는 편의상 'B유형'의 기사로 부르기로 하자. B유형의 기사들도 주로 《기거주》나 각 관청의 공식 기록문서 등의 관찬 기록에 의거하여 작성되었을 A유형의 기사들과 마찬가지로 대체로 사료적 신뢰도는 높다고 할 수 있다. 특히 B유형 기사들의 원전이 되었을 보고서나 기행문 등은 해당 시기의 상황을 가장 잘 보여주는 일급 자료로 평가될 수 있다. 상대 국가의 사신 등이 직접 전한 이야기도 사료적으로 매우 큰 가치를 지닐 수 있음은 새삼 말할 필요도 없을 것이다.

그런데 전언에 기반을 둔 B유형의 기사들은 일반적으로 높은 사료적 신뢰성을 갖는 것이지만, 때에 따라서는 그렇지 못한 경우도 있을 수 있다. 이야기의 전달 과정에서 의도적이건 그렇지 않건 어느 정도 왜곡이 발생할 여지도 크기 때문이다. 여러 단계의 전달 과정을 밟게 될 경우에는 그 왜곡의 정도는 더욱 커지게 된다. 보고서나 기행문을 쓴 화자(話者)가 직접 목격한 것이 아니라 누군가로부터 전해들은 것을 기록한 부분에서는 사실 여부를 확정하기 어려운 것이 있을 수 있고, 어떤 상황

5) 후한 대에는 부여의 왕이 직접 낙양까지 방문한 적도 있었다. 《後漢書》 권85 東夷列傳 夫餘國條를 보면, 순제(順帝) 영화(永和) 원년(136)에 부여의 왕이 경사(京師: 낙양)에 와서 조회하므로, 황제가 황문고취(黃門鼓吹)와 각저희(角抵戲)로 환대를 하고서 보냈다고 기록되어 있다. 부여왕의 낙양 방문을 전후하여 중국인들의 부여에 관한 관심은 크게 높아졌을 것이고, 당시 부여의 왕 또는 그 수행원들이 전해준 이야기는 어떤 형태로든 기록으로 남았을 것이다.

을 직접 목격했다고 해도 그것이 전체가 아닌 일부분에 한정되었을 경우에는 '오해(誤解)'가 일어날 여지가 충분히 있는 것이다. 당사자와의 대담에 의한 것이라고 해도 그 당사자가 의도적으로 거짓을 전하려 했다면, 사실과는 전혀 다른 내용이 사서에 기재될 수도 있다.

요컨대 B유형의 기사들도 사료적 신뢰도의 측면에서 흠결이 전혀 없다고 할 수는 없기 때문에, 유의해서 하나하나 왜곡 내지 와전의 가능성을 따져 보아야 한다. 그러면 절을 바꿔 중국 측 문헌 자료에서 보이는 그러한 사례들을 구체적으로 살펴보도록 하자.

2. 왜곡과 와전(訛傳)

우선 B유형의 기사들에서 흔히 나타날 수 있는 전언 과정에서의 '왜곡'과 '와전'의 사례부터 검토해 볼 필요가 있다. 앞 절에서 언급한 것처럼, 중국 측 문헌 자료에 기록된 내용들 가운데 중국 왕조와 교류를 가졌던 나라의 내부 사정을 전하는 부분은 대개의 경우 전언(傳言)에 의지하여 서술된 것이기에, 자연히 오류가 생길 가능성을 상정할 수밖에 없다.

1) 전언(傳言) 과정에서의 의도적 왜곡의 사례

우선 중국 왕조를 찾아간 나라들의 사신이 상황을 의도적으로 왜곡 또는 과장하여 전했을 수 있는데, 그와 관련된 대표적 사례로는 《양직공도(梁職貢圖)》를 꼽을 수 있다. 6세기 전반에 소역(蕭繹)이 제작한 《양직공도》는 정사류에 들어가는 사서는 아니지만, 정사인 《양서(梁書)》의 편찬 시 참고자료로 활용되었으리라 추정되는바, 그 백제국사(百濟國使)조에는 "그 주변의 작은 나라인 반파(叛波), 탁(卓), 전라(前羅), 사라(斯羅), 지미(止迷), 마련(麻連), 상기문(上己文), 하침라(下枕羅) 등이 그 나라(즉 백제)에 부속해 있다."는 내용이 들어 있다.

앞 장에서도 다루었지만, 여기서 사라는 곧 신라를 뜻하고, 반파는 6세기 전반 당시 가야연맹의 맹주로서의 위상을 갖고 있던 대가야를 가리키는 것으로 파악되고 있다. 결국 6세기 전반에 신라를 비롯하여 한반도 남부에 자리 잡고 있던 여러 소국들이 모두 백제에 부용되어 있다는 식으로 기록한 것이다. 여기서 탐라를 지칭하는 것으로 보이는 하침라 등이 부용되어 있다고 한 것은 그렇다고 쳐도, 당시 기문 및 대사(하동) 지역의 영유를 둘러싸고 백제와 적대 관계에 돌입해 있던 대가야를 비롯하여 가야연맹의 여러 나라들이 백제에 부용되어 있었다고 하는 것도 실은 과장이다.

더욱이 백제와 동맹 관계에 있던 신라마저 백제의 속국이라고 적어 놓은 것은, 물론 백제 측에서는 그렇게 생각하고 싶어 했겠지만, 사실과 거리가 멀다는 것은 두말할 필요가 없다. 훗날 편찬된《양서》등에 따르면, 521년에 신라 사신이 백제 사신을 따라 양나라를 방문한 적이 있었다고 하는데,[6] 그렇다면 소역을 비롯하여 양의 지배층이 신라의 사정을 직접 들어 볼 기회가 있었을 것이다. 그렇지만 신라 사신이 중국어로 의사소통을 할 수 없는 상황이어서 백제 사신의 통역으로 겨우 대화가 가능하였다고 하는바, 백제는 이러한 상황을 교묘히 활용하여 마치 신라마저 백제에 부용된 나라인 것처럼 양나라 지배층에게 과장을 했던 것이라 할 수 있다. 그리고 소역은 그 말을 그대로 믿고서《양직공도》의 백제국사조에 관련 내용을 서술한 것이니, 이는 전언이 지니는 사실 왜곡의 가능성을 극명하게 보여 주는 것이다.[7]

2) 관찰 부주의로 인해 발생한 와전(訛傳)의 사례

한편 중국의 사신이나 관리가 해당 국가를 직접 방문하고도 상황을 잘못 파악하는 바람에 엉뚱한 왜곡이 발생하는 경우도 있다. 그 대표적인 예를 하나 들자면,《삼국지(三國志)》한전(韓傳)의 다음과 같은 기사이다.

> 그 나라 안에 무슨 일이 있거나 관가(官家)에서 성곽을 쌓게 되면, 용감하고 건장한 젊은이는 모두 등의 가죽을 뚫고[皆鑿脊皮] 큰 밧줄로 꿰고서는[以大繩貫之] 그곳에 한 발쯤 되는 나무막대를 매달고 온종일 소리를 지르며 일을 하는데, 이를 아프게 여기지 않는다. 그

---

6) 중국의 정사 가운데《양서(梁書)》는 신라 열전이 독립적으로 설정된 최초의 사서인데, 521년에 신라의 사신이 백제 사신을 따라 양나라를 방문하면서, 그들을 통해 전해진 신라에 관한 여러 정보가 담겨져 있다.

7) 물론 이 내용은 후에《양서》가 편찬될 때는 백제전이나 신라전에 반영되지 않았다.《양서》는 7세기 전반 당 태종 시기에 요사렴(姚思廉)이 편찬한 사서인데, 이 무렵은 신라가 성장하여 백제와 자웅을 겨루는 상황이었기에 신라가 백제에 부용되어 있다는 앞선 시기의 기록을 신빙성이 없다고 판단하여 요사렴이 채택하지 않은 것일지도 모르겠다.

렇게 작업하기를 권하며, 또 이를 강건한 것으로 여긴다.[8)]

이 기사는 당시 마한에서 젊은이들이 성곽 축조에 동원되어 노동을 하는 모습을 묘사한 것이다. 큰 밧줄이나 한 발쯤 되는 나무막대 등 자못 생생한 묘사가 들어가 있음을 감안할 때, 이는 당시 상황을 직접 목격한 사람의 이야기를 옮긴 것으로 보는 것이 합당할 것이다. 아마도 마한을 방문한 어떤 중국인이 멀리서 젊은이들이 부지런히 일하는 모습을 인상 깊게 지켜보고서 기록한 것일 텐데, 문제는 실제로 남성의 등가죽을 뚫고서 거기에 밧줄을 꿰고 나무막대를 매달았을 리는 없다는 것이다. 이는 필시 앞 장에서도 언급했듯이 우리 민족의 고유한 운반 도구인 지게를 이방인이 잘못 파악한 것으로 보아야 할 것이다.[9)]

지게를 지고 흙 따위를 담아 나르는 모습은 중국에서는 보지 못한 이색적인 풍경이었을 것이므로 중국인이 신기해하며 이야기를 전한 것이지만, 그것은 세심한 관찰이 아닌 부주의한 관찰에서 빚어진 오해일 뿐이다. 과거에 이 기사를 해석하면서, 공동으로 일을 하는 과정에서 고통을 이겨 내는 성년식을 묘사한 것이라고 엉뚱한 주장을 하는 경우도 있었는데,[10)] 이는 와전이 만들어 낸 또 하나의 곡해(曲解)라고 할 수 있을 것이다.

3) 과장된 전언(傳言)의 무비판적 수록의 사례

우리와 직접 관련이 있는 것은 아니지만, 중국 측 문헌 자료를 보면 전언에 기초한 것으로 여겨지는 기사들 가운데 다소 황당한 것들도 포함되어 있다. 예를 들어 《양서》에는 고구려와 백제, 신라, 그리고 왜국에 대한 기술에 이어서 '주유국(侏儒國)', '흑치국(黑齒國)', '나국(裸國)', '문신국(文身國)', '대한국(大漢國)', '부상국(扶桑國)', '여국(女國)' 등에 관한 이야기가 등장한다. 거의 대부분 전언을 토대로 기록한 것인데, 특히 부상국전의 경우는 그 나라의 사문(沙門) 혜심(慧深)이라는 자의 전언을 그대로 옮겨 놓고 있다.

---

8) "其國中有所爲及官家使築城郭 諸年少勇健者 皆鑿脊皮 以大繩貫之 又以丈許木鍤之 通日嚾呼作力 不以爲痛 既以勸作 且以爲健"(《三國志》 卷30 魏書30 烏丸鮮卑東夷傳)

9) 李丙燾, 1976《韓國古代史研究》, 博英社, 291~292쪽.

10) 三品彰英, 1943《新羅花郎の研究》, 三省堂, 11~12쪽.

여기서 가장 황당한 것은 '여국'의 사례인데, 여인들만 산다는 의미의 이 나라는 혜심이 전한 이야기 가운데 나오는 나라로서, 그 나라에서는 여자들이 2월이나 3월에 물에 들어가면 곧 임신을 하여 유월이나 칠월에 아이를 낳고, 젖가슴이 없어 목덜미의 털에서 나오는 즙을 먹여 아이를 키우며, 아이들은 백일이 되면 능히 걸어 다닐 수 있고, 서너 살이 되면 성인이 된다는 식으로 서술되어 있다. 실제로 이런 나라가 있을 수 없음은 굳이 말할 필요가 없을 것이지만, 중국의 정사에 들어가는 《양서》나 그것을 그대로 전재한 《남사(南史)》는 그 전언의 불합리함을 따지지 않고, 실재한 나라인 것처럼 버젓이 열전을 구성하였다.

물론 이러한 사례를 과장하여 중국 측 사서에 실린 우리와 관련된 기사들까지 모두 불신하려 해서는 안 되겠지만, 어쨌든 전언에 입각한 기사들은 그것이 사리에 맞는 것인가를 일단 따져 본 후에 사료로 활용하는 것이 바람직하다.

4) 전쟁 관련 기사에서 보이는 의도적 왜곡의 사례

지금까지 주로 전언에 토대를 둔 기사들에서 나타나는 사실 왜곡의 사례들을 살펴보았다. 그런데 왜곡은 전언의 과정에서만 생기는 것은 아니다. 사서의 편찬자가 의도적으로 실상을 왜곡하는 경우도 다수 있을 수 있다. 특별히 자신들에게 불리한 내용이나 드러내고 싶지 않은 내용을 기술할 경우, 왜곡의 정도는 커질 수밖에 없다.

그러한 사례로 들 수 있는 것이 《수서(隋書)》 등에 보이는 고구려와 수 사이의 전쟁 개시에 관한 기사이다. 《수서》 고려전을 보면, 수 문제 때인 개황(開皇) 18년(598)에 고구려 왕 '원(元: 영양왕)'이 '말갈(靺鞨)'의 기병 만여 명을 거느리고 요서에 침입하였는데, 영주 총관 위충(韋沖)이 물리쳤다는 내용이 나오고, 이 소식을 들은 고조(高祖) 즉 문제가 크게 노하여 수군과 육군을 동원해서 고구려를 치게 했다는 내용이 이어진다. 그동안 많은 학자들이 이 기사를 그대로 믿고서, 고구려와 수 사이의 전쟁은 고구려의 기습 공격으로부터 시작되었다고 설명해 왔다.[11]

그러나 고구려의 영양왕이 고구려 군사도 아닌 '말갈' 군사를 거느리고 요서를 침략했다고 하는 것은 무엇인지 앞뒤가 맞지 않는 느낌을 강하게 준다. 아울러 이보다

11) 국사편찬위원회, 1996《한국사 5 - 삼국의 정치와 사회 Ⅰ : 고구려》, 109~117쪽.

9년 앞선 589년에 수가 진(陳)을 멸망시키고 중국 대륙을 통일하자, 고구려는 장차 자신들도 역시 수의 침공을 받을까 우려하여 군사를 훈련시키고 군량미를 비축하는 등 대비 태세에 들어가는 한편, 수에 자주 사신을 보내어 공물을 바치면서 외교적 수완을 발휘하여 수의 침공을 미연에 방지하고자 노력하였다. 다시 말해 598년 당시 고구려는 일부러 수의 영토에 침입하여 전쟁을 스스로 일으킬 상황이 결코 아니었던 것이다.

당시 '말갈'은 부족별로 나뉘어 있었는데, 그 다수는 고구려에 복속하고 있었지만, 《수서》 말갈전에 나타나고 있는 바와 같이 그 일부는 수의 건국 초기인 580년대부터 고구려의 간섭을 받지 않고 수와 직접 교섭을 행하기도 하였다. 따라서 요서를 침략했다고 나오는 '말갈'의 실체를 반드시 고구려에 복속되어 있던 말갈 부족이라고 단정할 수는 없는 것이다. 어쩌면 고구려의 통제권에서 벗어나 있던 말갈족 일부가 요서 지방의 변경을 일시적으로 침범한 것을 놓고, 고구려의 책임이라고 뒤집어 씌웠을 수도 있는 것이다. 더 나아가 마치 일제가 간도 출병의 구실을 만들려고 훈춘 사건을 조작한 것처럼, 수가 고구려 침공의 명분을 만들어내기 위해 자신들과 접촉을 갖고 있던 말갈족을 동원하여 요서를 공격하게 하고는, 고구려에 복속되어 있던 말갈이 고구려의 사주를 받아 요서를 침공한 것으로 꾸몄을 가능성조차 배제할 수 없다.

고구려가 선제공격을 할 상황이 아니었던 것과 고구려병이 아닌 '말갈'이 침략의 주체로 나오는 것을 중시할 때, 고구려와 수 사이의 전쟁은 결국 수의 주도면밀한 계획 아래 수의 침공으로 시작되었다고 보는 것이 합리적일 것이다. 이는 비유컨대 6.25 전쟁이 북한의 기습 남침으로 발발하였지만, 북한은 자신들이 전쟁을 일으킨 것이 아니라 남한이 '선제공격'을 했기 때문에 그에 대한 '응징' 차원에서 전쟁에 나설 수밖에 없었다고 꾸며대는 것과 비슷하다고 할 수 있다.

동서고금을 막론하고 전쟁을 일으킬 때는 명분이라는 것이 필요하다. 그것이 부족하면 전쟁에 나선 군사들에게 동기를 부여하기 어렵고, 주변의 나라들로부터 외면을 당할 가능성이 크기 때문이다. 당시 수 문제의 입장에서는 주변 국가들의 눈치를 볼 상황은 아니었을지라도, 훗날 역사 기록에서 '패도(覇道)'를 추구한 군주로 기록되는 것을 달갑게 여기지는 않았을 것이며, 《수서》 편찬 때 활용된 자료를 남긴 사관의 생각도 이와 크게 다르지 않았을 것이다.

이런 점들을 고려하면, 중국 측 문헌 자료에서 전하는 수 문제 시기의 고구려와 수 사이의 전쟁 관련 기사는 이미 처음부터 왜곡이 개재된 것으로 보아야 마땅하며,[12] 그 기사를 아무런 비판 없이 받아들이면서 이 시기 고구려사를 설명하려 해서는 곤란하다.

이 사례는 앞에서 설정한 A유형, 즉 중국 왕조가 자신들과 직접 관련 있는 사건을 기록한 것에 해당하는데, A유형이 전체적으로는 사실성이 높지만 이처럼 때에 따라서는 자신들의 입장을 합리화하고 그 행위의 정당성을 강변할 목적에서 조작과 왜곡이 가해지는 경우도 있음을 적절하게 상기시켜 준다. 특히 단순한 외교적 교섭에 관한 내용이 아니라 전쟁과 관련된 내용일 경우에는 그럴 가능성을 더 염두에 두고 기사를 살필 필요가 있다.

5) 혐오감과 멸시감이 반영된 왜곡의 사례

이 밖에 중국 측 문헌 자료의 작성자가 적개심이나 혐오감을 가지고 의도적으로 실상을 왜곡한 사례도 있을 수 있는데, 이런 사례는 고구려의 경우에서 두드러지게 나타난다. 고구려가 건국 과정에서부터 중국 세력과 갈등을 빚었고, 그 성장 및 발전 과정에서도 계속 전쟁을 통해 중국 왕조를 괴롭혔기 때문에 그럴 수밖에 없었던 측면이 있기는 하지만, 아예 국호를 자의적으로 바꿔서 기록한 것을 보면 그 적대감이나 혐오감이 얼마나 컸는지를 잘 알 수 있다.

원래 '고구려(高句麗)'라는 국호는 중국 왕조 한(漢)이 기원전 107년에 압록강 유역을 중심으로 설치한 현토군의 속현인 '고구려현(高句驪縣)'으로부터 비롯된 것이다. 고구려 사람들이 스스로 그렇게 쓴 것이 아니고, 이전부터 고구려 지역에 살고 있던 주민들이 자기들의 거주 지역을 부르던 어떤 말을 듣고서 중국인들이 음차를 하여 '高句驪'라고 적은 것이다. 여기서 마지막 글자인 '려'는 '麗'로 써도 될 것을 굳이 '驪'라고 표기하였는데, 이는 바로 이민족에 대한 업신여김에서 비롯된 것으로 파악되고 있다. 즉 말과 같은 짐승의 부류에 해당하는 존재라는 의미가 담겨 있는 것이다. 이처럼 혐오감이 반영된 '高句驪'라는 이름은 후한 시기에 반고(班固)가 《한

---

12) 《삼국사기》 고구려본기에도 고구려의 선제공격으로 전쟁이 발발한 것으로 기록되어 있는데, 이는 중국 측 사서의 내용을 그대로 옮긴 것이기 때문에 굳이 여기서 따로 거론할 필요는 없다고 여겨진다.

서(漢書)》를 편찬할 때에 이미 사용되고 있었으니, 중국인들이 고구려에 대해 멸시의 감정을 가진 것은 그 연원이 오래되었음을 알 수 있다.

그런데 중국인들은 그러한 멸칭으로서의 '高句驪'라는 이름마저 더 심한 멸칭으로 바뀌어 기록하기도 하였다. 《한서》 왕망전(王莽傳)을 보면, 한을 멸망시키고 '신(新)'을 세운 왕망이 흉노를 정벌하기 위해 고구려의 병력을 동원하려 했으나, 고구려가 참여를 꺼리자 고구려를 공격하고 그 왕을 죽인 다음 '고구려(高句驪)'라는 이름을 '하구려(下句驪)'로 바꾸어 부르게 하였다고 한다. '고(高)'가 자신들이 붙인 이름임에도 불구하고, '높다'는 의미의 긍정적인 어감이 있는 것을 꺼려한 나머지, '낮다'는 반대 의미를 갖는 '하구려'라고 멋대로 바꾸어버린 것이다.

물론 얼마 뒤에 신이 망하고 후한이 들어선 다음 고구려라는 이름을 다시 쓰라는 조치가 광무제에 의해 내려졌기에 고구려가 중국 사서에 '하구려'로 계속 기록된 것은 아니었다. 그렇지만 이러한 전례로 말미암아 고구려의 국호는 중국 측 문헌 자료에 표기될 때에는 혼란스러운 양상을 보이게 되었으니, 심한 경우에는 같은 실체를 두고 두 개의 열전이 편성된 것처럼 보이는 경우도 생기게 되었다. 바로 《후한서》가 그 사례가 되겠는데, 《후한서》를 보면 '高句驪'라는 이름으로 고구려에 대한 기록을 정리한 다음, 단락을 구별하여 다시 '句驪'라는 이름을 달고서 고구려 관련 기록을 이어가고 있다. 이러한 이례적 편성이 《후한서》가 처음 저술될 당시부터 생겨났는지, 아니면 이후의 전록 과정에서 오판으로 말미암아 발생한 것인지는 확실하지 않다. 후자의 가능성이 더 높아 보이기는 하지만, 어쨌든 이는 '高'를 관칭한 '句驪'와 그렇지 않은 '句驪'가 마치 별개로 존재한 것 같은 인상을 주는 것으로, 왕망이 '高句驪'라는 애초의 이름에서 '高'자를 삭제하고 그것을 '下'로 대체한 일로부터 영향을 받아 고구려를 '고구려'라고 부르지 않고, 그냥 '구려'라고 부르는 일이 잦아지면서 생긴 현상으로 이해된다.

중국인들이 고구려를 의도적으로 폄하하려고 한 것은 비단 국호의 용례에서만 확인되는 것은 아니다. 고구려의 내부 사정을 적은 B유형의 기사 가운데, 3세기 전반 고구려 5부를 표기한 데서도 그러한 폄하의 감정이 그대로 배어 있다. 고구려 5부의 명칭은 중국 측 사서 가운데서는 《삼국지》에 처음 등장하는데, 거기에는 당시 왕실을 차지하고 있던 계루부와 함께 5부를 형성한 나머지 부들의 이름이 '연노부(涓奴部)', '절노부(絕奴部)', '순노부(順奴部)', '관노부(灌奴部)' 등으로 나온다.

앞 장에서도 언급한 바 있지만, 여기서 문제는 계루부를 제외한 네 부가 공통적으로 '奴'라는 이름을 달고 있다는 것이다. 주지하다시피 '노(奴)'는 누군가에 예속된 상태의 인간을 뜻하는 용어이다. 당시 고구려 사회에서 지배 집단을 이루고 있던 5부 가운데 네 부가 과연 스스로 '奴'라는 용어를 자신들의 이름에 사용했을지 극히 의심스럽다. 물론 왕실인 계루부에 대해 '노(奴)'의 처지임을 드러내기 위해 그렇게 했을 수 있다는 주장도 가능하겠으나, 3세기 전반 당시만 하더라도 아직 각 부의 자율성이 남아 있었고, 계루부가 이 네 부에게 '奴'의 입장을 강요할 수 있을 정도는 아니었다.

더욱이 중국 측 문헌 자료와는 달리 《삼국사기》를 비롯한 우리 측 문헌 자료에는 고구려 초기 부의 이름에 '奴'가 붙어 있는 것은 확인되지 않으며, '연나부(椽那部)', '관나부(貫那部)', '환나부(桓那部)' 등에서처럼 '奴' 대신 음이 비슷한 '나(那)'가 붙어 있는 것이 상례이다. 이는 애초에 고구려인들이 스스로 부명을 표기할 때는 '奴'라는 글자를 사용하지 않았음을 말해주는 것이라 할 수 있다. 그런데 중국 측 문헌 자료에서는 굳이 '那' 등을 사용하지 않고, '奴'라는 멸시의 의미가 담긴 글자를 써서 고구려의 부명을 표시한 것이다. 왕실인 계루부에 예속되어 있는 부라는 의미를 담기 위해서 일부러 그렇게 했을 가능성 자체를 배제할 수는 없겠지만, 여하튼 그것이 독자로 하여금 고구려의 지배 집단을 비하하여 인식하도록 유도하기 위한 장치가 되었을 것은 굳이 재언을 요하지 않는다.

지금까지 중국 측 문헌 자료에서 보이는 와전과 왜곡의 사례들을 살펴보았다. 의도하지 않은 상태에서 사실이 잘못 전해진 것들도 있고, 전언의 화자(話者)나 사서의 편찬자가 의도적으로 진실을 왜곡한 경우도 적지 않게 있을 수 있음을 확인하였다. 중국 측 문헌 자료는 전반적으로 보아 사실성이 높다고 하더라도, 이와 같은 와전과 왜곡의 사례들이 점점이 박혀 있기 때문에, 그것을 사료로 활용하고자 할 때에는 돌다리를 두들겨 가는 자세로 신중하게 사실성 여부를 검토하지 않으면 안 되는 것이다.

3. 전록(轉錄) 과정에서 비롯된 오류

앞 절에서는 전언이 지니는 문제점으로부터 발생한 사실 왜곡과 중국 왕조 스스로에게 불리한 내용을 감추려고 한 데서 비롯된 왜곡, 그리고 상대방 국가에 대한 적개심 및 혐오감으로 인해 생긴 의도적 왜곡의 사례들을 살펴보았는데, 이제부터는 그와는 다른 차원에서 야기된 또 다른 오류로서 '전록(轉錄) 과정에서의 오류'를 다루어 보도록 하자.

'전록(轉錄)'이란 이미 작성되어 있던 자료가 어딘가에 옮겨져 기록되는 것을 가리키는 용어이다. 즉 현재 우리가 접하고 있는 중국 측 문헌 자료는, 정사류인 25사를 예로 들자면, 대부분 최초로 만들어진 사료가 사서 등을 편찬할 때 기본 자료로 채록되었다가, 그것들이 편집되고 정서된 결과로 간행된 사서 등이 수차에 걸친 '필사(筆寫)'의 과정을 밟고, 또 어느 시기에 이르러 목판 또는 활판으로 인쇄되어 남게 된 것들로서, 여러 단계의 복잡한 전록의 과정을 거친 것들이다. 전록 과정에서 원형이 바뀌게 되는 것은 가히 필연적이라 할 수 있는데, 의도적으로 축약하거나 바꿀 수도 있고 부주의로 인해 애초에 적힌 내용이 잘못 기록되는 경우도 생기게 된다. 따라서 현재 남아 있는 자료들은 같은 사서라 하더라도 판본에 따라 자구(字句)상의 차이를 보이는 부분들이 적지 않다. 그래서 그 차이나는 부분에 대한 교감 작업이 그동안 많은 학자들에 의해 이루어져 왔다.[13)]

여기서 잠시 현전하는 판본들에 대해 살펴보면, 애초에 필사본의 형태로 전승되던 사서들이 판본으로 간행되기 시작한 것은 대체로 북송 대에 들어와서라고 알려져 있다. 물론 이 시기에 판각을 거쳐 인출된 사서로서 현재 남아 있는 것들은 그 수가 많지 않고, 그나마 남아 있는 것들도 완질이 아니라 잔본(殘本)이 대부분이다. 시기가 약간 내려오는 남송 대나 원 대의 판본은 여러 종류가 전해지지만, 사서별로 간행된 시점과 장소가 제각각이고 보존 상태를 포함한 질적인 측면에서도 작지 않은 편차를 보인다. 《사기》 이래 역대 정사들이 완질을 갖춘 채 '17사', '21사', '24사' 등의 명칭으로 집대성되는 것은 대략 명, 청 대의 일로서, 명나라 말기에 판각된 급고각본(汲古閣本: 毛本이라고도 부름)이나 청나라 건륭 연간에 만들어진 무영전본(武英殿本: 殿本이라고도 부름) 등이 그 대표적인 것들이다.

한편 북송 이후 이른 시기의 판본들 가운데 상태가 좋은 것들만을 선별하여 각종

---

13) 그간 우리 학계에서 이루어진 대표적인 연구 성과를 들자면, 다음과 같다.
全海宗, 1980 《東夷傳의 文獻的 硏究》, 一潮閣.
申鉉雄, 2003 〈《三國志》 韓傳 記錄의 實際〉 《韓國古代史硏究》 32.
申鉉雄, 2005 〈《三國志》 韓傳 記事의 判讀 -정치관계 기록을 중심으로-〉 《新羅文化》 25.

정사류를 한데 모아 놓은 것도 출현하였는데, 지난 세기 중국의 상무인서관(商務印書館)에서 간행한 《백납본(百衲本) 이십사사(二十四史)》가 그것이다. '백납'이란 짜깁기라는 뜻인데, 이를테면 《사기》는 남송 대의 판본 가운데 하나인 '경원황선부본(慶元黃善夫本)'을, 《한서》는 북송 대 판본인 '경우본(景祐本)'을, 《수서》나 《남사》, 《북사》 등은 원 대의 판본 중 '대덕본(大德本)'을 취하는 방식으로 24사를 엮어 놓았기에 '백납본'이라는 이름을 갖게 된 것이다.

《백납본 이십사사》에 들어간 사서 중에는 한 종의 사서임에도 짜깁기가 이루어진 것들이 많다. 《삼국지》의 경우를 예로 들자면, 남송 대 판본의 일종인 '소희본(紹熙本: 12세기 말 간행)'을 저본으로 삼되 위지(魏志)의 초반부 세 권에 해당하는 것은 '소흥본(紹興本: 12세기 중엽 간행)'이라는 또 다른 남송 대 판본에서 따와서 보충하는 형태로 만들어졌다.

백납본과 관련하여 한 가지 혼동하지 말아야 할 것은, 백납본이라는 용어는 일반명사이기 때문에 상무인서관 간행의 《백납본 이십사사》 외에도 다양하게 적용될 수 있다는 점이다. 이미 청나라 초기에 송락(宋犖)이 송 대의 판본 2종과 원 대의 판본 3종을 짜깁기하여 《백납본사기(百衲本史記)》 80권을 만든 바 있었다. 여하튼 전체적으로 볼 때, 백납본 사서들은 명, 청 대의 판본보다 시기가 올라가는 것들을 모아 놓은 것이라는 점에서 사료적으로 가치가 크지만, 정체가 모호한 조합본이라는 점에서 사료로 활용함에 있어서는 상당한 주의를 기울일 필요가 있는 것이다.[14)]

1) 교감(校勘)에 있어서의 오류의 사례

현전 판본들에서의 자구 차이를 규명하는 것은 그 자체로 사료 비판의 성격을 지닌다. 따라서 그 교감의 성과를 소홀히 한 채 여러 판본 가운데 어느 하나만 자의적으로 택하여 사료로 활용하려고 한다면, 이는 곤란한 일이다. 그러나 교감의 내용을 전적으로 신뢰하기 어려운 경우도 충분히 있을 수 있다.

그 대표적인 예로 들 수 있는 것이 《사기》 조선열전에 보이는 '진번방진국(眞番旁辰

---

14) 《삼국지》의 판본들과 백납본에 관한 최근의 연구 동향은 尹龍九, 2010 〈《三國志》 판본과 〈東夷傳〉 교감〉 《한국고대사연구》 60에 잘 정리되어 있다.

國)'이다. 이 문구는 '진번(眞番) 주변(旁)의 진국(辰國)'으로 해석이 되는데, 일본 교토대 소장 백납본에 들어간 북송 대의《사기》판본 등에 그렇게 나오며,《사기》조선열전의 내용을 그대로 전재한《한서》의 경우에도 여러 판본에서 '진번진국(眞番辰國)'이라고 나오고 있다. 따라서 '旁'자 다음의 글자가 '辰國'임은 충분히 받아들일 수 있는 것이다.

그런데 현재 우리 학계에서 많이 활용되고 있는 중화서국(中華書局) 간행 표점교감본을 보면, '眞番旁辰國'이 아니라 '진번방중국(眞番旁衆國)'이라고 되어 있고, 국사편찬위원회 간행《중국정사조선전(中國正史朝鮮傳) 역주(譯註) 1》의 교감기에서도 '송본(宋本) 등에 진국(辰國)이라고 되어 있으나, 중국(衆國)이라 한 것도 문맥상 의미가 통한다.'며 '眞番旁衆國'을 타당한 것으로 제시하고 있다.[15] 아마도 북송 대의 판본을 비롯한 몇 종을 제외하고《백납본 이십사사》에 들어간 '경원황선부본'이나 급고각본, 무영전본 등 남송 대 이후 청 대까지 간행된 대다수의 판본에 그렇게 나타나는 것이 주요한 이유일 것으로 판단된다. 이처럼 '衆國'이라고 하면 그 자체 고유명사로 볼 수도 있지만, 어느 특정 국가의 이름이 아니라 '여러 나라'의 의미를 지닌 일반명사처럼 인식될 여지가 있다. 그동안 학계에서는 대체로 '眞番旁辰國'으로 파악하는 견해가 조금 더 우세했던 것으로 여겨지나, 중화서국 교감본은 물론이고 다수의 판본에 나오는 '眞番旁衆國'이 옳은 것으로 보고서 고유명사가 아니라 그냥 복수의 나라를 지칭하는 것으로 이해하는 경향도 여전히 존재한다.[16]

여기서 문제가 될 수 있는 것은 교감본에서처럼 '衆國'으로 보고 여러 나라라고 해석할 때에는, 원래 북송 대 판본 등에서 나타난 '辰國'으로 볼 때와는 매우 다른 역사상이 그려진다는 점이다. 즉 '眞番旁辰國'이 당시 진번 부근에 '辰國'이라는 특정 정치체가 존재했음을 알려 줌에 비해, '眞番旁衆國'일 경우에는 '辰國'의 존재는 사장되고 단순히 여러 나라가 존재했음을 의미하는 것이 되어 완전히 다른 역사상이 나타날 수 있게 되는 것이다. 여러 나라가 함께 존재했다고 하면, 국가 형성사의 측면에서 볼 때 '辰國'이라는 한 나라만 거론되는 것에 비해서 해당 지역의 정치적 성숙도

---

15) 國史編纂委員會, 1988《中國正史朝鮮傳 譯註 1》, 3쪽.

16) 그간의 논의의 흐름은 金貞培, 1968〈辰國과 韓에 관한 考察〉《史叢》12·13과 박대재, 2005〈三韓의 기원에 대한 사료적 검토〉《韓國學報》31을 참조. 전자는 전체적으로 보아 '辰國說'에 입장에 서 있음에 반해, 후자는 판본의 검토와 여타 자료와의 비교를 통해 '衆國說'을 분명하게 제기한 글이다.

를 더 높게 평가할 여지도 생기게 된다. 이런 점을 고려할 경우, 이것은 우리 역사와 관련해서 결코 사소한 문제가 아닌 셈이다.

분명 애초에 만들어진 자료에서는 '辰'이든 '衆'이든 어느 한 글자로 되어 있었을 것이다. 따라서 둘 중 하나를 편의적으로 선택해서 자료로 활용할 수는 없다. 최초 단계의 자료가 어떤 상태로 되어 있었을지에 대해 깊이 고민하면서, 어떤 것이 더 합리적인 해석이 가능한지 따져 볼 필요가 있다.

이런 태도로 문제에 임할 때, 결론은 크게 어렵지 않게 도출이 가능하다. 즉 교감본 등에 제시된 '眞番旁衆國'은 설득력이 높지 않다는 것이다. 그 이유는 비단 간행 시기가 올라가는 북송 대의 《사기》 판본 등에서 '衆國'이 아닌 '辰國'으로 나오기 때문만은 아니다. 《사기》를 답습한 《한서》를 포함하여 《자치통감》 등의 다른 자료들에서도 이 부분은 일관되게 '辰國'으로 나오고 있다는 것을 유념해야 한다. 더욱이 '衆國'이라고 할 경우, 물론 억지로 우기면 의미가 통하지 않는 것은 아니지만, 그런 용례가 흔하지 않다는 것도 고려할 필요가 있다.[17] 일반적으로 '여러 나라'를 뜻하는 한자 용어는 '衆國'이 아니라, 《진서》 장화열전(張華列傳)에 보이는 '신미제국(新彌諸國)'에서와 같이 '諸國'이다. 《사기》를 지은 사마천이 '진번 부근의 여러 나라'라는 의미로 쓰고자 했다면 '眞番旁諸國'이라고 표현하는 것이 더 합당했으리라는 이야기이다. 따라서 중화서국 교감본에 나와 있고 국사편찬위원회 역주본의 교감기 등에서도 타당하다고 제시된 '眞番旁衆國'은 잘못된 교감의 결과일 뿐이며, 그것을 받아들여 당시 진번 근처에 '여러 나라'가 이미 존재하고 있었다고 주장하는 것은, 물론 그것이 다른 측면에서 입증될 여지는 남아 있지만, 설득력을 지닐 수 없는 것이다.

2) 필사본의 전승 과정에서 발생한 '오자(誤字)'의 사례

한편 현재 전하는 판본들에서의 차이는 애초에 만들어진 자료가 여러 차례의 필사를 거쳐 판각에 이르기까지 전록 과정에서 어떤 오류가 발생했음을 뜻하는 것이다. 만약 그 과정에서 아무런 오류가 생기지 않았다면, 판본들에서의 자구 차이는 생기지 않았을 것이기 때문이다. 그래서 단순히 현전 판본들에서 자구가 어떻게 차이가

17) 모로하시 데쓰지[諸橋轍次]의 《大漢和辭典》을 보아도 수많은 '衆'의 용례 가운데 '衆國'의 예는 없다. 이는 '여러 나라'라는 의미로 '衆國'이라는 표현을 거의 쓰지 않았음을 시사한다.

나는가에만 관심을 쏟을 것이 아니라, 보다 근본적으로 필사본의 전승 과정에서 발생했을 오류에 대해서도 깊이 천착할 필요가 있다. 사실 현전 판본을 대상으로 한 기존의 연구들은 나름대로 큰 성과를 거두기도 했지만, 이 점에서 근본적인 한계를 안고 있다고 할 수 있다. 그것은 바로 현재 남아 있는 판본들에서 보이는 차이점에 초점을 맞추었지, 그 판본들이 처음 사서가 편찬된 후 수백 년 이상의 시간이 지난 다음 만들어졌다는 기초적인 사실에는 그다지 주목하지 않았다는 점에서이다.

이런 관점에 설 때, 여러 판본 가운데 어느 하나를 택하여 그것에 특별한 사료적 가치를 부여하려는 것도 적절한 태도가 아님을 명심할 필요가 있다. 《삼국지》를 비롯하여 우리 역사와 관련된 귀중한 기록을 담고 있는 사서들을 살펴볼 때에는, 백납본이나 다른 판본들에 자구가 어떻게 나와 있는가를 비교하는 것이 일차적으로 중요하기는 하지만, 그 중 어느 하나를 택하여 그것이 마치 절대적인 기준이 되는 것인 양 생각해서는 안 된다는 것이다. 특히 백납본에 들어 있는 송본(宋本)처럼 판본의 간행 시기가 비록 올라가는 것이라 하더라도, 그 판본에 나타난 글자나 내용이 애초의 상태를 완벽히 보증할 수는 없는 이상 섣부른 신뢰를 보내는 것은 매우 위험하다는 이야기이다.[18] 판본은 후대에 만들어진 것일 뿐, 그 자체가 원본은 아님을 명심하지 않으면 안 된다.

필사 과정에서 오류는 흔히 필사자의 입장에서 잘 이해되지 않거나 생소한 부분에서 발생하기 마련이다. 특별히 외국과 관련된 기사에서는 인명이나 지명과 같은 고유명사가 들어간 부분에서 오독이 생기기 쉽다. 위에서 거론한 '眞番旁衆國'이 그 실례가 되겠는데, 필사자가 '辰國'이라는 나라가 있었음을 알지 못했을 경우 '辰'과 자형이 가까운 글자들 가운데 '衆'으로 오인하여 자의적으로 '衆國'이라고 옮겨 적었을 가능성이 매우 높은 것이다. 실제로 '辰'과 '衆'은 각기 〈사진 18〉과 〈사진 19〉에서 나타나듯이 필사할 때에는 서로 비슷하게 보일 여지가 크기에, 오독의 가능성은 충분히 상정될 수 있다.

고유명사의 필사 과정에서 오류가 발생한 또 하나의 대표적인 사례는 앞서 언급한 바 있는 《삼국지》 고구려전의 '연노부(涓奴部)'이다. 고구려 5부 가운데 맨 처음 언급

---

18) 물론 그렇다고 해서 백납본을 비롯한 여러 판본에서 전하는 내용들을 무턱대고 불신하는 것도 지나치다. 전체적인 내용은 어느 판본이든지 큰 차이 없이 전하는 것이므로, 원본의 내용을 충실하게 반영하고 있다고 보아야 한다. 다만 자구의 차이가 보이는 부분이나 문맥이 제대로 이어지지 않는 부분 등에 대해서는 새로운 관점에서의 접근이 필요하다는 말이다.

되는 이 부는 《후한서》 고구려전이나 《한원》에서 인용한 《위략》의 일문(逸文)에서는 '소노부(消奴部)'로 표기되어 있다. 즉 '涓'과 '消'의 글자가 혼동을 일으키고 있는 것인데, 대체로 후자 즉 '消'로 보는 견해가 많지만, 《삼국지》의 여러 판본들에서 나타난 '涓'자가 맞다고 보고 '연노부'라고 읽는 경우도 있다.[19] 《삼국지》가 《후한서》보다 오히려 먼저 찬술된 것임을 중시할 경우, 애초의 자료에는 '涓奴部'로 표기되었을 것이라고 생각해 볼 여지도 물론 있다.

사진 18

사진 19

그렇지만 여기서 소홀히 할 수 없는 것은 현재 전해지는 《삼국지》는 진수가 남긴 원본이 아니라, 수차례의 필사 및 판각 과정을 거친 끝에 남송 대에 판본으로 만들어진 것이 가장 오래된 것이라는 사실이다. 판본만 놓고 보았을 때 《후한서》와 비교해서 특별히 우위를 차지할 수 없음은 물론이고, 《위략》을 인용한 《한원》이 당나라 때에 만들어져[20] 필사된 사료임을 고려한다면, 적어도 '涓奴部' 관련 부분은 현전 《삼국지》 판본의 표기가 더 신빙성이 있다고 말하기 어렵다는 것이다. 아울러 《삼국사기》 고구려본기에 전하는 건국 설화에서 주몽과 궁술을 겨루어 패배하고서 복속해 들어왔다고 나오는 비류국의 왕 '송양(松讓)'이 '소노'의 이표기(異表記)일 가능성을 감안한다면,[21] '消奴部'가 원전의 내용에 더욱 가까울 것이라는 생각은 충분히 해 볼 만하다. 아마도 《삼국지》가 필사되어 내려오던 과정에서 애초의 자료에 나온 '消'가 '涓'으로 잘못 인식되어 전록되었을지도 모르겠다. 〈사진 20〉과 〈사진 21〉에서 보듯이 '消'와 '涓'은 붓으로 썼을 때 서로 오인될 소지가 다분하다. 그리고 《삼국지》의 판본들에서 하나같이 '涓'으로 기재한 것을 보면, 오독은 비교적 이른 시기에 일어났을 가능성도 상정해 볼 수 있다.

사진 20

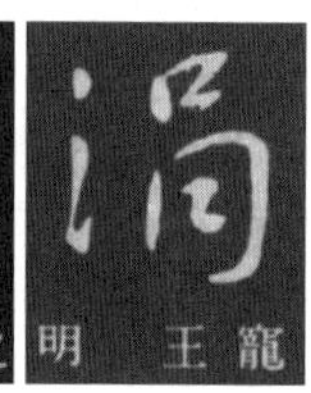

사진 21

필사 과정에서 발생한 오자의 또 다른 사례로 흔히 거론되는 것이 《삼국지》 한전(韓傳)에서 마한의 맹주로 나오는 진왕(辰王)의 나라인 '월지국(月支國)'이다. 현전 《삼

---

19) 全海宗, 1980 앞 책, 128쪽.

20) 《한원》은 당나라 초기인 7세기 중엽에 장초금(張楚金)이 본문을 찬술하고, 당 후기에 옹공예(雍公叡)가 주석을 달아 놓았는데, 《위략》의 일문은 옹공예가 붙인 주석에 보이는 것이다.

21) '松'은 그 뜻이 소나무이고, '讓'은 '壤'과 음이 같은데 고구려어에서 '那'나 '奴'와 통하는 글자로 판단되고 있다. 그래서 송양은 결국 '소노'를 가리킨다는 것이다(이병도, 1976 앞 책, 359~360쪽).

국지》 판본에는 모두 '月支國'으로 되어 있지만, 《후한서》의 여러 판본이나 《한원》 필사본 삼한조의 《위략》 인용 부분 등에서는 '목지국(目支國)'이라는 다른 이름으로 등장한다. '月'과 '目' 가운데 적어도 하나는 오자임이 확실한데, 학계에서는 대체로 후자가 옳을 것으로 판단하고 있다.[22] 〈사진 22〉와 〈사진 23〉을 통해 서로 비교되는 바와 같이, '月'과 '目' 또한 '涓'과 '消'처럼 붓으로 필사하는 과정에서 혼동이 일어나기 쉬운 글자들이다. 《후한서》뿐만 아니라 《한원》 필사본에 공히 '目'이라고 되어 있는 것을 보면, 《삼국지》에서의 '月'이 오자일 가능성이 상대적으로 높기는 하지만, 획이 하나 더 들어간 '目'이 마지막 획이 빠진 '月'로 오독될 가능성이 오히려 더 낮다고 볼 여지도 있으므로, 단정적으로 말하기는 힘들다.[23] 어느 것이 맞든 간에 판본의 차이를 불문하고 각 사서에 '月'과 '目'으로 확연히 구분되어 나오는 것을 볼 때, 오독으로 인해 전록 과정에서의 착오가 일어난 시점은 역시 꽤 올라갈 것으로 추측해 볼 수 있다.

사진 22

사진 23

3) 전록 과정에서 발생한 '도치(倒置)'의 사례

판본에 따라 글자가 달리 나와서 혼란을 주는 사례로는 '오자' 외에 글자의 '도치'가 있다. 문구의 글자들이 서로 뒤바뀐 것을 의미하는 도치는 필사를 통한 전록 과정에서 생길 수도 있고, 최종적으로 판본을 제작하는 과정에서 일어날 수도 있다.

도치의 대표적인 사례로 거론되는 것은 《주서(周書)》 고려전과 그 내용을 전재한 《북사》 고구려전에 각기 나오는 '등고신(登高神)'과 '고등신(高登神)'이다. '登高'나 '高登'은 둘 다 '높이 올라간다'로 해석할 수 있어서 한자의 의미로는 별 차이가 없기 때문에, 어느 쪽이든 필사 과정에서 착오가 생긴 것으로 판단할 수 있다. 두 사서에서는 고구려 관인들이 착용한 관(冠)의 이름을 각각 '골소(骨蘇)'와 '소골(蘇骨)'로 표기하였는데, 둘 중 하나는 원본에 나온 글자를 도치하여 잘못 전한 것이다. 골소나 소골

22) 이도학, 1998 〈새로운 摸索을 위한 點檢, 目支國 硏究의 現段階〉 《馬韓史硏究》, 충남대학교출판부, 119쪽.

23) 金海宗, 1980 앞 책, 123~124쪽에서도 서체의 문제를 거론하면서 '月支國'이 옳다는 견해를 제기하였다.

은 중국인의 입장에서 볼 때 의미를 잘 파악할 수 없는 외국어 고유명사이므로, 최초 표기 이후 전록 과정에서 착오에 의한 도치가 일어날 가능성은 더욱 높아질 수밖에 없다.

고유명사 표기에서의 도치의 사례를 하나 더 들자면, 《삼국지》 한전에 마한 50여 소국 가운데 하나로 나오는 '점리비국(占離卑國)'이 있다. 현전하는 《삼국지》 판본들에서는 모두 이렇게 표기되어 있는데, 같은 내용이 인용된 《한원》을 보면 '고비리국(古卑離國)'이라 하여 전혀 다른 이름으로 나온다. 첫 글자인 '占'과 '古'는 둘 중 어느 하나가 필사 과정이나 판본 제작 과정에서 생긴 오자일 것이지만, 두 번째와 세 번째 글자인 '離卑'나 '卑離'는 명백한 도치의 사례에 해당된다. 그런데 《삼국지》 한전에 열거된 마한의 다른 소국 이름들에서는 '卑離'라는 글자가 포함된 것들이 꽤 많이 보인다. 점리비국 바로 앞에 나오는 '卑離國'을 위시하여 '감해비리국(監奚卑離國)', '내비리국(內卑離國)', '벽비리국(辟卑離國)', '모로비리국(牟盧卑離國)', '여래비리국(如來卑離國)', '초산도비리국(楚山塗卑離國)' 등이 그것들이다. 이를 중시하면, 현재 전하는 《삼국지》의 여러 판본에서의 '점리비국(占離卑國)'은 최소 '점비리국(占卑離國)' 정도가 원전에 실린 애초의 명칭이었을 것으로 추정할 수 있다.

이처럼 도치의 사례들이 적지 않게 찾아지는 것은 고유명사를 포함하여 중국 사서에 등장하는 명칭이나 문구들을 현재 전해지는 대로 받아들이는 것이 때로는 위험할 수 있음을 일깨워 주는 것으로, 《삼국지》 위서 동이전과 같이 한국 고대사회의 실상을 밝히는 데 일급 사료로 취급되는 문헌의 경우에는 각별히 이 점에 유의해서 사료에 접근할 필요가 있음을 알려 준다.

4) 일부 판본에서의 자의적 단락 구분이 초래한 '오해(誤解)'의 사례

전록 과정에서 발생한 착오로 빠뜨릴 수 없는 것이 일부 판본에서 보이는 전록자의 자의적인 판단에 따른 단락 구분이다. 원본에는 단락이 구분되지 않고 내용이 이어졌던 것이, 전록 및 판본 제작 과정에서 독자의 이해를 제고할 목적 등으로 단락을 구분하고 표제어를 붙인 경우가 있는데, 가장 대표적인 사례로는 현재 전하는 《삼국지》 판본 가운데 백납본의 저본이 된 '송본(宋本: 소희본)'을 들 수 있다.

《삼국지》에서 흔히 동이전으로 불리는 부분은 애초에는 '東夷傳'이라는 표제도 없었고, 내용상으로도 '부여전(夫餘傳)'이니 '고구려전(高句麗傳)'이니 '동옥저전(東沃沮傳)'이니 '읍루전(挹婁傳)'이니 '예전(濊傳)'이니 '한전(韓傳)'이니 '진한전(辰韓傳)'이니 '변진전(弁辰傳)'이니 '왜인전(倭人傳)'이니 하는 구분이 없었다. 그냥 서문에 해당하는 부분부터 부여, 고구려, 동옥저, 읍루, 예, 한, 왜 등에 관한 내용까지가 표제어는 없이 아마도 단락 정도만 나뉜 채 앞뒤로 연결되면서 기술되었던 것으로 보인다.

그런데 백납본의 소희본처럼 후대에 임의로 표제를 붙이고 단락을 구분하다 보니 뜻하지 않은 착오가 발생하게 되었는데, 《삼국지》에서도 삼한에 관해 서술한 부분에서 특히 그러하다. 삼한 관련 부분의 서술 구조를 살펴보면, 우선 한에 대한 총괄적 기술로서 그 위치와 종류에 대한 짧은 설명이 나오고, 마한의 사정을 비교적 상세하게 서술한 다음, 진한(辰韓)과 변진(弁辰)에 관한 내용을 싣고 있다. 여기서 문제가 되는 것은 진한과 변진을 자의적으로 '진한전(辰韓傳)', '변진전(弁辰傳)'이라는 표제를 붙여 구분한 것인데, 그 구분에 구애될 경우 많은 오해가 생겨날 수 있다. 이해의 편의를 위해 《삼국지》 송본(소희본)에서의 표제 설정에 의거하면서 내용에 따라 기사를 구별하여 표의 형태로 제시하면 다음과 같다.[24)]

다음의 표를 보면, 진한전은 전체적으로 보아 변진전에 비해 분량이 매우 짧은 것으로 나타난다. 변진전은 c에서 드러나듯이 "변진도 12개 나라로 되어 있다."는 내용에서부터 시작되는데, 전체 문맥에서 '변진'이라는 말이 처음 등장하는 것이 단락을 구분하고 표제를 붙이는 데 결정적 기준이 되었다.

그렇지만, 표를 통해 소개한 내용을 통독해 보면 진한에 관한 서술이 b에서 끝나는 것이 아님을 금방 알 수 있다. b와 c는 진한과 변한의 사정을 한꺼번에 서술하는 내용으로서 굳이 c로 단락을 구분할 필요가 없으며, d 역시 진한과 변한에 속한 나라들을 함께 소개하는 것이어서 '변진전'이라는 이름으로 진한을 배제시킬 이유가 전혀 없는 것이다. e, f, g도 기본적으로는 진한에 관한 서술 내용으로 볼 수 있는데, 특히 f의 마지막 부분에서 편두 풍습을 거론하면서 "지금 진한 사람들은 모두 편두이다."라고 한 것은 전후로 진한에 대한 서술이 이어지고 있음을 그대로 보여 준다. 변진에 관한 서술이 본격적으로 이루어지는 것은 h에서부터이며, 진한과의 공통점과

24) 실제로 소희본에는 '변진전'이라는 표제가 두 군데에 걸쳐 나오는데, c와 h의 머리 부분이 그곳들이다. 그래서 흔히 c부터 g까지를 제1 변진전이라 부르고, h를 제2 변진전이라고도 한다. 여기서는 논지 전개의 편의상 제1, 제2를 구분하지 않고 뭉뚱그려서 변진전이라고 표시하였다.

<table>
<tr><th>진한전</th><th>변진전</th></tr>
<tr><td rowspan="5">a. 진한은 마한의 동쪽에 있다. 그 노인들이 대대로 전하여 스스로 말하기를, "옛날 망명한 사람들이 진(秦)의 고된 역을 피하여 한국(韓國)으로 오니, 마한이 동쪽 땅을 떼어 우리에게 주었다."고 한다. … 지금 그들을 이름하여 진한(秦韓)이라고 하는 사람들도 있다.</td><td>c. 변진도 12개 나라로 되어 있다. 또 여러 작은 별읍(別邑)이 있어 각기 거수(渠帥)가 있는데, 큰 자는 신지(臣智)라고 부르고 …(험측, 번예, 살해)… 그 다음으로는 읍차(邑借)가 있다.</td></tr>
<tr><td>d. 이저국, 불사국, 변진미리미동국, 변진접도국, 근기국, 난미리미동국, 변진고자미동국, 변진고순시국, … 변진독로국, 사로국, 우유국이 있어 변진한이 합하여 24국이 된다. 큰 나라는 4~5천 가, 작은 나라는 6~7백 가로 총 4~5만 호이다.</td></tr>
<tr><td>e. 그 12국은 진왕(辰王)에게 속하는데, 진왕은 항상 마한인이 되며, 대대로 계승한다. 진왕은 스스로 서서 왕이 되지 못한다.</td></tr>
<tr><td>f. 토지가 비옥하여 오곡과 벼를 심기에 적당하다. … 나라에서는 철이 생산되는데, 한과 예, 왜에서 모두 와서 얻어간다. 모든 거래에 철을 사용하는데 마치 중국에서 동전을 쓰는 것과 같으며, 또 두 군에도 공급한다. … 아이가 태어나면 곧바로 돌로 머리를 눌러서 납작하게 하려고 한다. 지금 진한 사람들은 모두 편두(褊頭)이다.</td></tr>
<tr><td>g. 남녀가 왜에 가까이 있어서 또한 문신을 한다. … 그 풍속에 길을 가다 서로 만나면 모두 길을 양보한다.</td></tr>
<tr><td>b. 처음에는 6개의 나라가 있었는데, 차츰 나뉘어서 12개의 나라가 되었다.</td><td>h. 변진은 진한과 잡거하는데, 역시 성곽이 있다. 의복과 거처는 진한과 같으며 언어와 법속이 비슷하나, 귀신을 제사하는 데에는 차이가 있다. 부뚜막[竈]은 대부분 호(戶)의 서쪽에 둔다. 그 독로국은 왜와 경계를 접한다. 12개 나라에 역시 왕이 있다. 그 사람들은 체형이 대개 크고, 의복은 청결하며 장발이다. 또한 폭이 넓은 가는 베를 짠다. 법속은 특별히 엄하다.</td></tr>
</table>

차이점을 부각시키는 형태로 내용이 전개되고 있다. 따라서 《삼국지》를 저술한 진수는 진한과 변진을 처음부터 구별하여 서술하려 했던 것이 아니라, 진한에 대해 먼저 기술하면서 변진과도 관련되는 부분을 아울러서 소개한 후, 마지막 부분에서 특별히 변진에 해당하는 내용을 덧붙이는 형식으로 진한과 변진을 한데 묶어서 서술했던 것이다. 진한과 변진에 관한 서술 내용을 꼭 구분해야 한다면, 그것은 c가 아니라 h에서 나누는 것이 적절하며, 변진전이라는 표제 역시 h의 바로 앞에만 붙이는 것이 어울릴 것이다. 실제로 《삼국지》의 내용을 축약하고 재구성한 《후한서》의 경우, '한(韓)'을 하나의 단락으로 구성하면서 마한, 진한, 변진을 구분하지 않고 서술하였는데, 진한과 관련된 부분에 a, c, f, g의 내용을 압축하고, 변진에 관한 부분에는 h의 내용을 위주로 하되 g의 내용 일부를 추가하는 형식을 취하였다. 사정이 이러함에도 불구하고, 남송 대에 《삼국지》 판본으로서 소희본이 만들어질 때 전록자의 오판으로 인해 c에서 변진전이라는 표제가 붙음으로써 엉뚱한 오해가 생겨나게 되었고, 그 오해는 오늘날 국사편찬위원회에서 간행한 역주본 등에 그대로 반영되어 많

은 연구자들에게 영향을 끼치고 있는 것이다.[25]

이런 오해가 현 시점에서 굳이 문제시되어야 하는 이유는 현행 중학교 《역사》나 고등학교 《한국사》 교과서의 다수에서 f의 밑줄 친 부분을 마치 진한이 아닌 변진에만 해당하는 내용인 양 서술하고 있기 때문이다. 물론 변진에서도 철은 생산되었다고 보이는데, 대가야가 성장하는 데 중요한 기반이 된 것으로 평가받는 합천 지역의 야로 철광이 그것을 입증한다. 그렇지만, 적어도 원래 《삼국지》의 맥락에서는 진한 지역의 철 생산을 부각하려는 의도가 더 강하게 들어 있었던 것으로 보는 것이 합당하다. 교과서에서 삼한에 관한 서술을 할 때는, 당시 진한과 변진 모두에서 철이 산출되어 주변 지역에 수출되었다고 소개하는 것이 역사의 실상에 부합하는 것이라고 할 수 있다. 변진의 철 생산 문제는 사서가 전록되는 과정에서 발생한 오류가 후대인의 역사 인식을 어떻게 왜곡시킬 수 있는지를 잘 보여 주는 사례가 된다.

4. 선입견에서 발생한 오독 및 자의적 해석으로 인한 왜곡

앞에서 사료가 만들어지는 과정에서의 의도적 왜곡, 그리고 필사 및 전록 과정에서의 오류로 인해 역사적 사실과 다른 왜곡된 역사상이 만들어지는 사례들을 살펴보았다. 마지막으로 사서의 편찬 과정에서 사관이나 사료 작성자의 의도하지 않은 실수와 착오로 인해 왜곡이 이루어지는 경우와 후대의 연구자가 사료를 오독하거나 자의적으로 해석함으로써 사실 왜곡이 발생하는 경우에 대해 짚어 보도록 하자.

1) 사서 편찬자의 선입견에서 비롯된 '오독(誤讀)'의 사례

먼저 거론해야 할 것은 사서를 편찬하는 자의 선입견으로 인해 수집된 자료를 오독하여 왜곡이 일어나는 것이다. 즉 당초에는 그런 뜻으로 서술된 것이 아님에도, 사서를 편찬하는 자가 자기식대로 내용을 파악하여 예기치 않은 오류가 발생하는 것을 말한다. 대표적인 사례로 거론할 수 있는 것이 《수서》 고려전에 보이는 '소열제(昭烈帝)' 운운 기사이다.

---

25) 《삼국지》 한전의 단락 구분 문제와 관련하여 저자의 이해 방식과 동일한 맥락에서의 지적이 신현웅, 2003 앞 논문에서도 이루어진 바 있다.

거기에는 주몽에 의한 고구려 건국 사실이 서술된 다음에 '위궁(位宮)' 곧 동천왕 대에 있었던 위나라 장수 무구검과의 공방전이 약술되고, 이어서 "위궁의 현손(玄孫)의 아들은 '소열제'라고 하는데 모용씨에게 격파되니, (모용씨가) 드디어 환도로 들어가 그 궁실을 불사르고 크게 약탈한 후 돌아갔다. 소열제는 뒤에 백제에게 살해되었다."라는 기사가 실려 있다. 여기서의 '소열제'는 고국원왕을 가리킴이 분명한데, 만약 고국원왕이 '소열제'로 칭해졌다면 그의 재위 당시 고구려가 이미 황제국을 표방했다는 해석이 가능해져서, 고구려사의 전개 과정에서 중요한 의미를 지닐 수 있다.

그런데 실제로 이 기사는 《위서》 고구려전에 보이는 다음과 같은 기사를 축약하는 과정에서 정리된 것으로 보인다.

> 그(위궁)의 현손은 을불리(乙弗利)인데, 을불리의 아들은 '쇠(釗)'로 열제(烈帝) 때에 모용씨와 서로 공격하였다. 건국 4년에 모용원진(慕容元眞: 모용황)이 무리를 거느리고 그를 정벌하여 남쪽의 협곡[南陜]으로부터 들어가 목저(木底)에서 싸워 쇠의 군사를 크게 격파하였다. 승승장구하여 드디어 환도로 들어가니, 쇠는 단기필마로 달아나 숨었다. 원진이 쇠의 아비 무덤을 파서 그 시신을 싣고, 아울러 그 어미와 처, 진귀한 보물, 그리고 남녀 5만여 구를 빼앗고서 그 궁실을 불사르고 환도성을 파괴한 후 돌아갔다. 이후 쇠는 사신을 보내 (우리 조정에) 와서 조공하려 하였으나, 원수들에게 길이 막혀 도달하지 못하였다. 쇠는 뒤에 백제에게 살해되었다.[26)]

이 기사에서는 고국원왕의 이름을 '釗'로 표기하였고, '열제 때[烈帝時]'에 모용씨 세력과 상쟁했음을 분명히 드러내어, 쇠와 열제가 별개의 인물임을 알려 주고 있다. 여기서 열제는 북위를 세운 태조 도무제(道武帝)의 큰할아버지인 예괴(翳槐)를 황제로 추봉하여 올린 시호이다. 그런데 《수서》의 편찬자인 위징(魏徵) 등은 위의 기사에서 "利子釗 烈帝時與慕容氏相攻擊(을불리의 아들인 쇠가 열제 때에 모용씨와 더불어 서로 공격하였다)"을, '時'를 빼먹고 '烈帝'를 '釗' 뒤에 바로 붙여서 "利子釗烈帝 與慕容氏相攻擊(을불리의 아들인 쇠열제가 모용씨와 더불어 서로 공격하였다)"으로 오독하고, 다시

26) "其玄孫乙弗利 利子釗 烈帝時與慕容氏相攻擊 建國四年 慕容元眞率衆伐之 入自南陜 戰於木底 大破釗軍 乘勝長驅 遂入丸都 釗單馬奔竄 元眞掘釗父墓 載其屍 並掠其母妻珍寶男女五萬餘口 焚其宮室 毁丸都城而還 自後釗遣使來朝 阻隔寇讎 不能自達 釗後為百濟所殺"(《魏書》 卷100 列傳88 高句麗).

'釗烈帝'를 비슷한 음의 '昭烈帝'로 바꾸어 표기하여 마치 고국원왕의 이름이 '소열제'였던 것처럼 왜곡하고 말았던 것이다.[27]

이처럼 선입견에 좌우되어 문맥을 자의적으로 판단함으로써 사실과 다른 역사상을 만들어 낸 사례로는 《남제서》 백제전에 보이는 '위로(魏虜)'의 백제 침입 기사가 함께 거론될 수 있다. 원래 백제의 동성왕이 보낸 국서에 '험윤(獫狁)', '흉리(匈梨)'로 표현된 적대 세력이 실은 백제의 적국으로서 고구려를 지칭하는 것임에도, 《남제서》의 편찬자 소자현(蕭子顯)이 자신들의 북쪽에 있던 적대국 '북위'라고 오인함으로써 마치 북위가 백제를 침공한 일이 있었던 것처럼 사실을 잘못 전달한 것이다.[28] 중국 사서에 실린 기사들을 읽어나갈 때는 이런 착오의 사례들을 유념하면서, 선입견의 반영 여부를 면밀히 살필 필요가 있다.

2) 명칭의 자의적 변개가 유발하는 오해의 사례

사료 작성자의 의도적 '왜곡'도 아니고, 선입견에 따른 '오독'이라고도 할 수 없지만, 사료가 실상의 파악을 방해하게끔 변개된 경우도 있을 수 있다. 다시 말해 사료 작성자 나름의 인식체계에 따라 명칭을 바꿈으로써 후대인들로 하여금 오해를 유발하는 것이다. 대표적인 사례가 《양직공도》의 백제국사조에서 요서 진출의 주체로 등장하는 '낙랑(樂浪)'이다.

앞에서 전언(傳言) 과정에서의 의도적 왜곡의 사례를 다룰 때 잠시 언급된 바 있는 《양직공도》에는 "진나라 말기에 고구려가 요동을 먼저 공략하여 차지하자, 낙랑이 또한 요서 진평현(晉平縣)을 차지하였다."는 기록이 보인다. 이 부분은 《양직공도》보다 먼저 편찬된 《송서》에 "고려(高驪)가 요동을 공략하여 차지하자 백제는 요서를 공략하여 차지하였다. 백제가 다스린 곳은 진평군 진평현이라고 하였다."라는 부분을 인용한 것인데, 애초에 요서 경략의 주체로 나온 백제를 '낙랑'으로 바꾼 것이다.

《양직공도》를 제작한 소역이 이런 명칭의 변개를 시도한 것은 '백제'의 요서 진출

27) 원래 '昭烈帝'는 촉한의 창건자라고 할 수 있는 유비(劉備)의 시호인바, '釗'의 자형이 '劉'와 근사한 관계로 '劉烈帝'로 오독한 다음 그것을 다시 '昭烈帝'로 고쳤을 수도 있다. 실제로 현전하는 《양서》의 여러 판본에서는 고구려전(高句驪傳)에 '釗'를 '劉'로 잘못 표기해 놓았다.

28) 이에 관해서는 본서 제Ⅱ부 제3장 참조.

사실 자체를 부정할 목적에서가 아니었다. 백제국사조에 위의 기록을 넣은 것은 분명히 소역 자신이 요서 진출이 백제에 의해 이루어졌다고 인식했기 때문일 것이다. 다만 그런 상황에서도 '백제'를 '낙랑'으로 대치한 것은 그렇게 표기해도 사실의 왜곡은 아니라는 그 나름의 사고체계에 입각한 것이라고 보아야 한다. 백제는 4세기 후반에 근초고왕이 동진에 사신을 파견한 것을 계기로 몇 대에 걸쳐 왕들이 동진으로부터 '영낙랑태수(領樂浪太守)'라는 직함을 부여받았는데, 이것은 백제가 중국인의 관념 속에 중국 왕조의 변군으로서의 '낙랑'으로 등치될 수 있는 계기로 작용하였던 것이다. 그래서 소역의 입장에서는 요서 진출이 이루어지던 당시의 백제는 '낙랑'으로 표기해도 무방하다는 생각을 할 수 있었던 것이고, 그 결과가 백제국사조에 낙랑의 요서 진출 운운한 기사로 나타났던 것이다.[29)]

《양직공도》의 이 사례는 꼭 사실의 왜곡이라고는 할 수 없지만, 사정을 제대로 간파하지 못하는 경우에는 마치 백제의 요서 지역 진출이 역사적 사실이 아님을 입증하는 자료가 되는 것처럼 불필요한 오해를 불러일으킬 수 있다는 점에서 특별히 주목할 필요가 있다.

3) 연구자의 오독이나 자의적 해석이 빚어내는 왜곡의 사례

사료의 오독은 과거 시점에서 그 사료가 전록될 때만 일어나는 것은 아니다. 오늘날에도 많은 연구자들이 사료를 오독함으로써 왜곡된 역사상이 만들어지는 경우도 있다. 대표적인 사례로 거론될 수 있는 것이 《위서》의 본기에 보이는 '사라(斯羅)'의 실체 논란이다.

《위서》 세종기(世宗紀)를 보면, 경명(景明) 3년(502)조 말미의 시세(是歲)조와 영평(永平) 원년(508) 3월 기해조에 '斯羅'라는 나라가 사신을 보내어 조공하였다는 기사가 나온다.[30)] 이 기사들에서 북위에 조공을 바친 나라로 등장하는 '斯羅'가 한반도

29) 이에 관해서는 본서 제Ⅱ부 제4장 참조.

30) "疏勒, 罽賓, 婆羅捺, 烏萇, 阿喻陀, 羅婆, 不崙, 陀拔羅, 弗波女提, 斯羅, 噠舍, 伏耆奚那太, 羅槃, 烏稽, 悉萬斤, 朱居槃, 訶盤陀, 撥斤, 厭味, 朱沴洛, 南天竺, 持沙那斯頭諸國並遣使朝貢"(《魏書》 卷8 世宗本紀 景明 3年 是歲條)
"斯羅, 阿陀, 比羅, 阿夷义多, 婆那伽, 伽師達, 於闐國並遣使朝貢"(《魏書》 卷8 世宗本紀 永平 元年 3月 己亥條)

삼국 중 하나인 신라의 이칭(異稱)이기도 했다는 점에 주목하여, 6세기 초에 신라가 북조의 나라인 북위와 교류를 가졌다는 주장이 제기되기도 했다.[31)]

널리 알려져 있듯이, 신라는 521년에 백제의 사신을 따라가는 형식으로 남조의 양나라에 사신을 파견한 적이 있었다. 반면에 북조의 국가와는 한강 유역을 장악한 6세기 중엽 이후에야 직접적인 교섭을 가진 것으로 이해되어 왔는바, 그런 신라가 6세기 초에 이미 북위와 교류를 했다고 하면, 이는 신라사의 전개 과정에서 매우 주목되는 사건이라고 할 수 있다. 심지어 이때의 북위로의 사신 파견을 고구려의 도움을 받아 이루어진 것으로 이해하면서 당시까지 유지되던 나제동맹의 틀이 동요한 것을 입증하는 자료로 이용하는 연구자들도 나타나고 있는데,[32)] 이런 견해를 받아들일 경우 6세기 전반의 한반도 정세를 설명하는 방식은 근본적인 수정이 필요하게 된다.

그렇지만 이 기사들에서 '斯羅'와 함께 조공했다는 나라들을 자세히 살펴보면, 대체로 파미르 고원의 동쪽에 있었던 '소륵(疏勒)'이나 지금의 아프가니스탄 지역에 위치했던 '계빈(罽賓)'을 비롯하여 실크로드상의 서역 국가들이거나 '남천축(南天竺)'처럼 인도 방면에 있었을 것으로 추정되는 국가들이다. 이는 중국에 '斯羅'라는 이름으로 알려진 나라가 신라 외에, 서역 방면에 따로 있었을 가능성을 강력히 암시해 주는 것이다.[33)] 한 가지 더 고려할 사항은 신라가 지증왕 대인 503년에 이르러 '신라(新羅)', '사라(斯羅)', '사로(斯盧)' 등으로 다양하게 표기되던 국명을 '新羅'로 확정하는 조치를 단행했다는 점이다. 만약 508년에 신라 사신이 북위로 파견되었다면 '斯羅'가 아닌 '新羅'라는 국명으로 알려졌을 것이며, 특히 고구려의 도움을 받아 북위에 간 것이라면, 〈광개토왕릉비문〉이나 〈중원고구려비〉에서 나타나듯이 이미 5세기 무렵부터 고구려인들에 의해 '新羅'라는 표기가 일반적으로 사용되었으므로, 502년과 508년의 사신 파견 때 당연히 '新羅'라는 이름으로 북위 조정에 소개되었을 것이다. 이러한 점들을 감안할 때, 《위서》의 본기에 보이는 '斯羅'라는 국명을 섣불리 한반도의 '신라'

---

31) 그동안 주로 일본인 학자들이 이런 주장을 제기해 왔으며, 우리 학계에서도 이에 동조한 연구자들이 꽤 있었다. 그간의 논의의 추이에 관해서는 서영교, 2015 〈《三國志》 魏略의 '斯羅國'과 《魏書》의 '斯羅'〉 《역사학연구》 59, 1~6쪽 참조.

32) 신라 사신이 고구려를 통해 북위로 갔다는 주장은 坂元義種, 서영수 등에 의해 이미 제기되었는데, 최근 서영교는 여기서 한 걸음 더 나아가 나제동맹의 근간이 흔들리면서 신라와 고구려 사이의 관계가 개선되었다고까지 주장을 확장하였다(위 논문).

33) 여기서의 '斯羅'가 서역 방면의 나라였음을 규명한 논고로는 井上直樹, 2000 〈高句麗の對北魏外交と朝鮮半島の情勢〉 《朝鮮史研究會論文集》 38이 있다.

로 보고 논의를 진행하는 것은 불합리하다는 비판을 받을 수밖에 없다. 이 사례는 후대 연구자의 오해가 역사를 어떻게 왜곡할 수 있는지를 극명하게 보여 준다.

한편 청 대에 필사된 것으로 추정되는 《양직공도》 제기(題記)가 최근 새로 발견되어 학계의 주목을 받은 바 있다. 애초에 알려진 《양직공도》 백제국사조의 내용과 서로 통하는 부분도 있고, 이전에 누락되어 있던 고구려국사조와 신라국사조의 내용까지 포함되어 있는데, 신라국사조에는 마치 신라가 왜에 속하기도 했다는 것으로 읽히는 부분이 들어 있어 논란이 되기도 하였다. 이 부분은 《송서》 왜국전의 내용을 참고하여 작성된 것으로 파악되는바, 자칫 선입견에 좌우되어 끊어 읽기를 하면 일본 측에서 그동안 제기해 왔던 임나일본부설을 지지하는 사료로 오독될 여지도 있다. 연구자들의 면밀한 사료 해석이 필요한데, 사료의 맥락을 제대로 짚지 못하면 역사상의 왜곡을 가져올 수 있다는 경종을 울려 주는 사례가 된다.[34)]

마지막으로 거론해야 할 것은 연구자들이 선입견과 고정관념에 집착하여 사료의 내용을 자의적으로 변개하여 이해하려는 경향이다. 대표적인 사례로서, 백제의 요서 지역 진출 사실과 관련이 있는 자료로 평가되는 《진서》 모용황재기와 《자치통감》 진목제기(晉穆帝紀) 소재 '백제' 언급 기사들을 두고, 사료에 보이는 백제를 '부여'나 '고구려'로 바꾸어 파악하려는 시도들이 우리 학계와 일본 학계 등에서 일찍부터 있었다. 의심이 나는 사료를 곧장 받아들여 과장된 역사상을 구축하려 해서는 물론 안 되지만, 사료의 성격을 충분히 검토하지 않고 자의적으로 실체를 변개하려는 것 또한 문제를 야기할 수 있다.[35)] 선입견에 따른 자의적인 변개가 의도하지 않았던 새로운 사실 왜곡으로 치달을 수 있음을 기억하면서, 역사의 실상을 복원하려는 노력이 필요하다.

34) 이에 관해서는 본서 제Ⅱ부 제4장 참조.
35) 이에 관해서는 본서 제Ⅱ부 제3장 참조.

제5장
금석문 자료의 사료 비판

광개토왕릉비문

금석문(金石文)은 금, 은, 금동, 청동, 철 등의 금속으로 만들어진 각종 기물(器物)에 문자가 새겨진 것, 즉 '금문(金文)'과 돌로 된 여러 조형물이나 자연 상태의 암벽 등에 문자가 새겨진 것, 곧 '석문(石文)'을 통칭하는 용어이다. 역사학에서는 흔히 책과 같이 종이에 기록된 문자 자료, 즉 '문헌'과 대별되는 자료를 가리키는 용어로 사용되어, 금문이나 석문뿐 아니라 묵서(墨書), 목간(木簡), 죽간(竹簡), 그리고 칠기(漆器)나 봉니(封泥), 와전(瓦塼), 토기(土器) 등의 명문도 금석문 자료의 범주에 넣어 이해하기도 한다.[1)]

금석문 자료가 갖는 가장 기본적인 특징은 작성된 '당시'의 상황을 반영하고 있다는 것이다. 사서(史書)로 대표되는 문헌 자료가 대체로 사건이 발생한 시점보다 후대에 정리된 자료임에 비해, 금석문 자료는 대부분 어떤 사건이나 상황이 벌어지던 시점 또는 그 직후에 작성된 자료이다. 그동안 신라사 연구와 관련하여 학계에서 숱하게 거론해 온 〈포항 냉수리 신라비〉나 〈울진 봉평 신라비〉, 〈울주 천전리 각석〉의 원명(原銘) 및 추명(追銘), 〈단양 신라 적성비〉를 비롯하여 진흥왕 대에 건립된 몇몇 척경비, 〈남산신성비〉, 〈임신서기석〉 등은 사건이나 상황이 벌어진 당시에 작성된 대표적인 금석문들이다. 이처럼 금석문 자료가 갖는 사건 발생 시점과의 '동시성(同時性)'은 후대의 문헌 자료가 필연적으로 지니기 마련인 '전승 과정에서의 오류와 왜곡' 가능성을 차단해 주는 것이다. 그래서 금석문 자료는 흔히 '1차 사료'라고 불리며, 사료적으로 높은 가치를 인정받고 있다.

금석문 자료의 또 다른 중요한 특징은 내용이 '단편적'인 경우가 많다는 것이다. 〈광개토왕릉비〉나 신라 하대 선종 승려의 탑비(塔碑)처럼 한 인물의 일대기를 종합적으로 정리한 것은 조금 예외적일 수도 있지만, 대개의 경우 한 시점에서 발생한 사건 또는 상황에 관한 정보만을 담고 있다. 이와 같은 내용의 '단편성(斷片性)'은 금석문 자료가 지니는 태생적인 한계라고 할 수 있는바, 사서를 비롯한 문헌 자료에서처럼 한 시대의 역사적 흐름을 보여 줄 것을 금석문 자료에 기대하는 것은 무리이다. 능비나 탑비에서와 같이 특정 인물에 관련된 사건들이나 상황을 시간 순으로 정리해 놓은 경우에도, 다루는 시간의 폭이 매우 한정적이어서 사정은 크게 다르지 않다.

1) 현재 우리 학계의 고대 금석문 관련 연구 성과 가운데 대표적인 것으로 꼽히는 韓國古代社會研究所 編, 1992《譯註 韓國古代金石文 Ⅰ·Ⅱ·Ⅲ》, 財團法人 駕洛國史蹟開發研究院에서 이러한 포괄적인 금석문 분류법을 따르고 있다.

이와 같이 금석문 자료는 '동시성'이라는 측면에서 특출한 강점을 가지지만, '단편성'으로 인해 치명적인 약점을 지닌다. 따라서 금석문 자료를 역사 연구에서 사료로 이용하고자 할 때는 무엇보다도 이러한 점들을 먼저, 그리고 분명히 인식하는 것이 필수적이다. 그렇지 않고 막연하게 '동시성'이라는 강점만을 과대평가하여 문헌 자료의 중요성을 폄하하거나, '단편성'만을 주목하여 그것을 극복할 대안으로 문헌 자료에만 매달리려 해서는 올바른 역사상을 구축할 수가 없는 것이다. 이 장에서는 한국 고대 금석문 자료를 사료로 활용함에 있어 특별히 어떤 점에 유의해야 하는가를 구체적 사례를 통해 살펴보도록 하자.

1. 금석문 자료 활용에 있어서의 유의점

1) '동시성'의 적용 문제

위에서 언급한 것처럼 '동시성'은 금석문 자료의 기본적인 속성의 하나이다. 그러나 그렇다고 해서 금석문 자료에 들어 있는 내용이 언제나 '동시성'을 보장받는 것은 아님을 먼저 상기할 필요가 있다. 즉 금석문 자료가 작성되던 때보다 시간적으로 상당히 앞선 시점, 예컨대 두세 세대 이전의 사실을 적어 놓은 부분에서는 동시성은 당연히 인정될 수 없는 것이다. 이는 너무나 상식적인 것인데도, 간혹 금석문 자료를 문헌 자료보다는 언제나 사료적 가치가 더 높다고 단순하게 생각하면서, '동시성'의 관점에 매몰되어 엄밀한 비판을 거치지 않고 사료 활용을 하려는 경우가 발견된다.

이해를 돕기 위해 먼저 신라 하대인 9세기 전반에 만들어진 〈백률사(栢栗寺) 석당기(石幢記)〉를 예로 들어 보자. 6세기 전반 법흥왕 대의 불교 공인 과정에서 희생된 이차돈을 추모하고자 건립되었다고 하여 흔히 '이차돈(異次頓) 순교비(殉敎碑)'라고도 불리는 이 금석문에는 법흥왕이 귀족들의 반대를 물리치고 불교를 공인하게 된 과정이 잘 나타나 있다.[2] 불교 공인 과정에 관해서는 《삼국사기》나 《삼국유사》, 《해동고승전》 등 고려 시대에 작성된 문헌 자료에도 관련 내용이 전하지만, 구체적 묘사의 측면에서 〈백률사 석당기〉를 앞서는 것은 없다.

2) 〈백률사 석당기〉의 원문과 해석에 관한 자세한 내용은 韓國古代社會硏究所 編, 1992《譯註 韓國古代金石文 Ⅲ》, 財團法人 駕洛國史蹟開發硏究院, 279~284쪽 참조.

그러나 문헌 자료와 비교할 때 보이는 그러한 상대적 우위가 〈백률사 석당기〉에 새겨진 내용이 모두 역사적 진실을 반영할 것이라는 생각의 타당성을 담보해 주지는 않는다. 비문상의 '염촉(猒髑)' 즉 이차돈이 죽임을 당할 때 일어났다고 하는 우윳빛 피의 분출이나 꽃비의 하강 같은 이적(異蹟) 관련 내용은 말할 것도 없고, 후반부인 제5면 말미에서 제6면에 걸쳐 실린 혼백(魂魄) 간의 대화 내용 역시 실제 있었던 일로 볼 수 없음은 당연한 것이다. 더 나아가 염촉과 법흥왕이 나누었다는 대화도 전승이 그렇게 내려왔을 뿐이지, 정말 그런 식으로 이루어졌다고는 아무도 장담할 수 없다. 두 사람의 비밀스런 대화 내용이 〈백률사 석당기〉에서 전하는 것처럼 구체적으로 알려졌을 리는 만무한 것이기 때문이다.

결국 〈백률사 석당기〉의 내용은 삼백여 년 전에 일어난 과거의 사실이 수세대에 걸친 전승 과정에서 이미 부풀려져 있다가 석당기의 작성 시점에서 미화와 윤색의 손질을 한 번 더 거친 것으로 보아야 하며, 그러기에 '동시성'이란 애초부터 미약한 것이었다. 비문의 후반부에 비석을 건립할 당시의 사정이 약간 덧붙여져 있기는 하지만, 그조차도 혼백 사이의 대화라는 허구적 요소로 이루어져, '동시성'에 뿌리를 둔 사실성은 거의 없다고 해도 과언이 아니다.

따라서 〈백률사 석당기〉를 사료로 활용할 때에는, 금석문 자료가 지니는 기본적 성격으로서의 '동시성'을 의심 없이 적용하여 사실성을 '과도하게' 받아들여서는 안 되는 것이다. 거기에서 '동시성'을 인정할 수 있는 것은 그것이 작성되던 시점에서의 신라 사람들의 이차돈에 대한 '인식' 정도이지, 서술된 내용 자체가 '동시성'을 인정받을 수는 없음을 유의해야 한다.[3)]

〈백률사 석당기〉와는 다소 다른 측면이 있지만, 전체적으로 보아 '동시성'과 관련하여 꼭 함께 거론해야 할 다른 소재가 신라 김씨 왕실의 출자 전승을 담고 있는 통일신라 시기의 몇몇 비문들이다. 이 자료들은 근래에 학계 내외에서 제기되고 있는 '신라 왕실의 흉노 기원설' 등에 중요한 근거로 활용되고 있어, 특별히 엄밀한 비판

3) 물론 '동시성'은 인정되지 않는다 하더라도, 〈백률사 석당기〉에 실린 이차돈의 죽음에 이르기까지의 과정은 그 자체로 일정하게 '사실성'을 지니는 것이다. 법흥왕 대에 이차돈이 불교 공인 과정에서 큰 역할을 했다는 것, 불교가 공인되기까지 귀족들의 반대가 컸다는 것 등은 전승의 핵심을 이루는 부분으로, 사실에 기반을 둔 것으로 보아야 한다. 다만 여기서 강조하고자 하는 것은, 금석문 자료의 '동시성'을 토대로 자료 내용의 '사실성'을 신뢰하는 것은 적어도 〈백률사 석당기〉에서는 어렵다는 것이다.

이 필요한 것이기도 하다.

김씨 왕실의 출자 전승을 담고 있는 금석문 자료로서 현존하는 것으로는 〈문무왕릉비(文武王陵碑)〉와 〈김인문비(金仁問碑)〉 등이 있다. 둘 다 신라가 삼국을 통일한 직후인 7세기 말경에 만들어진 것인데,[4] 여기에는 《삼국사기》 등에 실려 있는 신라 김씨 왕실의 시조 설화로서의 김알지 설화와는 사뭇 다른 내용이 보인다.

우선 〈문무왕릉비〉에서는 신라 왕실의 연원을 설명하는 서두 부분에 '화관의 후예[火官之后]'라는 표현과 '투후제천지윤전칠엽(秺侯祭天之胤傳七葉)'이라는 문구가 들어 있다. 현재 비석이 완전한 상태로 남아 있는 것이 아니어서 문맥이 정확하게 파악되지 않는 한계가 있기는 하지만, 바로 뒤에서 신라 김씨 왕실의 시조로 나오는 문무왕의 15대조 '성한왕(星漢王)'의 선대(先代)를 가리키는 용어들인 것은 분명하다.

이들 중 전자 즉 '화관지후(火官之后)'에서의 '화관(火官)'은 중국 신화 상의 '염제(炎帝) 신농씨(神農氏)'를 뜻하는데, '삼황오제(三皇五帝)'의 삼황 가운데 하나로서, 오늘날 중국인들에게는, 마치 우리 민족에게 단군이 그러한 것처럼, '중화민족'의 뿌리가 되는 시원적 존재로 인식되고 있다. 후자에 보이는 '투후(秺侯)'는 흉노 휴도왕(休屠王)의 태자로서 한 무제의 흉노 정벌 과정에서 포로로 붙잡힌 뒤 무제의 총애를 받았던 김일제(金日磾)를 말하며, 휴도왕이 '금인(金人)'을 만들어 하늘에 제사를 지냈다는 고사로 인해 '금(金)'이라는 성을 하사받은 인물이다. 그래서 '秺侯祭天之胤傳七葉'이라는 표현은 흉노 출신의 김일제의 자손이 칠대를 내려왔다는 의미가 되고, 문맥상 그로부터 신라 김씨 왕실의 시조인 성한왕이 탄생하였다는 것이 된다. 신라 김씨 왕실의 뿌리를 멀리는 중국의 삼황오제에, 가까이는 흉노의 김일제에 연결시키고 있음을 알 수 있는데, 특히 김일제의 경우는 김씨 왕실의 성씨인 '金'을 성으로 하고 있어 그 연결성이 매우 강하다고 할 수 있다.

한편 〈김인문비〉에는 '□오지군소호(□五之君少皥)', '금천(金天)' 등의 문구가 신라 김씨 왕실의 시조인 '태조(太祖) 한왕(漢王)'의 출현을 서술한 부분에 앞서 첫머리에 등장하고 있다. 〈문무왕릉비〉와 마찬가지로 비석이 파손된 채로 발견되어 전체적인

4) 〈문무왕릉비〉의 건립 시기는 문무왕이 사거한 681년 또는 그 이듬해 정도로 보고 있고, 〈김인문비〉는 김인문이 694년에 사망하고 그 이듬해에 장례가 치러진 것을 감안하여 695년경에 세워졌을 것으로 추정되고 있다(韓國古代社會研究所 編, 1992《譯註 韓國古代金石文 Ⅱ》, 財團法人 駕洛國史蹟開發研究院, 124, 135쪽). 두 비석의 원문과 해석에 대해서는 위 책의 125~133, 135~141쪽 참조.

내용을 파악하기에는 어려움이 있으나, 이 문구들이 '태조 한왕'의 출자를 나타내는 것은 의심의 여지가 없다.

여기서 '□五之君'은 의미가 분명하지 않지만, 그 뒤에 이어진 '소호(少皞)'는 중국 신화상의 '오제(五帝)' 가운데 하나로서, '황제(黃帝) 헌원씨(軒轅氏)'의 아들인 '현효(玄囂)'를 가리킨다. 흔히 '少昊'라고도 표기되는데, 이처럼 그가 삼황오제와 관련이 있음을 감안하면 앞에 붙어 있는 '□五之君'은 혹시 '三五之君'일 가능성도 생각해 볼 수 있겠다. '금천(金天)'은 소호의 별칭으로, 오행 사상에 입각할 때 '금덕(金德)'을 받아 즉위하였다고 하여 '금천씨(金天氏)'라고 불렸다고 한다. 그래서 〈김인문비〉는 신라 김씨 왕실의 연원을 중국의 신화 상의 인물인 '소호 금천씨'로부터 구하고 있는 셈인데, 이는 앞서 살펴본 〈문무왕릉비〉에서 '염제 신농씨'와 '김일제'를 거론한 것과는 차이를 보이기는 하지만, 어떻게든 중국과 관련을 지으려는 점에서는 공통점을 드러낸다.

〈김인문비〉에서 확인되는 '신라 김씨 왕실의 소호 금천씨 후예설'은, 《삼국사기》에 따르면, 지금은 전하지 않지만 고려 중기까지는 실물이 남아 있었던 〈김유신비〉와 〈삼랑사비〉 등에도 나타나 있었다.[5] 흥미로운 점은 〈김유신비〉에는 금관가야 왕실의 후예인 김유신까지도 '헌원지예(軒轅之裔) 소호지윤(少昊之胤)'이라고 적었다는 것이다.[6] 수로왕을 시조로 하는 금관가야 왕실의 후예들은 애초에 신라 김씨 왕실과는 혈통적으로 무관하였으나, 6세기 전반에 신라에 스스로 항복하고 진골 귀족으로 편입된 후 어느 시기부터인가 새로이 '金'을 성으로 사용하게 되었고, 그로 인해 〈황룡사(皇龍寺) 찰주본기(刹柱本記)〉나 〈봉림사(鳳林寺) 진경대사비(眞鏡大師碑)〉와 같은 신라 하대의 금석문에 '신김(新金)'으로 구별되어 나오기도 한다. 그런데 이들조차도 신라 김씨 왕실이 그랬던 것처럼 소호 금천씨의 후예임을 내세웠던 사실이 〈김유신비〉를 통해 알려지는 것이다.[7]

---

5) 《三國史記》 권28 百濟本紀6 말미의 사론에 그러한 내용이 실려 있으며, 권41 金庾信 列傳 上에도 "少昊 金天氏의 후예이므로 성을 金으로 하였다."는 신라인의 말이 인용되어 있다.

6) 《三國史記》 권41 金庾信 列傳 上 참조.

7) 신라 김씨 왕실과 김유신 가문의 '少昊 金天氏' 출자 전승과 관련해서는 李文基, 1999 〈新羅 金氏 王室의 少昊金天氏 出自觀念의 標榜과 變化〉 《歷史教育論集》 23·24合; 2004 〈金官加耶系의 始祖 出自傳承과 稱姓의 變化〉 《삼국사기 열전을 통해 본 신라의 인물》(신라문화제학술논문집 25), 경주시·신라문화선양회·경주문화원 참조.

그러면 이처럼 〈김인문비〉와 〈김유신비〉, 〈삼랑사비〉 등의 금석문 자료에 거듭 나오고 있으니, 신라 김씨 왕실이나 금관가야 왕실은 중국의 소호 금천씨의 후예일까? 아니면 역시 금석문 자료인 〈문무왕릉비〉에서 전하는 것처럼, 중국의 염제 신농씨의 후손이거나 흉노족 김일제의 후예일까?

물론 그에 대한 답이 부정적일 수밖에 없음은 상식적인 것이다. 7세기 후반부터 금석문 자료에 보이는 이와 같은 소호 금천씨 또는 흉노족 김일제의 후예라는 주장은 7세기 중엽부터 본격화된 중국 모방의 풍조에서[8] 말미암은 '날조'의 사례일 뿐 아무런 사실성을 지니지 않는다. 당과의 관계 속에서 신라가 혈통적으로도 중국과 연관이 있음을 강변하려다 보니, 기존에 전승되던 김씨 시조 전승 위에 편의에 따라 중국 신화 상의 인물 소호 금천씨나 흉노 출신의 김일제 등을 연결시키는 새로운 전승이 만들어졌고, 그것이 결국 중국인에게 보여도 부끄럽지 않을 만큼의 세련된 한 문체로 작성된 〈문무왕릉비〉와 〈김인문비〉 등에 실리게 되었던 것이다. 굳이 소호 금천씨나 김일제가 선택된 것은 두말할 필요도 없이 양자가 신라 김씨 왕실의 성씨인 '金'을 이름에 포함하거나 아예 성씨로 사용한 인물들이기 때문일 것이다.[9]

따라서 신라 김씨 왕실의 출자를 중국에 갖다 붙이는 몇몇 금석문 자료를 토대로 그것의 '사실성'을 입증하려는 시도를 하는 것은 한마디로 '난센스'라고 할 수밖에 없

---

8) 신라는 진덕여왕 때 김춘추가 당에 사행을 다녀온 직후인 649년부터 관리들의 의관(衣冠)을 중국식으로 바꾸고, 이어 독자적 연호 사용을 포기하는 대신 당의 연호를 쓰기 시작하는 등 중국 모방의 정책을 적극적으로 추진하였다(《三國史記》 권5 新羅本紀5 眞德王 3년, 4년조). 나당 연합을 통해 백제와 고구려를 멸망시키는 과정에서 신라의 당 문화 모방 풍조는 더욱 심해졌는데, 강수(强首)와 같은 문장가의 출현은 이 무렵 신라의 문화적 역량이 상당히 올라가고 있었음을 보여 주는 것이지만, 한편으로 문장과 학식의 측면에서 당을 맹렬히 따라가려고 하던 신라 지배층의 분위기를 잘 반영하는 것이라 할 수 있다.

9) 유사한 사례를 고구려와 관련해서도 찾아볼 수 있는데, 광개토왕의 재위 시기에 인접국 북연(北燕)의 왕위에 오른 '고운(高雲)'에 대해 "스스로 고양씨(高陽氏)의 자손이라고 하여 '高'로써 성을 삼았다."고 설명한 기사가 《三國史記》 권18 高句麗本紀6 광개토왕 17년조에 실려 있다. 이는 《晉書》 권124 慕容雲載記에서 따온 것으로, 4~5세기에 '高'씨 성을 가진 고구려 지배층 출신의 인물들이 모용씨 세력에게 흡수되면서, 자신이 속했던 고구려 왕실의 출자를 '황제(黃帝)'의 손자로서 중국의 삼황오제 중 하나로 거론된 '전욱(顓頊) 고양씨(高陽氏)'로부터 찾으려 한 사실을 확인시켜 준다. 《三國史記》 권28 百濟本紀6 말미의 사론에서는 '高陽氏'를 '고신씨(高辛氏)'로 잘못 인용하여, 삼황오제 가운데 또 다른 인물인 '제곡(帝嚳) 고신씨(高辛氏)'의 후예라고 적었지만, 여하튼 고구려 왕실의 출자를 중국의 신화 상의 인물에 갖다 붙이는 점에서는 동일하다. 이런 인식은 말할 나위도 없이 중국과의 연관성을 강조하려는 의도에서 나온 것으로서, 사실로 볼 수 없음은 명약관화하다.

다. 이 금석문 자료들은 7세기 후반 당시 신라인들의 왕실 출자에 대한 인식을 보여준다는 측면에서는 '동시성'을 어느 정도 인정받을 수 있으나, 그것은 그 출자 전승의 '사실성' 여부와는 전혀 별개의 문제인 것이다.[10] 금석문 자료에서 '동시성'이 적용되는 범위가 실제로는 이와 같이 한정적일 수 있고, 더욱이 그것이 곧바로 '사실성'을 보장해 주지는 않음을 명심할 때, 엉뚱한 사료 활용과 그를 바탕으로 한 무의미한 논의의 확산은 대폭 줄어들 것이다.

2) '단편성'과 관련된 오해의 문제

금석문 자료의 또 하나의 특징인 '단편성'과 관련해서도 각별히 유념해야 할 점이 있다. 자료 자체가 연속성을 지니지 못하고 대부분 그 자체로서 완결된 모습을 보이기 때문에, 금석문 자료는 해석에 있어 많은 추측과 추론이 들어갈 수밖에 없다. 이 과정에서 자칫 과도한 추측이 생길 여지가 있고, 선입견에 좌우되어 잘못된 독해가 발생하는 경우도 허다하다. 추론 자체가 논리적이지 않고 직관에 의존할 때는, 자료가 본래 갖고 있던 정보와는 전혀 다른 방향으로 해석이 이루어지면서 논의에 큰 혼란을 야기할 수 있어 주의를 요한다.

이와 관련하여 대표적 사례로 거론될 수 있는 것이 〈포항 냉수리 신라비〉이다. 서기 503년에 세워진 이 비석은 '진이마촌(珍而麻村)'이라는 지역의 지방민들 사이에 벌어진 '재(財)'를 둘러싼 분쟁에 대한 처결 내용을 담고 있다. 이전에 '닭부(喙部)'의 '사부지왕(斯夫智王)'과 '내지왕(乃智王)'이 '절거리(節居利)'로 하여금 그 '재'를 취득하라고 명한 바 있는데, 이 시기에 이르러 다른 사람들이 그에 대한 소유권을 새로 주장하여 쟁송이 발생하자, 지도로(至都盧) 갈문왕을 비롯한 7명의 신라 지배층 인물들이 협의하여 '앞선 두 왕[前世二王]'의 처분을 좇아 절거리의 소유권을 재확인하는 처결을 내린 것이다.[11]

---

10) 물론 이 비문들에서 왕실의 출자 전승을 제외한 나머지 부분들은 금석문 자료의 특징인 '동시성'과 함께 그에 기반을 둔 '사실성'을 어느 정도 갖추고 있어 사료적 가치가 상당히 높다고 할 수 있다. 그렇지만, 적어도 그 출자 전승 자체는 '동시성'이나 '사실성'을 거의 갖지 못하는 것임을 유의해야 하며, 단지 금석문 자료라는 이유만으로 사료적 신뢰성이 높다는 환상을 가져서는 안 된다는 것이다.

11) 〈포항 냉수리 신라비〉의 원문과 해석에 대해서는 韓國古代社會硏究所 編, 1992 《譯註 韓國古代

여기서 문제는 '前世二王'으로 나오는 '사부지왕'과 '내지왕'의 실체이다. 비문에 보이는 '지도로 갈문왕'은 《삼국사기》나 《삼국유사》 등을 참고할 때 지증왕을 가리키는 것이 확실하므로,[12] 일단 이 두 인물은 그보다 앞선 시기에 활동하다가 사망한 것으로 추정하는 것이 합리적이다. 그런데 지금까지 대부분의 학자들이 이 '사부지왕'과 '내지왕'을 5세기 전반에 활동한 실성왕과 눌지왕으로 비정해 왔다. 《삼국유사》의 왕력편에서 눌지왕의 다른 이름을 '내지(內只)'라고 기록하고 있어, 〈냉수리비〉에 나오는 '내지왕'은 당연히 눌지왕일 것이라고 단정하고, 그보다 앞서 거론된 '사부지왕'은 자연히 눌지왕에 앞선 왕인 '실성왕'이 될 것이라는 것이다. 그리고 '사부지왕'은 첫 글자인 '㪺'가 '斯'의 초서체 글자이므로, 이를 '사부지왕'으로 읽으면 '실성왕'과 음운상으로도 비슷해진다는 점이 함께 지적되었다.[13]

얼핏 보기에는 합리적으로 사료를 파악한 것처럼 보이지만, 조금만 더 생각해 보면 접근 방향에서 이미 많은 문제를 안고 있음을 금방 알아차릴 수 있다. 무엇보다도 이 비석이 세워지던 6세기 초에 절거리는 아직 생존해 있었고, 그에 앞서 처음 '사부지왕'과 '내지왕'이 그에게 '재'의 소유권을 인정하는 조치를 내릴 때에도 당연히 살아 있었다. 이는 바꾸어 말해, 절거리의 생존 기간 중 앞부분 일부가 '사부지왕'과 '내지왕'의 생존 시기와 겹침을 의미한다. 그렇다면, 자연히 '사부지왕'과 '내지왕'은 5세기 후반, 좀 더 올려 잡아도 5세기 중엽 정도에는 생존해 있었다고 상정해야 한다. 그런데 '사부지왕'을 실성왕으로 보게 되면, 생존 시기가 맞지 않게 된다. 실성왕은 《삼국사기》 기록에 의할 때 417년, 대략 잡아도 5세기 전반의 이른 시기에 이미 사망한 인물이기 때문이다. 결국 '사부지왕'이 실성왕일 가능성은 거의 없다고 보는 것이 순리이다.

이렇게 보면, 내지왕 역시 눌지왕이 아니었을 가능성이 높아진다. '사부지왕'의 뒤에 거론된 것을 볼 때, 내지왕은 '사부지왕'과 동격이거나 그보다 한 급이 낮은 인물이었을 것으로 보는 것이 합리적이다. 내지왕이 실제로 신라의 국왕을 지낸 눌지왕이었다면, 비문에서 이런 순서를 취할 수는 없는 것이다.[14]

金石文 Ⅱ》, 財團法人 駕洛國史蹟開發研究院, 3~13쪽 참조.

12) 《三國史記》 권4 新羅本紀4 智證麻立干 즉위조와 《三國遺事》의 王曆篇, 그리고 紀異篇 智哲老王條에 '智度路'라는 이름으로 나온다.

13) 韓國古代社會研究所 編, 1992 앞 책, 7~8쪽.

14) '사부지왕'과 '내지왕'을 반드시 신라의 왕위에 올랐던 인물로 한정하는 것도, 비문의 전체 맥락에

'사부지왕'과 '내지왕'의 실체는 앞으로 더 많은 연구가 이루어져야 하겠지만, 그동안 생각해 온 것처럼 단순하게 실성왕과 눌지왕에 갖다 붙이려 해서는 안 된다는 것은 확실하다. 금석문 자료가 워낙 단편적인 상태로 남아 있기에 그 해독 과정에서 오해가 일어날 가능성이 매우 많다는 것을 이 사례는 잘 보여 주는데, 바로 그런 점에서 금석문 자료를 사료로 이용할 때는 '합리적인 추론'이 무엇보다도 중요함을 명심할 필요가 있는 것이다.

금석문 자료의 내용을 파악함에 있어 합리적 추론이 얼마나 중요한가는 〈울진 봉평 신라비〉를 통해서도 재차 확인될 수 있다. 법흥왕 대인 524년에 세워진 이 비석은 울진 일대에서 일어난 '어떤' 사건으로 인해 많은 군사들이 동원되었던 사정을 적고, 그 사건의 뒤처리로 울진 지역에 파견된 지방관들과 이 지역의 행정 보조의 책임을 맡은 몇몇 지방민들을 율령에 정해진 바에 따라 장형(杖刑) 등으로 처벌한 사실, 아울러 사건과 관련이 깊은 특정 촌락을 '노인촌(奴人村)'으로 삼아 집단적으로 처벌한 사실 등을 명시한 것이다.[15]

여기서 문제는 도대체 처음에 어떤 사건이 벌어졌는가인데, 비문에서 해당 부분의 글자가 다소 애매하게 나타나는 바람에 그동안 약간의 논란이 있었다. 어떤 쪽에서는 이 일대의 산성에서 '실화(失火)'가 발생한 것으로 보았는가 하면, 또 다른 쪽에서는 이 지역 주민들이 신라의 중앙 정부에 조직적으로 반항하여 난리를 일으킨 것으로 보기도 했다.

저자는 전자의 입장을 취하고 있는데,[16] 그 이유는 책임자에 대해 내려진 형벌을 볼 때 지방민의 반란으로는 도저히 볼 수 없기 때문이다. 비문에 의하면, 지방관이나 지방민들은 장(杖) 60대에서 100대까지로 비교적 가벼운 처벌을 받았다. 만약 반란을 진압하고서 형벌을 내렸다면, 그 주도자급은 참형에 처해졌어야 마땅한 것이다. 그런데도 '지방민 반란설'은 비문 전체의 맥락에서 너무나도 쉽게 얻어질 수

서 볼 때, 선입견에 불과할 수 있다. 〈포항 냉수리 신라비〉에서 절거리에게 '재(財)'의 소유권을 재확인해 준 것으로 나오는 '지도로 갈문왕'을 포함한 7명의 지배층 인물들이 통칭하여 '七王'으로 표현되었음을 감안한다면, '사부지왕'과 '내지왕' 역시 왕은 아니면서 최고 지배층에 들어간 인물들이었을 수 있기 때문이다.

15) 〈울진 봉평 신라비〉의 원문과 해석에 대해서는 韓國古代社會研究所 編, 1992 앞 책, 14~23쪽 참조.

16) 〈울진 봉평 신라비〉의 이 부분을 둘러싼 기존의 논의와 그에 대한 저자의 견해는 강종훈, 2009 〈울진봉평신라비의 재검토〉《동방학지》148, 21~22쪽, 30~32쪽 참조.

있는 이러한 기본적인 상식을 무시한 채, 대군이 동원되었다면 전투로 이어졌을 것이라는 막연한 선입견에서 출발하여, 이 지역의 지방민들이 신라 중앙 정부의 지나친 수탈에 조직적으로 반기를 들었다거나, 더 나아가 북방의 고구려와 연계하여 신라의 변경 지배를 위태롭게 만드는 반역 행위를 했다는 식으로 그 배경에 대한 추측을 확대하였다.

결국 이 사례는 금석문 자료가 지니는 '단편성'이 얼마나 황당한 파악을 불러올 수 있는지를 단적으로 보여 준 것인데, 단편적인 정보만을 전하는 것인 만큼 그것을 사료로 활용할 때에는 선입견이나 과도한 추측에 의한 '오해(誤解)'를 특히 경계해야 함을 알려 주는 것이기도 하다.

지금까지 금석문 자료의 기본적 특성인 '동시성'과 '단편성'이 실제 사료 활용에서 어떻게 오해되고 잘못 적용될 수 있는지를 살펴보았다. 이상의 논의를 바탕으로 하여, 이제부터는 하나의 특별한 소재를 집중적인 검토 대상으로 삼아 금석문 자료에 대한 사료 비판이 어떤 방식으로 이루어져야 하는지 좀 더 구체적으로 알아보도록 하자.

2. 광개토왕릉비문의 사료 비판

1) 정복 활동 관련 서술에서 보이는 특징

위에서 '동시성'의 함정을 거론하면서 〈백률사 석당기〉를 사례로 든 바 있다. 〈백률사 석당기〉는 실제 사건이 벌어진 시점으로부터 삼백여 년 정도의 시간이 지난 뒤에 작성된 것이어서, 그 내용의 신뢰성이 의심받을 여지가 애초부터 있었던 것이다. 그런데 사건의 발생 시점에서 그다지 멀지 않은 시기, 예컨대 일이십 년 정도 흐른 시기에 작성된 금석문에 있어서도 서술의 신빙성을 전적으로 받아들이기 어려운 경우가 있을 수 있다. 같은 시기를 산 많은 사람들이 여전히 생존하는 상황이기에 전혀 없었던 일을 있었던 것으로 날조하기는 어렵더라도, 작성자의 교묘한 화법(話法)으로 실제로 있었던 일에 사실과 다른 것들을 섞어서 진실을 왜곡한다든지, 드러내고 싶지 않은 것을 아예 은폐한다든지 하는 것은 충분히 생각해 볼 수 있기 때문이다. 개인의 일대기를 정리한 비문이나 묘지명의 경우에는 그런 왜곡이 개재될 가능성이 특히 높은데, 바로 〈광개토왕릉비문〉에서 그 전형적인 사례를 엿볼 수 있다.

〈광개토왕릉비〉는 광개토왕이 사거(死去)하고 2년 뒤인 414년에[17] 건립된 비석으로, 서두에서 광개토왕의 조상인 고구려 왕실의 시조 추모왕(鄒牟王)의 신성한 출자를 밝히고, 그 고귀한 왕실의 계승자로서 광개토왕이 재위 기간에 남긴 뛰어난 업적들을 시간 순으로 나열한 다음, 마지막에 광개토왕의 능을 지키는 수묘인(守墓人)에 대한 규정을 상세히 적어 놓았다.[18] 서두 부분은 건국 신화를 다루고 있어 당시 고구려 지배층의 '시조 인식'이라는 측면을 제외하고는 '동시성'은 아예 없는 것이며, 말미의 수묘인 관련 부분은 전체적으로 건립 시점에서의 상황을 전하여 '동시성'이 높고, 조작의 필요성이 거의 없기 때문에 사실성 여부를 굳이 의심할 필요는 없다고 할 수 있다.

문제는 광개토왕의 재위 기간 중 업적을 적어 놓은 중간 부분인데, 가까운 과거의 사실을 기록한 것이기 때문에 '동시성'은 비교적 높겠으나, 그동안 이른바 '신묘년(辛卯年) 기사'를 중심으로 많은 논란이 있었음을 감안하면,[19] 과연 어느 정도의 '사실성'을 지닐지에 대해서는 세밀한 검토가 필요한 것이다. 효율적인 논지 전개를 위해 이 부분의 내용을 표로 정리해 보면 다음과 같다.

〈표 2〉를 보면, 광개토왕의 재위 기간에 벌어진 정복 활동은 크게 보아 일곱 차례에 걸친 것을 알 수 있다. 얼핏 기사의 숫자만 보면 아홉 개로 파악될 수 있지만, 영락 원년 즉 신묘년 기사와 영락 9년 기해년 기사는 각각 영락 6년과 10년에 벌어진 정복 활동의 명분을 제시하는 성격을 지닐 뿐, 그 자체가 정복 활동을 전하는 것은 아니다. 따라서 실제 비문에서 확인할 수 있는 정복 활동의 횟수는 일곱 차례로 정리하는 것이 타당하리라 판단된다.

---

17) 광개토왕은 《삼국사기》에 의하면 서기 392년에 즉위하여 413년에 사망한 것으로 되어 있으나, 〈광개토왕릉비문〉에서는 한 해씩 빠른 391년에 18세의 나이로 왕위에 올라 39세 때인 412년에 사망한 것으로 나온다. 두 개의 기록 가운데 신빙성이 더 높은 것은 당연히 후자인데, 그것은 〈광개토왕릉비문〉이 해당 시기를 살았던 사람의 손에 의해 작성된 것으로, 훨씬 후대에 편찬된 사서보다는 기년의 정확성이 당연히 높을 것이기 때문이다. 금석문 자료의 '동시성'은 바로 이런 데에서 위력을 드러내는 것이다.

18) 〈광개토왕릉비〉의 원문과 해석에 관한 자세한 내용은 韓國古代社會研究所 編, 1992 《譯註 韓國古代金石文 Ⅰ》, 財團法人 駕洛國史蹟開發研究院, 3~35쪽 참조.

19) '신묘년 기사'를 비롯하여 〈광개토왕릉비문〉과 관련된 그간의 연구의 흐름은 徐榮洙, 1995 〈廣開土王陵碑文의 연구사적 검토〉《高句麗研究》 1, 고구려연구회에 잘 정리되어 있다.

〈표 2〉〈광개토왕릉비문〉에 보이는 재위 중 정복 활동 관련 내용

번호	연도	西紀	관련 국가	내용	비고
①	永樂 5 (乙未)	395	稗麗	親征. 3개 部洛 6~700營 격파.	
②	永樂 1(辛卯)	391	百殘, 新羅, 倭	"百殘과 新羅는 옛적부터 屬民으로 조공을 해 왔는데, 倭가 辛卯年에 바다를 건너와 百殘을 격파하고 新羅를 … 하여 臣民으로 삼았다."	영락 6년 백제 정벌의 명분 제시의 성격
	永樂 6 (丙申)	396	百殘	親征. 百殘王의 항복 받음. 閣彌城 등 58城 700村 획득.	
③	永樂 8 (戊戌)	398	息愼	派兵. 남녀 3백여 인을 붙잡음. 이후 조공을 받으며, 복속시킴.	
④	永樂 9 (己亥)	399	百殘, 新羅, 倭	百殘이 맹세를 어기고 倭와 和通. 新羅王이 사신을 보내어 倭兵의 침탈 사실을 알리고 구원을 청함.	영락 10년 신라 구원의 명분 제시의 성격
	永樂 10 (庚子)	400	新羅, 倭, 任那加羅	步騎 5만 派兵. 신라 영역 내의 왜병 격멸. 任那加羅까지 추격하여 소탕하고, 가라 지역도 평정.	
⑤	永樂 14 (甲辰)	404	倭	倭兵의 帶方界 침입. 친히 군대를 이끌고 가서 격퇴함.	
⑥	永樂 17 (丁未)	407	(未詳)	步騎 5만 派兵. 鎧鉀 1만여 領 노획. 沙溝城 등 격파.	
⑦	永樂 20 (庚戌)	410	東夫餘	親征. 항복을 받음.	

비문에 나타난 정복 활동의 내용을 대략 살펴보면, 재위 5년째 되던 해에 정벌한 비려(稗麗: ①)를 필두로, '백잔(百殘)' 즉 백제(②), 식신(息愼: ③),[20] 신라와 임나가라(任那加羅: ④), 왜(④, ⑤), 그리고 실체가 분명하지 않은 어떤 세력(⑥)과 동부여(東夫餘: ⑦) 등이 광개토왕이 정복 활동을 벌인 지역 또는 그 과정에서 상대한 나라들이다. 이는 문헌 자료인 《삼국사기》에서 전하는 것과는 사뭇 다른 양상을 보이는 것인데, 비교를 위해 《삼국사기》의 관련 기사를 표로 정리하여 제시하면 다음과 같다.

20) '息愼'은 당시 만주 지역에 거주하던 미개 종족 '숙신(肅愼)'을 가리키는 것으로 보는 것이 일반적이나, '백제' 등 다른 세력으로 파악하는 견해도 제기되어 있다(위 논문, 171~172쪽).

〈표 3〉《삼국사기》 고구려본기에 보이는 광개토왕 시기의 정복 활동 관련 기사

번호	在位年月	西紀	상대국	내용	비고
㉠	1년 7월	391*	百濟	남쪽으로 백제를 정벌하여 10성을 함락시킴.	
㉡	1년 9월	391	契丹	북쪽으로 거란을 정벌하고 남녀 500명을 사로잡음. 거란에 잡혀 갔던 백성 1만 명을 데리고 돌아옴.	
㉢	1년 10월	391	百濟	백제 關彌城을 공격하여 20일 만에 함락시킴.	
	2년 8월	392		백제의 침공을 격퇴함.	
	3년 7월	393		백제가 침공해 오자, 왕이 직접 정예 기병 5천 명을 이끌고 나가서 격퇴함.	
	4년 8월	394		浿水 가에서 백제와 싸워 이기고, 8천여 명을 사로잡음.	
㉣	10년** 2월	400	後燕	後燕王 慕容盛이 3만의 군사로 침략해 와서, 新城과 南蘇城을 함락시키고 돌아감.	《資治通鑑》 및 《晉書》 載記에서 인용.
	12년 (5월)	402		후연의 宿軍城을 공격하여 차지함.	《자치통감》에서 인용.
	14년 11월	404		후연을 공격함.	《자치통감》 및 《진서》 재기에서 인용.
	15년 1월	405		후연왕 慕容熙가 遼東城을 공격해 왔으나, 격퇴함.	〃
	16년 12월	406		후연왕 모용희가 木底城을 공격해 왔으나, 격퇴함.	〃
	18년 3월	408		北燕(後燕)王 高雲에게 사신을 보내어 우호 관계 수립.	《자치통감》에서 인용.

* 광개토왕이 즉위한 해는 《삼국사기》의 기년으로는 392년에 해당하지만, 〈광개토왕릉비문〉에 따를 경우 그보다 1년 앞선 391년이 됨. 여기서는 후자에 맞추어 일괄적으로 1년씩 올려 보정하였음.

** 《삼국사기》에는 재위 9년으로 되어 있으나, 중국 측 자료에는 서기 400년 즉 재위 10년에 해당하는 것으로 나옴. 이하 후연 관련 기사들은 모두 중국 측 자료를 인용한 것이므로, 중국 측 자료의 기년에 맞추어 1년씩 늦추어 보정하였음.

《삼국사기》에는 광개토왕의 정복 활동의 대상이 된 나라로 백제(㉠, ㉢), 거란(㉡), 후연(㉣)의 세 나라만 나오고 있고, 〈광개토왕릉비문〉에 보이는 비려나 식신, 신라, 왜, 동부여 등에 대해서는 언급이 되어 있지 않다. 이 가운데 비려는 거란족의 일파를 가리키므로, 실제로 《삼국사기》에서 전혀 언급이 없는 나라는 식신, 신라, 왜, 동부여 정도가 되겠다. 어쨌든 이러한 차이는 문헌 자료인 《삼국사기》의 부실함을 드러내는 좋은 예이지만, 한편으로 당대의 사료로서 〈광개토왕릉비문〉이 지

니는 가치를 잘 보여 주는 것이라 할 수 있다.

광개토왕의 정복 활동과 관련하여 〈광개토왕릉비문〉에 들어간 내용은 기본적으로 역사적 사실을 바탕으로 작성된 것이다. 《삼국사기》 등의 문헌 자료에 보이지 않는다고 해서 비문에 나오는 신라나 왜, 식신, 동부여 등과 관련한 기사들을 조작된 것이라고 주장하는 것은 당연히 '난센스'일 뿐이다. 그런데 당대에 작성된 금석문 자료로서 사료적으로 높은 가치를 지닌다고 해서, 〈광개토왕릉비문〉에 담긴 정복 활동과 관련한 내용들이 모두 진실을 숨김없이 보여 주는 것이라고 단정할 수 있을까? 그렇게 속단하기는 어렵다. 앞서 살펴보았듯이 금석문 자료의 '동시성'이 그 내용의 '사실성'을 완전히 보장하는 것은 아니기 때문이다. 여기서 〈광개토왕릉비문〉의 '사실성'을 점검하기 위해, 비문에 보이는 기사들을 면밀히 따져 볼 필요가 생긴다.

〈광개토왕릉비문〉은 《삼국사기》의 내용과 비교할 때 두드러지게 나타나는 특징들이 몇 개 있다. 그 중 우선적으로 거론할 수 있는 것은 후자에서 광개토왕의 재위 후반기의 주요 교전 상대국으로 나오는 '후연'(〈표 3〉의 ㉣)에 관한 기사가 전자에서는 뚜렷이 보이지 않는다는 점이다. 이와 관련하여 주목되는 것은 〈표 2〉의 ⑥에서 정복 활동의 대상이 된 '미상'의 나라이다. 비면의 마모로 인해 그 실체를 확실하게 파악하는 것은 불가능한 상황이나, 그것이 곧 후연이었을 가능성을 미리부터 배제할 수는 없겠다.

선비족 모용씨가 세운 나라로 당시 요서 지역에 중심을 두었던 후연은 고구려와는 오랫동안 숙적 관계에 있던 나라였다. 앞서 그 전신에 해당하는 전연(前燕) 시기부터 이어져 내려온 두 나라 사이의 갈등은 광개토왕 재위 시기에도 변함없이 지속되고 있었다. 주로 요동 일대에서 양국 간에 치열한 공방전이 펼쳐졌는데, 중국 측 기록을 통해 볼 때 대략 402년을 전후한 시점부터 고구려의 우세가 확연해지는 모습이었다. 고구려는 그 과정에서 요하를 넘어 서쪽으로 진격하기도 하였으며, 최소한 요하 이동 지역에 대해서는 확고한 지배권을 수립하게 되었다.[21]

광개토왕 대에 실현된 요동 지역 확보는 고구려의 입장에서 볼 때 가히 획기적인 사건이었다. 2세기 초 태조왕 시기부터 줄기차게 펼쳐진 요동 점령의 시도가 몇 차례의 우여곡절을 거쳐서[22] 이 시기에 와서 마침내 최종적인 성공을 거둔 것이었다.

---

21) 徐榮洙, 1988 〈廣開土王陵碑文의 征服記事 再檢討(中)〉《歷史學報》 119, 역사학회, 120~121쪽.

22) 광개토왕에 앞서 선왕인 고국양왕이 385년에 일시적으로 요동을 확보하기도 하였지만, 곧바로

요동 지방은 물산이 풍부하고 중원 지역으로 나가는 길목에 위치하였기에, 그 점령은 광개토왕이 이룩한 숱한 정복의 성과 가운데 가장 큰 의미를 지니는 것으로 평가되는 바, 그러한 인식은 당대에도 별반 다를 게 없었을 것이다. 이는 다시 말해 후연과의 몇 차례 대결에서 거둔 승리와 그 결과 얻어진 수확으로서의 요동 점령이 광개토왕의 업적을 현양하기 위해 만들어진 비문에서 누락될 이유가 딱히 없음을 암시한다.[23]

이런 인식을 바탕으로 영락 17년조에서 정벌 대상으로 나온 미상의 나라를 후연이라고 본다면,[24] 남은 문제는 후연과의 전쟁이 이전에도 수차례 있었는데 왜 하필 407년에 벌어진 정복전의 성과만을 비문에 기록하였을까가 되겠다.

여기서 상기해야 할 것이 바로 지금 문제가 되고 있는 금석문 자료가 다름 아닌 '비문'이라는 사실이다. 비문은 책으로 된 사서와는 달리 제한된 공간에 핵심적인 내용만을 압축적으로 서술해야 하는 것이다. 후연과의 전쟁이 여러 차례에 걸쳐 일어났다고 하더라도, 그 모든 전쟁의 내용을 비문에 일일이 다 쓸 여유는 없는 것이며, 가장 중요하다고 판단되는 것을 중심으로 서술이 이루어질 수밖에 없다는 이야기이다.

그런데 407년은 후연에서 정변이 일어나 전통적인 숙적 관계의 모용씨 왕조가 무너지고, 고구려 왕실의 후예인 고운(高雲)이 새로운 왕으로 즉위하던 변동의 시기였다. 이를 계기로 광개토왕은 이듬해인 408년 봄에 고운에게 사신을 보내어 우호 관계의 수립을 도모하게 된다. 이는 결국 후연과의 전쟁이 407년 이전 상황으로 국한됨을 의미하며, 중국 측 사서에서 400년 무렵부터 본격적으로 일어났다고 전하는 양국 사이의 전쟁은 407년을 마지막으로 끝났다는 말이 되는 것이다.

후연에게 다시 빼앗김으로써 반 년 정도의 짧은 기간의 영유에 그친 적이 있었다(《三國史記》 권18 高句麗本紀6 고국양왕 2년조).

23) 광개토왕릉비가 건립되던 414년 무렵에는 모용씨의 나라 후연이 이미 망하고, 그를 대신하여 풍발(馮跋)이 세운 북연(北燕)이 들어선 상태였다. 이로 인해 이전의 적대 관계는 어느 정도 해소되고 있었는데, 그래서 비석을 세우면서 비문의 작성자를 포함하여 고구려의 지배층이 후연을 이은 나라로 고구려와 바로 이웃해 있던 북연을 자극하지 않기 위해 후연에 대한 전쟁의 성과를 비문에서 뺐을지 모른다는 추측도 혹시 나올 수 있겠다. 그러나 비석이 세워지기 1년 전인 413년에 고구려는 중국 강남 지역의 동진과 독자적으로 교섭하면서 우호 관계를 수립하는 등 국제적으로 위상을 높이고 있었다. 아울러 북연은 모용씨의 나라인 후연을 이어받은 나라이기는 하지만, 왕조 자체가 달라진 상태였다. 따라서 북연을 의식하여 광개토왕이 이룩한 최대의 업적을 비문에서 일부러 누락시켰다고 보는 것은 매우 궁색하다.

24) 영락 17년조의 정벌 대상을 후연으로 보아야 함은 이미 千寬宇, 1979 〈廣開土王陵碑文 再論〉 《全海宗博士 華甲紀念 史學論叢》, 一潮閣; 1991 《加耶史硏究》, 一潮閣에서 설파된 바 있다. 이를 둘러싼 여러 논의에 대해서는 이 글을 참조하기 바란다.

물론 407년의 전쟁 사실은 현재 중국 측 사서에서 확인되지 않는다. 그래서 과연 비문의 영락 17년조의 전쟁 기사가 후연과의 전쟁과 관련된 것인지는 의문의 여지가 여전히 남아 있다. 그렇지만 후대의 사서 편찬 과정에서 당시 벌어진 후연 내부의 정치적 혼란에 서술의 초점이 맞춰졌다면, 그 혼란을 틈타 벌어진 고구려의 침공 사실은 상대적으로 소홀히 취급되었을 가능성도 당연히 고려해 볼 수 있다. 그럴 경우, 당시의 침공은 고구려의 입장에서는 수년에 걸친 후연과의 전쟁을 마무리 짓고 요동 점령을 확고히 한 의미 있는 사건으로 평가되었을 것이다. 그 결과, 비문의 작성자는 영락 17년조의 사실로 후연에 대한 정복전의 최종적인 성과를 부각시키려 했을 수 있다.

이처럼 영락 17년조 기사를 후연과 관련되는 것으로 볼 때, 이 사례는 〈광개토왕릉비문〉의 사료로서의 성격과 관련하여 큰 시사점을 던져 준다. 즉 비문에 기술된 다른 정복 활동 기사들에서도 똑같이 핵심적인 성과를 중심으로 압축적인 서술이 이루어졌을 가능성을 알려 주는 것이니, 수차례의 전쟁을 치렀고 그 사이에 승전이 거듭되었다고 하더라도, 굳이 하나하나 다 기록하지 않고 대표적인 것만을 택하여 정복의 성과로 제시했을 수 있다는 말이 된다.[25]

이러한 생각과 관련하여 또 하나 주목할 필요가 있는 것이 바로 〈표 3〉의 ㉠과 ㉢, 즉 391년부터 394년 사이의 일로 《삼국사기》에 전하는 것들이 〈광개토왕릉비

25) 한편 영락 17년조의 정벌 대상을 가리키는 글자가 비문에서 확실하게 파악되는 것이 아니기 때문에, 그 미상의 국가를 후연이 아닌 다른 나라로 볼 여지는, 그 가능성이 낮기는 하나, 여전히 남아 있다. 사실 그간 학계에서는 이 미상의 나라를 후연으로 파악하기보다는 '백제'로 보려는 견해가 오히려 우세하였다(韓國古代社會硏究所 編, 1992《譯註 韓國古代金石文 Ⅰ》, 財團法人 駕洛國史蹟開發硏究院, 28쪽). 영락 17년 정벌의 결과 획득한 성 가운데 맨 앞에 보이는 '사구성(沙構城)'을 《三國史記》 백제본기에서 전지왕 13년(417)에 쌓았다고 나오는 '사구성(沙口城)'과 같은 성일 것으로 보면서, 영락 17년조에 보이는 정벌의 대상은 백제로 볼 수 있다는 것이다. 그러나 이런 주장은 발음이 유사하다는 이유만으로 서로 다른 뜻의 한자로 표기된 성들을 동일시하는 오류를 범하고 있는 것이어서, 올바른 사료 파악이라고 보기 어렵다. 두 성이 같은 성이라면, 사구성은 백제에서 축조되기 10년 전에 벌써 고구려에게 빼앗겼다는 이야기가 되는데, 그것이 불합리하다는 것은 두말할 필요가 없다. 아울러 영락 17년조 기사의 정벌 대상을 '후연'으로 보지 않고 '백제'로 보게 되면, 〈광개토왕릉비문〉은 애초부터 사료적으로 치명적인 결함을 갖고 있었음을 인정해야 하는 결과를 초래한다. 즉 영락 17년조를 백제 정벌과 관련된 기사로 볼 경우 비문에서는 후연에 대해 전혀 언급을 하지 않았다는 이야기가 되는데, 그것은 곧 비문의 작성자가 어떤 배경에서인지는 분명치 않지만 중요한 역사적 사실 자체를 고의적으로 '은폐'했음을 뜻하는 것이기도 하다. 이는 결국 금석문 자료로서 비문이 지닐 수 있는 사료적 결함을 확인시켜주는 것으로, 비문을 사료로 활용할 때 특히 유의해야 할 점이 된다.

문〉에서는 곧바로 확인되지 않는다는 사실이다. 위에서 강조하였듯이 비문에 관련 내용이 보이지 않는 것은 최종적으로 성취한 대표적인 성과를 중심으로 기술한다는 비문 작성의 원칙으로 말미암은 것일 수 있기 때문에, 비문에서 확인되지 않는다는 이유만으로 《삼국사기》에 기록된 사건들이 실제 있었던 일이 아니라고 주장하는 것은 타당하지 않다.

그런데 《삼국사기》의 기사 내용 가운데서는 특별히 유의해야 할 것이 하나 발견된다. 그것은 바로 〈표 3〉의 ㉢에서 391년 10월에 고구려군에게 함락된 백제의 성으로 기록되어 있는 '관미성(關彌城)'이다. 이 관미성은 〈광개토왕릉비문〉에서는 '각미성(閣彌城)'으로 나오는데,[26] 비문의 ②에서 영락 6년에 실행된 광개토왕의 친정(親征) 결과 고구려에게 넘어간 58성 가운데 하나로 기록되어 있다. 즉 비문에서는 396년의 일로, 《삼국사기》에서는 391년의 일로 함락된 시기가 달리 나오는 것이다. 이것은 어떻게 이해해야 할까?

얼핏 보면, '동시성'이 강한 금석문 자료인 비문에서 전하는 것이 더 신뢰도가 높을 것 같지만, 문제가 그리 간단하지는 않다. 《삼국사기》 백제본기에는 진사왕 말년에 관미성이 함락된 후 진사왕이 죽고 아신왕이 새로 왕위에 오른 것으로 전하는데, 그 아신왕은 즉위 이듬해에 관미성을 되찾기 위해 의욕적으로 군사를 일으켰다가 실패했다고 나온다. 아신왕이 즉위한 해는 백제본기의 기년상 대략 392년 무렵이므로, 백제가 관미성을 빼앗긴 것은 비문에서 전하는 것처럼 아신왕의 재위 기간의 중반에 접어드는 396년으로 보기보다는 그에 앞선 시점, 즉 392년 이전의 일로 보는 것이 합리적이다. 이는 결국 비문의 서술이 오히려 착오를 범하고 있음을 시사하는 것이라 할 수 있다.

이러한 착오는 아마도 비문의 찬자가 백제 정벌과 관련된 내용을 모두 그 최종적 성과가 담기는 영락 6년조에 몰아서 실었기 때문에 생긴 것으로 추측된다. 광개토왕의 즉위 초기부터 백제에 대한 정벌이 줄기차게 있었고, 그 과정에서 성과가 계속 축적되었지만, 결정적인 승리는 백제 아신왕의 항복을 이끌어낸 영락 6년의 정벌에서 얻어진 것이므로, 영락 6년조에서 백제 정벌의 최종 성과를 기술하면서 관미성 함락을 비롯하여 그보다 앞선 시기에 이룩한 성과들을 묶어서 함께 적었을 가능성이

26) 첫 글자를 '閣'으로 읽지 않고 '關'으로 읽어 《삼국사기》에 표기된 것처럼 '關彌城'으로 파악하는 논자들도 있다(위 책, 10쪽).

높다.[27] 이는 엄밀하게 말하자면 사실을 '왜곡'한 것이지만 크게 볼 때 정복의 성과 자체는 사실에 기반을 두고 있기에, 그 정도는 당시를 살던 사람들에게도 용인될 수 있었을 것이다.

지금까지 '동시성'이 높은 금석문 자료라고 하더라도 반드시 사실성에 기반을 둔 것은 아닐 수 있음을 살펴보았다. 〈광개토왕릉비문〉을 통해 알 수 있는 금석문 자료의 새로운 특성으로는 작성자의 판단에 따라 사실의 '생략(省略)'이나 '혼효(混淆)'가 종종 일어날 수 있다는 것이다. 영락 17년조의 기사에서처럼 특정한 시기의 대표적인 성과만 기록되고 그 이전에 이루어진 성과들은 따로 기술되지 않을 수도 있고(생략), 영락 6년조에서 간취되듯이 앞선 시기에 벌어진 일들 가운데 중요한 것들이 최종적인 성과를 기록하는 부분에 몰아서 실릴 수도 있다(혼효). 금석문 자료가 '대체로' 후대의 문헌 사료에 비해 신뢰성에 있어서 우위를 점하는 것은 사실이나, 그것을 하나의 '도그마'로 받아들이고 엄격한 사료 비판을 소홀히 해서는 역사의 진실에 제대로 다가가기가 어렵다는 것을 되새기게 하는 사례이다.

2) 소위 '신묘년 기사'의 사료 비판

위에서 〈광개토왕릉비문〉에는 그 특수한 서술 방식으로 인해 '생략'이나 '혼효'가 생길 수밖에 없었음을 지적하였다. 이러한 왜곡은 후대의 독자로 하여금 당시 상황에 대한 근본적인 오해를 불러일으킬 정도는 아니기 때문에, 사실 크게 문제가 되지는 않을 수 있다. 그런데 그런 정도의 왜곡을 넘어 비문을 읽을 후대인들의 오해를 조장하기 위해 일부러 왜곡이나 은폐를 자행한다면, 이는 당대의 자료로서 비문이 지니는 사료적 가치를 크게 훼손시킬 수밖에 없는데, 실제로 그런 사례가 〈광개토왕릉비문〉에서 발견된다. 특히 그동안 한·일 양국의 역사학계 사이에 논쟁의 중심이 되었던 이른바 '신묘년 기사'(〈표 2〉의 ②에서 상단)가 그 대표적인 예이다.[28]

신묘년 기사가 비문 작성자에 의한 고의적인 왜곡과 은폐가 개재된 것임은 비문

---

27) 사실 396년의 한 차례 정벌을 통해 백제의 58개 성들이 모두 고구려로 넘어갔을 가능성은 애초에 적은 것이었다. 아무리 당시 백제가 약세였다고 하더라도, 한강 유역 각지에 퍼져 있는 성들을 한꺼번에 상실할 만큼 군사적 열세를 보였던 것은 아니기 때문이다.

28) 신묘년 기사를 둘러싼 학계의 논의는 매우 복잡다단한데, 이에 관해서는 徐榮洙, 1995 〈廣開土王陵碑文의 연구사적 검토〉《高句麗研究》1, 고구려연구회, 173~174쪽 참조.

의 맥락상 그것이 갖는 역할의 측면에서 이미 드러난다. 신묘년 기사는 뒤이어 나오는 영락 6년조의 백제 정벌의 명분 제시의 성격을 지니는 것이다. 즉 이러이러한 배경에서 영락 6년의 백제 정벌이 일어났다는 것을 전하려는 것인데, 비문에서 제시한 기사 내용으로는 앞뒤가 연결되지 않는다. '백제와 신라가 옛적부터 고구려의 속민으로서 조공을 바쳐 왔는데, 왜가 신묘년 즉 391년에 바다를 건너와 백제를 격파하고, 신라를 어떻게 하여 신민으로 삼았으니, 이에 백제를 정벌하게 되었다'는 것은 문맥상 누가 보아도 앞뒤가 맞지 않는 것이다. 백제를 정벌하게 된 이유로 굳이 신라가 왜의 신민이 된 사실을 언급할 필요는 없으며, 또 자기들의 속민이었던 백제가 왜의 공격을 받고서 그에 복속된 존재로 바뀌었다면, 상식적으로 징벌은 왜를 대상으로 해서 행해져야지 왜로부터 피해를 입은 백제를 징벌 대상으로 할 수는 없는 것이다. 아울러 그런 이유로 백제를 징벌 대상으로 삼았다면, 똑같은 처지에 놓였던 신라 역시 징벌의 대상이 되어야 마땅한 것이다. 결국 신묘년 기사는 영락 6년의 백제 정벌의 명분으로는 전혀 어울리지 않는 생뚱맞은 이유를 대기 위해 들어간 것이라고 보아야 한다.

물론 신묘년 기사에서 거론한 내용이 전부 날조된 것이라고 할 수는 없다. 당시를 살았던 많은 사람들이 상황을 알고 있는데, 아예 있지도 않았던 일을 들먹이면서 명분으로 제시할 수는 없었을 것이기 때문이다. 무엇인가 사실에 바탕을 두면서도 엉뚱하게 연결을 지음으로써 실상을 은폐하려고 한 것인데, 아마 그러한 화법이 고구려 사람들에게도 심정적으로 충분히 받아들여질 수 있었기에 그런 식으로 서술이 이루어졌을 것이다.

그렇다면, 광개토왕이 백제를 정벌하게 된 배경은 실제로 무엇이었을까? 그것은 두말할 것도 없이 광개토왕의 즉위년을 기준으로 20년 전에 있었던 평양성 싸움에서의 치욕을 갚으려는 것이었다. 371년 백제군이 평양성을 공격했을 때, 광개토왕의 조부인 고국원왕이 빗나간 화살에 맞아 숨을 거두었는데, 이는 고구려 왕실의 입장에서 반드시 복수해야 할 짐을 안겨 주었던 것이며, 고국원왕의 뒤를 이은 소수림왕 시기부터 고구려가 줄기차게 백제를 공격했던 것은 결국 그 원한을 씻기 위한 것이었다. 광개토왕이 즉위하자마자 첫 번째 정벌 대상으로 삼은 것이 백제였던 것도 바로 이런 배경 때문이었다.

그런데 광개토왕의 업적을 기록한 비문에서 백제를 정벌하게 된 이유를 사실대로 밝힐 수는 없는 노릇이었다. 과거의 뼈아픈 치욕을 새삼 거론하면서 그 원한을 갚기 위해 백제를 정벌하였다는 식으로 쓴다는 것은, 특히 이 비문이 후손들이 오랫동안 보게 될 기록임을 감안한다면, 고구려 지배층의 입장에서는 도저히 용납할 수 없었을 것이다. 그래서 신묘년 기사는 역사의 진실을 드러내지 않기 위해 고심 끝에 만들어 낸 억지 명분이었을 뿐이다.

고구려가 당시 백제를 얼마나 증오하고 있었는지는 비문에서 백제를 지칭하는 용어로 사용된 '백잔(百殘)'에서 뚜렷이 확인된다. '잔(殘)'은 잔여물, 찌꺼기, 쓰레기 등을 의미하는 한자로, '百殘'이라고 하면 곧 '온갖 쓰레기 같은 존재'라는 멸칭이 된다. '백제(百濟)'는 돕는다는 의미의 '제(濟)'자를 포함한 국호여서 '온갖 도움을 주는 나라'라는 좋은 의미로 받아들여질 수 있는데, 그것을 그대로 쓴다는 것은 고구려 지배층의 입장에서는 있을 수 없는 일이었던 것이다. 결국 비문에 '百殘'이라는 멸칭이 사용되었다는 것부터가 고구려인들의 원한이 얼마나 사무쳐 있었는가를 입증하는 것이며, 그런 '쓰레기 같은 나라'에게 위대한 왕실이 치욕을 겪었던 사실을 광개토왕의 업적을 부각시키려는 비석에 그대로 노출시킬 수는 없는 것이었다.[29]

그러면 신묘년 기사는 어떻게 이해해야 할까? 영락 6년조 기사의 명분으로서는 사실상 아무 의미를 지니지 못하더라도, 거기에 담긴 내용 자체는 고구려인들이 자기최면의 형식으로나마 믿고자 했던 것들이었으리라 생각된다. 그래서 일정하게 역사적 진실을 바탕으로 한 것이 포함되어 있을 것이며, 그 진실에 물타기식으로 들어간 허구도 있을 것이다. 과연 무엇이 진실이고, 무엇이 거짓일까?

신묘년 기사의 사료적 가치를 판별하기 위해, 다시 그 내용을 하나씩 분해하여 살펴보도록 하자. 우선 기사에 담긴 내용 요소는 다음과 같이 네 가지로 구분해 볼 수 있다.

(가) 백잔과 신라는 옛적부터 속민으로 고구려에 조공을 바쳐 온 나라였다.
(나) 그런데 왜가 신묘년에 바다를 건너왔다.
(다) 왜는 백잔을 격파하여 신민으로 삼았다.
(라) 왜는 신라마저 어떻게 하여 신민으로 삼았다.

---

29) 이렇게 보면, 〈광개토왕릉비문〉에서 비려(稗麗) 즉 거란이 첫 번째 정벌 대상으로 기록되었다는 사실 자체가 고구려인들이 갖고 있던 콤플렉스를 반영하는 것일 수 있다. 주적(主敵)인 백제 대신 거란에 대한 정벌을 먼저 기록한 것은 광개토왕의 정복 활동이 고국원왕의 원수를 갚기 위한 백제 정벌전으로부터 시작되었음을 애써 감추려는 의도에서 나왔을 수도 있다는 것이다.

여기서 (가)는 반은 진실에 가깝고, 반은 완전한 거짓이다. 4세기 중엽부터 신라는 고구려와 우호 관계를 맺고 있었기에, 고구려로서는 신라를 속국처럼 인식했을 수 있다. 신라가 고구려와 교류하면서 자신들의 특산물을 보냈을 것인데, 그것을 '조공'이라고 표현하는 것은 고구려 입장에서는 수긍할 수 있는 것이다. 그러나 '백잔' 즉 백제가 이전부터 고구려의 속국이었다는 것은 전혀 사실로 볼 수 없고, 조공을 바쳐온 나라라는 것도 허구에 불과하다. 백제를 굴복시켜 그렇게 만들고 싶었을 수는 있지만, 그것은 희망 사항일 뿐 현실과는 동떨어진 것이었다. 그런데도 비문의 작성자는 신라와 함께 백제까지 묶어서 본래 속국이었던 것처럼 표현하였으니, 이 문장은 참 반 거짓 반으로서 실제로는 거짓에 해당하나, 받아들이기에 따라서는 참이 들어 있으니 어느 정도는 용인될 수 있는 것이었다고 여겨진다.

(나)는 사실이었을 것으로 판단된다. 신묘년이라는 구체적인 연도까지 거론되었는데, 왜가 이 해에 바다를 건너오지 않았다면, 애초에 이런 내용은 들어가지 않았을 것이다. 왜가 건너온 것 자체는 별로 문제될 것이 없다. 이미 그 이전부터 바다를 건너와 신라를 침탈하였고, 한때 백제의 마한 정벌을 도와준 적도 있기 때문이다. 특별히 신묘년에 건너온 사실을 강조한 것이 중요한데, 이는 아마도 이 시기에 고구려에 크게 밀리고 있던 백제 측에서 왜에 군사적 원조를 요청한 것이 배경이 되었을 것으로 보인다. 《일본서기》에 따르면, 진사왕 말년에 왜의 사신들이 백제를 찾아와서 진사왕이 일본의 천황에게 무례한 행동을 한 것을 꾸짖었다고 한다.[30] 이들은 백제 측의 요청을 받아 한반도로 건너온 왜병과 직접적으로 관련이 있는 인물들이었을 것이며, 고구려의 침입을 막기 위해 군사 작전을 논의하는 과정에서 백제의 진사왕과 갈등을 빚었을 가능성이 크다고 여겨진다.

(다)는 사실로 보기 어렵다. 백제의 요청을 받아 바다를 건너온 왜병이 백제를 격파하였다는 것 자체가 어불성설이기 때문이다. 백제가 왜의 신하가 되었다는 것 역시 당시로서는 백제가 절박한 상황에 몰리고 있었기에 예전과는 달리 왜에게 어쩔 수 없이 저자세를 취했을 가능성이 없지는 않고, 그런 저자세를 두고 일본의 입장에서는 백제가 '신속(臣屬)'한 것으로 인식했을 수도 있겠지만, 백제 스스로가 그렇게 생각했을 리는 만무하다. 이는 백제가 취한 외교상의 임기응변책을 과장하여 표현한 것일

30) 《日本書紀》 卷10 應神天皇 3年 是歲條.

뿐, 역사적 사실과는 거리가 멀다고 보는 것이 옳다. 백제 정벌의 명분을 어떻게든 만들려는 고육지책에서 나온 '왜곡'의 사례에 해당된다고 할 수 있다.

(라) 역시 과장이 담긴 표현이다. 신묘년 즉 391년에 바다를 건너온 왜병이 백제를 도와주지 않고, 신라를 침탈했을 수는 있다. 그 결과 곤경에 처한 신라는 영락 9년조에 보이는 것처럼 고구려에 군사적 원조를 요청하게 된 것으로 판단된다. 문제는 신묘년에 이미 왜에 신속하게 되었다면, 영락 9년조에서 보이는 그러한 행동 자체가 나올 수 없다는 것이다. 왜 또한 자신들에게 신속한 상태의 신라를 계속 침탈할 필요가 없었을 것이니, 이는 비문의 작성자가 백제 정벌의 명분을 찾으면서 애꿎은 신라를 끌어넣을 수밖에 없었던 데서 생긴 또 하나의 왜곡 사례가 된다고 할 수 있겠다.

결국 신묘년 기사는 일부의 사실을 바탕으로 전체적인 상황을 왜곡하여 전달하는 것으로서, 사료적으로 거의 가치를 인정받을 수 없는 내용이다. 백제에 대한 강한 적개심을 갖고 있던 고구려인들이 광개토왕이라는 위대한 군주의 업적을 찬양하기 위해 세우는 비석에, 백제를 정벌하게 된 진짜 이유를 그대로 새길 수는 없었던 것이 신묘년 기사와 같은 황당한 왜곡을 낳게 한 배경이 된 것이다. 따라서 이런 왜곡으로 점철된 기사를 근거 자료로 삼아 당시의 한·일 관계를 설명하려 하는 것은 결코 타당성을 인정받을 수 없다.

지난 세기에 일본 학계에서는 〈광개토왕릉비문〉의 신묘년 기사를 통해, 고대 일본이 한반도 남부 지역의 국가들을 직접 또는 간접으로 지배했다는 내용의 이른바 '임나일본부설'을 정당화하려고 애를 썼다. 기사의 내용을 아무런 의심 없이 사실로 받아들이면, 그렇게 볼 여지가 없지는 않지만, 문제는 그 기사가 애초부터 사실을 왜곡한 것이라는 점이다. 일본 학자들은 대부분 금석문 자료의 특징인 '동시성'만 생각하고, 작성 당시부터 사실의 왜곡이 발생했을 가능성에 대해서는 거의 고려하지 않은 채 자신들에게 유리한 방향으로만 해석하면서 그 사료적 가치를 부각시켰던 것이니, 이는 엄밀한 사료 비판을 스스로 포기한 것이나 다름없는 것이었다.

반면 우리 학계에서는 일제 강점기에 정인보에 의해 시작된 이래, 신묘년 기사의 해석을 다르게 해 보려는 시도가 꾸준히 이어졌다. 정인보와 박시형 등은 "왜가 신묘년에 침입해 오자, (고구려가) 바다를 건너 (왜를) 격파하였다. 그런데 백제가 (왜와 연결하여) 신라를 침략하고 그의 신민으로 삼았다."는 식으로 새로운 해석을 제기하였고, 김석형 등은 "왜가 신묘년에 건너오니, (고구려가) 바다를 건너 백제와 신라 등을 격파하여 신민으로 삼았다."로 읽는 신해석을 제시하였다. 더 나아가 신묘년 기사를 포함하여 비문이 아예 일제에 의해 변조되었다는 주장도 나왔고, 그러한 입장에 서서 신묘년 기사의 글자를 다르게 읽어 보려는 시도도 뒤따랐다.[31] 그러나 이러한 시도들로는 일본 측이 주장해 온 '임나일본부설'을 궁극적으로 극복하기 힘들다. 비문 변조는 사실이 아닌 것으로 이미 결론이 났지만, 문장의 끊어 읽기를 다르게 하면서 새로운 해석을 시도해 보려는 것도 해석상의 강한 자의성으로 인해 다수의 공감을 끌어내기에는 역부족이다.

그동안 신묘년 기사를 둘러싼 한·일 양국 학계의 논란은 금석문 자료의 특징에 대한 오해와 선입견을 바탕에 깔고서 전개되었다. 양쪽 모두 신묘년 기사에 대해, 사건이 벌어진 시기를 실제로 살았던 사람이 직접 작성한 것이니, 그 기사의 내용은 어떤 식으로든 사실을 반영하는 것이라고 생각하고 접근한 것이다. 이는 비문 작성자의 심리 구조를 전혀 고려하지 않고, 단지 금석문 자료가 지니는 기본적인 특성으로서의 '동시성'에만 지나치게 매몰된 데서 생긴 오류인데, 한편으로 금석문 자료의 활용에 얼마나 많은 고민이 필요한지를 잘 보여 주는 사례가 된다.

지금까지 금석문 자료를 사료로 활용함에 있어 특별히 어떤 점에 유의해야 하는지를 살펴보았다. 금석문 자료는 '동시성'과 '단편성'을 특징으로 하는데, '동시성'은 금석문 자료가 사료로서 가지는 최대의 강점이기는 하지만, 해당 금석문 자료의 내용이 모두 '동시성'의 적용을 받는 것은 아님을 유념할 필요가 있다. 금석문이 작성된 시기보다 훨씬 앞선 시점의 일을 기록한 부분은 후대에 편찬된 문헌 사료와 별반 다를 것이 없이, '동시성'을 지니지 못한다. 여기서 인정할 수 있는 '동시성'이란 서술된 내용 자체가 아니라, 서술 내용에 대한 작성 당시의 인식 체계에 한정됨을 잊어서는 안 된다.

금석문 자료의 '단편성'은 '동시성'과는 정반대로 금석문 자료가 지니는 사료상의 최대 약점이라 할 수 있다. 자료가 단편적인 내용으로 구성되어 있기 때문에, 문헌 사료에 비해 전후 맥락을 통해 역사상을 이해하는 것이 매우 어렵다. 그러다 보니,

31) 신묘년 기사의 해석을 둘러싼 제논의에 대해서는 韓國古代社會硏究所 編, 1992 앞 책, 25쪽의 주 27)과 徐榮洙, 1995 앞 논문, 173~174쪽 참조.

간혹 금석문 자료의 내용을 오해하는 경우가 발생하게 되는데, 이는 금석문 자료로부터 충분한 정보를 얻을 수 있는 길을 가로막는 결과가 되고 만다. 따라서 선입견을 배제하고 최대한 자료의 맥락을 따라가면서 합리적인 추론을 해 나가는 것이 대단히 중요하다.

〈광개토왕릉비문〉의 사례를 통해 볼 때, 비문이라는 특성상 사실의 '생략'이나 '은폐', 그리고 '혼효' 등이 생길 여지가 있다는 것을 알 수 있고, 그로 인해 작성자가 의도하였건 의도하지 않았건 비문의 내용은 실제 있었던 사실과 다른 방향으로 서술되는 경우가 왕왕 있을 수 있음을 확인할 수 있다. 특히 그동안 논란이 많았던 신묘년 기사는 고구려 역사의 부끄러운 면을 감추면서 백제 정벌의 당위성을 고안해 내려는 과정에서 만들어진 것으로, 일부의 사실에다 다수의 허구를 섞어서 실제로는 역사적 진실을 교묘하게 왜곡한 것임이 분명하다. 그동안 한·일 양국 학계에서 대체로 당대의 자료로서 지니는 '동시성'에 현혹되어 사료 비판을 제대로 하지 않은 채 각자 자기에게 유리한 쪽으로 사료 활용을 해 왔는데, 사료에 대한 접근 방향에서부터 이미 한계를 드러낸 것이어서 타당한 결론을 도출할 수가 없었던 것이다.

금석문 자료는 문헌 자료와 비교할 때, 신빙성의 측면에서 전체적으로 우위를 차지하는 것이 사실이다. 그렇지만 그 비교 우위를 지나치게 교조적으로 받아들여, 사료 비판을 소홀히 해서는 곤란하다. 자료를 쓴 작성자의 심리 구조까지 염두에 두면서 내용의 사실성 여부를 진지하게 고민해야, 임나일본부설처럼 잘못된 주장을 극복할 수 있는 토대가 단단하게 마련될 수 있을 것이다.

제Ⅱ부 · 사료 비판 각론

제1장
금석문 자료 활용 방식을 통해 본 《삼국유사》 수록 사료의 성격

감산사 석조미륵보살 입상

1. 머리말

《삼국유사(三國遺事)》는 한국 고대사를 연구함에 있어 《삼국사기(三國史記)》와 더불어 가장 중요한 사료로 평가받고 있다. 그동안 숱한 연구가 《삼국유사》에 수록된 내용을 토대로 이루어졌으며, 《삼국유사》만을 대상으로 그 체재(體裁)나 사서(史書)로서의 성격 등을 검토한 서지학적 연구도 상당히 축적되어 있다.[1)]

《삼국유사》는 《삼국사기》처럼 기존의 사료를 일정한 기준에 의해 정리하여 일관성 있게 재편성하는 형식을 취하지는 않았다. 본문의 첫 부분에 해당하는 기이편(紀異篇)부터 마지막의 효선편(孝善篇)까지 실려 있는 기사들은 대부분 저자인 일연(一然)과 그의 제자인 혼구(混丘)가 자신들이 수합한 여러 자료들을 발췌하여 인용하는 형식으로 구성되었다.[2)] 그러다보니 전체적으로 기사의 내용이 들쭉날쭉하고 난삽한 면을 보인다. 내용의 정리는 사실상 독자의 몫으로 돌려져 있는 셈이다.

그런데 한편으로 이러한 서술 방식은 사서가 편찬되는 과정에서 기존의 사료가 어떻게 활용되는지를 잘 보여 주는 것이어서 우리의 관심을 끈다. 특히 현전(現傳)하는 자료가 인용되어 있을 경우, 그 자료와의 대비를 통해 사료의 활용 방식을 구체적으로 추적할 수 있다. 《삼국유사》의 사료적 성격을 제대로 검토하기 위해서는 무엇보

---

1) 후자와 관련된 대표적인 연구 성과만을 거론한다면, 다음과 같다.
崔南善, 1927 〈三國遺事解題〉, 《啓明》 18 ; 1954 《增補三國遺事》, 民衆書館에 재수록.
金煐泰, 1974 〈三國遺事의 體裁와 그 性格〉, 《東國大學校論文集》 13.
金相鉉, 1982 〈三國遺事의 刊行과 流通〉, 《韓國史研究》 38.
李基白, 1987 〈三國遺事의 篇目構成〉, 《佛教와 諸科學》, 東國大學校出版部.
鄭求福, 1987 〈三國遺事에 대한 史學史的 考察〉, 《三國遺事의 綜合的 檢討》, 韓國精神文化研究院.
金相鉉, 1993 〈三國遺事의 歷史方法論的 考察〉, 《東洋學》 23.
金杜珍, 2001 〈三國遺事의 體制와 내용〉, 《韓國學論叢》 23, 국민대 한국학연구소.
박진태 외, 2002 《삼국유사의 종합적 연구》, 도서출판 박이정.
金相鉉, 2003 〈三國遺事의 書誌的 考察〉, 《譯註 三國遺事 Ⅴ》, 以會文化社.
金杜珍, 2003 〈三國遺事의 史料的 性格〉, 《譯註 三國遺事 Ⅴ》, 以會文化社.
許興植, 2003 〈三國遺事를 저술한 時期와 史觀〉, 《仁荷史學》 10.
河廷龍, 2005 《삼국유사 사료비판: 삼국유사의 편찬과 간행에 대한 연구》, 民族社.
李康來, 2005 〈삼국유사의 사서적 성격〉, 《韓國古代史研究》 40.
남동신, 2007 〈三國遺事의 史書로서의 特性〉, 《佛教學研究》 16.

2) 《三國遺事》는 기본적으로 일연의 저술이나, 몇몇 부분에서는 그의 제자인 혼구가 내용을 보충한 흔적이 있다. 이에 관해서는 金相鉉, 2003 앞 논문, 27~32쪽 참조.

다도 이런 점에 초점을 맞출 필요가 있다고 생각된다.[3]

《삼국유사》에는 수많은 사서와 관련 기록물들이 인용되었다.[4] 그들 가운데는 현재 전해지지 않는 것들이 무척 많지만, 《삼국사기》나 중국의 정사류(正史類), 고승전류(高僧傳類)를 비롯하여 지금까지 남아 있는 것들도 적지 않아 직접 대조가 가능한 실정이다. 아울러 문헌 자료뿐만 아니라 비석과 불상 명문 같은 금석문 자료를 발췌하여 실어 놓은 부분도 간혹 눈에 띈다.

주지하다시피 금석문 자료는 기본적으로 1차 사료의 성격을 지니고 있기에 사료적 측면에서 각별한 주목의 대상이 되는 것이다. 《삼국유사》에서 이들 자료가 어떻게 반영되어 있는지를 살펴보면, 책 자체의 사료적 가치를 논하는 데 큰 도움을 얻을 수 있다고 판단된다.[5] 나아가 이를 통해 《삼국유사》뿐만 아니라 다른 사서에서 1차 사료를 어떤 식으로 활용했을지 유추해 볼 단서를 얻을 수도 있다.

2. 《삼국유사》의 금석문 자료 활용에서 보이는 특징

우선 《삼국유사》에서 금석문 자료가 어떻게 활용되었는지를 살펴보도록 하자. 이해의 편의를 위해 《삼국유사》에 인용된 금석문 자료들을 표로 제시하면 다음과 같다.[6]

---

3) 이러한 시각에서 기왕에 이루어진 연구 성과를 들자면, 김두진, 2004 〈삼국유사의 인용문과 그 성격〉, 《사학연구》 76이 있다.

4) 이에 관해서는 崔南善, 1954 앞 책, 14~22쪽 및 김두진, 같은 논문 참조.

5) 현재까지 《삼국유사》에 실린 금석문 자료를 전론(專論)한 글은 남한 학계에서는 나온 적이 없고, 북한 학계에서 근래에 이를 개괄적으로 소개하는 정도의 글이 발표된 바 있다(옥명심, 2000 〈삼국유사에 반영된 금석문자료에 대한 고찰〉, 《력사과학》 174, 과학백과사전출판사).

6) 〈표 4〉에 제시된 금석문 자료들은 원문의 내용이 《삼국유사》에 일부라도 인용된 경우로 한정하였다. 《삼국유사》에서는 이 외에도 비석의 존재 사실만을 간단히 언급한 경우도 있는데, ㉠ 崇福寺碑(王曆篇 元聖王條: "陵在鵠寺 今崇福寺也 有**致遠所立碑**", 紀異篇 元聖大王條: "王之陵在吐含岳西洞鵠寺〈今崇福寺〉 有**崔致遠撰碑**")와 ㉡ 太宗武烈王陵碑(紀異篇 太宗春秋公條: "龍朔元年辛酉崩壽五十九歲 葬於哀公寺東 有**碑**"), ㉢ 厭髑碑(興法篇 原宗興法·厭髑滅身條: "降有國統惠隆…等 建舊塋樹豊**碑**"), ㉣ 國仙碑(塔像篇 彌勒仙花·未尸郎·眞慈師條: "始奉薛原郎爲國仙 此花郎國仙之始故竪**碑**於溟州"), ㉤ 有德寺碑(塔像篇 有德寺條: "遠孫三韓功臣崔彦撝 掛安眞影 仍有**碑**云"), ㉥ 勝詮碑(義解篇 勝詮髑髏條: "其他事迹具載**碑**文 如大覺國師實錄中"), ㉦ 三郎寺碑(感通篇 憬興遇聖條: "興之德馨遺味 備載**釋玄本所撰三郎寺碑**") 등이 그것이다. 이 중 ㉢은 대개 남간사(南澗寺)의 승려 일념(一念)이 지은 〈촉향분예불결사문(髑香墳禮佛結社文)〉 내용을 인용한 부분에 들어 있는 것으로 파악되는바, 실제로 일연이 비문 내용을 직접 접한 것은 아닐 수 있지만, 나머지 것들은 그가 비석을 실견했거나 적어도 비문의 내용을 알고 있었던 것으로 판단된다. 비문을 다른 자료와 비

〈표 4〉《삼국유사》에 인용된 금석문 자료 일람

번호	금석문 자료의 명칭	인용된 편목	서술 분량	현전 여부	인용 정도	비고
①	我道本碑	興法篇 阿道基羅	多	不傳	中上	
②	金用行撰 阿道碑	興法篇 原宗興法·厭髑滅身	少	不傳	下	細注
③	皇龍寺 刹柱記	塔像篇 皇龍寺九層塔	少	傳	下	간접 인용으로 추정.
④	聖德大王神鍾之銘	塔像篇 皇龍寺鍾·芬皇寺藥師·奉德寺鍾	少	傳	下	본문은 인용 안 함.
⑤	浮石本碑	塔像篇 前後所將舍利	中	不傳	中下	混丘 補入
⑥	甘山寺 彌勒尊像火光後記	塔像篇 南月山	多	傳	中	
⑦	甘山寺 彌陁佛火光後記	塔像篇 南月山	多	傳	中	
⑧	關東楓岳鉢淵藪石記	義解篇 關東楓岳鉢淵藪石記	最多	傳	最上	混丘 補入

위의 표에서 알 수 있듯이 《삼국유사》에서 인용된 금석문 자료는 모두 8종이다. 그런데 ① 아도본비(我道本碑)와 ② 김용행찬(金用行撰) 아도비(阿道碑)는 명칭이 다르게 나와 있지만, 사실상 같은 비석으로 판단된다. 이 비는 《삼국사기》에서도 확인되는데, 거기에는 '한나마(韓奈麻) 김용행(金用行)이 찬(撰)한[韓奈麻金用行所撰] 아도화상비(我道和尙碑)'로 되어 있다.[7] 아마 '我道'와 '阿道'가 우리말로 음이 같은 관계로, 김용행이 지은 '我道和尙碑'를 《삼국유사》 원종흥법(原宗興法)·염촉멸신(厭髑滅身)조에서는 '阿道碑'로 혼동하여 기록한 것으로 보인다.[8] 그렇다면 실제로 《삼국유사》에

교하기까지 한 ㉥이나 찬자의 이름을 구체적으로 밝혀 놓은 ㉠과 ㉦은 특히 그러하다. 아무튼 인용의 여부를 떠나 《삼국유사》를 저술하는 과정에서 일연이 확보한 금석문 자료는 〈표 4〉에 제시된 것보다는 많았음이 분명하다. 참고로 ㉠~㉦ 가운데 비문의 내용이 현재까지 전해지는 것으로는 조선시대에 찬집(纂集)된 〈사산비명(四山碑銘)〉의 하나인 ㉠(현재 비석은 파괴되어 없고 파편만 일부 수습됨)과 '백률사석당(栢栗寺石幢)'이라는 이름으로 알려진 ㉢이 있으며, ㉡은 비신(碑身)이 사라진 채 전액(篆額)이 새겨진 이수(螭首)와 귀부(龜趺)만이 남아 있다(현재 비신의 파편 일부만 수습된 상태).

7) 《三國史記》 卷4 新羅本紀4 法興王 15년조의 세주.

8) 북한의 옥명심은 '我道本碑'를 '아도의 비 가운데 본래 있던 비'로 해석하고, ① 我道本碑와 ② 阿道碑를 구분하여 2개의 비석으로 보았다. 또 같은 입장에서 ⑤ 浮石本碑도 원래 있던 부석사비로 보아 또 다른 부석사비가 존재했을 것으로 추정하였다(옥명심, 2000 앞 논문, 45쪽). 그렇지만 《삼국유사》의 다른 용례를 자세히 검토해 보면, '本'을 꼭 그런 식으로 파악하기 어려움을 알 수 있다. 《삼국유사》에는 '崔侯本傳'(義解篇 義湘傳敎條), '元曉法師本傳'(感通篇 廣德嚴莊條)처럼 'ㅇㅇ本傳' 등의 표현이 여럿 나오는데, 이것들은 '崔侯(최치원)가 쓴 義湘 본인의 전기' 또는 '원효 법사 본인의 전기'라는 의미이지 '본래의 전기'라는 뜻은 아니다. 따라서 '我道本碑' 역시 '아도의 비 가운데 처음 세워졌던 본래의 비석'이 아니라 '아도 본인의 비석'으로 해석함이 타당하다. '浮石本碑'는 '부석사에 있는 (의상) 본인의 비석' 정도로 보면 대과(大過) 없을 것으로 생각된다.

서 언급된 금석문 자료의 수는 7종으로 줄어든다.

한편 《삼국유사》의 탑상편(塔像篇) 말미에는 '오대산문수사석탑기(五臺山文殊寺石塔記)'라는 이름의 기사가 실려 있다. 얼핏 제목만 보면 금석문 자료를 인용한 것처럼 생각되기 쉬우나,[9] 실상은 오대산 문수사에 세워진 석탑에 관해 저자인 일연이 직접 견문(見聞)한 내용을 적고 그 절에 걸린 현판의 문장을 옮긴 것일 뿐, 금석문 자료와는 무관하다.[10]

이와는 달리 이름이 언급되지 않았으나, 금석문 자료에서 인용한 것으로 보이는 기사들도 있다. 탑상편의 무장사미타전(鍪藏寺彌陁殿)조의 내용은 흔히 '무장사비'로 알려져 있는 '무장사(鍪藏寺) 아미타여래조상비(阿彌陀如來造像碑)'의 내용 일부를 발췌하여 실은 것으로 확인된다.[11] 또 같은 탑상편의 황룡사종(皇龍寺鍾)·분황사약사(芬皇寺藥師)·봉덕사종(奉德寺鍾)조에서 황룡사 대종(大鐘)과 분황사 약사여래동상(藥師如來銅像)의 크기, 무게, 시주자(施主者) 및 장인(匠人) 이름 등을 구체적으로 밝힌 것은, 비록 그 종과 불상의 실물이 남아 있지 않아 확언하기는 어렵지만, 그 명문 내용이 찬술의 자료로 확보되었기에 가능했다고 보는 것이 합리적이다.

이렇게 본다면, 우리가 지금 추정할 수 있는 바로는 최소 10개의 금석문 자료가 《삼국유사》의 저술에 활용되었던 셈이다. 각각의 기사에서 금석문 자료의 인용 부분이 차지하는 비중은 일정하지 않은데, ⑧ 관동풍악발연수석기(關東楓岳鉢淵藪石記)가 기사의 거의 전 부분을 금석문 자료의 인용으로 채우고 있으며, 서술의 절대적 분량도 가장 많다. ⑥ 감산사(甘山寺) 미륵존상화광후기(彌勒尊像火光後記)와 ⑦ 감산사 미타불화광후기(彌陁佛火光後記) 역시 두 개가 합해진 것으로만 하나의 기사를 구성하고 있어 서술 비중이 높은 편이고, 분량도 상대적으로 많다고 할 수 있다. ①과 ②의 我道本碑(또는 阿道碑)는, 아도기라(阿道基羅)조에서는 기사 전체를 놓고 볼 때 1/3 이상의 비중을 보이며 꽤 많은 분량으로 인용되었으나, 원종흥법·염촉멸신조에서는 염촉의 계보와 관련된 이설(異說)을 소개하는 세주의 형식으로 간단하게 인용되었다. ⑤의 부석본비(浮石本碑)는 전후소장사리(前後所將舍利)조가 워낙 장문의 기사

---

9) 崔南善, 1954 앞 책, 15쪽에는 그러한 인식이 반영되어, 이를 '비갈(碑碣)'의 하나로 분류하였다.

10) 이 현판에 적힌 글은 백운자(白雲子)라는 호를 가진 인물(神駿으로 추정)이 1156년 10월에 쓴 것이다. 崔南善은 이 기사의 말미에 적힌 '白雲子記'라는 문구만 보고, 이 기사 전체를 백운자가 지은 오대산 문수사의 석탑 명문에서 인용한 것으로 오해하였다.

11) 韓國古代社會硏究所 編, 1992 《譯註 韓國古代金石文 Ⅲ》, 駕洛國史蹟開發硏究院, 305~309쪽.

인 관계로 서술의 비중 자체는 낮지만, 분량은 다른 것들과 비교하여 적다고 할 수는 없을 정도이다. ③ 황룡사(皇龍寺) 찰주기(刹柱記)는 해당 기사에서 차지하는 비중과 분량이 낮거나 적은 편이며,[12] ④ 성덕대왕신종지명(聖德大王神鍾之銘)은 명문의 본문을 인용하지는 않았으나 찬자를 밝힌 부분은 실제 명문의 첫 부분에서 옮긴 것이고, 종에 대한 소개의 글도 본문을 참고하여 작성되었을 가능성이 높다. 그 밖에 금석문의 이름이 언급되지 않았지만 〈무장사(鍪藏寺) 아미타여래조상비(阿彌陀如來造像碑)〉로부터의 인용이 확실한 무장사미타전(鍪藏寺彌陁殿)조는 기사 전체가 비문의 내용을 압축한 것으로 보여 서술의 비중이 매우 높고, 분량 역시 제법 많다고 할 수 있다. 마찬가지로 금석문 자료를 활용하여 작성된 것으로 여겨지는 황룡사종·분황사약사·봉덕사종조의 황룡사 대종 및 분황사 약사여래동상 관련 부분은 서술 비중과 분량이 그다지 높거나 많은 편은 아니다.

《삼국유사》에서 그 내용이 인용된 금석문 자료 가운데 현존하는 것으로는 ③ 황룡사 찰주기, ④ 성덕대왕신종지명, ⑥ 감산사 미륵존상화광후기, ⑦ 감산사 미타불화광후기, ⑧ 관동풍악발연수석기, 그리고 무장사 아미타여래조상비 등이 있다.[13] 이 중 ③, ④, ⑥, ⑦은 명문이 거의 완전하게 남아 있고, ⑧은 각 면의 아랫부분이 마멸되어 판독이 어려운 데가 많이 있기는 하지만 대체로 양호한 편에 속한다. 무장사 아미타여래조상비는 파손된 상태에서 세 조각이 발견되어 전체 내용을 파악하는 데 한계가 있다.

원래의 금석문 내용이 《삼국유사》에 어느 정도 반영되었는지를 살펴보면, 현재 실물 자료가 남아 있는 경우 ⑧ 관동풍악발연수석기는 거의 전재(全載)에 가까울 정도로 반영률이 높으며,[14] ⑥ 감산사 미륵존상화광후기와 ⑦ 감산사 미타불화광후기는

12) ③ 皇龍寺 刹柱記는 황룡사 9층 목탑 하부의 심초석 내에 안치되었던 사리함에 새겨진 것으로, 애초에 비장된 것이었고 1238년 황룡사 목탑이 소실된 이후에도 다시 심초석 상부에 보호석을 배치하고 재안치한 상태였으므로, 일연이 직접 실물을 접한 것은 아니었을 것이다. 아마도 황룡사 관련 자료에 그 내용이 전재되어 있는 것을 보고, 참고하여 일부를 재인용한 것으로 판단된다. 이는 일연 당시에 이미 사라지고 없던 황룡사 종의 경우도 똑같이 해당된다.

13) 현재 통용되고 있는 금석문 명칭으로는 ③은 皇龍寺 九層木塔 舍利函記, ④는 聖德大王神鍾銘, ⑥은 甘山寺 彌勒菩薩像 造像記, ⑦은 甘山寺 阿彌陀像 造像記가 되며(韓國古代社會硏究所 編, 1992 앞의 책 참조), ⑧은 鉢淵寺眞表律師藏骨塔碑文이 된다(朝鮮總督府 編, 1923 《朝鮮金石總覽》 참조).

14) 정확히 말하자면, 원 비문의 1,840여 자를 1,150여 자로 축약했으니(金相鉉, 1982 앞 논문, 7쪽), 대략 2/3의 반영률을 보이는 셈이다. 이런 정도는 사실상 전재(全載)에 가깝다고 해도 무방하다.

핵심 부분만 발췌 인용되어 있고, ③ 황룡사 찰주기는 극히 일부분만 인용되었다. ④ 성덕대왕신종지명은 글이 번거로워 싣지 않는다고 하면서 본문을 아예 인용하지 않았으나, 명문의 첫 부분에 적힌 찬자 관련 내용은 그대로 옮겨 실었다. 무장사 아미타여래조상비의 경우는 ⑥, ⑦처럼 핵심이 되는 부분만을 발췌하여 수록한 것으로 파악된다.

실물 자료가 남아 있지 않은 것들은 추측을 할 수밖에 없는데, ①과 ②의 我道本碑(또는 阿道碑)는 원래 비문에서 꽤 많은 부분이 아도기라조에 인용된 것으로 판단되고, ⑤ 부석본비는 의상(義湘)의 행적과 관련된 부분의 핵심 내용만을 압축해서 인용한 듯하다. 이름이 언급되지 않은 황룡사 대종 및 분황사 약사여래동상의 경우는 ③ 황룡사 찰주기처럼 본래의 명문 내용 가운데 극히 일부분만 인용되었다고 보아야겠다.

여기서 한 가지 주목할 것은 《삼국유사》에서 언급되고 인용된 금석문 자료가 우리가 흔히 그 저자로 알고 있는 승려 일연의 손에서만 다루어진 것은 아니라는 점이다. 《삼국유사》에는 일연의 제자인 혼구(混丘)가 보입(補入)한 부분이 두 군데 나타나는데, 그 두 곳이 바로 ⑤ 부석본비와 ⑧ 관동풍악발연수석기가 인용된 부분이다. 혼구는 전후소장사리조의 말미에서 부석본비의 내용을 소개하면서, 해당 기사의 앞부분에서 거론된 사리에 관한 자신의 고증을 덧붙였고, 관동풍악발연수석기조에서는 그에 바로 앞선 기사인 진표전간(眞表傳簡)조와 다른 내용을 담고 있는 발연사(鉢淵寺) 진표율사장골탑비문(眞表律師藏骨塔碑文)을 거의 대부분 전재(轉載)한 후 독자들에게 두 기록의 차이에 유의할 것을 주문하였다. 스승인 일연이 보지 못했거나 관심을 두지 않았던 자료를 추가하여 책의 내용을 보완하고자 했던 것임을 알 수 있다.

지금까지 《삼국유사》에서 금석문 자료가 어떻게, 그리고 어느 정도 활용되었는지를 중심으로 논의를 해보았다. 이번에는 활용된 금석문들을 종류별로 분석하면서 논의를 진전시켜 보도록 하자.

위의 표에서 보듯이, 《삼국유사》에서는 사찰의 비석이나 불상의 명문, 종의 명문 등이 자료로 이용되었다. 그 중 사찰의 비석으로는 ⑤ 부석본비가 있고, ①과 ②의 我道本碑(또는 阿道碑) 역시 성격상 사찰에 건립되었을 가능성이 매우 높다. ⑧ 관동풍악발연수석기도 진표의 유골을 안치한 탑의 비석에 새겨진 것이며, 무장사 아미타여래조상비는 내용상 불상의 조성과 관련된 것이기는 하지만 역시 비석의 형태를 취하고 있는 것이다. 이렇게 보면, 절반가량이 사찰에 건립된 비석 자료가 되는 셈이다.

그런데 이들 비석들은 자세히 살펴보면 단순히 사찰의 연혁을 적은 비석이 아니라 대부분 그 사찰과 관련된 승려들의 행적을 담은 비석일 가능성이 높아 흥미를 끈다. ①과 ②의 我道本碑(또는 阿道碑)는 이름에서부터 이미 그럴 가능성을 엿볼 수 있고, ⑧ 관동풍악발연수석기 또한 발연사의 창건조(創建祖) 진표의 일대기를 기록한 것임이 확인된다. ⑤ 부석본비도 혼구가 인용한 내용을 통해 볼 때, 부석사의 개조(開祖) 의상의 행적이 전체 내용에서 주류를 이루었을 가능성이 대단히 크다. 그렇다면《삼국유사》의 저술에 활용된 비석 자료들은 고승들의 전기로서의 성격을 강하게 지닌다고 말해도 좋겠다.

비석을 제외한 다른 자료들을 살펴보면, 불상의 명문이 활용된 것으로 ⑥ 감산사 미륵존상화광후기와 ⑦ 감산사 미타불화광후기의 두 종이 있다. 그리고 인용 사실이 구체적으로 언급되지는 않았지만 분황사 약사여래동상에 새겨진 명문도 함께 이용되었으리라 판단된다. 종의 명문으로는 ④ 성덕대왕신종지명이 참고되었음이 분명하며, 역시 드러나 있지는 않더라도 황룡사 대종의 명문이 저술의 자료로 수합되었을 것으로 보인다. ③ 황룡사 찰주기는 탑에 들어간 사리함의 명문인데, 이런 종류의 글로는 유일하게 이용되었다. 이들 자료도 불상, 종, 탑 등을 만드는 데 주도적인 역할을 한 인물들, 또는 그 조성을 통해 명복이 빌어진 인물들의 이야기가 내용의 중심을 이루고 있거나 그랬을 가능성이 크므로, 결국은 인물의 전기적 성격을 일정 부분 지닌다고 할 수 있다.

요컨대《삼국유사》는 비록 많은 수는 아니지만 다양한 종류의 금석문 자료가 저술에 활용되었으며, 그 자료들은 고승들을 포함하여 불교와 관련을 가진 주요 인물들의 활동을 전한다는 점에서 중요한 사료적 가치를 지닌다고 평가할 수 있겠다.

3. 저술에 이용된 금석문 자료와《삼국유사》에서의 선종 관련 서술

그런데 바로 여기서《삼국유사》는 우리로 하여금 한 가지 큰 의문을 제기하게 만든다. 여러 자료들이 활용되었음에도 불구하고, 신라 하대의 불교를 거론할 때 결코 빠뜨릴 수 없는 중요한 조류로서의 선종(禪宗)에 관한 내용들은 이 자료들에서 확인이 되지 않는다는 점이다. 이른바 9산문을 개창한 승려들을 비롯하여 신라 말 선종 승려들의 활동을 전하는 내용은 지금까지 살펴본 금석문 자료에서 일절 보이지 않는다. 아도(我道, 阿道)나 의상, 진표 등으로 대표되는 교종 승려들과 관련된 비석들을 저술의 자료로 적극 이용하면서도, 도의(道義)를 비롯한 수많은 선승(禪僧)들의 행적이 기록된 비석들에 대해서는 완전히 입을 다물고 있다는 것은 쉽게 납득이 가지 않는 일이다.

널리 알려져 있다시피, 동리산문(桐裏山門)의 개창자인 혜철(慧徹: 785~861)의 일대기를 적은 〈대안사(大安寺) 적인선사탑비(寂忍禪師塔碑)〉나 가지산문(迦智山門)의 실질적 개조(開祖) 체징(體澄: 804~880)의 행적을 기록한 〈보림사(寶林寺) 보조선사탑비(普照禪師塔碑)〉, 성주산문(聖住山門)을 일으킨 무염(無染: 800~888)의 업적을 기리고자 세운 〈성주사(聖住寺) 낭혜화상탑비(朗慧和尙塔碑)〉, 북종선(北宗禪) 계통으로 희양산문(曦陽山門)을 처음 열었던 도헌(道憲: 824~882)을 현창하기 위해 건립한 〈봉암사(鳳巖寺) 지증대사탑비(智證大師塔碑)〉, 현욱(玄昱)의 법(法)을 계승하여 봉림산문(鳳林山門)을 사실상 발흥시킨 심희(審希: 853~923)의 비인 〈봉림사(鳳林寺) 진경대사탑비(眞鏡大師塔碑)〉, 수미산문(須彌山門)을 성립시킨 이엄(利嚴: 870~936)의 생애를 기술한 〈광조사(廣照寺) 진철대사탑비(眞澈大師塔碑)〉 등 9산 선문의 개산조(開山祖)들과 직접 관련된 비문들이 지금까지도 전해진다.[15] 아울러 9산 선문과는 별도로 독자적인 선풍(禪風)을 진작한 혜소(慧昭: 774~850)의 비인 〈쌍계사(雙溪寺) 진감선사탑비(眞鑑禪師塔碑)〉를 비롯하여 여러 선승들의 비석이 곳곳에 현존하고 있다. 초창기 남종선(南宗禪)의 수입에 큰 역할을 했던 가지산문의 비조 도의(道義)나 실상산문(實相山門)의 개조 홍척(洪陟)의 활동상도, 자료를 금석문으로만 제한하더라도, 〈보조선사탑비〉나 〈지증대사탑비〉, 〈진감선사탑비〉, 〈심원사(深源寺) 수철화상탑비(秀澈和尙塔碑)〉 등 다른 승려들의 비문을 통해 어렴풋이 알 수 있는 상황이다.[16]

지금도 남아 있는 비석들은 일연이 생존했던 시기에도 당연히 존재하였다. 오히려 현재 전해지는 것들보다 더 많은 비석들이 더욱 온전한 상태로 보존되어 있었을 것이다. 가지산문 계통의 선종 승려였던 일연이 이런 비석들의 존재를 몰랐을 리는 없으며,[17] 중요한 비석들의 경우 비문 내용을 최소한 한번쯤은 접했을 것으로 생각

---

15) 이들 중 〈大安寺 寂忍禪師塔碑〉는 비문만 전하고, 비석의 실물은 남아 있지 않다.

16) 홍척의 경우는 원래 탑비가 있었으나, 지금은 귀부와 이수만 남고 비의 몸체가 사라져 비문의 내용을 확인할 수 없는 상태이다.

17) 일연의 행적을 기록한 〈麟角寺 普覺國尊塔碑〉에 의하면, 그는 구족계를 받은 후 여러 선방(禪房)들을 두루 다니며 수행을 하여 구산문(九山門) 사선(四選)의 으뜸이 되었다고 한다. 이는 그가 가

된다. 특히 자신이 속한 가지산문의 본산 보림사의 〈보조선사탑비〉는 일연 스스로 실견(實見)했을 가능성이 높다.[18] 그런데도 일연은 《삼국유사》에서 가지산문의 고승들을 포함하여 신라 말에 활동했던 다수의 선종 승려의 비문을 자료로 전혀 활용하지 않았다. 대체 이는 무엇을 의미하는 것일까?

사실 《삼국유사》에서는 선승 관련 비문이 거론되지 않았을 뿐만 아니라 아예 선종 승려들의 행적 자체가 거의 누락되어 있다. 9산 선문의 개조 가운데 《삼국유사》에 이름이 보이는 것은 사굴산문(闍崛山門)을 개창한 범일(梵日: 810~889)이 유일한데, 그나마 낙산사(洛山寺) 정취보살상(正趣菩薩像)의 연기 설화 속에 잠시 나오고,[19] 오대산(五臺山) 월정사(月精寺)의 유래를 전하는 내용 가운데 그의 제자인 신의(信義)와 관련하여 스쳐가듯 언급되어 있을 뿐이다.[20] 그 밖에 신라 말에 활동한 9산 선문 승려로서 이름이라도 나오는 인물은 희양산문의 양부(陽孚)와 긍양(兢讓) 정도이다.[21] 오히려 9산의 선승이 아니지만 일연 자신이 주석했던 사찰인 운문사(雲門寺)를 개창한 보양(寶壤)에 대해서는 특별한 관심 속에 독립된 기사로 그 행적을 기록하였다.[22] 상식적으로 생각할 때, 가지산문의 비조로서 신라에 남종선을 본격적으로 수입한 도의 정도는 《삼국유사》에 어떤 형태로든 나와야 정상일 것이다. 그가 왕경 불교계로부터 배척을 받아 설악산 진전사(陳田寺)에 은거한 사실을 감안한다면, 설사 고승들의 행적을 기록한 의해편(義解篇)이 아니더라도 최소한 피은편(避隱篇) 정도에는 행적이 소개되어야 마땅한데, 사실은 그렇지 못하다.

이런 면들을 고려할 때, 《삼국유사》는 선종 관련 서술을 아예 포기한 것이나 다름없다고 할 수 있겠는데, 고려 후기 선종의 대표적 승려였고 이전의 선승들의 활동상을 누구보다도 잘 알고 있었을 일연이 이러한 서술 태도를 보인 이유를 과연 어떻게

지산문 계열의 사찰 외에 9산 선문의 주요 사찰들을 대부분 둘러보았을 것을 시사한다. 일연의 생애에 대해서는 蔡尙植, 1988 〈一然〉, 《韓國史市民講座》 2, 一潮閣과 김두진, 2002 〈一然의 生涯와 저술〉, 《全南史學》 19 참조.

18) 일연은 출가하여 해양(海陽: 지금의 광주광역시)의 무량사(無量寺)에서 처음 학문을 익혔다고 하는데, 장흥의 보림사는 여기서 그다지 멀리 떨어진 곳이 아니다. 구족계를 받기 전부터 보림사를 다녀왔을 가능성은 결코 작지 않다.

19) 《三國遺事》 卷3 塔像4 洛山二大聖 · 觀音 · 正趣 · 調信條.

20) 《三國遺事》 卷3 塔像4 臺山五萬眞身條 및 臺山月精寺五類聖衆條.

21) 《三國遺事》 卷3 塔像4 伯嚴寺石塔舍利條에서 '고전(古傳)'을 인용하여 양부와 긍양이 백엄사에 머무른 사실을 간단히 전하고 있다.

22) 《三國遺事》 卷4 義解5 寶壤梨木條.

설명해야 할까?

이에 대해서 이미 여러 학자들이 궁금증을 표하면서 나름의 해석을 내놓은 바 있다. 일연이 사상적으로 볼 때 선종뿐 아니라 교종에 대해서도 포섭하는 입장이었기에 굳이 선종에 국한된 역사 인식을 갖지 않았을 것이라는 추측도 있고,[23] 《삼국유사》의 찬술 동기를 불교의 신앙적인 측면을 강조하려 한 데서 찾으면서 일연이 애초부터 선종 관련 저술로 책을 쓴 것은 아닐 것이라고 보는 견해도 있다.[24] 그리고 일연의 다른 저술로 《중편조동오위(重編曹洞五位)》, 《조파도(祖派圖)》, 《조정사원(祖庭事苑)》, 《선문염송사원(禪門拈頌事苑)》 등 선종과 직접적으로 연관된 책들이 있었던 것으로 나오므로,[25] 선종의 역사는 《삼국유사》가 아닌 다른 저술에서 충분히 다루어졌을 것으로 보는 견해와[26] 함께, 일연이 교종과 선종의 역사를 시기적으로 구분하고 후자를 고대적 성격의 불교와는 다른 단계의 것으로 파악했기 때문에 《삼국유사》에서 선종 관련 내용을 싣지 않았을 것이라고 보는 견해도 제기되어 있다.[27]

이러한 해석들은 모두 나름대로 일리가 있는 것들이다. 그렇지만 그것만으로 문제가 다 해결되기에는 어려움이 뒤따른다. 우선 일연이 교종을 포섭하는 입장이었고, 그로 인해 선종 중심의 역사 인식에 머물지 않았다고 해서 《삼국유사》에 선종 관련 서술이 빠진 것이 합리화되기는 힘들다. 교선(敎禪)을 통합하는 입장에 서 있었다면 선종과 관련된 설화나 선승의 행적이 '함께' 들어가는 것이 오히려 상식에 맞을 것이기 때문이다. 《삼국유사》가 불교의 신앙적인 측면을 강조하다보니 선종 승려들의 행적들은 실리지 않았을 것이라는 견해 역시 성립되기 어렵기는 마찬가지이다. 선승들이라고 해서 불교 신앙과 관련된 설화가 없을 수는 없기 때문이다. 위에서 거론한 낙산사 정취보살상과 관련된 범일의 일화가 그에 해당하는 것이지만, 그 외에도 〈대안사 적인선사탑비〉에 보이는, 심한 가뭄에 기도를 통해 단비가 오게 했다는

---

23) 金相鉉, 1978 〈三國遺事에 나타난 一然의 佛敎史觀〉, 《韓國史研究》 20, 30~32쪽.

24) 채상식, 2006 〈일연 연구의 현황과 과제〉, 《동양한문학연구》 23, 19~21쪽.

25) 채상식, 윗 논문, 16~19쪽.

26) 許興植, 2003 앞 논문, 281~286쪽; 남동신, 2007 앞 논문, 59~61쪽.
허흥식은 《삼국유사》가 일연의 불교사 인식 체계에서 전반부에 해당하는 것만을 보여 주는 '미완성'의 저술이라고 파악하는 입장이며, 남동신은 일연의 선종 관련 저술을 보충하는 의미를 지니는 것으로 《삼국유사》의 사서로서의 성격을 규정하고 있다.

27) 崔柄憲, 1987 〈三國遺事에 나타난 韓國古代佛敎史 認識〉, 《三國遺事의 綜合的 檢討》, 韓國精神文化研究院, 203~204쪽.

이야기나 기도 중에 일어난 산사 주변의 큰 화재에서 아무 해를 입지 않았다는 이야기 등도 신주편(神呪篇) 또는 감통편(感通篇)의 좋은 소재가 될 수 있는 것들이다. 사실 일연은 선종 고승들의 놀라운 행적들에 대해 지금 우리가 알고 있는 것보다 훨씬 많은 정보와 지식을 갖고 있었을 것이 분명하다. 그런데도 《삼국유사》는 그것에 대해 침묵하고 있는 것이니, 단순히 불교의 신앙적 측면을 강조하려 했기 때문에 선승의 활동상이 실리지 않았을 것이라는 주장은 설득력이 떨어진다고 해야겠다.

일연의 다른 저술 가운데 선종과 직접 연관된 책들이 다수 있다는 것 역시 《삼국유사》에 선종 관련 서술이 거의 실리지 않은 이유가 되기에는 부족함이 느껴진다. 《중편조동오위》와 《조파도》, 《조정사원》, 《선문염송사원》 가운데 책의 성격상 선종의 역사와 관련되는 것을 들자면 아마 《조파도》 정도가 될 것인데,[28] 명칭이 암시하듯 계보도 정도에 불과했을 책을 두고 선승의 행적에 관한 충분한 서술이 들어갔을 것으로 기대하기는 어려울 것이다.[29]

물론 일연 당시에 《조당집(祖堂集)》을 포함하여 선종의 역사나 선승들의 행적을 정리한 책들이 있었을 것이고, 그로 인해 일연이 그에 대해서는 별도의 저술을 남길 필요가 없었을 수도 있다. 《조당집》만 하더라도 신라 하대 9산 선문의 개창자 가운데 도의, 홍척, 범일, 혜철, 무염, 도윤(道允), 현욱 등 7인의 전기가 실렸고, 그 외 서너 명의 신라 선승들이 수록되었다.[30] 일연은 낙산이대성(洛山二大聖)·관음(觀音)·정취(正趣)·조신(調信)조에서 범일이 당나라에 건너가 염관(鹽官: 齊安禪師)으로

28) 《중편조동오위》는 《삼국유사》와 함께 현전하는 일연의 저술인데, 그 내용은 선종의 일파인 조동종(曹洞宗)의 핵심 사상에 대해 주석을 붙인 것이다. 《조정사원》은 본래 송(宋)에서 편찬된 선종 사전(辭典)으로, 선종 관련 각종 서적에서 고사(故事)와 숙어를 뽑아 해설을 붙인 책으로 알려져 있다. 일연이 편찬한 것도 체재와 내용이 유사할 것으로 추정되고 있다. 《선문염송사원》은 경전과 선사(禪師)들의 어록에서 뽑은 염송을 모은 책인 《선문염송(禪門拈頌)》의 주석서로 알려져 있다(채상식, 2006 앞 논문, 16~19쪽).

29) 현재 알려진 일연의 저술 가운데는 선종의 역사나 선승들의 행적을 중점적으로 기술했다고 볼 수 있는 책이 없지만, 그가 그런 책을 아예 쓰지 않았을 것으로 단정하기도 어려운 점은 있다. 일연의 비문에 보이는 저술 목록에 《삼국유사》가 보이지 않는데, 똑같은 이유로 선종사 관련 저술도 그 목록에서 누락되었을 가능성을 한번쯤 상정해 볼 수 있기 때문이다. 그렇지만 《조파도》 정도의 저술이 목록에 들어 있는데도 그보다 더 상세한 내용을 담고 있을 책이 목록에서 빠졌다고 보기에는 아무래도 어색한 감이 있다. 따라서 여기서는 일연의 선종사 관련 저술이 따로 존재하지는 않았을 것으로 보고, 논의를 진행한다.

30) 《조당집》의 내용과 성격에 대해서는 韓基汶, 1999 〈祖堂集과 新羅·高麗 高僧의 行蹟〉, 《한국중세사연구》 6 참조.

부터 법을 얻었음을 기술하면서 '그 사적이 본전에 갖추어져 있다[事具在本傳]'라는 세주를 붙여 놓았는데, 이를 통해 그가 《조당집》 등에서 범일의 전기를 확인하였음을 알 수 있다. 이런 선행 저술의 존재가 혹시 그로 하여금 《삼국유사》에 따로 신라 선승의 이야기를 싣지 않아도 된다는 생각을 불러일으켰을 수 있겠다.

그렇지만 《삼국유사》의 의해편 등에는 원광(圓光)을 시작으로 하여 자장(慈藏), 원효(元曉), 의상(義湘) 등 교종 계통의 여러 고승들의 전기가 실려 있는데, 《당고승전(唐高僧傳)》이나 《송고승전(宋高僧傳)》의 해당 인물의 전기로부터 내용을 직접 인용하거나 참고하여 시술되었음이 드러난다. 따라서 앞서 전기가 만들어져 있었다는 것이 《삼국유사》에서 그 인물의 행적이 누락되어야 할 필연적 이유가 될 수는 없다는 결론에 도달하게 된다.

요컨대 《삼국유사》에서 선종 관련 서술이 거의 보이지 않는 것은 저자인 일연이 처음부터 기술할 의도가 없었기 때문으로 보는 것이 합리적이다. 그것은 선종을 교종과 다른 단계의 불교로 파악하고 전통적 고대 불교의 면모만을 전할 목적에서 선종 관련 서술을 애초에 기피한 것이라고 해석될 여지도 있겠지만, 그보다는 혹시 신라 말 선종 승려들에 대한 일연의 평가가 그다지 호의적이지 않았던 것에서 원인을 찾을 수도 있지 않을까 한다. 흔히 선종 승려라면 그 이전의 선승들을 계승하는 입장이므로 그들을 높이고 옹호하려 했을 것이라고 생각하기 쉽지만, 실상은 오히려 그 반대일 수 있음도 고려할 필요가 있다는 것이다.[31] 특히 선종에 속해 있으면서도 교종의 경전에 해박한 지식을 갖고 교종을 포용하려 했던 일연의 입장에서 신라 말 다수의 선종 승려들이 보인 교종과의 대립적 자세는[32] 결코 좋게 평가되지 않았을 것으로 보인다. 이는 교종 쪽에서도 대각국사 의천(義天)이 자신과 같은 화엄종에 속했던 몇 세대 위의 승려 균여(均如)를 평가절하한 것과[33] 하등 다를 바가 없다. 이런 점에서 《삼국유사》 기이편(紀異篇) 경덕왕(景德王)·충담사(忠談師)·표훈대덕(表訓大德)조의 말미에 "표훈(表訓) 이후 신라에서는 성인(聖人)이 나지 않았다."는 말이 붙

31) 이와 관련하여, 일연은 선종이 9산 선문으로 나뉜 자체를 미혹한 것으로 보아 개별 선종 산문의 사상 경향을 《삼국유사》에서 언급하지 않았을 것이라고 본 견해가 있는데(김두진, 2002 〈三國遺事의 佛敎史자료와 그 성격〉, 《淸溪史學》 16·17합집, 780~786쪽), 시사하는 바가 크다.

32) 崔柄憲, 1980 〈高麗時代 華嚴學의 變遷〉, 《韓國史硏究》 30, 62~64쪽.

33) 윗 논문, 69~70쪽.

어 있는 것은 일연의 불교사 인식과 관련하여 매우 의미심장한 것이다.[34)]

지금까지 《삼국유사》 저술에 활용된 금석문 자료에 신라 말 선승들의 비문이 전혀 들어 있지 않음에 착안하여 저자 일연의 불교사관과 《삼국유사》의 사료적 성격의 일단을 살펴보았다. 이제부터는 논의의 방향을 바꿔 금석문 자료를 좀 더 미시적으로 활용함으로써 《삼국유사》의 사료적 특성을 규명해 보도록 하자.

4. 현존 금석문 자료와의 대조를 통해 본 《삼국유사》 수록 사료의 성격

위에서 검토한 바 있지만, 《삼국유사》에 내용이 인용된 금석문 자료 가운데 현존하는 것으로는 〈황룡사 찰주기〉, 〈성덕대왕신종지명〉, 〈감산사 미륵존상화광후기〉, 〈감산사 미타불화광후기〉, 〈관동풍악발연수석기〉, 그리고 〈무장사 아미타여래조상비〉 등이 있다.

이 중 〈황룡사 찰주기〉와 〈성덕대왕신종지명〉은 원문에서 극히 일부만 인용되어 있어, 금석문 자료의 활용 방식을 논할 때 별로 의미를 두기 어렵다. 〈무장사 아미타여래조상비〉의 경우는 원문 내용 가운데 중요한 부분을 발췌하여 인용한 것으로 보이지만, 불행히도 현재 비석이 완전한 상태로 남아 있지 않아 어느 부분을 어떻게 이용하였는지 효과적으로 규명하는 데에는 한계가 있다. 일연의 제자 혼구가 보입한 자료인 〈관동풍악발연수석기〉는 옮겨 적는 과정에서 상당수 글자의 출입(出入)과 대체(代替) 등이 보이기는 하나, 비문의 거의 대부분을 전재한 것이라 자료 활용에서의 특징적인 면모를 부각시키기가 힘들다는 단점이 있다.

반면 나머지 두 개, 즉 〈감산사 미륵존상화광후기〉와 〈미타불화광후기〉는 비문 전체가 인용된 것이 아니어서 일연의 자료 활용 방식을 살펴보는 데 매우 적절한 자료가 된다. 그가 어떤 기준에서 어느 부분을 인용했는지, 그리고 그 과정에서 글자나 내용의 변개가 발생한 것은 없는지, 만약 있다면 어떤 식으로 일어났는지, 나아가 인용이 안 된 부분은 구체적으로 어떤 내용을 담고 있으며, 왜 그 부분들은 인용이

34) 물론 그렇다고 해서 일연이 표훈 이후에 활동한 신라 승려를 전혀 언급하지 않은 것은 아니다. 헌덕왕의 아들로서 출가하여 진표와 영심(永深)의 뒤를 잇고 중악(中岳)에 동화사(桐華寺)를 창건한 심지(心地)가 《삼국유사》의 의해편(義解篇) 뒷부분에 입전되어 있다. 그렇지만 일연이 《삼국유사》에서 부각시키고 있는 승려 가운데 사실상 고승으로 불릴 만한 인물로는 시기적으로 그가 마지막에 해당한다.

되지 않았는지를 하나씩 밝혀낸다면, 《삼국유사》의 사료적 성격을 이해하는 데에도 좋은 참고가 될 수 있다. 그래서 여기서는 이 두 개의 금석문 자료를 집중적으로 분석함으로써, 향후 학계의 논의에 보탬이 되고자 한다.[35)]

먼저 《삼국유사》의 남월산조에 실린 기사의 내용과 두 금석문의 내용을 대비하는 표를 만들어 보면 아래와 같다.[36)]

〈표 5〉《삼국유사》 남월산조에 인용된 기사와 감산사 미륵보살상의 실제 명문 대비표

《삼국유사》 南月山條	감산사 미륵보살상 명문
開元七年 己未 二月十五日 重阿**喰全忘**誠 爲亡考仁章一吉**于** 亡**妃**觀肖里[夫人] 敬造甘山寺一所 石彌勒一軀 [兼及]愷元伊湌 **第懇**誠小舍 玄度師 姉古巴里 前妻古老里 後妻阿好里 兼庶**族**及**漢**一吉**喰** 一幢薩**喰** 聰**敏七**舍 妹首肹買[等] 同營**兹**善 亡妣肖里夫人 古人成之 東海**攸友**邊散**也**	開元七年 己未 二月十五日 重阿湌金志誠 奉爲亡考仁章 一吉湌 亡妣觀肖里 敬造甘山寺一所 石阿彌陁像一軀 石彌勒〈像〉一軀 盖聞至道玄微 不生不滅 能仁眞寂 無去無來 所以顯法應之三身 隨機拯濟 表天師之十號 有願咸成 弟子志誠生於聖世 歷任榮班 無智略以匡時 僅免罹於刑憲 性諧山水 慕莊老之逍遙 志重眞宗 希無著之玄寂 年六十有七 致王事於清朝 遂歸田於閒野 披閱五千言之道德 弃名位而入玄 窮研十七地之法門 壞色空而俱滅 尋復降旌命於草廬 典邇都之劇務 雖在官而染俗 塵外之心無捨 罄志誠之資業 建甘山之伽藍 伏願以此微誠 上資國主大王 履千年之遐壽 延萬福之鴻休 愷元伊湌〈公〉 出有漏之囂埃 證无生之妙果 弟良誠小舍 玄度師 姉古巴里 前妻古老里 後妻阿好里 兼庶兄及漢一吉湌 一幢薩湌 聰敬大舍 妹首肹買〈里〉 及无邊法界一切衆生 同出六塵 咸登十號 縱使誠□ 有盡此願 无窮劫石已消 尊容不□ 无求不果 有願咸成 如有順此心願者 庶同營其善因也 亡妣〈官〉肖里夫人 年六十六 古人成之 東海欣支邊散之

1)《삼국유사》 南月山條 기사는 서울대학교 奎章閣 所藏 中宗壬申刊本(正德本)의 영인본에 의거하여 인용함. 아래도 같음.

2) 감산사 미륵보살상 명문은 韓國古代社會硏究所 編, 1992《譯註 韓國古代金石文 Ⅲ》, 駕洛國史蹟開發硏究院, 295~297쪽에서 인용함.[37)] 단 행의 구별은 무시하였음. 아래도 같음.

3)《삼국유사》 南月山條 기사에서 굵은 글자체가 사용된 부분은 오른쪽 명문의 글자와 다르게 기록된 부분을 표시한 것임. [ ]는 오른쪽 명문에 없는 글자가 들어간 것을 표시함. 아래도 같음.

4) 감산사 미륵보살상 명문에서 밑줄 친 부분은 왼편의 《삼국유사》 기사의 해당 부분을 표시한 것임. 〈 〉는 명문에 실제로 들어 있으나, 왼편의 《삼국유사》 기사에서는 누락되어 표기되지 않은 글자를 표시함. 아래도 같음.

---

35) 선행 연구 가운데 이 두 금석문 자료와 《삼국유사》의 기록을 대비하여 후자의 오류를 간략히 지적한 글이 있는데(金杜珍, 2003 앞의 책, 75~76쪽), 글의 성격이 《삼국유사》의 사료적 특성을 전반적으로 다루는 것이어서 세밀한 검토까지는 이르지 못했다.

36) 논지 전개의 편의상 미륵보살상의 명문과 관련된 표를 먼저 제시하고, 아미타불상의 명문과 관련된 표는 뒤에서 살펴보도록 하겠다.

37) 감산사 미륵보살상과 아미타불상은 현재 국립중앙박물관의 조각·공예관 불교조각실에 전시되어 있는데, 저자는 2011년 하반기에 당시 국립중앙박물관에 근무하고 있던 김재홍 선생(현 국민대 교수)의 도움으로 명문을 직접 대조할 기회를 가질 수 있었다. 이 자리를 빌려 김 선생의 후의에 감사를 표한다. 아울러 이 글에서는 《譯註 韓國古代金石文Ⅲ》의 판독문을 거의 그대로 인용하였으나, 미세하게 오독했거나 끊어 읽기를 잘못한 부분은 저자가 임의로 바로잡았음을 밝혀 둔다.

위 표에서 보듯이 《삼국유사》에 인용된 부분은 원래 명문의 30% 정도에 지나지 않는다. 그 내용은 중아찬(重阿飡) 김지성(金志誠)이 개원(開元) 7년(719)에 죽은 부모를 위해 감산사(甘山寺)를 세우고 미륵상을 조성했는데, 겸하여 개원(愷元) 이찬(伊飡)과 자신의 형제자매, 그리고 부인 등도 이 좋은 인연을 함께 누리기를 기원했으며, 어머니는 고인이 되자 동해의 바닷가에 산골(散骨)했다는 것이다. 원래 명문 내용 가운데 핵심이 되는 부분만을 뽑아 압축적으로 전달하고 있지만, 한편으로 원문 내용을 제대로 이해하고 있지 않을 경우에는 개원 이찬과 자신의 형제자매, 부인 등이 이 좋은 인연을 함께 만들었다는 식으로, 다시 말해 그들이 불상 조성에 동참하면서 김지성의 부모를 위해 함께 명복을 빌었다는 식으로 오해될 여지도 있다. 기원의 '대상'을 기원의 또 다른 '주체'로 오인하게 만들 수 있다는 점에서, 원문의 인용이 꼭 잘 되었다고만 하기는 어렵다. 《삼국유사》의 다른 인용 자료들을 대할 때에도, 특히 그 자료의 원문이 현재 전해지지 않는 경우, 이와 같은 왜곡의 가능성을 유념하면서 읽어가야 함을 일깨워주는 사례이다.

70%에 달하는 미인용(未引用) 부분은 대체로 불교의 지극한 도를 강조하면서 기원하는 만큼 성취가 있음을 확신시키려 하는 부분(도입부: 起)과 김지성의 생애를 간략하게 요약하면서 그가 관직에서 은퇴한 후 감산사를 세우기까지의 과정을 서술한 부분(전개부: 承), 국왕의 만수무강을 염원하면서 개원 이찬이 세속의 번뇌를 벗어나 깨달음을 얻기를 함께 축원하는 부분(전환부: 轉) 및 많은 중생들이 이 보살상을 통해 함께 복을 얻기를 기원하는 부분(결말부: 結)으로 되어 있다. 이 보살상을 누가 왜 조성했는지를 보여 주는 첫 부분과 개원 이찬을 비롯하여 김지성의 가족들이 함께 복을 받기를 희구하는 내용의 후반부(전환부의 대부분)가 사실상 이 명문에서 가장 중요한 정보를 담고 있는 부분이기에, 이 부분이 압축적으로 인용된 《삼국유사》의 기사만으로도 명문의 성격을 파악하는 데에는 그다지 문제가 없다.

그렇지만, 미인용 부분에는 김지성의 생애와 함께 그가 평소 불교의 유식학(唯識學)과 더불어 노장(老莊) 사상에도 관심이 매우 많았음을 보여 주는 문구가 들어 있어 우리의 관심을 끈다. 일연의 입장에서는 이런 부분이 별로 중요하지 않게 생각되었을 수도 있고, 어쩌면 마음에 들지 않아 일부러 뺐을지도 모르겠지만, 김지성이 살았던 시기의 신라 지배층의 사상적 분위기를 보여 준다는 점에서 대단히 중요한 부분이라 할 수 있다. 감산사 미륵보살상이 현존하지 않는다고 가정하면, 그러한 부분은 일연에 의해 완전히 사장되고 마는 셈이 된다. 따라서《삼국유사》에 수록된 자료들을 접할 때에는 이처럼 인용되지 않은 부분에 숨어 있을 다른 정보들에 대해서도 폭넓게 고려해 보는 자세가 필요할 것이다.

또 하나《삼국유사》의 인용문에서 주목해야 할 것은 '개원 이찬'이 누락되지 않고 언급되었다는 점이다. 원문에는 국주대왕(國主大王)과 개원 이찬을 함께 거론하면서 그들의 장수와 해탈을 축원하는 부분이 있는데, 인용문에서는 국주대왕은 누락시키면서 개원 이찬은 뒤이어 나오는 김지성의 형제자매, 부인들과 같이 열거하고 있다. 일연이 보기에도 국주대왕 운운한 부분은 워낙 진부하게 여겨져 뺐을 수 있겠지만, 개원 이찬은 특별히 언급되고 있어 누락시키기가 어려운 부분이라 할 수 있다. 김지성과 개원 이찬의 관계가 구체적으로 어떠했는지는 확인할 수 없으나, 여하튼 인용문에서 그를 빼는 것은 이 보살상의 조성과 관련된 중요한 정보를 삭제하는 것이나 마찬가지가 될 것이다. 일연은 그 점을 정확하게 포착하고 있었던 것이며, 그로 인해 원문의 핵심 정보가《삼국유사》를 통해서도 제대로 전해지게 되었다. 이는 곧《삼국유사》에 인용된 자료가 적어도 핵심 부분만은 놓치지 않고 있음을 보여 주는 것으로 의미를 지닌다.[38]

그 밖에 오자(誤字)나 탈자(脫字), 연문(衍文)이 일부 나타나는 것은 꼭《삼국유사》의 인용문에만 해당되는 오류는 아니므로, 그렇게 심각하게 받아들일 것까지는 없다. 최초 필사의 과정에서 생긴 오류일 수도 있고, 판각 과정에서 일어난 착오일 수도 있다. '妣'를 '妃'로 쓴 것이나 '弟'를 '第'로 쓴 것, '大'를 '七'로 쓴 것처럼 터무니없는 오류들은 문맥상으로 충분히 교정이 되는 것들이다. '飡'을 '喰'으로 쓴 것도, 인용문의 것을 가지고 원래의 표기도 그러했을 것이라고 억지를 부리지 않는 한, 어느 정도 용납이 될 수 있다. 다만 김지성의 부친인 '仁章 一吉飡'을 인용문에서 '仁章 一吉于[干]'이라고 적어 놓은 것은 약간의 주의를 요하는 부분이다. 인용문의 다른 곳에서는 신라의 제9관등 이상 관등의 끝 글자가 모두 '喰'이라고 되어 있음을 보면,

---

38) 다만 원문에는 '愷元伊飡' 다음에 '公'이 들어갔는데, 인용문에서는 빠져 있다. 이러한 누락은 다음에 볼 아미타불상 명문의 인용문에서도 똑같이 나타난다. 아마도 일연 당시에는 개원 이찬을 굳이 '공'이라고까지 언급할 필요성이 적었기 때문에 뺀 것이 아닐까 생각된다. 그렇지만 그의 이름이 특별히 거론되었다는 것은 원문이 만들어질 때 그만큼 그가 중요하게 다루어졌음을 의미하는 것이므로, 애초에 '공'과 같은 글자가 덧붙여져 있었으리라는 것은 상식적으로도 추론이 가능하다. 우리가 인용문을 토대로 원문 자료를 추정해 갈 때, 본래는 표현이 달랐을 수 있음을 염두에 두어야 한다는 교훈을 이 사례는 던져 준다.

여기서만 '于'으로 달리 표기될 이유가 없다. 이는 필시 판각 당시의 착오라기보다는 《삼국유사》의 저술 당시 일연이 다른 자료에 구애되어 '一吉于'으로 고쳐 적은 것에서 연유한 오류라고 판단된다. 인용된 자료에서 관등 명칭 등이 일관성을 띠지 못하는 경우, 인용자의 선입견에 따른 자의적 변개의 가능성이 높다는 것을 이 사례는 잘 보여 주고 있다. 향후 《삼국유사》에 수록된 다른 인용문 자료를 대할 때에도 이 점은 꼭 유념할 필요가 있다.

다음으로 감산사 아미타불상 명문과의 대비를 통해, 《삼국유사》 수록 사료의 성격을 탐색해 보도록 하자. 역시 원문과 인용문을 표의 형태로 제시하면 아래와 같다.

앞서 본 미륵보살상 명문과 마찬가지로 《삼국유사》에 인용된 아미타불상 명문은 원래 불상 명문의 30%에 채 미치지 못하는 것으로 나타난다. 인용문의 전체 내용은 집사시랑(執事侍郎)을 지낸 중아찬 김지전(金志全)이 나이 67세에 관직 생활을 마감한 후 국왕과 이찬 개원, 그리고 죽은 부모와 형제자매, 부인을 위해 감산(甘山)의 장전(莊田)을 내놓아 사찰을 세우고 아미타불상을 조성하였으며, 부친은 고인이 되어 동해의 바닷가에 뿌렸다는 것이다.

미륵보살상 명문을 인용한 것과 비교할 때, 거의 유사한 내용과 구조를 보이고 있다고 할 수 있겠는데, 중요한 차이점은 불상을 조성한 주인공의 이름이 '金志誠'이 아니라 '金志全'으로 약간 다르게 나온다는 것과 그의 관직 생활과 은퇴에 관한 기술이 들어간 것, 개원 이찬만이 아니라 국왕도 기원의 대상자로 언급되었다는 것, 죽

〈표 6〉《삼국유사》 남월산조에 인용된 기사와 감산사 아미타불상의 실제 명문 대비표

《삼국유사》 南月山條	감산사 아미타불상 명문
重阿**喰**金志全 [曾以]尙**衣**奉御 [又]執事侍郎 年六十七 致仕閑居 奉爲國主大王 伊**喰**愷元 亡考[仁章一吉于] 亡**妃** 亡弟小舍梁誠 沙門玄度 亡妻古路里 亡妹古**巴**里 又爲妻阿好里等 捨甘山莊田 建伽藍 仍造石阿彌陁一軀 [奉爲]亡考仁章一吉于 古人成之 東海**攸反**邊散也	若夫至道者 不生不滅 猶表跡於周宵 能仁者 若去若來 尙流形於漢夢 濫觴肇自西域 傳燈及至東土 遂乃佛日之影 奄日域以照臨 貝葉之文 越洟川而啓發 龍宮錯峙 鴈塔駢羅 舍衛之境在斯 極樂之邦密爾 有重阿飡金志全 誕靈河岳 降德星辰 性叶雲霞 情友山水 蘊賢材而命代 懷智略以佐時 朝鳳闕而銜綸 則授尙舍奉御 遂雞林而曳綬 則任執事侍郎 年六十七 懸車致仕 避世閑居 侔四皓之高尙 辭榮養性 同兩疎之見機 仰慕無著眞宗 時時讀瑜伽之論 兼愛莊周玄道 日日覽逍遙之篇 以爲報德慈親 莫如十號之力 酬恩聖主 無過三寶之因 故奉爲國主大王 伊飡愷元〈公〉 亡考 亡妣 亡弟小舍梁誠 沙門玄度 亡妻古路里 亡妹古寶里 又爲妻阿好里等 捨〈其〉甘山莊田 建〈此〉伽藍 仍造石阿彌陁〈像〉一軀 伏願託此微因 超昇彼岸 四生六道 並證菩提 開元七年 歲在己未 二月十五日 奈麻聰 撰奉敎 沙門釋京融 大舍金驟源□□□ 亡考仁章一吉飡 年卌七 古人成之 東海欣支邊散也 後代追愛人者 此善助在哉 金志全重阿飡 敬生已前 此善業造 歲□十九 庚申年 四月廿二日 長逝爲□之

은 부인과 형제자매에게 '망(亡)'자를 붙여 생자(生者)와 구별하고 있다는 것, 그리고 주인공의 이복형제들에 대해서는 따로 언급하지 않고 있다는 것 등이다. 주인공의 이름이 다르게 표기된 것이나 죽은 부인과 형제자매에게 '亡'자를 붙인 것, 이복형제의 이름을 굳이 나열하지 않은 것은 원래의 명문에서 비롯된 것이므로 그다지 중요한 의미를 둘 필요는 없겠다. 그렇지만 미륵보살상 명문을 인용할 때 제외했던 김지성의 생애 관련 부분을 여기서는 약간이라도 보여 줌으로써 독자의 궁금증을 풀어 주고 있는 것과 개원 이찬 앞에 들어간 '국주대왕(國主大王)'을 삭제하지 않음으로써 원문의 맥락을 그대로 살리고 있다는 것은 주목되는 점이다. 미륵보살상 명문 인용 부분과 이 명문의 인용 부분을 종합하면, 핵심적인 요소들이 거의 다 드러날 수 있다. 일연이 이런 점을 의도하고서 원문을 발췌한 것인지는 알 수 없으나, 어쨌든 《삼국유사》에 실린 인용문들이 서로 연결되면서 그 자체로 완결성을 보인다는 점은 기억해둘 만한 가치가 충분히 있다.

물론 아미타불상 명문의 인용문에서도 문제점은 발견된다. 후반부의 '亡考' 앞에 '奉爲'라는 연문(衍文)이 들어가 인용문 전체의 흐름을 끊고 있는 것이다. 하지만 위에서 본 미륵보살상 명문의 인용에서처럼 내용을 크게 오독하게 하지는 않는다. 아미타불상 명문의 인용문은 전체적으로 볼 때 원래의 명문에서 가장 중요한 정보가 될 수 있는 부분만을 요령 있게 잘 발췌하여 옮긴 것이라고 평가할 수 있겠다.

그러면 이어서 원문에서 70%를 상회하는 미인용 부분의 내용을 살펴보도록 하자. 생략된 부분은 대체로 불교의 동전(東傳)과 그로 인해 불국토로 변한 신라의 모습을 찬미한 도입 부분과 주인공 김지전의 생애를 전하면서 유식학과 노장 사상에 심취했음을 알려 주는 부분, 이 명문을 작성하고 돌에 새긴 인물들에 대한 정보를 담은 결말 부분, 그리고 주인공 김지전의 사망 사실을 전하는 말미 부분 등이다. 일연은 이러한 부분들이 그다지 중요하지 않다고 판단해서 덜어낸 것인데, 사실 명문 전체를 이해하는 데 있어 매우 중요한 정보가 담긴 부분도 들어 있다.

우선 김지전이 유식학과 노장 사상에 관심을 가졌다는 것은 앞서 본 미륵보살상 명문에서도 나왔고 여기서도 반복이 되고 있어, 김지전이라는 인물을 이해하는 데 매우 중요한 의미를 지닐 수 있는 것이지만, 인용자 일연에게는 여전히 관심의 대상 바깥에 있었다. 그리고 찬자(撰者)와 서각자(書刻者)를 적은 결말 부분은 그 자체로 중요한 것이 아니라 그 뒤에 붙어 있는 내용들이 원래의 명문과는 관계없는 추기(追

記)임을 보여 준다는 점에서 매우 중요한 것인데, 《삼국유사》의 인용문에서는 그 부분을 탈락시킴으로써 원 명문과 추기의 관계를 제대로 파악할 수 없게 만들었다. 김지전의 사망 사실을 적은 말미 부분은 말할 것도 없이 바로 그 위에 기록된 그의 부친 인장 일길찬의 사망 및 산골(散骨) 관련 서술 부분도 애초의 명문에는 들어 있지 않았음을 찬자 등을 표시한 결말 부분의 위치가 확실하게 보여 주고 있다. 아미타불상 명문이 전해지지 않았더라면, 아마도 이 명문의 인용문에서 마지막 문장과 미륵보살상 명문의 인용문에서의 마지막 문장, 즉 주인공의 부모의 사망과 관련된 서술 부분을 원 명문에 들어 있던 것으로 대부분 오해했을 것이다.

사실 이 부분들에 들어 있는 '古人成之'나 '東海欣支邊散之'라는 표현은 한문식 문투라기보다는 우리말식 문투에 가까운 것이다.[39] 이것을 이해하지 못할 경우 해석이 오히려 안 될 수도 있는데, 실제로 인용자인 일연조차 그 뜻을 잘 알 수 없다고 세주를 달 정도였다.[40] 일연으로서도 윗부분에서 그처럼 유려한 한문체를 구사한 찬자가 이렇게 어색한 문장을 만들 수 있을까 의심을 했을지 모르겠으나, 아무튼 원 명문의 찬자가 아닌 타인의 추기 부분임을 알아차리지 못한 것 같고, 《삼국유사》의 인용문만 갖고 있었더라면 우리 역시 혼란에 빠질 수밖에 없었을 것이다. 《삼국유사》에 실린 다른 인용문 자료들을 볼 때 이와 같은 점에도 신경을 써야 함을 이 사례는 일깨워 주고 있다.

이 밖에 아미타불상 명문의 인용문에서도 오자와 탈자, 연문 등이 발견되는데, 위에서 본 미륵보살상 명문의 인용문과 양상이 거의 같으므로 중복하여 논하지는 않겠다.

마지막으로 한 가지 덧붙일 것이 있다. 그것은 바로 향찰(鄕札)과 관련된 문제인데, 일찍이 이 두 인용문에서 향찰의 사례가 발견된다는 주장이 있었다. 즉 두 인용문의 말미에 '古人成之' 다음에 나오는 '東海攸友(反)邊散之'라는 문구의 '攸友(反)'가 바위를 향찰로 표기한 것이라는 주장이었다.[41] '攸'의 훈(訓)이 '바'이고, '反'의 훈이 '외'가 되므로, '攸反'은 곧 '바외'가 되어 '岩'을 향찰로 표기한 것으로 볼 수 있다는 것이었다. 그래서 이 문구를 '동해의 바윗가에 뿌렸다'는 식으로 이해하였다.

39) 정상적인 한문투라면, "死去 散骨於東海欣支邊也" 정도가 되어야 한다.

40) 《삼국유사》 卷3 塔像4 南月山條에서 彌勒尊像火光後記의 내용이 끝나는 부분에 세주로서 '古人成之以下 文未詳其義 但存古文而已 下同'이라는 문구가 들어가 있다.

41) 梁柱東, 1946《朝鮮古歌研究》, 博文書館, 202쪽.

그런데 이러한 주장은 많은 문제를 안고 있다. 《삼국유사》에 '攸反'(아미타불상 인용문)이 아니라 '攸友'(미륵보살상 인용문)로도 나오기도 하여 어느 한 쪽으로 경도되기 어려울 뿐만 아니라, 더욱 근본적으로는 실제 두 불상의 명문에서 모두 '攸反'이나 '攸友'가 아니라 '欣支'로 판독된다는 점이다.[42]

따라서 이를 가지고 바위의 향찰이라고 주장할 근거는 전혀 없는 셈이다. 사실 명문 또는 인용문의 다른 부분에서 향찰의 사례가 확인되지 않는 상황에서 이 부분만 향찰이라고 단정하는 것 자체가 논리적으로 문제를 안고 있는 것이지만,[43] 자료를 정확하게 판독하는 작업이 선행되지 않은 상태에서 아무렇게나 갖다 붙여서는 곤란한 것이다. 《삼국유사》에 실린 자료들을 대할 때, 견강부회를 해서는 안 됨을 이 사례가 잘 가르쳐 주고 있다.

5. 맺음말

지금까지 《삼국유사》에 실린 금석문 자료를 분석하여 그 사료적 성격을 파악해 보고자 했다. 《삼국유사》에 인용된 금석문 자료로 어떤 것들이 있으며, 거기서 어떤 특징을 찾을 수 있는지를 먼저 살펴보았고, 이어서 그 금석문 자료들 가운데 신라 말 선종 승려와 관련된 자료들이 전무함에 주목하여 그 이유를 나름대로 찾아보았다. 마지막으로 현존하는 금석문 자료와의 대비를 통해 《삼국유사》에 실린 인용문들이 사료적으로 어떤 특색을 지니며, 그것들을 사료로 활용하고자 할 때 어떤 점에 유의해야 하는지를 생각해 보았다.

사실 《삼국유사》에 인용된 금석문 자료 가운데는 사료적으로 매우 높은 가치를 지니는 것들이 있다. 현재 마멸 부분이 많아 전체 내용의 파악에 장애가 있는 〈발연사 진표율사장골탑비〉의 경우, 《삼국유사》의 관동풍악발연수석기조에 수록된 내용을 통해 상당 부분의 보충이 가능하다.[44] 단편으로 발견되어 전체 맥락을 알기 어려운

42) 국립중앙박물관에서 직접 조사한 결과, '欣'은 약간 애매하지만 '支'는 거의 확실하였다.

43) 구차하게 바위라는 용어만 향찰로 표기하지 않고, 차라리 '東海岩邊散之'라고 하는 것이 당시로서도 상식적인 문장 표현이었을 것이다.

44) 이 탑비의 비문은 《楡岾寺本末寺誌》에도 〈金剛山鉢淵寺開刱祖師眞表律師事蹟碑〉라는 이름으로 초록이 실려 있다. 이것과 《삼국유사》의 인용문을 통해 원 비문의 상당 부분을 복원할 수 있는데, 그 복원 작업이 근래에 실제로 이루어진 바 있다(金南允, 1997 〈眞表의 傳記 資料 檢討〉, 《國史館

〈무장사 아미타여래조상비〉도 《삼국유사》의 무장사미타전조가 그 해독의 실마리를 제공할 수 있다. 아울러 무장사미타전조가 〈무장사 아미타여래조상비〉를 자료로 활용했음을 드러내지 않고 있다는 사실을 감안하면, 《삼국유사》의 다른 기사에서도 이름을 밝히지 않은 채 금석문 자료가 활용되었을 가능성이 상정된다. 앞으로 《삼국유사》에 수록된 자료들을 대할 때에는 이러한 점도 꼭 고려에 넣을 필요가 있다고 생각된다.

論叢》 78, 國史編纂委員會).

제2장
《삼국유사》〈흥법〉편 '원종흥법 염촉멸신'조 고찰

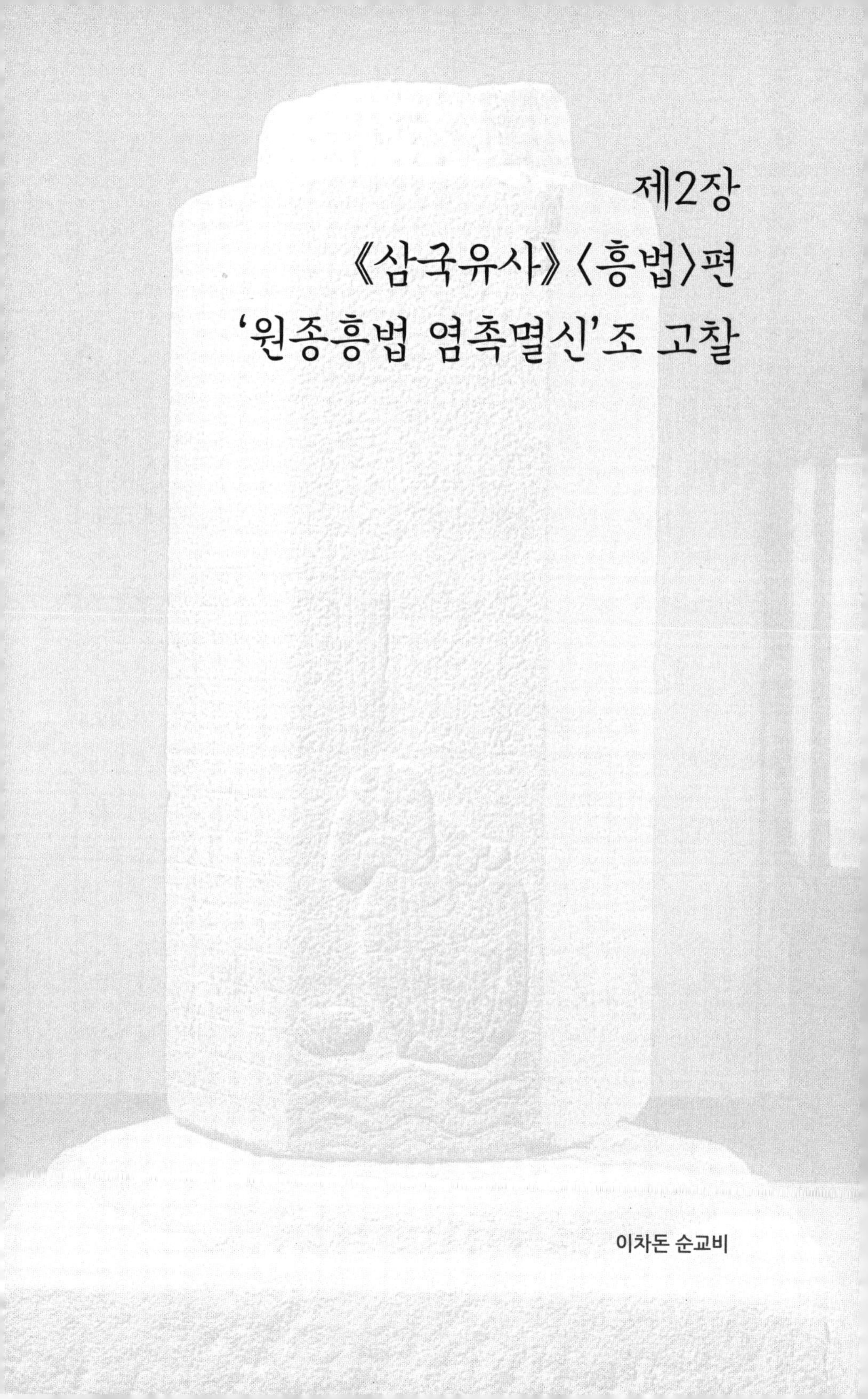

이차돈 순교비

1. 머리말

《삼국유사(三國遺事)》에서 '흥법편(興法篇)'은 책 본문의 첫 부분이라 할 수 있는 '기이편(紀異篇)'에 이어서 등장한다. 기이편은 《삼국유사》보다 140여 년 앞서 편찬된 《삼국사기(三國史記)》에서 소홀히 다루어졌거나 누락된 이야기들을 보충한 것으로, 책명에 보이는 '유사(遺事)'의 성격에 가장 잘 부합하는 부분이라고 할 수 있다. 책의 저자인 일연(一然)이 지녔던 애초의 편찬 취지에 비추어 볼 때, 기이편이 다른 편들보다 앞서 배치된 것은 당연한 결과였던 셈이다.[1)]

그렇지만 일연이 《삼국유사》를 편찬한 것은 비단 《삼국사기》에서 빠뜨린 일반 사적의 보충에만 목적이 있던 것은 아니었다. 불교 승려인 그가 불교와 관련이 있는 수많은 전승들을 정리하여 후대에 전하려는 의도를 함께 갖고 있지 않았다면 오히려 이상한 일일 것이다. 더욱이 불교에 대해 비판적 인식을 지녔던 유학자 김부식(金富軾)이[2)] 《삼국사기》를 편찬하면서 불교 관련 주요 사적들을 수록하는 데 인색하였던 것은[3)] 일연으로 하여금 《삼국유사》의 저술에 착수하게 한 큰 동기의 하나가 되었을 것이 분명하다.

물론 불교사와 관련해서는 《삼국유사》보다 앞서 간행된 책으로 승려 각훈(覺訓)이 쓴 《해동고승전(海東高僧傳)》이 있었다. 최씨 무신집권기인 1215년경에 편찬된 이 책은 현재 '유통편(流通篇)' 2권만 전해지고 있는데, 책명에 드러나 있는 것처럼 불교가 처음 들어온 삼국시대 이후 역대 고승들의 행적을 정리한 책이다. 일연은 《삼국유사》를 저술하면서 《해동고승전》을 참고하였고 그 내용을 인용하기도 하였지만,

---

1) 일연은 기이편의 첫머리에 특별히 서문을 실었는데, 중국의 신화·전설을 먼저 거론한 뒤 그에 비할 때 삼국의 시조들이 신이한 탄생을 했다고 하는 것을 괴이히 여길 필요가 없음을 강조하면서, 기이편을 다른 편들보다 앞에 기록하는 이유를 피력했다. 이는 곧 《삼국사기》에서 '괴력난신(怪力亂神)'의 이야기를 삭제하거나 줄인 것에 대한 반발의 의미를 지니는 것으로, 《삼국유사》 저술의 근본 동기가 그러한 '누락된 사적'의 보충에 있었음을 확인시켜 준다.

2) 김부식은 《삼국사기》 신라본기의 말미에 붙인 사론(史論)에서 "신라는 불법(佛法)을 신봉하여 그 폐단을 알지 못하였다. 마을마다 탑과 절이 즐비하니 백성들이 도망하여 승려가 되었고, 병사와 농민은 점차 적어져 나라가 날로 쇠퇴해 갔으니, 어지럽게 되어 망하지 않기를 어찌 바라겠는가." 라고 적어 놓았다. 불교에 대한 그의 비판적 인식을 극명하게 보여 주는 자료라고 할 수 있다.

3) 《삼국사기》에는 본기(本紀) 등에서도 불교 관련 서술이 소략한 편이지만, 심지어 열전(列傳)에서도 고승들의 전기가 아예 설정되어 있지 않다. 이로 인해 유학자인 설총(薛聰)은 입전되었으나, 그의 아버지인 승려 원효(元曉)는 열전에서 빠져 있다.

그 오류에 대해 신랄한 비판을 가하기도 하였다.[4] 이를 감안할 때 《해동고승전》에 대해 갖고 있던 불만도 일연이 《삼국유사》의 편찬을 결심하는 데 적지 않은 영향을 끼쳤을 것으로 판단된다.

기이편에 이어서 나오는 흥법편은 《삼국유사》에서 일연의 불교사 인식을 보여 주는 사실상의 첫 부분이라 할 수 있다. 그 뒤를 이어 '탑상편(塔像篇)'과 '의해편(義解篇)', '신주편(神呪篇)', '감통편(感通篇)' 등이 차례로 배치되어 있는데, 여기에는 탑과 불상 및 중요 사찰에 관련된 전승과 신라 때 고승들의 행적, 특별히 주술을 통해 이름을 떨친 밀교 계통 승려들의 활동상, 그리고 불교 신앙과 직접 연루되어 일어난 이적(異蹟)들이 각각 실려 있다. 나머지 '피은편(避隱篇)'과 '효선편(孝善篇)'은 승려뿐만 아니라 일반인들의 은둔 및 효행 사례를 함께 수록하고 있어 성격상 불교사 관련 부분이라고만 규정하기 어려운 점이 있기는 하지만, 다수의 전승이 불교 승려 및 신도들의 행적이거나 적어도 그에 연계된 것이 많아 넓은 의미에서 불교사 관련 기록의 연장이라고 할 만하다.

여하튼 흥법편은 불교 승려로서 일연이 《삼국유사》를 통해 전해 주고 싶어했던 우리나라 불교사의 서두에 해당하는 부분으로, 책 전체에서 차지하는 위상이 결코 낮지 않다. 그 명칭에서 알 수 있듯이 여기에는 우리나라에 처음 불교가 들어와 공인되고 유포되는 과정이 서술되어 있는데, 모두 7개조로 구성되어 있다.[5]

그것을 보면, 맨 먼저 고구려에의 불교 전래 과정을 전하는 '순도조려(順道肇麗)'조가 위치하고, 그 뒤로 백제에서의 불교 수용 과정을 기록한 '난타벽제(難陁闢濟)'조, 그리고 신라에 불교가 처음 전해진 사정을 기술한 '아도기라(阿道基羅)'조가 이어진다. 삼국의 불교 전래에 관한 전승이 고구려, 백제, 신라의 순으로 편제된 것인데,[6]

---

4) 대표적인 예로는, 의해편(義解篇) '원광서학(圓光西學)'조의 말미에서 "뒤에 《해동승전(海東僧傳)》을 지은 자가 그릇된 것을 계승하여 기록하였으므로 많은 사람들이 미혹되었다."고 비판한 것이나, 같은 편 '보양이목(寶壤梨木)'조 말미에서 "《해동승전》을 쓴 자가 그것을 좇아 글을 윤색하여, 후세 사람들로 하여금 의심하고 그르치게 하였으니 이 얼마나 무망(誣妄)한 일인가."라고 비난한 것을 들 수 있다.

5) 흥법편의 구성과 전체 내용의 개략은 金福順, 2000 〈《三國遺事》 興法篇과 中古期의 설정〉, 《慶州史學》 19, 84~93쪽 및 李基白, 2000 〈《三國遺事》 興法篇의 趣旨〉, 《震檀學報》 89, 1~6쪽에 잘 정리되어 있다.

6) 아도기라조에서 일연은 신라에 불교가 미추왕 대에 처음 전해졌다는 아도비(我道碑)의 전승을 실으면서도, 고구려보다 앞서 신라에 불교가 전파되었을 리는 없다고 하면서 눌지왕 시기에야 비로소 고구려로부터 전해졌을 것이라고 단언하였다. 아도기라조가 순도조려조와 난타벽제조보다 뒤

그 다음에 나오는 것이 바로 '원종흥법(原宗興法) 염촉멸신(厭觸滅身)'조로서 법흥왕대에 신라에서 불교가 공인되는 과정을 서술한 부분이 되겠다.

이어서 백제 법왕 대의 살생금지 및 왕흥사(王興寺) 창건 등의 사적을 다룬 '법왕금살(法王禁殺)'조와 고구려 보장왕 대의 도교 장려로 인해 명승 보덕(普德)이 백제로 남하한 사실을 전하는 '보장봉노(寶藏奉老) 보덕이암(普德移庵)'조, 신라 흥륜사 금당에 안치된 열 분의 성인상에 대해 설명한 '동경흥륜사금당십성(東京興輪寺金堂十聖)'조가 흥법편의 나머지 부분을 이룬다.[7] 법왕금살조 이하는 삼국에서 불교가 공인된 이후의 성쇠부침에 관한 기록이라고 할 수 있어, 공인까지의 과정을 다룬 원종흥법 염촉멸신조를 포함한 앞부분의 네 개 조와는 서술 내용상 차별적인 면을 지니고 있기는 하다. 그렇지만, 전체적으로 보아 불교가 제자리를 찾기까지의 과정을 소개하는 부분이라고 말할 수 있어 흥법편에 함께 수록된 것이 크게 어색한 것은 아니라고 여겨진다.

이번 장에서 다루고자 하는 원종흥법 염촉멸신조는 흥법편에 배치된 7개조 가운데 분량이 가장 많으며, 내용상으로도 가장 중요한 조에 해당한다. 신라에서 우여곡절 끝에 불교가 공인되는 과정을 '신라본기(新羅本記)'를 비롯한 여러 자료를 참고하여 정리하고 있는바, 특히 신라 당대인이 남긴 글로서 현재는 전해지지 않는 자료를 직접 인용하고 있어 사료적 가치도 자못 크다고 할 수 있다. 이하에서 《삼국유사》에서의 불교사 서술의 시작 부분 가운데 핵심을 이룬다고 평가할 수 있는 원종흥법 염촉멸신조의 내용을 세밀히 분석하고, 여타 자료들과의 비교 검토를 통해 신라에서의 불교 공인과 관련된 제반 문제를 새로운 각도에서 조명해 보도록 하자.

에 배치된 것은 이런 인식과 직접 관련이 있다.

7) 현재 전해지는 《삼국유사》의 판본들에서는 흥법편과 탑상편의 편목 구분이 모호한 점이 있다. 이런 연유로 동경흥륜사금당십성조를 흥법편의 마지막 조로 보지 않고 내용상 탑상편의 시작으로 보기도 한다(李基白, 1987 〈三國遺事의 篇目構成〉, 《佛教와 諸科學》, 동국대학교출판부, 988쪽 및 金福順, 2000 앞 논문, 84쪽). 그렇지만 동경흥륜사금당십성조 다음에 '塔像'이라는 표제어가 나오고 '가섭불연좌석(迦葉佛宴坐石)'조가 이어지기 때문에, 동경흥륜사금당십성조는 탑상편에 앞선 흥법편의 마지막 조로 보는 것이 타당할 것이다(金相鉉, 2003 〈三國遺事의 書誌的 考察〉, 《譯註 三國遺事 Ⅴ》, 以會文化社, 35쪽).

2. '원종흥법 염촉멸신'조의 내용

원종흥법 염촉멸신조는 크게 보아 세 부분으로 이루어져 있다. 첫 부분은 일종의 서론으로서, 《삼국사기》 신라본기에 전하는 법흥왕 대 이차돈(異次頓) '순교(殉敎)' 기사를 요점만 뽑아 간략히 소개한 후, 그 일이 벌어진 해가 곧 인도의 승려 달마(達摩)가 중국의 금릉(金陵)에 왔던 해이자 신라의 승려 낭지(朗智)가 영축산(靈鷲山)에서 처음 불법을 열었던 해이기도 하다면서 여러 곳에서 불교가 함께 성하게 되는 것은 우연이 아닐 것이라는 일연 자신의 소회를 적어 놓았다.

둘째 부분은 사실상 본론에 해당하는 것으로, 9세기 초에 작성된 '촉향분예불결사문(觸香墳禮佛結社文)'의 내용을 옮겨서 실은 부분이다. 남간사(南澗寺)의 승려 일념(一念)이 지은 것으로 소개된 이 글은 법흥왕과 '염촉'(厭髑: 즉 이차돈)이 귀족들의 반대를 무릅쓰고 불교의 공인을 이끌어낸 과정을 적고, 염촉의 '순교' 이후 신라 불교가 융성해졌음을 찬미하면서 통일신라 시기에 펼쳐진 염촉 현양 사업의 내용을 약술한 것이다.

마지막 셋째 부분은 앞서 소개한 내용을 바탕으로 일연 자신의 고증을 덧붙이고, 말미에 원종(原宗: 즉 법흥왕)과 염촉에 대한 찬(讚)을 더하여 마무리 지은 결론 부분인데, 불법을 일으킨 법흥왕과 그 뒤를 이어 왕위에 올라 역시 불교 진흥(振興)에 크게 기여한 진흥왕(眞興王)의 업적을 부각시키는 한편, 두 왕과 그 왕비들의 출가에 관한 전승을 특별히 거론하였다.

그러면 이 세 부분의 내용을 좀 더 상세하게 살펴보면서, 그 내용에서 보이는 특징을 찾아보기로 하자.

1) 서론 부분의 내용 검토

먼저 서론 부분은 다음과 같다.

> A. 신라본기(新羅本記)에 법흥대왕 즉위 14년에 소신(小臣) 이차돈(異次頓)이 불법(佛法)을 위하여 몸을 버렸다고 한즉 소량(蕭梁)의 보통(普通) 8년 정미년(丁未年)으로 서선축(西天竺)의 달마(達摩)가 금릉(金陵)으로 왔던 해이다. 이 해에는 낭지법사(朗智法

師)도 처음 영축산(靈鷲山)에 머물며 불법을 열었으니, 큰 가르침이 일어나고 쇠하는 것은 필히 먼 곳과 가까운 곳에서 일시에 서로 감응됨이 있음을 여기서 믿을 수 있다.[8)]

이 기사의 첫머리에 나오는 '신라본기(新羅本記)'는 고려 초에 편찬된 것으로 알려진 이른바 《구삼국사(舊三國史)》라고 보는 견해도 있으나,[9)] 《삼국유사》에서 《구삼국사》가 거론된 바가 없고 그로부터의 인용문으로 인정될 만한 실례 역시 뚜렷하지 않음을 감안할 때, 김부식이 편찬한 《삼국사기》의 신라본기(新羅本紀)를 말하는 것으로 봄이 타당할 것이다.[10)]

《삼국사기》의 신라본기를 살펴보면, 신라에 불교가 처음 전래된 이후 공인에 이르기까지의 전 과정이 법흥왕 15년조 기사에 한꺼번에 기록되어 있는데, 눌지왕 때의 묵호자 및 비처왕(즉 소지왕) 때의 아도화상에 관한 전승이 서론 격으로 먼저 나오고, 법흥왕 대 이차돈의 죽음과 관련된 전승이 본론 격으로 뒤에 실려 있다. 일연은 원종흥법 염촉멸신조에 바로 앞선 아도기라조의 전반부에서 《삼국사기》 신라본기에 전하는 묵호자와 아도화상 관련 전승을 전재한 바 있지만,[11)] 여기서는 《삼국사기》의 이차돈 관련 전승을 그대로 옮겨 싣지 않고 핵심이 되는 내용, 곧 이차돈이 불법을 위해 죽었다는 것만 '小臣異次頓 爲法滅身'이라는 함축적 문구로 전달한 것이라 할 수 있다.

일연은 이어서 그때가 바로 '소량(蕭梁)' 즉 중국 남조 양나라의 무제(武帝) 연간인 보통(普通) 8년 정미년(丁未年: 527)으로, 선종(禪宗)의 초조(初祖)라 일컬어지는 달마(達摩)가 인도로부터 중국으로 들어왔다가 금릉(金陵: 당시 양의 수도였던 건강[建康])에 가서 무제를 만난 것과 시기적으로 일치함을 강조하였다. 더 나아가 신라의 승려

---

8) "新羅本記 法興大王 卽位十四年 小臣異次頓 爲法滅身 卽蕭梁普通八年丁未 西竺達摩來金陵之歲也 是年 朗智法師 亦始住靈鷲山開法 則大教興衰 必遠近相感一時 於此可信"

9) 김석형, 1981 〈구《삼국사》와 《삼국사기》〉, 《력사과학》 1981-4, 58쪽; 洪潤植, 1987 〈三國遺事에 있어 舊三國史의 諸問題〉, 《韓國思想史學》 1, 98쪽.

10) 이에 관해서는 李康來, 1990 〈《三國遺事》에 있어서의 〈舊三國史論〉에 대한 비판적 검토〉, 《東方學志》 66(1996 《三國史記 典據論》, 民族社에 재수록)에서 적절한 분석이 이루어진 바 있다.

11) 아도기라조의 서두는 '新羅本記第四云'이라는 문구로 시작한다. 여기서의 '신라본기'가 《삼국사기》의 신라본기를 가리킨다는 것은 편명이나 기사 내용을 비교해 볼 때 의심의 여지가 없다. 따라서 바로 뒤이어 나오는 원종흥법 염촉멸신조 서두의 '신리본기'도 《삼국사기》의 신라본기로 파악하는 것이 순리일 것이다. 만약 《삼국사기》가 아닌 《구삼국사》를 인용하였다면, 당연히 그것을 구별할 수 있는 어떤 표현이 들어갔을 것으로 보아야 한다.

낭지(朗智)가 지금의 울산 쪽에 있는 영축산에 들어가 불법을 닦기 시작했다고 언급된[12] 해와도 맞물려 있음을 부각하였는데, 이와 같은 '정미년'에 대한 일연의 특별한 관심은 이 조의 말미에서 웅천주(熊川州)의 대통사(大通寺)가 창건된 시기가 대통(大通) 원년(527) '정미년'이라고 한 전승을 따로 추기한 것으로부터도 확인할 수 있다.[13]

이처럼 이차돈의 죽음과 그로 인한 불교 공인의 시점이 《삼국유사》에서는 서기 527년 정미년임이 반복적으로 언급되면서 강조되었다. 하지만, 실제로 《삼국사기》에는 그보다 일 년 늦은 528년 즉 법흥왕 15년의 사실로 기재되어 있고, 《해동고승전》에서는 2년이나 늦은 법흥왕 16년(529)의 일로 서술되어 있다. 지금까지 학계에서는 《삼국유사》의 전승을 더 신뢰하여 527년의 사실로 보는 것이 대세를 이뤄 왔는데,[14] 비록 일이 년 정도의 차이에 불과하여 큰 문제가 되지 않는다고 할 수도 있겠으나, 보다 세밀한 검토의 필요성은 남아 있다고 판단된다.

아울러 여기서 눈여겨보아야 할 것은 분명히 《삼국사기》에서는 법흥왕 15년조에 기술되어 있는데, 일연은 그것을 인용하면서 '법흥대왕 14년'이라고 바꾸어 기록하였다는 점이다. 이는 기억의 착오나 발췌 과정에서의 오류일 수도 있지만, 그 자신이 불교사와 관련하여 중요한 사건들이 중첩하여 일어났다고 판단한 정미년과 맞추기 위해 의도적으로 바꾸어 놓았을 가능성도 배제할 수는 없다.

2) 본론 부분의 내용 검토

다음으로 본론 부분의 구성과 내용을 상세히 살펴보도록 하자. 분량이 많기 때문에 내용에 따라 구분하여 제시하고자 한다.

---

12) 《삼국유사》의 피은편(避隱篇) '낭지승운(朗智乘雲) 보현수(普賢樹)'조에는, 제자인 지통(智通)이 이곳에 머문 지 얼마나 되었느냐고 묻자 낭지가 "법흥왕 정미년에 이곳에 와 우거하기 시작했는데, 얼마가 지났는지는 모르겠다."고 답했다고 전한다. 일연은 바로 이 전승에 입각하여, 원종흥법 염촉멸신조 서두에서 불교 흥기의 시간적 일치 사례로 활용한 것이다.

13) 후술할 사료 C-3 참조.

14) 末松保和, 1954 〈新羅佛教傳來傳說考〉, 《新羅史の諸問題》, 東洋文庫, 212~216쪽; 李基白, 1986 〈三國時代 佛教 受容과 그 社會的 意義〉, 《新羅思想史研究》, 一潮閣, 12~13쪽; 辛鍾遠, 1992 〈新羅 佛教公認의 實相〉, 《新羅初期佛教史研究》, 民族社, 162~178쪽. 단 이기백과 신종원의 경우, 이차돈의 죽음은 527년에 있었던 일이지만, 그 해에 바로 불교가 공인된 것이 아니라 8년 후인 535년에야 비로소 흥륜사 건설 공사를 통해 불교 공인이 이루어졌다는 입장이다.

B-0. 원화(元和) 연간에 남간사(南澗寺)의 사문 일념(一念)이 '촉향분예불결사문(髑香墳禮佛結社文)'을 지어 그 일을 매우 상세하게 실었는데, 대략 다음과 같은 내용이다.[15]

B-1. 옛날 법흥대왕께서 왕위에 올라 동방의 땅을 둘러보시고 말씀하시기를, "옛적 한나라의 명제(明帝)가 꿈에 감응을 받고 불법이 동쪽으로 전해졌다. 과인은 왕위에 오르고부터 백성들을 위하여 복을 닦고 죄를 멸하는 곳을 만들기를 염원하였다."고 하셨다. 이때에 조정의 신하들이 그 깊은 뜻을 헤아리지 못하고, 오로지 나라를 다스리는 도리만을 따르려고 할 뿐 사찰을 지으려는 신묘한 방략을 좇으려 하지 않았다. 대왕이 탄식하여 말하기를, "아! 과인이 덕이 없이 왕이라는 큰 자리를 이어 위로는 음양의 조화가 훼손되고 아래로는 백성의 즐거움이 없어졌으니, 나라를 다스리는 여가에 마음을 불교에 쏟고자 하여도 그 누가 나의 동반자가 되어 줄 것인가!"라고 하셨다.[16]

B-0은 원화 연간(806~820) 즉 9세기 초에 작성된 〈촉향분예불결사문〉이라는 글에 이차돈 관련 전승이 상세히 기록되어 있음을 전하면서 그 내용을 줄여서 싣겠다는 것으로, 본론의 도입부에 해당한다.

B-1은 그 결사문의 내용을 인용하여 소개한 시작 부분으로, 법흥왕이 즉위한 후 불교를 공인하고 사찰을 지으려는 뜻을 가졌으나, 신하들의 반대에 부딪쳐 실행에 옮기지 못하고 고민을 하였다는 것이 핵심 요지이다. 밑줄 친 부분, 즉 법흥왕이 직접 한 말로 나오는 부분은 글을 쓴 후대인의 입장에서 가공되고 윤색된 것이므로, 사료적으로 큰 의미를 둘 필요는 없다. 그렇지만 법흥왕이 불교를 공인하려는 의지를 갖고 있었다는 것과 신하들의 반대로 인해 난관에 봉착해 있었다는 것은 이 기사에서 전하고자 하는 핵심 내용이므로, 실제의 사실을 반영한 것으로 보아도 무방하다.

---

15) "元和中 南澗寺 沙門 一念 撰髑香墳禮佛結社文 載此事甚詳 其略曰"

16) "昔在法興大王 垂拱紫極之殿 俯察扶桑之域 以謂 昔漢明感夢 佛法東流 寡人 自登位 願爲蒼生 欲造修福滅罪之處 於是 朝臣〈鄕傳云 工目謁恭等〉 未測深意 唯遵理國之大義 不從建寺之神略 大王嘆曰 於戱 寡人 以不德丕承大業 上虧陰陽之造化 下無黎庶之歡 萬機之暇 留心釋風 誰與爲伴". 이 기사의 중간에 보이는 '朝臣' 다음에 꺾쇠로 표시된 '鄕傳云 工目謁恭等'은 협주(夾註)로 들어간 것으로서 결사문의 원문에는 없던 것이며, 전록(轉錄) 과정에서 독자의 이해를 돕기 위해 추가된 것이다. 협주 부분은 뒤에서 따로 다룰 예정이기 때문에 위의 해석문에서는 번역을 생략하였다. 이하 마찬가지이다.

B-2. 이때에 내양자(內養者)가 있었는데, 성은 박(朴)이고 이름은 염촉(厭髑)이었다. 그의 아버지는 알 수 없고, 조부는 아진종(阿珍宗)이니 곧 습보갈문왕(習寶葛文王)의 아들이었다. 대나무와 잣나무를 뽑아 자질로 삼고, 물과 거울을 품어 뜻을 세웠으니, 선을 쌓은 분의 증손으로서 궁궐 내에서 꼭 필요한 인물로 촉망받았으며, 성스런 조정의 충신으로서 태평성대에 왕을 보좌할 그릇으로 기대를 받았다.[17)]

B-2는 염촉(厭髑) 즉 이차돈에 대해 소개한 부분으로, 그의 계보와 자질, 품성 등을 서술하였다. 그의 성을 '박'씨로 전하면서, 부친은 알 수 없지만 아진종(阿珍宗)의 손자이니 곧 습보갈문왕(習寶葛文王)의 증손이 된다고 하여 그의 계보를 비교적 자세하게 밝혀 놓았다. 습보갈문왕은 곧 법흥왕의 아버지인 지증왕의 부친이기도 하여, 결국 법흥왕과 염촉의 관계가 5촌 당숙과 당질 사이였음을 추론할 수 있다.

여기서 한 가지 주목해야 할 것은 염촉의 성씨가 박씨라고 나온다는 점이다. 그의 당숙인 법흥왕과 종조부인 지증왕이 모두 김씨였음은 주지의 사실이고, 이는 실제로 뒤에서 거론할 사료 C-2에도 나타나듯이 이 조에서조차 확인이 되는 사항이다. 그런데도 그의 성씨가 김씨가 아닌 박씨로 전해진 것이니, 이는 곧 그가 부계 혈통상으로는 김씨가 아니었음을 시사하는 것이라 할 수 있다. 이 기사에서 그의 부친의 이름을 알 수 없다고 한 것은 바로 이런 사정에 기인한 것으로 보인다. 이러한 점들을 감안하면, 염촉은 모계 즉 어머니 쪽을 통해서는 김씨 왕실과 연결되었지만, 부계를 따질 때는 다른 족단에 속한 인물이었을 가능성이 매우 높다고 판단된다.

한편 염촉의 계보에 관해서는 이 기사의 협주에 판연히 다른 전승이 소개되어 있는데, 이에 대한 자세한 논의는 다음 절에서 하기로 한다.

B-3. 이때 나이가 스물둘이 되어 사인의 벼슬에 있었는데, 우러러 용안을 보고 그 뜻을 알아차리고는 왕께 아뢰기를, "신이 듣건대 옛사람들은 풀 베고 땔감을 채취하는 사람들에게도 계책을 물어보았다고 합니다. 원컨대 중한 죄를 범하더라도 자문을 올릴까 합니다."라고 하니, 왕이 말하기를, "네가 관여할 바가 아니다."라고 하였

17) "粵有內養者 姓朴 字猒髑〈或作異次 或云伊處 方音之別也 譯云猒也 髑頓道覩獨等 皆隨書者之便 乃助辞也 今譯上不譯下 故云 猒髑又厭覩等也〉 其父未詳 祖阿珍宗 卽習寶葛文王之子也〈新羅官爵凡十七級 其第四曰波珍喰 亦云阿珍喰也 宗 其名也 習寶 亦名也 羅人凡追封王者 皆稱葛文王 其實史臣亦云未詳 又按金用行撰阿道碑 舍人 時年二十六 父吉升 祖功漢 曾祖乞解大王〉 挺竹栢而爲質 抱水鏡而爲志 積善曾孫 望宮內之爪牙 聖朝忠臣 企河淸之登侍"

다. 사인이 말하기를, "나라를 위해 목숨을 바치는 것은 신하의 큰 절개요, 임금을 위해 목숨을 내놓은 것은 백성의 곧은 도리입니다. 왕명을 잘못 전했다는 것으로 신을 참수형에 처하신다면 모든 백성이 다 복종하여 감히 명을 거역하지 못할 것입니다."라고 하니, 왕이 말하기를, "제 살을 베어 저울에 달기까지 하며 새 한 마리의 목숨을 구하고자 했다고 하며, 피를 뿌리고 목숨이 끊어지는 상황에서도 일곱 마리 짐승을 애처롭게 여겼다고 하는데, 짐의 뜻은 사람들을 이롭게 하려는 것이거늘 어찌 죄 없는 사람을 죽이겠는가? 네가 비록 공덕을 짓는다고 하지만, 죄를 피하는 것이 나을 것이다."라고 하였다. 사인이 말하기를, "모든 것을 버리기 어렵다고 하나 목숨을 버리는 것보다 더 하지는 않을 것입니다. 그렇지만 소신이 저녁에 죽어 큰 가르침이 아침에 행해지게 되면, 부처님의 해가 다시 중천에 오르게 되고 폐하께서는 길이 편안해지실 것입니다."라고 하였다. 왕이 말하기를, "난새와 봉황의 새끼는 어려서부터 하늘로 솟아오를 마음을 지니고, 기러기와 고니의 새끼는 나면서부터 거친 파도를 건너갈 기세를 품는다더니, 바로 네가 이와 같구나. 가히 대사(大士)의 행동이라고 할 만하도다."라고 하였다.[18]

사료 B-3은 법흥왕과 염촉 사이에 모의가 이루어지는 장면을 묘사한 것으로, 다음에 이어질 B-4와 함께 본론 부분에서 사실상 가장 중요한 내용을 담고 있다고 할 수 있다. 법흥왕이 염원하는 불교 공인을 성취하기 위해 염촉이 스스로 희생양이 되겠다고 나섰다는 것이 이 기사의 요지이며, 왕명을 그릇되게 전했다는 것을 이유로 염촉을 참수형에 처하는 것으로 각본이 짜였다는 것이 핵심 내용이 되겠다. 염촉과 법흥왕의 대화 내용은 둘 사이에 비밀스럽게 이루어진 것이므로 당연히 아무도 확인을 할 수 없는 것이니, 이 부분은 흔히 이야기되는 '역사적 상상력에 의한 허구'라 할 수 있다. 특히 밑줄 친 부분처럼 경전 등에 나오는 고사를 인용한 문장이나 염촉의 충성심을 드러내는 표현 등은 전승을 기록한 자의 머릿속에서 만들어진 것일 뿐 실제 이루어진 대화의 내용이라고 볼 수는 도저히 없다. 다만 이런 허구적 요소가 있음에도 불구하고, 향후 전개된 사건을 토대로 역추할 때, 위에서 거론한 바와 같이

18) "時年二十二 當充舍人〈羅爵 有大舍小舍等 盖下士之秩〉 瞻仰龍顔 知情擊目 奏云 臣聞 古人問策蒭蕘 願以危罪啓諮 王曰 非爾所爲 舍人曰 爲國亡身 臣之大節 爲君盡命 民之直義 以謬傳辭 刑臣斬首 則萬民咸伏 不敢違敎 王曰 解肉枰軀 將贖一鳥 洒血摧命 自怜七獸 朕意利人 何殺無罪 汝雖作功德 不如避罪 舍人曰 一切難捨 不過身命 然小臣夕死 大敎朝行 佛日再中 聖主長安 王曰 鸞鳳之子 幼有凌霄之心 鴻鵠之兒 生懷截波之勢 爾得如是 可謂大士之行乎"

법흥왕과 염촉 사이에 왕명을 거짓으로 꾸며 전달한 죄, 즉 '교명죄(矯命罪)'를 빌미로 참수형에 처하기로 한 모의가 있었을 것은 굳이 의심할 필요가 없겠다.

B-4. 이에 대왕이 위엄을 갖추고서 바람을 가르는 칼과 서릿발 같은 무기들을 사방에 펼쳐 놓고는 여러 신하들을 불러 묻기를, "경들은 내가 절을 짓고자 하는데도 고의로 머뭇거리며 하지 않으려 하는가?"라고 하니, 신하들이 전전긍긍하여 황망히 맹세를 하면서 서로 남 탓을 하였다. 왕이 사인을 불러서 힐난하자, 사인이 아연실색하여 아무런 대답을 하지 못하였다. 대왕이 분노하여 명을 내려 참수하라고 하니, 담당 관리가 그를 묶어서 관아로 끌고 왔다. 사인이 서원을 하고나자, 옥리(獄吏)가 그의 목을 칼로 치니 <u>우윳빛 피가 한 길이나 솟구쳤다. 온 하늘이 컴컴해지면서 그늘이 드리워 햇볕이 자취를 감추었고, 온 땅이 진동하면서 꽃비가 내려 바람에 날렸다.</u>[19]

사료 B-4는 염촉이 참형에 처해지는 과정을 그린 부분이다. 요지는 법흥왕이 그동안 불교 공인에 반대하던 신하들을 불러 놓고, 염촉을 붙잡아오게 하여 그들이 보는 앞에서 참수하게 했다는 것이다. 밑줄 친 부분에 나타난 것처럼 염촉의 목을 벤 후 일어났다고 하는 기적 현상들은 당연히 실제로 있었던 것이라고 볼 수는 없다. 특히 우윳빛 피가 솟구쳤다고 하는 것은 이미 밝혀져 있듯이 불교 경전인《현우경(賢愚經)》 등에 나오는 설화에서 차용한 것으로,[20] 염촉의 죽음이 갖는 의의를 부각시키기 위한 윤색에 불과하다. 일식과 지진이 함께 일어나고 꽃비가 내렸다고 하는 것 역시 마찬가지다. 그렇지만, 법흥왕이 주위에 호위 무사들을 벌여 놓고 공포 분위기를 조성한 후 염촉을 참형에 처했다고 하는 것은 이 기사에서 전하고자 하는 핵심 내용이므로, 사실을 반영한 것이라고 보아도 좋다. 여기서는 드러나 있지 않지만, 염촉에게 씌워진 죄명이 앞서 모의된 바에 따라 왕명을 거짓으로 꾸몄다는 '교명죄'였을 것은 추측하기 어렵지 않다.

---

19) "於焉 大王 權整威儀 風刁東西 霜仗南北 以召群臣 乃問 卿等 於我欲造精舍 故作留難〈鄕傳云 髑偽以王命 傳下興工創寺之意 群臣來諫王 乃責怒於髑 刑以僞傳王命〉 於是 群臣戰戰兢懼 傯侗作誓指手東西 王喚舍人而詰之 舍人失色 無辭以對 大王忿怒 勅令斬之 有司縛到衙下 舍人作誓 獄吏斬之 白乳湧出一丈〈鄕傳云 舍人誓曰 大聖法王 欲興佛教 不顧身命 多却結緣 天垂瑞祥 遍示人庶 於是 其頭飛出 落於金剛山頂云云〉 天四黯黲 斜景爲之晦明 地六震動 雨花爲之飄落"

20) 姜仁求 외, 2003《譯註 三國遺事 Ⅲ》, 以會文化社, 65~66쪽.

B-5. 왕이 슬픔에 겨워 눈물로 용포를 적셨고 재상들은 근심어린 마음에 땀을 관모로부터 쏟았다. 샘물이 갑자기 마르고 물고기와 자라가 다투어 뛰어오르며, 곧은 나무가 부러져 넘어지고 원숭이들은 떼를 지어 울부짖었다. 춘궁(春宮)에서 말고삐를 함께 잡았던 동무들은 피눈물을 흘리며 서로를 쳐다보고, 월정(月庭)에서 소매를 스치던 친구들은 창자가 끊어지는 아픔으로 이별을 슬퍼하였다. 운구 행렬을 바라보며 상여가를 듣던 이들은 마치 자신의 부모상을 당한 것처럼 생각하며 모두 말하기를, "개자추(介子推)가 다리의 살을 벤 것도 이 고절(苦節)에 비길 수 없고 홍연(弘演)이 배를 가른 것도 어찌 이 장렬함에 견줄 수 있겠는가. 이는 임금의 신심을 북돋우고 아도의 본심을 성취한 것이니 성자(盛者)라고 해야 한다."라고 하였다. 드디어 북산의 서쪽 고개에 장사를 지냈다. 나인들이 애달파하며 좋은 땅을 택하여 작은 절을 짓고 자추사(刺楸寺)라고 이름 지으니, 이에 집집마다 예를 하면 반드시 세상의 영예를 얻었고 사람마다 도를 행하면 불법의 이익을 깨달을 수 있었다.[21]

B-5는 염촉의 죽음 이후 신라인들의 반응과 그의 장례 및 추모 사찰 건립 사실 등을 전하는 부분이다. 밑줄 친 부분의 샘물이 마르는 등 이적이 일어났다고 하는 것은 앞서 거론한 일식 등의 이변과 마찬가지로 설화적 윤색에 불과하며, 개자추와 홍연의 고사를 언급한 부분 역시 후대인이 갖다 붙인 것으로서 당시 사람들이 보인 반응과는 무관한 것이니 괘념할 필요가 없다. 이 기사에서 사실로 받아들일 수 있는 내용으로는 그의 시신을 북산의 서쪽 고개에 묻었다는 것과 그를 추모하기 위한 사찰로서 자추사가 어느 시기엔가 지어졌다는 것 정도가 되겠다.

B-6. 진흥대왕 즉위 5년 갑자년(544)에 대흥륜사(大興輪寺)를 조성하였고, 태청(547~549) 초에는 양나라 사신 심호(沈湖)가 사리를 가지고 왔으며, 천수 6년(565)에는 진나라 사신 유사(劉思)가 승려 명관(明觀)과 함께 불경을 받들고 찾아왔다. 절들은 별처럼 펼쳐져 있고 탑들은 기러기 무리처럼 열을 지어 있으며, 법당(法幢)을 내걸고 범종을 매다니 용상(龍象)과 같은 승려들은 세상의 복전(福田)이 되고 대승과 소승의 불법은 나라의 자비로운 구름이 되었도다. 타방의 보살들이 세상에 출현

21) "聖人哀戚 沾悲淚於龍衣 冢宰憂傷 流輕汗於蟬冕 甘泉忽渴 魚鼈爭躍 直木先折 猿猱群鳴 春宮連鑣之侶 泣血相顧 月庭交袖之朋 斷腸惜別 望柩聞聲 如喪考妣 咸謂 子推割股 未足比其苦節 弘演刳腹 詎能方其壯烈 此乃扶丹墀之信力 成阿道之本心 聖者也 遂乃葬北山之西嶺〈卽金剛山也 傳云 頭飛落處 因葬其地 今不言 何也〉 內人哀之 卜勝地 造蘭若 名曰刺楸寺 於是 家家作禮 必獲世榮 人人行道 當曉法利"

하고 서역의 명승들이 이 땅에 강림하니, 이로 말미암아 삼한을 합쳐서 한 나라가 되었고 사방을 감싸서 한 집안이 되었도다. 그러므로 덕이 높은 이름을 하늘의 나무에 쓰고 신묘한 형적을 은하수에 비치게 되니, 그 어찌 세 성인이 이루신 일이 아니겠는가![22]

사료 B-6은 법흥왕 대 이후 신라에서 불교가 흥륭한 모습을 묘사한 부분인데, 흥륜사의 창건이나 양나라와 진나라 사신을 통한 사리 및 경전의 수입 등의 역사적 사건들을 특별히 기록하였다. 이 결사문이 작성된 9세기 초 신라인들의 자부심이 잘 드러나 있는데, 밑줄 친 부분에 나타난 바와 같이 불법에 의지한 결과 '삼한(三韓)'을 통일하여 한 나라가 되었다는 인식은 통일신라 시기 신라인들의 '삼한일통(三韓一統) 의식'과 관련하여 주목할 필요가 있다.[23]

B-7. 그 뒤 국통(國統) 혜륭(惠隆)과 법주(法主) 효원(孝圓), 김상랑(金相郎), 대통(大統) 녹풍(鹿風), 대서성(大書省) 진서(眞恕), 파진찬 김억(金嶷) 등이 옛무덤을 다시 수축하고 비석을 세웠다. 원화 12년(817) 정유년 8월 5일〈즉 제41대 헌덕대왕 9년이다〉에 흥륜사의 영수(永秀) 선사(禪師)가 이 무덤에 몰려들어 예불하던 향도(香徒)들을 결집하여, 매달 닷새 날에 혼백의 소원을 위하여 단(壇)을 만들고 재(齋)를 지내기로[作梵] 하였는데, 〈또 향전(鄕傳)에 이르기를, "향로(鄕老)들이 매번 그의 기일이 되면 모임[社]을 만들어 흥륜사에서 모인다."고 하였다.〉 이번 달 초닷새는 바로 사인이 목숨을 던져 불법에 귀의한 날이 된다. 아! 이런 임금이 없었다면 이런 신하가 없었을 것이고, 이런 신하가 없었다면 이런 공덕이 없었을 것이니, 가히 유비와 제갈량이 물과 고기처럼 마음이 맞았듯이, 구름과 용이 서로 감응하여 만나는 것과 같이 아름다운 일이었다고 말할 수 있을지어다.[24]

---

22) "眞興大王 卽位五年甲子 造大興輪寺〈按国史與鄕傳 實法興王十四年丁未 始開 二十一年乙卯 大伐天鏡林 始興工 梁棟之材 皆於其林中取足 而階礎石龕 皆有之 至眞興王五年甲子 寺成 故云甲子 僧傳云七年 誤〉 大淸之初 梁使沈湖 將舍利 天壽六年 陳使劉思 并僧明觀 奉內經并次 寺寺星張 塔塔鴈行 竪法幢 懸梵鐘 龍象釋徒 爲寰中之福田 大小乘法 爲京國之慈雲 他方菩薩 出現於世〈謂芬皇之陳那 浮石寶盖 以至洛山五臺等 是也〉 西域名僧 降臨於境 由是併三韓而爲邦 掩四海而爲家 故書德名於天鎭之樹 影神迹於星河之水 豈非三聖威之所致也〈謂我道法興猒髑也〉"

23) 통일신라 시기 '삼한일통의식'에 대해서는 盧泰敦, 1982 〈三韓에 대한 認識의 變遷〉, 《韓國史研究》 38; 1998 《한국사를 통해 본 우리와 세계에 대한 인식》, 74~90쪽 참조.

24) "降有國統惠隆 法主孝圓金相郎 大統鹿風 大書省眞恕 波珍喰金嶷等 建舊塋 樹豊碑 元和十二年丁酉 八月五日〈卽第四十一憲德大王九年也〉 興輪寺 永秀禪師〈于時 瑜伽諸德 皆稱禪師〉 結湊斯塚禮

사료 B-7은 결사문에서 인용한 마지막 부분으로, 통일신라 시기에 염촉의 현양 사업이 어떻게 이루어졌는지를 서술하고, 불교 공인을 이루어낸 법흥왕과 염촉의 업적을 찬미하면서 전체 글을 마무리하고 있다. 염촉의 현양 사업과 관련해서는 그의 무덤을 수축하고 비석을 세운 일과 그의 영혼을 위로하기 위해 결사가 조직되어 활동한 상황 등이 기록되어 있다.

종래 이 부분을 번역할 때, 두 번째 밑줄 친 부분의 앞, 즉 '매달 닷새 날에 혼백의 소원을 위하여 단을 만들고 재를 지내기로 하였다.'에서 결사문이 마무리되는 것으로 보고, 밑줄 친 부분, 곧 '또 향전에 이르기를'부터 마지막 문장까지를 일연이 덧붙인 내용으로 파악하기도 하였다.[25] 그렇지만, 그렇게 보아서는 문맥의 어그러짐이 심하고 글의 결말 부분이 어색해지는 문제가 발생한다. 특히 밑줄 친 부분의 뒤에 나오는 '이번 달 초닷새는 바로 사인이 목숨을 던져 불법에 귀의한 날이 된다.'라는 언급은 일연과 같은 후대 사람이 일부러 써넣을 필요가 없는 내용이다. 원래 결사문 안에 들어 있던 것을 옮겨 싣는 과정에서 들어간 표현이라고 보는 것이 합리적이며, 이렇게 보아야 마지막의 찬미 부분까지 자연스럽게 연결되면서 글의 완결성이 살아나게 된다.

그동안 오해를 하게 된 이유를 상고해 보면, 밑줄 친 부분이 크게 영향을 끼쳤던 것으로 여겨진다. 느닷없이 '又鄕傳云'이라고 나오고 있어 앞뒤 문맥이 단절되는 느낌이 확연하게 들고, 향전을 거론한 것 자체가 결사문의 원 작성자의 서술 패턴에서 이탈한 것으로서 일연의 보충 설명일 가능성이 높다는 생각을 아마도 했을 것 같다. 이러한 생각은 현재 전해지는 《삼국유사》의 판본 상태를 놓고 보면 충분히 떠올릴 수 있는 것이지만, 한 번 생각을 바꾸어 혹시 협주로 들어가야 할 부분이 본문의 형식으로 잘못 기록된 것은 아닐까라는 의심을 해 볼 필요도 있다. 즉 밑줄 친 '또 향전에 이르기를 ~ 하였다.'라는 문구가 결사문의 원문에 있지 않았고 일연과 같은 후대인이 보충 설명을 위해 보입해 놓은 것인데,[26] 《삼국유사》의 전록 및 판각 과정에서

佛之香徒 每月五日 爲魂之妙願 營壇作梵〈又鄕傳云 鄕老 每當忌旦 設社會於興輪寺〉 則今月初五 乃舍人捐軀順法之晨也 嗚呼 無是君 無是臣 無是臣 無是功 可謂劉葛魚水雲龍感會之美歟"

25) 姜仁求 외, 2003 《譯註 三國遺事 Ⅲ》, 以會文化社, 71쪽. 한편 북한에서 번역한 《삼국유사》에서도 그와 같이 단락을 구분하였음이 확인된다(리상호 옮김, 1960 《삼국유사》, 과학원출판사, 307쪽).

26) 여기서 언급된 '향전(鄕傳)'이 어떤 책인지는 확실하지 않다. 《해동고승전》의 석법공(釋法空)조에

의 오류로 인해 마치 원문 내용인 것처럼 잘못 끼어 들어갔을 가능성도 상정할 수 있다는 것이다.

이러한 추정에 힘을 실어 주는 것이 바로 첫 번째의 밑줄 친 부분이다. '원화 12년 정유년 8월 5일' 다음에 이어지는 문구, 즉 '곧 제41대 헌덕대왕 9년이다.'라는 문구는 현재 전해지는 《삼국유사》의 판본에 의할 때, 협주가 아닌 결사문의 원문을 인용한 부분처럼 처리되어 있다. 그렇지만, 누구나 쉽게 알아차릴 수 있듯이 결사문의 원문에 이런 표현이 들어갔을 리는 만무하다. 헌덕대왕이라는 왕명은 그가 생존해 있을 때 사용되던 칭호가 아니라, 826년 그의 사망 후 붙여진 시호(謚號)이기 때문이다.[27] 결사문이 작성된 원화 연간(806~820)에는 이런 문구가 들어갈 수 없었으며, 이는 후대에 일연에 의해 보충 설명 차원에서 들어간 것으로 봄이 합당한 것이다. 결국 사료 B-7은 원문과 협주가 형식상 제대로 구별되지 않고 있는 셈인데, 이러한 점을 감안할 때 두 번째의 밑줄 친 부분 역시 그런 관점에서 접근하여 합리적 해석을 찾는 것이 필요하다고 할 수 있다.

한편 위에 제시한 해석문이 기존의 해석문들과 차이를 보이는 것이 하나 더 있는데, 그것은 바로 첫 번째 밑줄 친 부분의 앞에 나오는 '원화 12년 정유년 8월 5일'을 어떻게 끊어서 읽느냐이다. 그동안 일반적으로 이 부분은 바로 앞에 나온 내용, 즉 무덤을 수축하고 비석을 세웠다는 것과 연결시켜 비석의 건립 시기를 가리키는 것으로 인식하였다.[28] 그러나 그렇게 보기에는 많은 문제점이 따르게 된다.

우선적으로 고려해야 할 것은 결사문의 작성자의 입장에서 볼 때 날짜까지 밝혀야 할 가장 중요한 사건이 무엇이었을까이다. 그것은 당연히 결사가 처음 조직된 날짜일 것이지 무덤의 수축과 비석의 건립 날짜일 수는 없다. 무덤을 수축하고 비석을 세운 것도 물론 기록해야 할 중요한 사건이기는 하지만, 그것보다 더 의미를 지니는 것은 이 결사가 처음 만들어진 시점이라고 보아야 합리적이다. 아울러 무덤의 수축

는 '그 뒤로 염촉의 기일을 맞을 때마다 흥륜사에서 법회를 열고 그의 지난날을 추모하였다.(厥後每丁厭髑忌旦 設會於興輪寺 以追其遠)'는 내용이 보이는데, 아마도 이 전승과 어떤 식으로든 관련이 있을지도 모르겠다. 향전의 실체에 관해서는 다음 절에서 다시 거론하도록 하겠다.

27) 《三國史記》 권10 新羅本紀10 憲德王 18년(826)조.

28) 姜仁求 외, 2003 앞 책, 71쪽; 리상호 옮김, 1960 앞 책, 307쪽. 한편 이와는 달리 저자처럼 뒤에 나오는 흥륜사의 영수 선사와 연결시켜 해석을 시도한 경우도 있다(李丙燾, 1982 《原文并譯註 三國遺事》, 廣曺出版社, 309쪽; 신종원, 1996 〈《삼국유사》 원종흥법(原宗興法)·염촉멸신조(猒髑滅身條) 역주(譯註)〉, 《겨레문화》 10, 한국겨레문화연구원, 21쪽).

및 비석의 건립 날짜를 표시하고자 했다면, 그 위치는 차라리 사료 B-7의 맨 처음에 나오는 '그 뒤(降)' 자리 정도가 어울릴 것이다. 즉 '(그 뒤) 원화 12년 정유년 8월 5일에 국통 혜륭 등이 어떠어떠하였다.'는 식으로 문장이 이루어져야 문맥상 오히려 순조롭다는 이야기이다.

이런 이유로 '원화 12년 정유년 8월 5일'은 그 앞의 문장과 연결되는 것이 아니라 뒤에 나오는 문장, 즉 '흥륜사의 영수 선사가 향도들을 결집하여 매달 닷새 날에 단을 만들고 재를 지내기로 하였다.'는 것과 연관시켜 이해함이 타당하다고 여겨진다. 또 이렇게 보아야 8월 5일과 매달 닷새 날이 강한 상관성을 갖게 되며, 뒤이어 언급된 '이번 달 초닷새' 역시 그 의미가 살아나게 되는 것이다.

이와 관련하여 주목해야 할 것이 〈백률사석당기(栢栗寺石幢記)〉이다. 흔히 '이차돈 순교비'라고도 불리는 이 비석은 현재 마모가 심하여 글자를 확인하기 어렵지만 그 내용이 〈원화첩(元和帖)〉이라는 목판 법첩에 실려 전해지고 있다.[29] 그것을 보면, '원화 13년(818) 무술년(戊戌年) 8월 10일'이라는 날짜가 서두에 등장한다. 현재 대부분의 연구자들이 〈촉향분예불결사문〉에서 언급된 염촉의 비석이 바로 이 백률사 석당을 가리키는 것으로 이해하고 있는데, 만약 실제로 그렇다면 위에서 거론한 '원화 12년 정유년 8월 5일'을 기존의 해석처럼 비석의 건립 일자로 보는 것은 더욱 불가하게 된다. 이때에는 아직 백률사 석당이 만들어지지도 않았기 때문이다.

나아가 이런 관점에 서게 되면, 〈촉향분예불결사문〉의 작성 시기도 새롭게 생각해 볼 여지가 생기게 된다. '원화 12년 정유년 8월 5일'보다 1년 늦은 '원화 13년 무술년 8월 10일'에 세워진 백률사 석당이 〈촉향분예불결사문〉에서 거론이 되었다면, 그 결사문의 작성 시기는 자연히 원화 13년 8월 10일 이후가 되는 것으로 보아야 할 것이다. 원화 연간의 글이라고 일연이 서두에서 밝혔기 때문에 그것을 받아들인다면, 이 결사문은 아무리 빨라도 원화 13년(818) 9월 이후, 원화 연호가 사용된 마지막 해가 15년(820)이므로 늦으면 서기 820년까지의 어느 시기에 작성된 것이라는 추정이 가능하다. 이렇게 볼 경우, 처음 결사가 조직된 원화 12년 8월 5일 이후 매달 닷새 날에 염촉을 위한 재를 지내다가 어느 해 어느 달 초닷새에 염촉의 기일을 맞이하여 이 결사문이 작성된 것으로 볼 수 있겠다.

---

29) 韓國古代社會硏究所 編, 1992《譯註 韓國古代金石文 Ⅲ》, 財團法人 駕洛國史蹟開發硏究院, 279~284쪽.

결국 사료 B-7은 통일신라시기에 염촉 현양 사업이 일어난 과정을 서술함에 있어, 일단 무덤의 수축과 비석의 건립 사실을 부각한 후, 이 결사문을 작성하는 데 시발점이 된 결사의 조직이 언제 어떻게 이루어졌는지를 특별히 거론하고, 이어서 이 결사문을 짓게 된 시점에서의 추모 행사의 설행 배경을 알리면서 추모의 언사를 적고 글을 마무리하는 형식을 취하고 있다고 판단된다.

3) 결론 부분의 내용 검토

지금까지 흥법편 원종흥법 염촉멸신조의 본론에 해당하는 〈촉향분예불결사문〉의 인용 부분을 살펴보았다. 이하에서는 이 조의 결론 부분의 내용을 하나씩 검토해 보기로 하자.

> C-1. 법흥왕은 폐해졌던 불교를 일으키고 절을 세웠는데, 절이 완성되자 면류관을 벗고 승려의 복장을 하고서는 왕실의 친척을 절에 시주하여 종으로 삼았으며, 그 절에서 주인으로 살면서 몸소 교화를 펼치는 데 힘썼다. 진흥왕이 그 덕을 이어받아 왕위에 올라 백관을 거느리고 호령을 다 갖추고는 '대왕흥륜사(大王興輪寺)'라는 편액을 내렸다.[30]

사료 C-1은 일연에 의해 서술된 부분으로, 불교를 공인한 후 법흥왕의 행적을 소개하고 그의 뒤를 이어 왕위에 오른 진흥왕이 흥륜사를 완성한 사실을 편액 하사라는 점에 초점을 맞추어 기술하였다. 법흥왕이 승려 복장을 하고 절의 주지가 되었다는 이야기는 《삼국사기》에서는 전혀 확인되지 않고 《해동고승전》에 보이는 것인데,[31] 아마도 일연은 《해동고승전》 등의 전승을 참고하면서 법흥왕의 행적을 부각한 것으로 여겨진다. 일연이나 각훈처럼 승려의 입장에 선다면 법흥왕의 출가 전승은 매우 중요하게 다루어질 내용이지만, 그것을 과연 사실로 인정할 수 있는지에 대해서는 세심한 고찰이 따로 필요하다. 이에 관해서는 다음 절에서 다시 거론하고자 한다.

---

30) "法興王 旣擧廢立寺 寺成 謝冕旒 披方袍 施宮戚爲寺隷〈寺隷 至今称王孫 後至太宗王 時 宰輔金良圖 信向佛法 有二女曰 花寶蓮寶 捨身爲此寺婢 又以逆臣毛尺之族 沒寺爲隷 二族之裔 至今不絕〉 主住其寺 躬任弘化 眞興乃繼德重聖 承袞職 處九五 威率百僚 號令畢備 因賜額大王興輪寺"

31) 《해동고승전》에서는 법흥왕을 아예 '승려[釋] 법공(法空)'이라고 하여 독립된 항목으로 다루었다.

C-2. 전왕(前王)의 성은 '김씨'인데, 출가하여 법운(法雲)이라고 했으며, 자는 법공(法空)이라고 한다. 《책부원구(册府元龜)》에는 성은 모(募), 이름은 진(秦)이라고 하였다. 처음 사찰을 세우던 을묘년에 왕비 또한 영흥사(永興寺)를 세우고, 사씨(史氏)의 유풍을 사모하여 왕과 같이 머리를 깎고 비구니가 되어 이름을 묘법(妙法)이라고 하면서 또한 영흥사에 머무르다가 여러 해 후에 죽었다. 《국사(國史)》에 이르기를, "건복(建福) 31년(614)에 영흥사의 소상(塑像)이 저절로 무너지더니 얼마 후 진흥왕비인 비구니가 죽었다."고 하였다. 살피건대, 진흥왕은 법흥왕의 조카이고, 왕비인 사도부인(思刀夫人) 박씨는 모량리(牟梁里) 영실(英失) 각간의 딸로서 역시 출가하여 비구니가 되었으나 영흥사를 창건한 주인은 아니었으니, 아마도 '진(眞)'이라는 글자는 마땅히 '법(法)'이라는 글자로 고쳐서, 법흥왕비인 파도부인(巴刀夫人)으로 비구니가 되었던 분이 죽은 것이라고 해야 할 것 같다. 그가 곧 영흥사를 창건하고 불상을 세운 주인인 까닭이다. 법흥왕과 진흥왕이 왕위를 버리고 출가한 것을 사서에서 쓰지 않은 것은 세상을 다스리는 데 교훈이 되지 않아서였을 것이다.[32)]

사료 C-2는 법흥왕과 진흥왕, 그리고 두 왕의 왕비가 모두 출가하여 승려가 되었다는 전승을 기록한 부분으로, 법흥왕비가 왕과 함께 머리를 깎고 승려가 되어 영흥사라는 절에 머물렀다는 내용을 위주로 하여 일연 나름의 고증을 덧붙인 것이다. 여기서 일연은 진평왕 대인 건복 31년에 영흥사에 머물다 죽은 것으로 전해지는 비구니가 '국사(國史)' 즉 《삼국사기》 신라본기에 나오는 것처럼 진흥왕비가 아니라 법흥왕비일 것이라는 주장을 하였는데, 이는 영흥사의 창건주가 법흥왕비라는 전승에 구애된 무리한 주장으로서 그의 고증 능력의 한계를 잘 보여 준다. 영흥사에서 비구니가 사망하였다고 전해지는 건복 31년은 서기 614년으로, 6세기 전반에 주로 활동했던 법흥왕비가 당시까지 생존했을 가능성은 거의 없기 때문이다.[33)]

한편 이 기사에서는 진흥왕도 법흥왕처럼 출가하여 승려가 되었다는 전승을 따로 드

---

32) "前王 姓金氏 出家法雲 字法空〈僧傳與諸說 亦以王妃出家 名法雲 又眞興王爲法雲 又以爲眞興之妃名法雲 頗多疑混〉 册府元龜云 姓募名秦 初興役之乙卯歲 王妃亦創永興寺 慕史氏之遺風 同王落彩爲尼 名妙法 亦住永興寺 有年而終 國史云 建福三十一年 永興寺塑像自壞 未幾眞興王妃比丘尼卒 按眞興乃法興之姪子 妃思刀夫人朴氏 牟梁里 英失角干之女 亦出家爲尼 而非永興寺之創主也 則恐眞字當作法 謂法興之妃巴刁夫人爲尼者之卒也 乃創寺立像之主故也 二興捨位出家 史不書 非經世之訓也"

33) 주지하듯이 법흥왕은 진흥왕의 큰아버지이기도 하지만, 어머니의 아버지 즉 외할아버지이기도 하였다. 따라서 법흥왕비는 진흥왕의 외할머니가 되는데, 진흥왕이 이미 죽고 그의 손자인 진평왕이 재위한 지도 31년이나 되던 시기에 진평왕의 고조할머니가 되는 그녀가 생존해 있었을 가능성은 거의 없다고 보는 것이 순리이다.

러내지 않았으나, 말미에서 '두 왕'이 왕위를 버리고 출가하였다고 운운한 것을 볼 때, 진흥왕 또한 출가하여 승려가 되었다고 하는 전승을 일연이 알고 있었음은 분명하다.

> C-3. 또 대통(大通) 원년(527) 정미년(丁未年)에 양나라 황제를 위하여 웅천주(熊川州)에 절을 짓고, 대통사(大通寺)라고 이름하였다.[34]

사료 C-3은 다음에 나올 찬(讚) 부분을 제외하고는 사실상 이 조의 대미를 장식하는 부분인데, 대통사라는 사찰이 신라에서 불교가 공인된 시기인 527년 정미년에 웅천주에 세워졌다고 하는 내용이다. 웅천주 즉 지금의 공주 지역이 당시 신라의 영역이 아니라 백제의 수도가 자리 잡았던 지역임을 감안하면, 신라 불교와는 무관한 내용을 억지로 끼워 넣은 것이라고도 할 수 있겠지만,[35] 한편으로 앞서 서두에서 언급한 것처럼 일연이 '정미년'이라는 해에 얼마나 집착하고 있었는지를 확인시켜 준다는 점에서 나름의 의미를 지닌다고 할 수 있다.

> C-4. 찬(讚)하노니, '성군의 지혜는 만세를 내다보는데 구구한 여론이 터럭조차 트집 잡네. 법륜(法輪)이 앞서가니 금륜(金輪)도 따라 돌아 부처님 광명의 빛 온 세상에 비춘다.' 이것은 원종에 대한 찬이다. '충의 위해 목숨 던지니 뉘 아니 놀래리. 하늘꽃에 우윳빛 피 다정하기 그지없다. 칼 한 번 휘몰아쳐 한 생명 다한 뒤엔 절마다 종 울려 제경(帝京)이 진동하네.' 이것은 염촉에 대한 찬이다.[36]

사료 C-4는 이 조에서 거론된 두 주인공, 원종 즉 법흥왕과 염촉 즉 이차돈에 대한 찬양의 시를 수록한 부분이다. 두 사람의 공덕을 각각 칠언절구에 담아 압축적으로 표현하고 있다.

지금까지 《삼국유사》의 흥법편 소재 원종흥법 염촉멸신조의 내용을 전문의 해석

---

34) "又於大通元年丁未 爲梁帝創寺於熊川州 名大通寺〈熊川卽公州也 時屬新羅故也 然恐非丁未也 乃中大通元年己酉歲所創也 始創興輪之丁未 未暇及於他郡立寺也〉"

35) 6세기 당시 공주 지역이 신라 영토에 속했다는 일연의 오해는 탑상편의 '미륵선화(彌勒仙花) 미시랑(未尸郎) 진자사(眞慈師)'조에서도 확인되는데, 진지왕 대에 흥륜사의 승려 진자가 꿈에 계시를 받고 '웅천(熊川)'의 수원사(水源寺)라는 절을 찾아갔다는 전승을 기록하면서 웅천에 대해 협주를 통해 '지금의 공주(公州)'라고 설명해 놓고 있다.

36) "讚曰 聖智從來萬世謀 區區輿議謾秋毫 法輪解逐金輪轉 舜日方將佛日高 右原宗 徇義輕生已足驚 天花白乳更多情 俄然一釖身亡後 院院鍾聲動帝京 右猒髑"

과 함께 세세하게 살펴보았다. 이해의 편의를 위해 이 절에서 거론된 내용을 표의 형태로 정리하여 제시하면 다음과 같다.

〈표 7〉《삼국유사》의 흥법편 소재 원종흥법 염촉멸신조의 구성과 핵심 내용

구 분		본문(협주 포함)의 해당 부분	핵심 내용	비 고
서론	A	新羅本記 … 於此可信	서기 527년을 신라에서의 불교 공인 연대로 제시	'정미년' 강조
본론	B-0	元和中 … 其略曰	인용한 자료 소개	
	B-1	昔在法興大王 … 誰與爲伴	법흥왕의 불교 공인 의지와 신하들의 반발	
	B-2	粤有内養者 … 企河清之登侍	염촉에 대한 인물 소개	계보의 혼란
	B-3	時年二十二 … 可謂大士之行乎	법흥왕과 염촉의 모의: 교명죄를 빌미로 참수형에 처하기로 합의함	
	B-4	於焉 … 雨花爲之飄落	염촉의 처형 과정	
	B-5	聖人哀戚 … 當曉法利	염촉 사후 장례와 사찰 건립	
	B-6	眞興大王 … 謂我道法興猒髑也	공인 이후 신라 불교의 발전	
	B-7	降有國統惠隆 … 可謂劉葛魚水雲龍感會之美歟	통일신라 시기 염촉 현양 사업의 전개 과정	원문과 협주의 혼착
결론	C-1	法興王 … 因賜額大王興輪寺	법흥, 진흥왕의 불교 관련 행적	
	C-2	前王 … 非經世之訓也	법흥, 진흥왕과 왕비들의 출가 전승	일연의 오판
	C-3	又於大通元年丁未 … 未暇及於他郡立寺也	웅천주 대통사의 창건 사실 소개	'정미년' 강조
	C-4	讃曰 … 右猒髑	법흥왕과 염촉에 대한 찬	

3. '원종흥법 염촉멸신'조 소재 협주의 검토

《삼국유사》는 기전체(紀傳體)로 구성된 《삼국사기》와는 서술 체재가 크게 다른 사서이다. 지금 검토하고 있는 '원종흥법 염촉멸신'조에서도 잘 드러나고 있지만, 어떤 주제와 관련된 자료들을 선택적으로 발췌하여 '○○云'의 형식으로 직접 인용하면서 큰 흐름을 잡고, 해당 인용문의 바로 뒤 혹은 전체 기사의 후반부에서 저자인 일연 자신의 견해나 감상을 덧붙이는 방식으로 기술되어 있다. 그리고 인용문이나 자신의 생각을 적은 부분의 곳곳에 독자들의 이해를 돕기 위해 협주를 두었는데, 본문에서 인용한 자료와 다른 내용을 전하는 자료들을 소개하기도 하고, 자신이 알고 있는 범위 내에서 설명을 덧붙이거나 고증을 시도하기도 하였다. 그래서 《삼국

유사》에서 협주는 본문을 보완하는 자료로서의 의미를 가지면서, 한편으로 저자 일연의 역사 지식의 축적 정도와 고증 능력의 수준을 판단할 수 있는 매우 유효한 잣대로서의 가치를 지닌다. 원종흥법 염촉멸신조에도 본문의 여러 군데에 협주가 들어가 있는데, 앞 절에서 본문을 중점적으로 검토하느라 잠시 미루어두었던 그 협주들에 대해 이 절에서 세밀히 살펴보도록 하자.

1) 인용형 협주의 검토

위에서도 언급하였듯이 《삼국유사》의 협주는 본문에서 인용한 자료와는 다른 내용을 전하는 자료가 있을 때 별도의 자료를 인용해 놓은 것(이하 '인용형 협주'라고 칭함)들이 있고, 별달리 자료를 인용하지 않고 자신이 갖고 있는 지식을 바탕으로 설명을 덧붙인 것(이하 '설명형 협주'라고 칭함)과 나름의 고증을 시도한 것(이하 '고증형 협주'라고 칭함)들이 있다. 하나의 협주에 여러 성격의 주가 섞여 있기도 하지만, 이 글에서는 논지 전개의 편의상 세 가지를 구분하여 각각 그 내용을 검토해 보고자 한다. 먼저 인용형 협주들부터 살펴보면 다음과 같다.[37]

B-1. 조정의 신하들〈향전(鄕傳)에 이르기를 공목(工目) 알공(謁恭) 등이라고 한다.〉[38]

B-2. ⓑ (염촉의) 아버지는 알 수 없고, 조부는 아진종(阿珍宗)이니 곧 습보갈문왕(習寶葛文王)의 아들이었다.〈 … 또 김용행(金用行)이 편찬한 아도비(阿道碑)를 살펴보면, 사인은 당시 나이가 스물여섯이었고, 아버지는 길승(吉升), 할아버지는 공한(功漢)이고, 증조는 걸해대왕(乞解大王)이라고 한다.〉[39]

B-4. ⓐ 고의로 머뭇거리며 하지 않으려 하는가?〈향전에 이르기를, "염촉이 왕명을 거짓으로 꾸며 공사를 일으켜 절을 짓고자 하는 뜻을 전하니, 신하들이 와서 왕에게 따졌다. 이에 왕이 노하여 염촉을 문책하고는 왕명을 거짓으로 전하였다는 죄목으로

37) 이해의 편의를 위해 협주가 붙어 있는 본문의 어구를 함께 표시하도록 한다.

38) "朝臣〈鄕傳云 工目謁恭等〉"

39) "其父未詳 祖阿珍宗 卽習寶葛文王之子也〈 … 又按金用行撰阿道碑 舍人 時年二十六 父吉升 祖功漢 曾祖乞解大王〉"

처형하였다."고 한다.〉[40]

ⓑ 사인이 서원(誓願)을 하고나자, 옥리(獄吏)가 그의 목을 칼로 치니 우윳빛 피가 한 길이나 솟구쳤다.〈향전에 이르기를, "사인이 서원하며 말하기를, '대성법왕(大聖法王)께서 불교를 일으키고자 하시니, 제가 신명을 돌보지 않고 다겁(多劫)[41]의 인연을 맺고자 합니다. 하늘에서는 상서를 내리시어 온 백성들에게 두루 보여 주소서.' 라고 하였다. 이에 머리가 날아가 금강산 꼭대기에 떨어졌다."고 하였다.〉[42]

모두 4개의 협주가 인용형으로 나타나는데, B-1의 협주는 '향전(鄕傳)'을 인용하여 불교 공인에 반대한 조정 신하의 이름을 구체적으로 거론한 것이고, B-2의 협주(ⓑ)는 김용행(金用行)이 편찬한 '아도비(阿道碑)'를 인용하여 염촉의 계보에 대한 별도의 전승을 소개한 것이다. B-4에는 두 개의 협주가 들어 있는바, 첫 번째의 것(ⓐ)은 법흥왕이 신하들을 질책한 것에 대한 협주로서, 향전을 끌어와 염촉이 일을 벌이고 처형당하기까지의 과정을 간략하게 기록한 것이며, 두 번째의 것(ⓑ)은 염촉이 죽음을 맞는 장면에 붙어 있는 협주로, 역시 향전을 인용하여 염촉이 서원한 내용과 처형 직후 벌어진 상황을 보충하여 전달하고 있다.

네 개의 협주 가운데 세 개는 향전을, 나머지 하나는 아도비를 인용한 것으로 되어 있어, 향전에 대한 의존도가 상당히 큼을 알 수 있다. 그렇지만, 여기서의 향전이 구체적으로 어떤 책을 지칭하는 것인지는 확실하지 않다. 나아가 모두가 동일한 책인지 아니면 여러 책을 뭉뚱그려서 향전이라고 칭한 것인지도 알 수 없다. B-1의 협주에서 불교 공인에 반대한 조정의 신하들의 이름을 거론하였는데, 《해동고승전》을 보면 '대신(大臣) 공알(恭謁) 등'이라고 나오고 있어, 혹시 이 기록을 참고하고서 '향전'이라고 언급한 것이 아닐까 추측해 볼 여지도 있다. 그렇지만, 다음에 소개할 B-6 ⓐ의 협주에서 보겠듯이, 향전은 《해동고승전》을 지칭하는 '승전(僧傳)'과는 뚜렷이 구별되고 있으므로, 그렇게 단정하기는 어려울 것 같다.[43] 오히려 《해동고승전》에서는

---

40) "故作留難〈鄕傳云 髑僞以王命 傳下興工創寺之意 群臣來諫王 乃責怒於髑 刑以僞傳王命〉"

41) 현재 전해지는 판본들에는 '劫'이 '刦'으로 오각(誤刻)되어 있는데, 문맥상 '劫'이 옳으므로 바로잡았다.

42) "舍人作誓 獄吏斬之 白乳湧出一丈〈鄕傳云 舍人誓曰 大聖法王 欲興佛敎 不顧身命 多劫結緣 天垂瑞祥 遍示人庶 於是 其頭飛出 落於金剛山頂云云〉"

43) 실제로 《삼국유사》 감통편(感通篇) 욱면비염불서승(郁面婢念佛西昇)조를 보면, '향전(鄕傳)'으로

염촉 관련 전승을 기술한 석법공(釋法空)조의 중간 부분의 협주를 통해 인용한 자료로서 '고제전(古諸傳)' 곧 '옛날의 여러 전(傳)들'을 언급하였고, 말미 부분의 협주에서는 전거 중 하나로 《수이전(殊異傳)》을 특칭하여 제시했는바,[44] 여기서의 향전이 바로 그 《수이전》일 가능성을 일단 고려해 볼 수 있다. 실제로 일연은 《삼국유사》의 다른 조에서 《수이전》을 직접 인용하고 있어,[45] 그가 이 원종흥법 염촉멸신조를 저술하면서 어떤 종류이든 《수이전》의 내용을 참고하였을 가능성은 결코 작지 않다.

한편 B-1의 협주(ⓑ)에서는 《해동고승전》과는 달리 '工目 謁恭'이라고 이름이 표기되어 있는데, 여기서의 '공목(工目)'은 아마도 기존의 지적처럼 '상신(上臣)'의 오기(誤記)로 보는 것이 합리적일 듯하다.[46] '알공(謁恭)'이 옳은지 '공알(恭謁)'이 옳은지는 확정하기 어렵지만, 분명히 둘 가운데 하나는 원자료를 옮겨 적는 과정에서 '도치(倒置)'의 오류를 범한 것으로 보아야겠다.

향전이 인용된 B-4의 협주 ⓐ, ⓑ는 《해동고승전》에 기술된 것과 비교할 때, 전체 맥락은 통하지만 내용의 상세함의 측면이나 문장 표현의 측면에서는 상당한 차이가 있다. ⓐ는 《해동고승전》에 비해 내용이 훨씬 소략한데, 이는 일연이 참고한 향전의 내용이 애초에 부실했기 때문일 수도 있겠지만, 협주를 작성하면서 향전의 내용을 그대로 전재하지 않고 요점만 압축하여 전한 결과일 수도 있다. ⓑ는 《해동고승전》에 실려 있는 내용과 표현상 적지 않은 차이를 보이는데,[47] 이는 일연이 인용한 향전이 《해동고승전》에서 참고한 자료, 즉 《수이전》과는 달랐던 데에서 기인한

부터의 인용과 '승전(僧傳)'으로부터의 인용이 확연히 구별되어 있어, 적어도 일연이 언급하는 '향전'의 범주 속에 '승전' 즉 《해동고승전》은 들어 있지 않음을 유추할 수 있다.

44) 《海東高僧傳》 流通一之一 釋法空條.

45) 《삼국유사》 의해편(義解篇) 원광서학(圓光西學)조에는 '고본수이전(古本殊異傳)'을 직접 인용한 부분이 있으며, 같은 편 보양이목(寶壤梨木)조에도 아마도 《수이전》을 지칭하는 것으로 여겨지는 '신라이전(新羅異傳)'이 언급되어 있다. 물론 여기서의 '고본수이전'이나 '신라이전'이 꼭 《해동고승전》에서 언급된 그 수이전은 아닐 수도 있지만, 같은 '수이전'의 이름하에 동일한 내용이 전록되었을 가능성은 여전히 크다고 판단된다.

46) 李丙燾, 1982 앞 책, 306쪽.

47) 《해동고승전》 석법공조에 실려 있는 관련 기사는 다음과 같다. "염촉이 하늘에 고하여 서원하기를, '제가 불법을 위해 형을 받게 되는데 올바름과 이로움을 일으키고자 하는 것이오니, 부처님께서 만약 신통하시다면 제가 죽을 때 마땅히 이상한 일이 있게 해주소서.'라고 하였다. 마침내 목을 베자 머리는 날아가 금강산 꼭대기에 떨어지고, 목이 끊어진 곳에서는 흰 젖이 용솟음쳐 수십 길 높이로 솟구쳤다.[髑告天誓曰 我爲法就刑 庶興義利 佛若有神 吾死 當有異事 及斬 其頭飛至金剛山頂落焉 白乳從斷處湧出 高數十丈]"

것일 수도 있고, 각훈이 《해동고승전》을 저술할 때 《수이전》의 내용을 그대로 옮기지 않고 나름의 개작(改作)을 가한 결과로 생긴 차이일 수도 있다.[48] 향전과 관련해서는 그 실체를 밝혀 줄 자료가 더 이상 없기에, 아쉽지만 현재로서는 이 정도의 추정에서 그칠 수밖에 없겠다.

다음으로 김용행이 찬했다는 아도비(阿道碑)의 전승에 대해 살펴볼 차례인데, 이 비석은 《삼국유사》 흥법편 아도기라조에서도 '아도본비(我道本碑)'라는 이름으로 그 내용이 직접 인용된 바 있고, 《삼국사기》 신라본기 법흥왕 15년조 말미의 협주에서도 '한나마김용행찬아도화상비(韓奈麻金用行撰我道和尙碑)'라는 명칭으로 그 존재가 확인된다. 여기서 무엇보다도 주목되는 것은 본문에서 인용된 〈촉향분예불결사문〉에서 확인되지 않았던 염촉의 부계 계보가 밝혀져 있다는 것이다. 즉 아버지가 길승(吉升), 조부가 공한(功漢), 증조부가 걸해대왕(乞解大王)이라고 하여, 석씨로서 마지막 이사금을 지낸 걸해왕(즉 흘해왕)의 후손이라는 점이 강조되고 있다. 앞서 본문의 검토를 통해서는 그가 김씨 왕실과 혈연적으로 연결되는 존재임을 알 수 있었는데, 이 협주의 기사를 통해 그가 실은 법흥왕 대에 이미 쇠락한 상태로 있던 석씨 족단의 일원으로서, 모계를 통해 김씨 왕실과 연결된 인물이었다는 결론을 얻을 수 있는 것이다. 물론 이는 〈촉향분예불결사문〉에서 전하는 '박씨'라는 전승과 배치되는 것이어서 별도의 논의가 더 필요한 것이기는 하지만, 구체성의 측면에서 볼 때 협주의 아도비에서 전하는 정보가 본문의 〈촉향분예불결사문〉의 정보보다 뒤진다고 할 수는 없기 때문에, 아도비를 인용한 B-2의 협주는 사료적으로 매우 중요한 가치를 지니는 것이라고 말할 수 있다.[49]

---

48) 《해동고승전》의 저자 각훈은 염촉 관련 전승을 수록한 뒤 협주에서 "국사와 옛날 여러 전들을 살펴보고 '상량(商量)'하여 서술하였다.[按國史及古諸傳 商量而述]"라고 밝혀 놓았다. 이는 어느 하나의 전거에서 그대로 옮긴 것이 아니라 여러 전거를 참고하면서 자신의 판단에 따라 가필했을 가능성을 보여 준다.

49) 저자는 예전에 신라 상고기의 기년 문제를 다루면서 아도비에 나오는 염촉의 부계 계보를 중요한 자료로 활용한 바 있다. 이에 관한 상세한 논의는 강종훈, 2000 《신라상고사연구》, 서울대출판부, 47~50쪽 참조.

2) 설명형 협주의 검토

그러면, 이 조에서 보이는 설명형 협주들에 대해 살펴보도록 하자. 설명형 협주는 모두 7개에 이르는 것으로 파악되는데, 기사의 순서에 따라 나열하면 다음과 같다.

B-2. ⓐ 자(字)는 염촉(猒髑)이다.〈혹은 '이차(異次)'라고도 쓰고, 혹은 '이처(伊處)'라고도 하니, 방음(方音)에 따른 구별이며, 번역하여 '염(猒)'이라고 한다. 촉(髑)·돈(頓)·도(道)·도(覩)·독(獨) 등은 모두 글을 쓴 자의 편의에 따른 것으로 조사(助辭)이다. 지금 윗말은 번역하고 아랫말은 번역하지 않아서 '염촉(猒髑)' 또는 '염도(厭覩)' 등이라고 하는 것이다.〉[50]

ⓑ 조부는 아진종(阿珍宗)이니 곧 습보갈문왕(習寶葛文王)의 아들이었다.〈신라의 관작(官爵)은 대저 17등급이었는데, 그 네 번째를 '파진찬(波珍喰)'이라고 하며, 또 '아진찬(阿珍喰)'이라고도 하였다. 종(宗)은 그의 이름이다. 습보(習寶)도 이름이다. 신라 사람들이 대저 왕으로 추봉한 자를 모두 '갈문왕(葛文王)'이라고 칭했는데, 그 실상은 사신(史臣)조차도 잘 알 수 없다고 하였다.〉[51]

B-3. 사인(舍人)의 벼슬에 있었는데〈신라의 관작에 대사(大舍), 소사(小舍) 등이 있었으니, 대체로 하급 관리의 등급이다.〉[52]

B-6. ⓐ 타방의 보살들이 세상에 출현하고〈분황사의 진나(陳那)보살과 부석사의 보개(寶蓋)보살을 일컬음이니, 낙산과 오대산 등에 이르기까지 다 이러하다.〉[53]

ⓑ 그 어찌 세 성인이 이루신 일이 아니겠는가!〈아도와 법흥, 염촉을 일컫는 것이다.〉[54]

---

50) "字猒髑〈或作異次 或云伊處 方音之別也 譯云猒也 髑頓道覩獨等 皆隨書者之便 乃助辭也 今譯上不譯下 故云 猒髑又厭覩等也〉"

51) "祖阿珍宗 卽習寶葛文王之子也〈新羅官爵 凡十七級 其第四曰波珍喰 亦云阿珍喰也 宗 其名也 習寶 亦名也 羅人凡追封王者 皆稱葛文王 其實 史臣亦云未詳〉"

52) "當充舍人〈羅爵 有大舍小舍等 盖下士之秩〉"

53) "他方菩薩 出現於世〈謂芬皇之陳那 浮石寶盖 以至洛山五臺等 是也〉"

54) "豈非三聖威之所致也〈謂我道法興猒髑也〉"

B-7. 영수 선사〈이때에는 유가종(瑜伽宗)의 승려들을 대개 '선사(禪師)'라고 칭하였다.〉[55]

C-1. 왕실의 친척을 절에 시주하여 종으로 삼았으며〈절의 종들을 지금까지도 '왕손(王孫)'이라고 부른다. 뒷날 태종 무열왕 때에 재상 김양도(金良圖)가 불법을 독실하게 믿어 두 딸 화보(花寶)와 연보(蓮寶)를 사신(捨身)시켜 이 절의 종으로 삼게 하였다. 또 역신(逆臣)인 모척(毛尺)의 일족을 이 절에 적몰하여 종으로 삼았으니 두 무리의 후예들이 지금도 끊어지지 않고 있다.〉[56]

먼저 B-2 ⓐ는 염촉이라는 이름의 어의(語義)를 보충 설명한 것으로, 염촉을 《삼국사기》를 비롯한 다른 기록에서 '이차돈'이라고 표기한 배경을 알려 준다.

B-2 ⓑ는 신라의 17관등과 갈문왕에 관한 설명을 가한 것인데, 먼저 염촉의 조부로 나온 '아진종(阿珍宗)'을 '아진(阿珍)인 종(宗)'으로 파악하면서, 아진을 신라 관등 가운데 하나인 파진찬의 '파진(波珍)'과 연결시켜, 결국 아진종을 '파진찬 종'의 의미로 해석하였다. 이는 일연의 오해에서 비롯된 견강부회로서, 아진종은 그 자체로 인명일 뿐이다. 일연의 고증 능력에 신뢰를 보내기 어려움을 보여 주는 사례라고 할 수 있겠는데, 그가 이러한 오해를 하게 된 것은 아마도 기이편의 '탈해왕'조에 보이는 '아진의선(阿珍義先)'이라는 이름에서 촉발된 것이 아닐까 여겨진다. 거기에는 아진의선이 혁거세왕 때의 '해척(海尺)'의 모(母)로 나오는바, 이로부터 '해척=파진찬=아진찬'이라는 인식이 생겼을 수 있다.[57] 뒷부분의 갈문왕에 대한 설명은 사실상 《삼국사기》에 보이는 협주의 내용을 그대로 인용한 것이다.[58]

B-3은 위의 B-2 ⓑ과 마찬가지로 신라 관등에 관한 설명을 붙인 것으로서, 사인(舍人)을 신라 관등 가운데 대사(大舍), 소사(小舍)와 관련지어 이해하고 있었음을 보여 준다.

B-6 ⓐ, ⓑ와 B-7은 각기 '타방의 보살', '세 성인', '선사'에 대해 주석을 단 것이다. 여기서 주목되는 점은 신라에 출현한 보살로 특별히 분황사의 진나보살과 부석

---

55) "永秀禪師〈于時 瑜伽諸德 皆稱禪師〉"

56) "施宮戚爲寺隷〈寺隷 至今稱王孫 後至太宗王時 宰輔金良圖 信向佛法 有二女曰 花寶蓮寶 捨身爲此寺婢 又以逆臣毛尺之族 沒寺爲隷 二族之裔 至今不絕〉"

57) 파진찬이 '해간(海干)'으로도 불린 것은 사실이지만, 파진과 '아진'의 연관성은 어디에서도 확인되지 않는다.

58) "新羅追封王 皆稱葛文王 其義未詳"(《삼국사기》 권1 新羅本紀1 逸聖尼師今 15년조)

사의 보개보살을 강조한 것인데, 전자는 원효, 후자는 의상을 지칭한 것이다. 원효를 진나보살로 인식하였음은 《삼국유사》의 다른 부분에서는 보이지 않으나, 의상과 관련해서는 의해편 '의상전교(義湘傳敎)'조에 "세상에 전하기를, 의상은 곧 '금산보개(金山寶蓋)'의 화신이라고 한다."는 구절이 나와,[59] B-6 ⓐ 협주 내용을 이해하는 데 도움이 된다. 그리고 B-6 ⓑ 협주에서 일연은 〈촉향분예불결사문〉에 언급된 세 성인을 두고 아도와 법흥왕, 그리고 염촉을 일컫는 것이라고 설명하였는데, 그렇게 볼 여지도 없지는 않지만 그가 인용한 결사문의 내용에서는 아도에 대한 언급이 전혀 없음을 감안하면, 본문의 바로 위에서 흥륜사를 완성하고 중국으로부터 사리와 경전 등을 입수했다고 소개된 진흥왕이 아도 대신 세 성인에 들어가는 것으로 볼 수도 있겠다.

마지막의 C-1의 협주는 흥륜사의 '사예(寺隷)' 즉 사원노비의 유래를 설명한 부분으로, 절의 종들을 지금까지도 '왕손'이라고 부른다고 언급한 앞부분을 제외한 나머지 부분, 즉 김양도의 두 딸과 역신 모척 일족의 후예들에 관한 언급은 비록 전거를 드러내지는 않았으나 실은 《해동고승전》 석법공조에도 나오는 내용이다.[60] 더 근원적으로는 《수이전》 등에 기록된 것이었을 가능성이 크다고 여겨지는데, 일연이 다른 곳에서와는 달리 '향전' 또는 '승전'이라고 인용 근거를 구체적으로 거론하지 않은 이유는 잘 알 수 없다.

3) 고증형 협주의 검토

그러면, 마지막으로 이 조에서 보이는 고증형 협주들을 검토해보도록 하자. 고증형 협주는 4개로 파악되는데, 그 내용은 다음과 같다.

B-5. 드디어 북산의 서쪽 고개에 장사를 지냈다.〈즉 금강산이다. 전(傳)에 이르기를, "머리가 날아가 떨어진 곳이니, 인하여 그 땅에 장례를 치렀다."고 하였는데, 지금 여기서는 그런 말이 없으니, 무슨 까닭인가?〉[61]

---

59) "世傳 湘乃金山寶蓋之幻有也"

60) "及大王宗時 宰輔金良圖 信向西方 捨二女曰花寶曰蓮寶 爲此寺婢 又以逆臣毛尺族類充賤 故二種銅錫至今執役"

61) "遂乃葬北山之西嶺〈卽金剛山也 傳云 頭飛落處 因葬其地 今不言 何也〉"

B-6. ⓒ 진흥대왕 즉위 5년 갑자년(544)에 대흥륜사(大興輪寺)를 조성하였고〈국사(國史)와 '향전(鄕傳)'을 살펴보면, 실제로 법흥왕 14년 정미년에 처음 개시하여 21년 을묘년에 천경림(天鏡林)을 크게 베어내고 공사를 일으키기 시작하니, 들보와 마룻대로 쓸 재목을 모두 그 숲에서 충분히 얻었으며, 계단과 주춧돌, 석감(石龕)도 모두 갖출 수 있었다고 한다. 진흥왕 5년 갑자년에 이르러 절이 완성되었으므로 (여기에서) '갑자년(甲子年)'이라고 해 놓은 것이다. 승전(僧傳)에서 7년이라고 한 것은 잘못이다.〉[62]

C-2. 출가하여 법운(法雲)이라고 했으며, 자(字)는 법공(法空)이라고 한다.〈승전(僧傳)과 여러 설에서는 또한 왕비가 출가하여 이름을 '법운'이라고 했다고 하고, 또 진흥왕을 법운이라고 하였으며, 또 진흥왕비의 이름을 법운이라고도 하였으니, 자못 의심스럽고 혼란스러움이 많다.〉[63]

C-3. 대통사(大通寺)라고 이름하였다.〈웅천(熊川)은 곧 공주(公州)이다. 이때 신라에 속해 있었기 때문이다. 그러나 아마도 정미년은 아니었을 것이니, 중대통(中大通) 원년(529) 기유년에 창건하였을 것이다. 처음 흥륜사를 창건한 정미년에는 다른 군에 절을 세울 겨를이 없었을 것이다.〉[64]

우선 B-5의 협주는 염촉의 무덤이 북산의 서쪽 고개에 조성되었음을 전하는 본문에 대해 자신의 생각을 덧붙인 것인데, 경주 북쪽에 위치한 금강산이라고 구체적으로 지적한 다음 '전(傳)'에서 언급된 '염촉의 머리가 날아가 떨어진 곳'이라는 내용이 왜 여기에서는 보이지 않는지 의문을 표하고 있다. 여기서의 '전'이 어떤 책을 말하는지는 밝혀 놓지 않았지만, 바로 앞에 배치된 협주 B-4에서 '향전'을 인용하여 염촉의 머리가 날아가 금강산 꼭대기에 떨어졌음을 언급하였으므로, 그 향전을 지칭하는 것으로 봄이 타당할 것이다.[65]

---

62) "眞興大王 卽位五年甲子 造大興輪寺〈按国史與鄕傳 實法興王十四年丁未 始開 二十一年乙卯 大伐天鏡林 始興工 梁棟之材 皆於其林中取足 而階礎石龕 皆有之 至眞興王五年甲子 寺成 故云甲子 僧傳云七年 誤〉"

63) "出家法雲 字法空〈僧傳與諸說 亦以王妃出家 名法雲 又眞興王爲法雲 又以爲眞興之妃名法雲 頗多疑混〉"

64) "名大通寺〈熊川卽公州也 時屬新羅故也 然恐非丁未也 乃中大通元年己酉歲所創也 始創興輪之丁未 未暇及於他郡立寺也〉"

65) 한편 염촉의 머리가 날아가 금강산에 떨어졌다고 하는 이야기는 《해동고승전》에도 나온다. 그에

B-6의 협주는 흥륜사 조성 연대에 관해 나름의 고증을 시도한 것으로, '국사(國史)'와 '향전(鄕傳)'에 나와 있는 내용을 참고할 때 법흥왕 14년 정미년의 공사 시작과 21년 을묘년의 천경림 벌목을 통한 본격적인 가람 건설 착수, 그리고 진흥왕 5년 갑자년 흥륜사 완공 등의 전개 과정을 알 수 있는데, '승전' 즉 《해동고승전》에서는 진흥왕 7년이라고 썼으니[66] 이는 잘못이라고 비판하고 있다. 일연의 '승전'에 대한 불신의 태도가 은연중에 노출된 부분이라고 할 수 있겠다.

C-2의 협주는 법흥왕의 법명으로 알려진 '법운'이 승전을 비롯한 여러 기록에서 혼동이 심함을 지적한 것이다. 본문과 연계해 볼 때, 일연은 법흥왕의 법명을 '법운'으로 보고, 그 왕비의 법명은 '묘법'으로 인식하고 있었다.[67] 그렇지만 진흥왕과 그 왕비의 법명에 대해서는 따로 거론하지 않은 것을 보면, 확신을 하지 못하고 있었던 듯하다. 참고로 《해동고승전》에는 석법공조의 말미에서 '아도비(阿道碑)'를 인용하여 "법흥왕이 출가하여 법명을 법운이라고 하고 자는 법공이라 하였다."는 전승을 함께 소개하면서, "《국사》와 《수이전》을 보면, 둘로 나누어 전(傳)을 세웠으니, 옛 것을 잘 아는 자가 상세히 검토하기를 바란다."고 적어 놓았다.[68] 이를 통해 일연이 본문에서 서술한 내용은 바로 아도비의 전승을 인용한 것임을 확인할 수 있는데, '승전' 즉 《해동고승전》이나 '향전'으로 분류되었을 《수이전》, 그리고 '국사'로 지칭된 《삼국사기》 등에서 모두 법흥왕이 아닌 진흥왕의 법명으로 '법운'을 적어 놓은 것을 확인하고 혼란에 빠졌던 것으로 판단된다.

사실 진흥왕이 말년에 승복을 입고 법명을 '법운'이라고 했다는 것은 《삼국사기》에서도 언급된 내용으로,[69] 그가 왕위를 버리고 승려가 되었다는 전승은 이로부터 생겨났을 것으로 여겨지지만, 법명을 갖고 승복을 입었다는 것이 곧 왕위를 버리고 승려가 되었음을 뜻한다고 단정할 수는 없다. 이는 아마도 당시 유행한 '왕즉불(王卽佛)' 관념을 바탕으로 왕권 강화를 추구하던 과정에서 일어난 가시적 조치 가운데 하

관해서는 앞의 주 47) 참조.

66) 《해동고승전》 석법운(釋法雲)조에는 "七年 興輪寺成 許人出家爲僧尼"라고 나온다.

67) 한편 왕력편의 법흥왕조에서는 왕비의 법명을 '법류(法流)'라고 적어, 여기와는 차이를 보인다.

68) "按阿道碑 法興王 出法名法雲 字法空 今按國史及殊異傳 分立二傳 諸好古者 請詳撿焉"

69) 《삼국사기》 권4 新羅本紀4 진흥왕 37년조에 "왕은 어린 나이에 왕위에 올라 한결같은 마음으로 부처를 받들었으며, 말년에 이르러서는 머리를 깎고 승복을 입고서 스스로 '법운'이라고 일컫다가 죽었다.[王幼年卽位 一心奉佛 至末年 祝髮被僧衣 自號法雲 以終其身]"고 기록되어 있다.

나였을 수도 있는데, 그것이 신라인들에게 정신적으로 강한 충격을 주어 후대에는 그에 앞선 왕으로 불교를 공인한 법흥왕에게까지 그런 이미지가 덧씌워지게 되었을지도 모르겠다. 아무튼 《삼국유사》 등에 법흥왕과 진흥왕의 출가 및 양위 전승이 나온다고 해서 그것을 실제의 역사적 사실로 선불리 받아들이는 것은 위험하며, 향후 더욱 면밀한 고찰이 필요하다고 사료된다.

C-3의 협주는 웅천주의 대통사 창건 전승에 대해 고증을 가한 것인데, 법흥왕 때에 지금의 공주 지역이 신라의 영토에 속했다는 잘못된 인식이 드러나 있다. 이는 앞서도 언급한 바와 같이 역사지리에 관한 일연의 지식이 그다지 신뢰할 만한 수준에 도달하지 못했음을 보여 주는 사례가 된다. 다만 정미년에는 흥륜사를 창건하기에도 겨를이 없었을 것이므로, 실제로 지방인 웅천주에 대통사가 창건된 것은 대통연간이 아닌 '중대통' 연간의 일일 것이라고 추정한 것은, 물론 전제 자체가 잘못되었으므로 무의미한 언급에 불과하지만, 그 나름대로는 합리적인 해석을 시도한 것이라고 평가할 수 있겠다.

지금까지 원종흥법 염촉멸신조 협주의 내용을 검토해 보았는데, 사실 앞 절에서 거론한 바와 같이 B-7의 본문 내용 가운데에도 실제로는 협주에 해당하는 부분들이 들어 있었기 때문에 전체 협주의 수는 더 늘어난다고 해야겠다. 아래에 그것들까지 포함하여 협주의 내용과 성격을 표로써 정리해 둔다.

4. 맺음말

이상에서 《삼국유사》 흥법편 소재 '원종흥법 염촉멸신'조의 내용을 세밀히 살펴보았다. 2절에서는 본문을 내용에 따라 구분하여 검토하였으며, 3절에서는 본문에 들어 있는 협주에 대해 성격별로 나누어 분석을 행하였다. 전체적으로 기존의 이해를 참고하여 논지를 전개하면서, 그동안 오해한 부분이나 간과하고 있던 것들에 대해 저자 나름의 견해를 피력해 보았다.

사실 지금까지 《삼국유사》의 역주 작업은 여러 차례 이루어져 왔으나, 그 가운데 특정한 조를 대상으로 세밀한 검토와 분석을 시도한 것은 별로 없었다고 여겨진다.[70] 향후 《삼국유사》 연구의 진전을 위해서는 개별 조에 대한 엄밀한 검토 및 분석

70) 신종원, 1996 앞 글을 포함하여 《삼국유사》 소재 개별 조들을 대상으로 한 신종원 교수의 일련

〈표 8〉《삼국유사》 흥법편 소재 원종흥법 염촉멸신조의 협주의 내용과 성격

구분		협주의 내용	성격	비고
본론	B-1	朝臣〈鄕傳云 工目謁恭等〉	인용형	'향전'의 실체 불분명.
	B-2	字猒髑〈或作異次 … 猒髑又厭覩等也〉	설명형	'염촉=이차돈' 어의 설명.
	B-2	祖阿珍宗 即習寶葛文王之子也〈新羅官爵 … 史臣亦云未詳 …〉	설명형	아진종을 부정확하게 설명.
		본문은 위와 같음〈… 又按金用行撰阿道碑 … 曾祖乞解大王〉	인용형	염촉의 부계 계보에 대한 정보 제공.
	B-3	當充舍人〈羅爵 … 蓋下士之秩〉	설명형	
	B-4	故作留難〈鄕傳云 … 刑以僞傳王命〉	인용형	
	B-4	舍人作誓 獄吏斬之 白乳湧出一丈〈鄕傳云 … 落於金剛山頂云云〉	인용형	
	B-5	遂乃葬北山之西嶺〈即金剛山也 … 何也〉	고증형	
	B-6	他方菩薩 出現於世〈謂芬皇之陳那 … 是也〉	설명형	
	B-6	豈非三聖威之所致也〈謂我道法興猒髑也〉	설명형	
	B-6	眞興大王 即位五年甲子 造大興輪寺〈按国史與鄕傳 … 僧傳云七年 誤〉	고증형	'향전' 등을 근거로 '승전'의 오류 지적.
	B-7	元和十二年丁酉 八月五日〈即第四十一憲德大王九年也〉	설명형	본래 협주에 들어갈 내용이 본문으로 잘못 기재됨.
	B-7	永秀禪師〈于時 … 皆稱禪師〉	설명형	
	B-7	每月五日 爲魂之妙願 營壇作梵〈又鄕傳云 … 設社會於興輪寺〉	인용형	본래 협주에 들어갈 내용이 본문으로 잘못 기재됨.
결론	C-1	施宮戚爲寺隷〈寺隷 … 至今不絕〉	설명형	전거를 밝히지 않았으나 실제로는 인용형에 해당함.
	C-2	出家法雲 字法空〈僧傳與諸說 … 頗多疑混〉	고증형	자료마다 다른 전승에 혼란스러워 함.
	C-3	名大通寺〈熊川即公州也 … 未暇及於他郡立寺也〉	고증형	역사지리 관련 지식의 오류를 보여 줌.

작업이 시급히 행해져야 할 필요가 있고, 그 결과들을 집대성하는 노력이 학계 전체 차원에서 이루어져야 할 것으로 본다.

의 역주 작업이 거의 유일하다시피 한 실정이다.

제3장
《진서》 모용황재기와 《자치통감》 진목제기 소재 '백제' 관련 기사의 사료적 가치

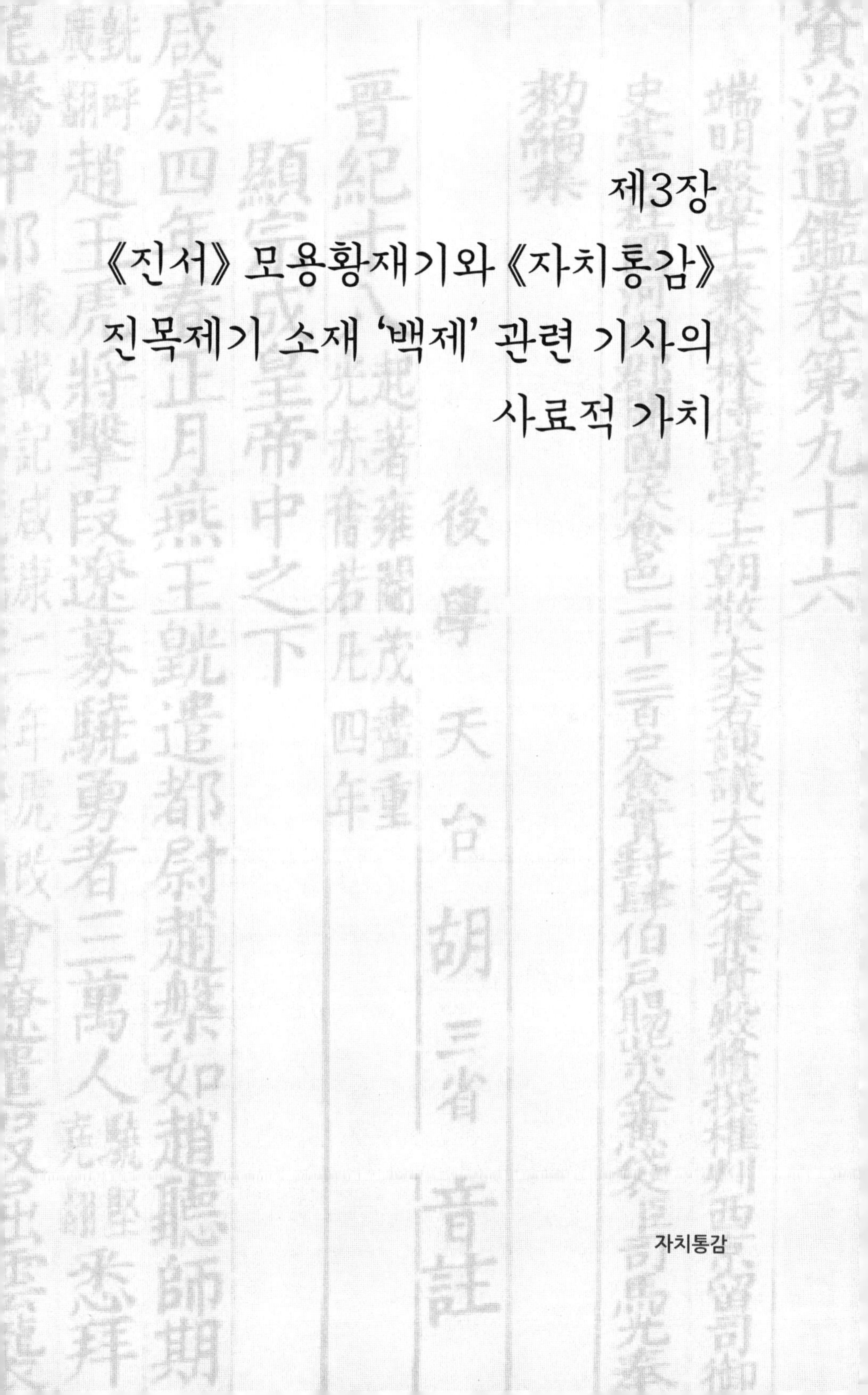

자치통감

1. 머리말

4세기 무렵 백제가 중국의 요서(遼西) 지역 등에 군사적으로 진출한 적이 있다는 주장을 둘러싸고 그간 우리 학계에서 많은 논란이 있어 왔다.[1] 긍정론의 입장에 서 있는 저자는 10여 년 전에 《송서(宋書)》와 《양서(梁書)》 등에 전하는 백제의 요서 지역 진출 관련 기사들을 검토하면서, 백제 침류왕(枕流王) 2년에 해당하는 385년에 동진(東晉)의 북벌 계획에 호응하여 후연(後燕)의 부여계 무장 여암(餘巖) 세력과 연계하는 형태로 백제군의 요서 지역 진출이 실행(實行)되었을 가능성을 탐색한 바 있다.[2] 당시 논지 전개의 산만함을 우려하여 상세하게 다루지 않고 후일을 기약한 것이 있었는데, 바로 《진서(晉書)》 모용황재기(慕容皝載記)와 《자치통감(資治通鑑)》에 실린 다음과 같은 기사들에 관한 것이다.

> 모용황의 기실참군(記室參軍)인 봉유(封裕)가 간하여 말하였다. … "구려(句麗: 고구려)와 백제(百濟) 및 우문부(宇文部)와 단부(段部)의 사람들은 모두 전쟁으로 인해 강제로 끌려온 자들이지 중국인들처럼 의(義)를 사모하여 온 자들이 아닙니다. 그래서 모두들 자기 나라로 돌아가고자 하는 마음을 갖고 있습니다."[3]
>
> (《晉書》 卷109 載記第9 慕容皝)

> 애초에 부여(夫餘)는 녹산(鹿山)에 자리 잡고 있었는데, 백제(百濟)의 침략을 받아 부락이 쇠약해져 흩어졌다. 서쪽으로 연(燕)에 가까운 곳으로 옮겨갔으나 대비를 하지 않고 있으니, (전연의 왕) 모용황이 세자 모용준을 보내어 모용군과 모용각, 모여근 세 장군의 17,000 기병을 거느리고 부여를 습격하게 하였다. … 드디어 부여를 멸망시키고, 그 왕 현(玄)과 부락 5만여 구를 포로로 붙잡아 귀환하였다.[4]
>
> (《資治通鑑》 卷97 晉紀 穆帝 永和 2年 正月)

---

1) 1990년대 초까지의 연구 동향에 관해서는 강종훈, 1992 〈백제 대륙진출설의 제문제〉《한국고대사논총》 4, 가락국사적개발연구원 참조. 이후의 관련 논저는 윤용구, 2015 〈백제 '요서진출설'의 문헌적 검토〉《백제와 요서 지역》, 한성백제박물관, 318~319쪽에 제시된 목록 참조.

2) 강종훈, 2003 〈4세기 백제의 遼西 지역 진출과 그 배경〉《한국고대사연구》 30.

3) "皝記室參軍封裕諫曰 … 句麗百濟及宇文段部之人 皆兵勢所徙 非如中國慕義而至 咸有思歸之心"

4) "初夫餘居于鹿山 爲百濟所侵 部落衰散 西徙近燕而不設備 燕王皝 遣世子儁 帥慕容軍, 慕容恪, 慕輿根三將軍萬七千騎 襲夫餘 … 遂拔夫餘 虜其王玄及部落五萬餘口而還"

전자 즉《진서》의 기록은 서기 345년의 사실을 전하는 기사의 내용 중에 들어 있고, 후자 즉《자치통감》의 기록은 그 이듬해인 346년 정월에 벌어진 사건에 관한 기사 가운데 실려 있다. 매우 단편적이기는 하지만 4세기 전반의 특정 시기에 관련된 두 개의 기사에서 '백제(百濟)'가 함께 거론되고 있음이 주목된다.

먼저《진서》의 기사에서는 전쟁 포로가 되어 전연(前燕)에 붙잡혀 온 자들로서 고구려와 선비족 우문부, 단부 사람들과 함께 '百濟' 사람들이 거명되었고, 다음으로《자치통감》의 기사에서는 만주 지역에 위치한 부여를 침공한 주체로서 '百濟'가 언급되었다. 4세기 전반 당시 한반도 중부의 한강 유역에 자리 잡고 있던 백제가 요하 서쪽의 대릉하 유역을 중심으로 세력을 떨치고 있던 전연과 군사적 충돌을 일으켰다고 하고, 요하 이동의 만주 지역 중심부에 있었던 부여를 격파하는 군사 활동까지 벌였다고 하니, 과연 이것이 사실이라면 놀라운 일이 아닐 수 없다. 백제사의 전개 과정에서 볼 때, 4세기 후반에 전개된 요서(구체적으로는 난하) 일대에서의 군사 작전에 결코 뒤지지 않는 중대한 의미를 지니는 사건으로 평가될 수 있다.

그런데 그간 우리 학계에서는 위의 두 기사에 대해 사실성을 인정하지 않으려는 분위기가 강하였다. 대체로《진서》기사에서의 백제는 '부여'의 오기(誤記)이고,《자치통감》기사에서의 백제는 '고구려'의 오기라고 보면서, 4세기 전반에 백제가 요하 일대에서 군사 활동을 벌였다는 것은 와전(訛傳)된 것일 뿐 사실이 아니라고 판단하였다.[5)]

사실《삼국사기》를 비롯한 우리 측 사서에 관련 기록이 보이지 않고, 중국 측 사서에서도 이 두 기사 외에는 다른 자료를 찾기 힘든 상황이므로, 이들만을 가지고 섣불리 백제의 해외 진출과 그에 따른 영토 확장 등을 주장하는 것은 곤란하다. 하지만 관련 기록이 극히 적기는 해도 일부 남아 전해지는 상황에서, 그것들을 오기일 것이라며 무턱대고 도외시하는 것 역시 사료를 대하는 올바른 태도라고 할 수 없다. 더욱이 두 기사는 내용상 시간적으로 매우 근접함을 보이며 상호 독립적으로 전해지는바, 이를 단순한 우연의 일치라고 치부하는 것은 온당치 않다. 또《삼국사기》백

---

5) 북식론의 입장에 서 있는 논저들 가운데 대표적인 것들을 소개하면, 다음과 같다.
李丙燾, 1976〈夫餘考〉《韓國古代史研究》, 博英社, 221쪽.
여호규, 2015〈4세기-5세기 초엽 백제의 대중교섭 양상〉《백제의 성장과 중국》, 한성백제박물관, 132~136쪽.

제본기가 사료적으로 불비(不備)가 심하다는 점을 고려하면, 거기에 관련 기록이 나오지 않는다는 것이 곧 사실의 부재를 입증하지 않는다는 것도 명백하다. 아울러 중국 측 사료에서 사건의 전후맥락이 드러나지 않는다는 것은 분명 아쉬운 일이기는 하나, 편사자(編史者)가 중국 왕조의 입장에서 굳이 드러내거나 부각시킬 만한 거리가 아니라고 판단했을 경우 관련 기록이 후대에 전해지지 않을 수 있음도 유념해야 한다.

요컨대 지금 남아 있는 두 기사만으로 4세기 전반 백제군의 요하 일대에서의 활동의 전모를 밝히기란 매우 어려운 것이 현실이지만, 그렇다고 해서 이 기사들의 사료적 가치를 면밀하게 측정하지 않고 내버리는 것만이 능사는 아니라는 이야기이다. 이에 이 장에서는 두 기사가 과연 어느 정도 신빙성을 지니는지를 판별해 봄으로써 향후 좀 더 진전된 논의의 발판을 마련해 보도록 하자.

2. 사료에 보이는 '오기(誤記)'의 사례들과 '1차 사료'

위에서 언급한 것처럼 그동안 많은 연구자들은 두 기사에서의 백제가 각각 '부여'와 '고구려'의 오기일 것이라고 보고, 4세기 전반 백제군의 요하 일대에서의 활동 가능성을 인정하지 않으려 했다. 오기로 판단한 주된 근거는 '백제로 보아서는 너무도 거리가 맞지 않다'는 정황론이었다.

정황론은 사료의 신빙성을 저울질하는 데 있어 나름 중요한 잣대이다. 시간적, 공간적으로 들어맞지 않는 내용의 기사를 곧장 믿을 수 없다는 것은 역사학의 상식이다. 그렇지만 우리가 갖고 있는 지식이 완전한 것이 아닌 이상, 때로는 정황론이 실상의 파악을 가로막는 장애물이 될 수도 있다. 정황론에만 기대어서 사료의 가치를 판별하는 것은 그 자체로 부족할뿐더러 위험할 수 있음을 깊이 인식할 필요가 있는 것이다.

그렇다면, 불신론의 입장에서는 논지의 타당성을 확보하기 위해, 문제가 되는 두 기사가 제각기 오기로 말미암아 잘못된 내용을 전한다는 것을 사료 자체의 측면에서 증명하는 것이 무엇보다도 중요하게 된다. 그러나 아쉽게도 그간 많은 연구자들이 이 두 기사들을 믿기 어렵다고 하면서도, 사료적으로 왜 오기로 보아야 하는지를 적절하게 입증한 경우는 없었다. 사료적 측면에서의 논증 과정이 생략된 채 막연히 아닐 것 같다는 선입견 내지 고정관념에 좌우되어 오기임을 주장한다면, 이는 자의적인 사료 변개라는 비판을 면하기 어려울 것이다.

그래서 여기서는 먼저 몇몇 사서들에서 나타나는 오기의 사례들을 찾아보고, 그 오기가 어떤 배경에서 발생한 것인지를 분석하면서, 불신론적 견지에서의 오기 주장의 논리적 타당성을 검증해 보고자 한다.

현재 남아 있는 사서들에서 특정 정치체가 그 실체와 다른 이름으로 잘못 기록된 예는 심심찮게 확인된다. 우리 측 사서를 예로 들자면, 저자는 예전에 《삼국사기》 백제본기와 신라본기의 초기 기록에 보이는 '말갈(靺鞨)'과 '낙랑(樂浪)'이 각기 '예맥(濊貊)'과 '진한(辰韓)'의 오기임을 밝힌 바 있다.[6] 《삼국사기》 또는 그에 앞서 만들어진 사서의 편찬 단계에서 편사자가 이전부터 내려오던 자료를 바탕으로 새로 사서를 편수할 때, 이런저런 이유로 일괄적으로 개서(改書)를 하면서 오기가 발생한 것으로 판단된다. 원사료(原史料)에 나오는 예맥과 후대의 말갈이 종족적으로 연결된다는 인식에서 말갈이라는 명칭을 초기 기록에까지 소급 적용한 결과이기도 하고, 진한은 곧 신라의 전신(前身)이라고 파악하면서 원사료에 신라 주변의 나라로 기록된 진한을 중국 측 사서에 그와 관련이 있다고 나오는 '樂浪'으로 변개한 데서 생긴 결과이기도 하다.

이처럼 후대에 사서가 편찬되는 과정에서 편사자의 오해나 자의적 판단으로 인해 실체와 무관한 다른 명칭으로 잘못 기록될 여지는 충분히 있다. 중국 측 사서에서 보이는 다음의 사례 또한 그러한 예에 해당한다.

> 이 해에 **위로(魏虜)**가 또 기병 수십만을 동원하여 백제를 공격해서 그 경계를 침입하였다. 모대(牟大)가 장군 사법명(沙法名), 찬수류(贊首流), 해례곤(解禮昆), 목간나(木干那)를 보내 무리를 이끌고 **(魏)虜**의 군대를 습격하여 크게 격파하였다.[7]
>
> (《南齊書》 卷58 列傳39 東夷 百濟)

이 기사는 백제 동성왕(東城王) 12년에 해당하는 490년에 '위로(魏虜)'가 기병 수십만을 동원하여 백제를 공격했다가 크게 패하였음을 전하는 것이다. 여기서 '魏虜'

---

6) 강종훈, 1995 〈삼국사기 초기기록에 보이는 '낙랑'의 실체〉 《한국고대사연구》 10, 한국고대사학회; 2011 《삼국사기 사료비판론》, 여유당.

7) "是歲 **魏虜**又發騎數十萬 攻百濟入其界 牟大遣將沙法名, 贊首流, 解禮昆, 木干那 率衆襲擊**虜軍** 大破之"

는 당시 북중국을 장악하고 있던 북위(北魏)를 가리키는 명칭으로 남조(南朝) 측에서 사용하던 것인바, 북위가 수군이 아닌 기병으로 백제를 공격하였다고 하니, 백제와 북위가 영역을 맞대고 있었다고 인식될 여지가 있고, 그렇다면 이 무렵 백제의 영토가 중국 대륙 어딘가에 있었을지 모른다는 생각을 해 볼 수도 있다. 북위가 백제를 공격하였다는 기사는 《자치통감》과 《건강실록(建康實錄)》 등에도 단편적으로 확인되는데,[8] 이런 연유로 이른바 백제의 산동반도 진출설이 학계에 제기되어 있는 상황이다.[9]

그런데 동성왕 대에 백제는 발상지인 한강 유역을 고구려에게 빼앗기고 금강 유역의 웅진으로 도읍을 옮긴 상태였으며, 고구려의 공격이 계속 이어지면서 곤경에 처해 있었다. 그런 상황에서 백제가 중국 대륙 모처에 영역을 유지하고 있었다고 하는 것은 일단 정황상 무리로 볼 수밖에 없다. 특히 기병을 '수십만'이나 동원했다고 전하는데, 이는 비록 그 숫자가 과장된 것이라고 하더라도 대규모 공격이 감행되었음을 의미하는 것이다. 그렇다면 백제가 확보하고 있던 영토의 범위나 그곳을 지키는 병력의 규모 또한 결코 작지 않았음을 상정해야 할 것이나, 중국에서 남조와 북조가 영역을 맞대며 대치하고, 한반도에서 백제가 고구려의 공격을 막아내기에 급급하던 시기에 그 가능성을 엿보기는 쉽지 않다. 무엇보다도 북위가 이 무렵 백제를 공격해야 할 뚜렷한 이유를 찾을 수 없다는 점과 북위의 역사를 기록한 《위서(魏書)》 등에도 이와 관련된 기사가 전혀 나타나지 않는다는 점을 염두에 두지 않으면 안 된다.

결국 《남제서》에 전하는 위의 기사는 편찬자의 오해로 인한 오기의 가능성을 의심할 수밖에 없다. 문제는 정황론을 뛰어넘어 그것이 오기라는 사실을 사료상으로 어떻게 입증할 수 있느냐가 되겠는데, 《남제서》 백제전에 전하는 다음 기사를 살펴보자.

> 건무(建武) 2년에 모대(牟大)가 사신을 보내 표문을 올려 말하였다. '신(臣)은 봉작을 받은 이래 대대로 조정의 영예를 입으면서, 욕되이 부절(符節)과 부월(斧鉞)을 지고서 여러 적들을 무찌를 수 있었습니다. 앞서 저근(姐瑾) 등이 모두 관작 제수의 영광을 얻게 되어 신민

8) 《자치통감》 卷136 齊紀2 武帝 永明 6년(488)조에 "魏遣兵擊百濟 爲百濟所敗", 《건강실록》 卷16 齊下 列傳 東夷 百濟條에 "永明二年(484) 魏虜征之 大破百濟王弁都"라고 하여 '魏' 또는 '魏虜'가 백제를 공격한 사실이 기록되어 있다. 《자치통감》의 기사는 《삼국사기》에도 "魏遣兵來我 爲我所敗"라는 문구로 피아(彼我)가 바뀌어 전재되었다.

9) 이에 관해서는 강종훈, 1992 앞 논문, 399~404쪽 참조.

이 함께 기뻐하였습니다. 지난 경오년(庚午年)에는 **험윤**(獫狁)이 잘못을 뉘우치지 않고 군사를 일으켜 깊숙이 쳐들어 왔습니다. 신이 사법명(沙法名) 등을 파견하여 군사를 거느리고 맞아 싸우게 하여 밤중에 번개처럼 기습하니, **흉리**(匈梨)가 당황하여 마치 바닷물이 들끓듯 붕괴되었습니다. 이 기회를 타서 쫓아가 [illegible] 시체가 들을 붉게 했습니다. 이로 말미암아 그 예기(銳氣)가 꺾이어 고래처[illegible]던 것이 그 흉포함을 감추었습니다. 지금 천하가 조용해진 것은 [illegible] 등이 힘쓴 덕분이오니 그 공훈을 찾아 마땅히 표창해 주어야 할 것입니다. 이제 사법명을 가행**정로**장군(假行征虜將軍) 매라왕(邁羅王)으로, 찬수류(贊首流)를 가행안국장군(假行安國將軍) 벽중왕(辟中王)으로, 해례곤(解禮昆)을 가행무위장군(假行武威將軍) 불사후(弗中侯)로 삼고, 목간나(木干那)는 과거에 군공(軍功)이 있는 데다 또 대방(臺舫)을 때려 부수었으므로 행광위장군(行廣威將軍) 면중후(面中侯)로 삼았습니다. 엎드려 바라오니 천은을 베푸시어 특별히 관작을 제수하여 주소서.'라고 하였다.[10]

(《南齊書》卷58 列傳39 東夷 百濟)

이 기사는 앞서 본 '魏虜'의 백제 침공 기사에 이어서 나오는 것으로, 495년에 백제의 동성왕이 남제의 황제에게 올린 표문(表文)의 일부를 전재(轉載)한 것이다. 표문의 내용을 보면, 지난 경오년(490)에 '獫狁', '匈梨'로 표현된 세력이 백제를 침공했으나 사법명 등의 활약으로 격퇴하였으며, 공을 세운 사법명 등에게 '征虜將軍' 등의 관작을 제수하였으니 정식으로 승인해 달라고 하고 있다.

여기서 일단 주목할 것은 적어도 표문 상에는 '魏虜'라는 명칭이 보이지 않는다는 사실이다. 대신 과거 북방 초원 지대를 누볐던 흉노(匈奴)의 전신으로서의 '獫狁'과 흉노를 직접 연상시키게 하는 명칭으로 '匈梨'가 사용되었다. 은유(隱喩)나 환유(換喩)적 표현이 난무하기 마련인 외교문서의 특성을 감안하면, 魏虜라는 명칭을 직접 쓰지 않고 獫狁 또는 匈梨로 대체했을 가능성도 물론 있지만, 한편으로 험윤과 흉리가 위로와는 다른 실체를 가리킬 가능성도 여전히 열려 있는 것이라 할 수 있다.

이런 상황에서 중국인의 입장에서 볼 때는 험윤과 흉리가 중국의 북방을 차지하고 있던 魏虜, 즉 북위를 가리키는 것으로 인식되었을 가능성이 매우 높다. 특히 사법

10) "建武二年 牟大遣使上表曰 臣自昔受封 世被朝榮 忝荷節鉞 剋攘列辟 往姐瑾等 竝蒙光除 臣庶咸泰 去庚午年 獫狁弗悛 擧兵深逼 臣遣沙法名等 領軍逆討 宵襲霆擊 匈梨張惶 崩若海蕩 乘奔追斬 僵尸丹野 由是摧其銳氣 鯨暴韜凶 今邦宇謐靜 實名等之略 尋其功勳 宜在褒顯 今假沙法名行征虜將軍邁羅王 贊首流爲行安國將軍辟中王 解禮昆爲行武威將軍弗中侯 木干那前有軍功 又拔臺舫 爲行廣威將軍面中侯 伏願天恩特愍聽除"

명에게 주어진 '征虜將軍'이라는 관직이 험윤과 흉리를 '魏虜'와 결부시키는 데 적지 않은 영향을 주었을 수 있다. 반면에 백제인의 입장에서 험윤과 흉리는 자신들의 북방을 위협하던 세력 즉 고구려를 지칭하는 것으로 충분히 사용되었을 수 있고, '虜' 역시 꼭 북위만이 아니라 북위와 긴밀한 관계를 유지하고 있던 고구려를 폄하하기 위해 쓰였을 수 있는 것이다.

험윤과 흉리가 북위가 아닌 고구려를 뜻하는 것으로 볼 수 있게 하는 결정적인 근거는 '匈梨'라는 표현에 들어 있다. 匈奴가 '천하를 소란스럽게 만드는[匈匈] 노(奴)'라는 뜻의 멸칭이라면,[11] 匈梨는 '천하를 소란스럽게 만드는 리(梨)'라는 의미를 갖게 된다. 판본에 따라서는 배나무 '梨'가 얼룩소 또는 쟁기라는 훈(訓)을 갖는 '리(犂)'로도 나오는데,[12] 여하튼 '천하를 소란스럽게 만드는'이라는 관형어의 수식을 받는 '梨'나 '犂'가 어떤 세력을 지칭하는지가 문제 해결의 관건이 되겠다.

자연스럽게 떠올릴 수 있는 것은 고구려의 마지막 글자가 '麗(驪)'라는 사실이다. 梨(犂)와 麗(驪)는 오늘날 우리 발음으로는 각각 '리'와 '려'로 다르지만, 본래 음은 다 '리'이다. 주지하다시피 5세기 말 고구려의 정식 국호는 〈중원고구려비〉에 나온 것처럼 '고려(高麗)'였는바, '높고 아름답다'는 좋은 의미로 받아들여질 수 있는 이 국호를 고구려에 깊은 원한을 갖고 있던 백제에서 그대로 사용했을 리는 없다.[13] 따라서 혐오와 경멸의 심정을 담은 다른 표현으로 '高' 대신 천하를 소란스럽게 만든 흉노를 떠올리게 하는 '匈'이, '麗' 대신 '梨(犂)'가 택해진 것은 어쩌면 당연한 결과였을지도 모른다. 麗를 반대 의미의 '추(醜)' 따위가 아니라 굳이 梨(犂)로 바꾼 것은 같은 음의 글자를 통해 '흉리'의 지칭 대상이 고구려임을 나타내기 위해서였을 것이니, 두 글자 가운데 하나는 원래의 명칭을 연상시킬 수 있도록 해야 뜻하는 바를 제대로 전달할 수 있기 때문이다.[14]

결론적으로 말해서, 백제는 고구려의 침략을 막아 낸 후 남제에 그 사실을 알리면서 유공자들의 관작 제수를 요청한 것인데, 《남제서》의 편찬자가 표문에 나오는 '獫

---

11) 참고로 당나라 시기의 묘지명에서 匈奴는 재앙 또는 흉하다는 뜻의 '凶'이 들어간 '凶奴'나 흉악하다는 의미의 '兇'이 포함된 '兇胡'로 표기되기도 하였다(최진열, 2015 《발해 국호 연구》, 서강대학교출판부, 97~100쪽).

12) 명(明) 대에 남경 국자감에서 간행된 이른바 남감본(南監本)에는 '犂'로 표기되어 있다.

13) 마치 광개토왕릉비문에서 백제를 '온갖 쓰레기'라는 의미의 '百殘'으로 표현한 것과 같은 이치이다.

14) 만약 '匈醜'라는 식으로 표현했다면, 읽는 이가 그 실체를 제대로 알아내기 어려웠을 것이다.

狁'과 '匈梨'를 고구려가 아닌 북위로 오인하여 '魏虜'가 백제를 침략했다가 격퇴당한 것처럼 잘못 기록한 것이라 할 수 있다.[15)]

《남제서》는 양(梁) 무제(武帝)의 재위 시기인 514년 이후 526년 이전에 소자현(蕭子顯: 489~537)이 편찬한 사서로, 남제(479~502)가 멸망한 지 십수 년 정도 지난 시점에 만들어졌다는 점에서 거의 당대(當代) 사료의 집성(集成)이라는 평가를 받는다. 그래서 소자현이 이런 오해를 했다는 것이 쉽게 이해가 되지 않을 수도 있겠다. 그렇지만, 소자현은 남제 시기에 10대 초반까지를 살았을 뿐이며, 그가 성장해서 본격적으로 활약한 것은 양대에 들어와서였음을 유의할 필요가 있다. 《남제서》를 편찬하기 시작한 것도 불과 20대 중반의 일이었고, 따라서 그가 지닌 지식과 정보의 양에는 당연히 제약이 따를 수밖에 없었을 것이다. 《남제서》 백제전만 하더라도, 비록 그 앞부분이 결락된 상태이기는 하지만,[16)] 동성왕이 보낸 표문의 내용이 대부분을 차지하고, 앞서 본 '魏虜'의 침략 기사가 중간에 간략히 삽입되어 있을 뿐이다. 이는 곧 소자현이 백제전을 찬술할 때 백제에 관해 상세한 정보를 습득하지 못한 상태였음을 시사하는 것이며,[17)] '魏虜' 침략 운운의 문구는 그가 표문의 내용을 자의적으로 독해한 데서 비롯된 오전(誤傳)의 사례로 보는 것이 여러모로 합리적인 것이다.[18)]

---

15) 이 글의 논지와 상통하는 내용의 논문이 근자에 발표된 바 있다(김수미, 2006 〈南齊書 백제전의 獫狁 · 匈梨와 臺舫의 실체〉《용봉인문논총》 34 · 35, 전남대 인문학연구소, 37~41쪽).

16) 《남제서》는 고구려전의 뒷부분과 그에 이어지는 백제전의 앞부분이 결락되어 전하고 있다.

17) 남제에서 양으로 왕조가 교체되던 시기에 백제와 남조 사이의 사신을 통한 교류는 잠시 소강 국면으로 접어드는데, 동성왕이 남제에 표문을 보낸 495년부터 무령왕이 양에 사신을 보낸 521년 사이에 사반세기가 넘도록 직접적인 통교는 거의 없었던 것으로 나타난다. 물론 《양서(梁書)》 무제기(武帝紀)에 512년의 사실로 백제가 부남(扶南), 임읍국(林邑國)과 함께 사신을 보내 방물(方物)을 바쳤다고 나오고 있어, 정말 백제와 남조 사이의 교류가 완전히 단절된 상태였다고 단언하기는 어렵다. 하지만, 521년에 무령왕이 사신을 통해 양에 보낸 표문에 '여러 번 구려(句驪)를 격파하여 이제 비로소 우호를 통할 수 있었다.[累破句驪 今始與通好]'라고 한 것을 감안하면(《梁書》 卷54 列傳48 百濟), 적어도 공식적인 통교는 그 사이에 제대로 이루어지지 못했음을 충분히 짐작할 수 있다. 바로 그런 연유로 인해 520~530년대에 양의 소역(蕭繹)이 만든 《양직공도(梁職貢圖)》의 백제국사(百濟國使)조나 그것을 토대로 작성된 《양서》 백제전 등에서는 백제가 고구려의 공격을 받아 쇠약해져서 '남한(南韓)의 땅'으로 천거(遷居)한 사실을 양의 건국 이후의 일로 잘못 기록했던 것이니, 소자현이 백제에 관한 정보를 충분히 갖지 못했을 것은 이를 통해서도 어느 정도 추지할 수 있다.

18) 사실 정황상 그 시기에 육로를 통해 백제를 대규모로 공격했을 세력은 백제의 북쪽에 위치한 고구려 외에 달리 있을 수 없다. 그리고 당시 황해를 횡단하여 항해를 하는 것이 어렵고 위험한 일이었음은 《남제서》 백제전에 함께 실려 있는 표문의 다른 내용 가운데 사신으로 가는 인물들의 공적을 거론하면서 '冒涉波險' 즉 '파도의 험난함을 무릅쓰고 건너간다'는 표현이 연거푸 들어 있음에서도 잘 드러난다. 이런 상황에서 백제가 중국 대륙에 영토를 확보하고 있었을 가능성은 거의 없다고

지금까지 우리 측과 중국 측 사서에서 확인되는 오기의 사례들을 살펴보았다. 사서가 편찬되는 과정에서 편사자의 오해나 자의적 판단 등으로 인해 실제와 다른 명칭으로 잘못 기록되는 경우가 종종 있음을 확인하였다. 그렇다면 이 장에서 문제가 되고 있는 《진서》 모용황 재기나 《자치통감》 진기의 백제 관련 기사도 일단 그런 오기의 가능성이 전혀 없다고 말하기는 어렵겠다.

그런데 여기서 특별히 주목해야 할 것이 있다. 그것은 바로 《남제서》 백제전에서 오기가 이루어진 것은 편사자인 소자현이 직접 기술한 부분이지, 동성왕이 보낸 표문의 내용을 인용한 부분은 아니라는 사실이다. 앞서도 보았듯이 소자현에 의해 인용된 표문에는 '獫狁'과 '匈梨'라는 명칭이 그대로 남아 있다. 그리고 소자현은 그것들이 '魏虜' 즉 북위를 가리키는 것으로 인식하면서도, 표문에 보이는 '匈梨' 등의 표현을 일부러 '魏虜' 등으로 고쳐 쓰지는 않았다. 이 점은 사료를 파악할 때 놓쳐서는 안 되는 중요한 부분이 된다.

《남제서》는 흔히 말하는 '2차 사료'에 해당한다. 즉 사건 당시 또는 그 직후에 관련 사실을 기록한 이른바 '1차 사료'를 토대로 사건의 흐름을 정리하여 보여 주는 책이다. '魏虜'의 백제 침입 기사에서 보았듯이, 2차 사료는 편사자가 1차 사료를 어떻게 이해하느냐에 따라 의도적이든 무의도적이든 왜곡이 발생할 가능성이 크다. 물론 1차 사료도 작성자가 어떤 의도를 가지고 썼느냐에 따라 사실 왜곡의 위험성이 도사리고 있기는 하다.[19] 하지만 언제, 어디서, 누가, 무엇을, 어떻게 했는지를 전하는 사건 관련 일반 진술의 경우, 일부러 수사적 표현을 사용하지 않는 한 사실과 다른 내용을 전하지는 않는 게 상례이다.

《남제서》 백제전에 인용된 동성왕의 표문은 그 자체가 원본(原本) 그대로인 것은 아니다. 표문의 내용 가운데 필요한 부분을 발췌하여 옮겨 적은 것이기에, '1차 사료'를 원자료(原資料)만으로 국한시켜 엄격하게 이해할 경우에는, 1차 사료라고 말

보는 것이 순리이다. 다만 백제가 동진 이래 송, 남제 등 남조의 국가들과 긴밀한 우호 관계를 맺고 자주 사신을 파견했음을 감안할 때, 비록 독자적 지배 영역은 아니라고 하더라도 산동반도 이남의 중국 해안 지대에 사신 왕래에 편의를 제공해 주는 중간 기착지 정도가 마련되었을 가능성은 여전히 남아 있다. 즉 훗날 신라방과 같은 거류민 집단은 이미 백제에 의해서도 조성되었을 수 있다는 것이다. 만일 소자현이 백제와 연계된 이런 집단들의 존재에 대한 지식을 갖고 있었다면, '魏虜'의 침략이 이 지역을 대상으로 일어난 것으로 오인했을 여지는 있다.

19) 1차 사료에 해당하는 〈광개토왕릉비문〉에서 드러나는 사실 왜곡에 대해서는 본서 제Ⅰ부 제5장 참조.

하기 어려울지도 모르겠다. 그러나 2차 사료로서의《남제서》를 편찬한 소자현에 의해 작성된 것이 아니라 명백히 1차 사료에 해당하는 동성왕의 표문을 전재한 것이므로, 비록 2차 사료에 실려 있다고 하더라도 1차 사료로서의 성격을 충분히 지니는 것이라고 말할 수 있다. 바로 그렇기 때문에 앞서의 논증 과정에서 나타난 바와 같이, 원자료에서 옮겨진 '匈梨'라는 명칭을 통해 2차 사료에 나타난 '魏虜'가 오기임을 확인할 수 있는 것이다.

3.《진서》 모용황재기 소재 봉유 상서문의 사료적 가치

이 장에서 논의의 중심에 위치한《진서》 모용황 재기의 백제 관련 기사는 전연의 왕 모용황의 기실참군으로 있던 봉유(封裕)가 올린 글 속에 들어 있던 것이다. 즉《남제서》 백제전에 보이는 동성왕의 표문과 마찬가지로 기본적으로는 1차 사료로서의 성격을 지닌다고 할 수 있다. 따라서, 비록 후대에 편찬된 2차 사료로서의《진서》에 나오는 것이라 하더라도,[20] 그 자체가 원자료의 내용을 충실히 전해 주는 것으로 판단할 수 있다면, 거기에 나오는 '백제(百濟)' 또한 '부여(夫餘)'를 잘못 적은 것으로 보고서 섣불리 사료적 가치를 부정할 수는 없다는 말이 된다.

일반적으로 1차 사료로서의 원자료가 2차 사료에 전재될 때에는 축약(縮約)이 이루어지는 것이 대부분이다. 사건의 핵심을 정리해서 서술하는 2차 사료의 특성상 전문(全文)의 전재(轉載)는 번쇄하기만 할 뿐이고, 자칫 문맥이 원활하게 흐르는 것을 저해할 수 있기 때문이다. 그렇지만 축약을 한다고 해서 원자료의 용어를 임의로 바꾸는 경우는, 후술하듯이 특별한 사유가 있지 않는 한, 거의 일어나지 않는 것 또한 상례이다. 이는 1차 사료인《승정원일기(承政院日記)》의 내용이 2차 사료인《조선왕조실록(朝鮮王朝實錄)》에 전재될 때, 원문의 축약은 행해졌어도 임의적 변개는 없

---

20) 물론《진서》 또한 이전에 편찬된 2차 사료들을 토대로 작성된 것이기는 하다. 지금은 대부분의 내용이 실전(失傳)된 상태이지만, 북위(北魏)의 사관(史官) 최홍(崔鴻: 478~525)이 화북 일대에서 명멸(明滅)한 16개 국의 역사를 종합하여 정리한《십육국춘추(十六國春秋)》가《진서》의 재기(載記)가 만들어질 때 활용된 대표적인 전대(前代)의 사서였다. 그 밖에 역시 현전하지 않는 책으로서 전연에서 상서(尙書)를 지낸 범형(范亨)이 찬술한《연서(燕書)》와 북위 시기에 고려(高閭: ?~502)가 지은《연지(燕志)》 등이《진서》 편찬 시 참고가 되었던 것으로 알려져 있다(尙鴻 · 鄧瑞全, 1991 〈晉書〉《二十五史導讀辭典》, 華齡出版社, 256~258쪽).

었다는 사실에서도 확인할 수 있다.[21] 따라서 비록 2차 사료에 실려 있다고 할지라도 1차 사료의 내용이 전재되어 나오는 경우에는, 그것을 1차 사료에 준하는 것으로 판단하고 분석에 임하는 것이 합리적이다.[22]

이와 같은 관점에 서면, 지금 문제가 되고 있는 봉유의 상서문(上書文)은 원문 자체를 확인할 수는 없으나, 애초에 사용된 용어가 다른 명칭으로 변개되어 《진서》 모용황 재기에 실렸을 가능성은 높지 않다고 일단 예측해 볼 수 있다. 다만, 어쨌든 원문이 남아 있지 않은 이상, '2차 사료'로서의 《진서》에 들어 있는 내용이 원문을 충실히 반영하고 있음을 확실하게 입증하는 작업이 필요하다.

논의를 심화하기 위해 봉유 상서문의 전체 내용을 표로써 정리하여 소개하면, 다음과 같다.

〈표 9〉 《진서》 모용황 재기에 실린 봉유 상서문의 내용

번호	상서문 내용	요지
A-0	牧牛를 가난한 가호에 지급해서 苑(국유지)에서 농사를 짓게 하여 公的으로 그 수확물의 10분의 8을 거두고, 나머지 2를 가호에서 私的으로 가질 수 있게 하였다. 소를 갖고 있으나 땅이 없는 자에게도 苑에서 농사를 짓게 하였는데, 공적으로 10분의 7을 거두고 나머지 3을 사적으로 가질 수 있게 하니, 모용황의 기실참군인 봉유가 諫하여 말하였다.[23]	봉유가 上書하게 된 계기 설명: 官田에서의 10분의 7, 8세 시행.
A-1	신이 듣건대, 聖王이 나라를 다스림에는 세금을 가볍게 하여 백성들이 많이 간직할 수 있게 한다고 합니다. 그들에게 세 등급의 땅을 나누어주고 10의 1을 稅로 거두어, 추위에 시달리는 자는 입게 하고 굶주리는 자는 먹게 하여, 집안이 넉넉하고 사람들은 풍족하게 하였습니다.[24]	도입부: 옛날 聖王들은 十一稅를 거두었다는 내용.

21) 한 예로, 정조 15년 10월 8일자 기사로 승정원에서 왕에게 여러 정사와 관련하여 건의한 내용이 《정조실록》(http://sillok.history.go.kr/inspection/inspection.jsp?mTree=0&id=kva)과 《승정원일기》(http://sjw.history.go.kr/inspection/insp_result_list.jsp?mode=k&sjwid=SJW-G15100080)에 같이 실려 있다. 양자를 비교해 보면, 원문에 해당하는 후자의 내용이 전자에 압축적으로 인용되었는데, 자구의 차이는 거의 발견되지 않는다.

22) 《三國遺事》 卷3 塔像4 南月山條에는 감산사 미륵보살상과 아미타불상의 명문 내용이 발췌되어 실려 있는데, 원문을 옮겨 싣는 과정에서 오독 또는 부주의로 인해 오·탈자가 몇 군데 생기기는 했지만, 전체적으로 보아 원문의 자의적 변개는 보이지 않는다(본서 제Ⅱ부 제1장 참조). 아울러 원자료가 후대에 여러 차례 전록되는 과정에서 전사자(轉寫者)의 판단에 따라 문구의 출입과 순서의 조정이 조금 이루어지기는 해도, 원문 자체가 훼손되는 정도는 아님을 《양직공도》의 사례를 통해 확인할 수 있다(본서 제Ⅱ부 제4장 참조).

번호	상서문 내용	요지
A-2	비록 홍수가 나거나 가뭄이 들더라도 재앙이 되지 않았던 것은 무슨 까닭이겠습니까? 農官을 높이 뽑아 勸農에 힘을 다하게 하니, 사람들은 周田 100무를 지어도 또한 소의 힘을 빌리지 않았으며, 힘써 농사를 지은 자는 표창과 현양의 상을 받았고 농사에 게으른 자는 따돌림의 벌을 받았습니다. 또한 일을 헤아려 官을 두었으며 관을 헤아려 사람을 두었으니, 관은 반드시 있어야 할 것들로만 하고 사람들은 헛된 자리에 있지 않게 하여, 세입의 다소를 계산하고 규모에 맞추어 祿을 주었던 것입니다. 百僚에게 주는 것을 제외하고는 太倉에 저장하니, 3년 농사를 지으면 1년분의 곡식의 여유가 생겼습니다. 이렇게 쌓아두면 公用에 무슨 부족함이 있겠으며, 水旱이 든다 한들 백성에게 무슨 걱정이 있겠습니까? 비록 농사에 열심히 하라는 令이 누차 나오더라도 2천석의 녹을 받는 관리(郡太守)와 縣令, 縣長으로 公事에 열심히 하려는 뜻을 갖고 땅의 이익을 다 거두려는 자들이 없었으니, 그런 까닭에 漢祖(광무제)가 이런 사실을 알고 개간이 부실하다 하여 태수들을 徵殺한 것이 열 명이 넘었던 것이며, 이로써 明帝와 章帝 시기에는 升平(태평성대)에 버금간다고 말할 수 있었던 것입니다.[25]	漢代에 이르기까지 권농과 재정 운영이 잘 이루어져 升平의 시기가 이어졌다는 내용.
A-3	永嘉의 난 이후 백성들이 유망하여 중원은 쓸쓸해지고 천리에 연기가 피어오르지 않았으니, 추위와 굶주림에 떠돌다 죽어가는 자가 골짜기와 구덩이에 계속 이어졌습니다. 선왕(모용외)께서 神武聖略으로 영토를 보전하시며 위엄으로써 간사한 자들을 殄滅하고 덕으로써 먼 지방 사람들을 품어주셨으니, 9주의 사람들과 塞外의 이적들이 봇짐과 등짐을 싸고 지고서 만리를 찾아오기를 마치 어린 아이가 아비에게 가는 것처럼 하였는데, 流人이 원래 땅에 살던 사람보다 열 배 이상 많게 되면서 사람은 넘치나 땅이 부족해져서, 땅을 갖지 못한 자가 열에 넷이나 되었습니다.[26]	永嘉의 난 이후 혼란기를 맞아 모용외가 流人들을 많이 받아들이면서 땅이 없는 자가 크게 늘었다는 내용.
A-4	전하께서는 뛰어난 자질을 타고나 선왕의 업적을 더욱 넓히시어, 남으로는 강성한 後趙를 꺾어버리시고 동으로는 **句麗**를 滅하셔서 3천리 영토를 개척하시고 십만의 호수를 늘리셨으니, 繼武闡廣의 공은 西伯보다도 높습니다. 의당 諸苑을 혁파하셔서 流人들이 먹고 살 자리를 만들어주시고, 찾아오는 사람으로 자산이 없는 자들에게는 牧牛를 내려주소서. 사람이 이미 전하의 사람이 되었는데, 소를 어찌 잃겠습니까? 저장을 잘 하는 자는 백성에게 저장을 한다는 것은 이와 같을 따름입니다. 근자에 樂土의 희망에 깊이 부응해 왔기에 중국인이 모두 단지와 반찬을 갖고서 전하를 奉迎할 것이니, **石季龍**인들 누구와 더불어 살겠습니까?[27]	모용황 시기에 영토 확장과 인구 증가가 이루어졌는데, 유인들에게 목우를 지급해서 농사를 짓게 하면 천하의 인심을 얻을 수 있다는 내용.
A-5	또한 魏와 晉이 비록 道가 사라진 시대였다고 해도 오히려 백성을 착취함에 10분의 7, 8에까지 이르지는 않았으니, 官에서 소와 밭을 빌린 자는 관이 6을 갖고 백성이 4를 가졌으며, 자기 소를 갖고서 관의 밭을 빌린 자는 관과 더불어 양분을 하게 하여, 백성들이 안심하고 모두 기뻐했습니다. 신은 이조차도 明王의 道가 아니라고 보는데, 하물며 이에서 더해서야 되겠습니까?[28]	10분의 7, 8을 세금으로 걷는 것은 위진대보다 혹독한 것으로서 부당하다는 내용.
A-6	또한 水旱의 재앙은 堯와 湯도 면하지 못한 바입니다. 王이 된 자는 마땅히 溝澮(수로)를 濬治해야 하니, 鄭白과 西門, 史起가 관개를 했던 방법을 따라 가물면 둑을 터서 물이 차게 하고 홍수가 나면 溝瀆으로 물을 끌어서 가두면, 위로는 雲漢의 걱정(하늘만 바라보는 일)이 없을 것이고 아래로는 昏墊의 患(죽어 땅에 묻힐 걱정)이 없어질 것입니다.[29]	수리 시설에 대한 관리를 잘 해야 한다는 내용.

번호	상서문 내용	요지
A-7	句麗와 百濟 및 宇文部와 段部의 사람들은 모두 전쟁으로 인해 강제로 끌려온 자들이지 중국인들처럼 義를 사모하여 온 자들이 아닙니다. 그래서 모두들 자기 나라로 돌아가고자 하는 마음을 갖고 있습니다. 지금 호가 십만에 이르러 도성을 비좁게 할 정도이니, 장차 나라의 깊은 해악이 될까 걱정됩니다. 마땅히 그 형제 종속을 나누어 서쪽의 여러 성으로 옮기게 해서, 은혜로써 어루만지고 법으로써 단속하여, 흩어져 살며 나라의 허실을 알지 못하도록 하소서.[30]	다른 나라에서 포로로 붙잡혀 온 자들을 서쪽으로 徙民시켜야 한다는 내용.
A-8	지금 중원이 평정되지 않아 資畜은 더 늘어나야 하는데, 官司는 너무 많고 遊食하는 자들도 적지 않아, 한 명이 농사를 짓지 않으면 그 해는 굶주림을 겪어야 합니다. 반드시 농사짓는 자에게서 거두어야 먹일 수가 있거늘, 한 사람이 노력해서 한 사람이 먹는 상황에서 遊食者가 수만이어서 덜어가는 것이 이와 같으면, 어찌 집안이 넉넉하고 사람들이 풍족해져서 升平의 다스림을 이룰 수 있겠습니까? 전하께서는 古今의 일들을 살펴보신 것이 많사온데, 정치의 큰 걱정거리는 이보다 심한 것이 없습니다. 經略이 특출나고 그 재능을 이 시대가 요구한다고 칭할 만한 자는 필요로 하는 곳에 맞추어 列位에 자리하게 함이 가합니다만, 이런 인재가 아닌 바에는 농사지어 밥을 먹고 누에 쳐서 옷을 입게 하는 것이 또한 하늘의 도리입니다.[31]	官司가 많고 遊食者가 많아 升平을 이루기 어려우니, 국가에서 필요한 인재가 아니라면 내쳐서 농사를 짓게 해야 한다는 내용.
A-9	전하께서는 聖性寬明하시어 생각과 말에 늘 갈증을 느끼시는 듯하니, 사람들은 꼴 베고 나무하는 자들까지도 말의 한도를 넘어서더라도 숨기려고 하지 않습니다. 얼마 전에 참군 王憲과 대부 劉明이 충성과 정성을 다하여 지극한 말을 올렸는데, 비록 거슬리는 말이 자못 있기는 하지만 그 뜻은 전하를 질책하는 데 있지 않았습니다. 主者가 상주하기를 妖言으로 犯上했다는 죄목으로 법에 따라 처벌하자고 하니, 전하께서 인자하게 품어주시어 大辟의 형벌은 면하게 하셨으나, 여전히 관직에서 쫓겨나 금고에 처해져 조정에 나란히 서지 못하고 있습니다. 그들의 말이 옳다면 전하께서는 진실로 받아들이셔야 하고, 그 말이 그릇된 것이라면 그 狂狷함을 드러내시면 됩니다. 諫臣에게 죄를 주면서 직언을 구하는 것은 북쪽으로 가면서 越에 간다고 하는 것과 같으니 어찌 얻을 것이 있겠습니까? 右長史 宋該 등은 아첨으로 환심을 사려 하면서 諫士를 탄핵하니, 줏대도 없이 남을 미워하는 마음만 갖고서 전하의 이목을 가리려는 자들로서 불충이 심하다 할 것입니다.[32]	왕헌과 유명이 간언을 하다가 처벌을 받았는데, 이들을 풀어주어 다시 등용해 달라는 내용.
A-10	사, 농, 공, 상의 四業은 나라의 자산이며, 가르치고 배우는 것은 나라를 성하게 하는 일입니다. 習戰과 務農은 더욱 근본이 되는 것이나, 百工과 商賈는 오히려 말단일 따름입니다. 마땅히 軍國에 필요한 바를 헤아려 그에 맞는 인원들만 두시고, 그 밖에는 돌아가 농사를 짓게 하시며, 戰法을 가르쳐 3년 간 배워도 성취가 없는 자들도 역시 농사지으려 돌려보내서, 한갓 인원만 많이 채워서 총명하고 역량 있는 자들의 길을 막지 않게 하셔야 하옵니다.[33]	공상인이 늘어나는 것을 억제하고, 발전 가능성이 없는 학생들도 귀농시키라는 내용.
A-11	신의 말이 타당하다면 원컨대 속히 시행하시고, 그렇지 않다면 주륙의 죄를 가해서 천하로 하여금 우리 조정이 옳은 일을 행함에는 강물처럼 빨리하고 악한 일을 벌함에는 지체하지 않는다는 것을 알게 하소서. 왕헌과 유명은 충신이오니, 원컨대 방자하게 전하의 마음을 거슬렀던 허물은 용서하시고, 그 말에 담긴 약효는 거두시기 바라옵니다.[34]	마무리: 자신의 건의를 잘 받아들여달라는 내용.

다소 장황한 인용이 되었지만, 봉유 상서문의 성격과 가치를 판별하기 위해서는 《진서》에 나오는 내용을 전체적으로 이해하는 것이 필요하다.

봉유의 상서문은 당시 전연에서 무전자(無田者)들에게 농사지을 땅을 공급하면서 자기 소를 갖고 있는 자들에게는 수확물의 10분의 7을, 소까지 대여 받는 자들에게는 10분의 8을 징세한 것에 대해 부당함을 주장하기 위해 올린 것으로 되어 있다(A-0). 그는 고래(古來)로 십일세가 성왕(聖王)의 도였음을 거론한 뒤(A-1), 나라에서 권농에 힘쓰고 백성에게서 거둔 것을 적절하게 잘 운용한 결과 대체로 후한 대 초반까지 승평(升平)의 시기가 이어졌음을 피력하고(A-2), 서진 말기 영가의 난 이후

---

23) "以牧牛給貧家 田于苑中 公收其八 二分入私 有牛而無地者 亦田苑中 公收其七 三分入私 皝記室參軍封裕諫曰"

24) "臣聞聖王之宰國也 薄賦而藏於百姓 分之以三等之田 十一而稅之 寒者衣之 飢者食之 使家給人足"

25) "雖水旱而不爲災者 何也 高選農官 務盡勸課 人治周田百畝 亦不假牛力 力田者受旌顯之賞 惰農者有不齒之罰 又量事置官 量官置人 使官必稱須 人不虛位 度歲入多少 裁而祿之 供百僚之外 藏之太倉 三年之耕 餘一年之粟 以斯而積 公用於何不足 水旱其如百姓何 雖務農之令屢發 二千石令長 莫有志勤在公 銳盡地利者 故漢祖知其如此 以墾田不實 徵殺二千石以十數 是以明章之際 號次升平"

26) "自永嘉喪亂 百姓流亡 中原蕭條 千里無煙 飢寒流隕 相繼溝壑 先王以神武聖略 保全一方 威以殄姦 德以懷遠 故九州之人 塞表殊類 襁負萬里 若赤子之歸慈父 流人之多舊土十倍有餘 人殷地狹 故無田者十有四焉"

27) "殿下以英聖之資 克廣先業 南摧强趙 東滅**句麗** 開境三千 戶增十萬 繼武闡廣之功 有高西伯 宜省罷諸苑 以業流人 人至而無資產者 賜之以牧牛 人旣殿下之人 牛豈失乎 善藏者藏於百姓 若斯而已矣 邇者深副樂土之望 中國之人皆將壺餐奉迎 **石季龍**誰與居乎"

28) "且魏晉雖道消之世 猶削百姓不至於七八 持官牛田者官得六分 百姓得四分 私牛而官田者與官中分 百姓安之 人皆悅樂 臣猶曰非明王之道 而況增乎"

29) "且水旱之厄 堯湯所不免 王者宜濬治溝澮 循鄭白,西門,史起溉灌之法 旱則決溝爲雨 水則入於溝瀆 上無雲漢之憂 下無昏墊之患"

30) "**句麗**百濟及宇文段部之人 皆兵勢所徙 非如中國慕義而至 咸有思歸之心 今戶垂十萬 狹湊都城 恐方將爲國家深害 宜分其兄弟宗屬 徙于西境諸城 撫之以恩 檢之以法 使不得散在居人 知國之虛實"

31) "今中原未平 資畜宜廣 官司猥多 遊食不少 一夫不耕 歲受其飢 必取於耕者而食之 一人食一人之力 遊食數萬 損亦如之 安可以家給人足 治致升平 殿下降覽古今之事多矣 政之巨患莫甚於斯 其有經略出世 才稱時求者 自可隨須置之列位 非此已往 其耕而食 蠶而衣 亦天之道也"

32) "殿下聖性寬明 思言若渴 故人盡芻蕘 有犯無隱 前者參軍王憲 大夫劉明 並竭忠獻款 以貢至言 雖頗有逆鱗 意在無責 主者奏以妖言犯上 致之於法 殿下慈弘苞納 恕其大辟 猶削黜禁錮 不齒於朝 其言是也 殿下固宜納之 如其罪也 宜亮其狂狷 罪諫臣而求直言 亦猶北行詣越 豈有得邪 右長史宋該等 阿媚苟容 輕劾諫士 已無骨鯁 嫉人有之 掩蔽耳目 不忠之甚"

33) "四業者國之所資 敎學者有國盛事 習戰務農 尤其本也 百工商賈 猶其末耳 宜量軍國所須 置其員數已外歸之於農 敎之戰法 學者三年無成 亦宜還之於農 不可徒充大員 以塞聰儁之路"

34) "臣之所言當也 願時速施行 非也 登加罪戮 使天下知朝廷從善如流 罰惡不淹 王憲,劉明忠臣也 願宥忤鱗之愆 收其藥石之效"

천하가 혼란에 빠진 상황에서 선왕인 모용외(慕容廆)가 유인(流人)들을 대거 받아들이면서 사람은 많은데 농사지을 땅이 부족해져 무전자가 크게 늘어났음을 지적하였다(A-3).

이어서 모용황이 즉위한 이후 영토가 크게 확장되고 인구가 더욱 증가했는데, 목우(牧牛)를 주었다가 혹시 잃게 될지 않을까 걱정하지 말고 유인들에게 과감히 지급해서 농사를 짓게 하면 천하의 인심을 얻을 수 있다고 주장하면서(A-4), 도(道)가 무너졌던 위진(魏晉) 시기에도 10분의 5, 6세를 거두었는데 지금 10분의 7, 8세를 걷는다는 것은 부당함을 강조하였다(A-5).

사실상 여기까지가 봉유의 상서문에서 핵심을 이루는 내용이라 할 수 있겠는데, 그에 덧붙여 권농 차원에서 필요한 조치들로서 수리 시설의 정비(A-6), 능력이 부족한 관리들의 퇴출 및 귀농(A-8), 공상인(工商人)의 인원 제한 및 귀농과 부진(不振) 학생들의 귀농(A-10) 등이 건의되었고, 아울러 도성에 거주하는 전쟁 포로들의 지방으로의 사민(A-7), 처벌을 받은 간관(諫官)들의 사면 및 복권(A-9) 등이 요청되었다.

현재 남아 있는 상서문은 전체적으로 보아 문맥이 잘 이어지지 않고, 특히 A-6에서 A-10까지의 후반부는 횡설수설의 느낌마저 들 정도로 내용이 왔다 갔다 하고 있다. 이는 아마도 상서문의 내용을 발췌해서 줄여 싣는 과정에서 원래의 맥락이 파괴된 것과 관련이 있을 것이다. 따라서 문맥이 물 흐르듯이 부드럽게 이어지지 않는다는 것은 오히려 《진서》에 실려 있는 상서문이 원문을 자의적으로 변개한 것이 아님을 방증하는 것일 수 있다.

물론 지금 우리가 접하는 상서문이 봉유가 지은 원문을 완벽하게 반영하는 것이라고 단정할 수는 없다. 사정에 따라 표현이 바뀐 것으로 추정되는 사례를 찾아볼 수 있는데, 그것은 바로 A-4의 마지막 문구에 들어 있는 '석계룡(石季龍)'이라는 인명이다. 석계룡은 당시 후조의 통치자였던 '석호(石虎)'를 가리키는바, 계룡은 바로 석호의 자(字)이다. 봉유가 쓴 상서문의 원문에서 굳이 그의 이름 대신 자를 사용하지는 않았을 것이니, 이는 어떤 연유에 의해 개서된 것일 가능성을 상정하게 한다. 그 해답은 《진서》 편찬 때 적용되었던 지침에서 찾아진다.

《진서》에는 모용황 재기 외에도 석계룡 재기가 들어 있다. 그 서두를 보면, "석계룡은 석륵(石勒)의 조카이다. 그 이름이 태조(太祖)의 휘(諱)를 범하기 때문에 자로 칭한다."[35]라고 하여, 이름이 당 고조(高祖) 이연(李淵)의 조부로서 추존 묘호가 태조인 이호(李虎)의 휘에 저촉되는 관계로 원래 이름 대신 자로 칭한다는 언급이 나와 있다. 즉 당 태종 정관 연간에 《진서》가 편찬되는 과정에서 원자료에 들어 있던 '石虎'라는 이름은 일괄적으로 '石季龍'이라고 바뀌게 되었던 것이다. 봉유 상서문이 비록 1차 사료의 성격을 지니고 있지만, 2차 사료로서의 《진서》에 게재됨으로 인해 불가피한 명칭 변개를 당할 수밖에 없었다고 할 수 있다. 그렇지만, 이는 특수한 사정에 해당하는 것이기 때문에, 이를 빌미로 명칭의 변개가 봉유 상서문 내의 다른 데에서도 동일하게 일어났을 것이라고 예단하는 것은 논리적 비약일 뿐이다.

한편 봉유의 상서문은 《진서》뿐만 아니라 《자치통감》에도 실려 있어 주목된다. 그런데 양자 사이에 내용에 있어 다소 차이를 보여서 면밀히 대조해 볼 필요가 있는데, 표의 형식으로 그 전체 내용을 소개하면 다음과 같다.

〈표 10〉《자치통감》에 실린 봉유 상서문의 내용

번호	상서문 내용	요지	비고
B-0	燕王 慕容皝이 소를 빈민에게 빌려주어 苑에서 농사를 짓게 하면서 10분의 8을 세금으로 거두고, 소를 소유하고 있는 자들에게는 10분의 7을 거두었다. 記室參軍인 封裕가 글을 올려 간하기를, 다음과 같이 하였다.[36]	봉유가 上書하게 된 계기 설명: 官田에서의 10분의 7, 8세 시행.	A-0에 대응.
B-1	옛날에는 10분의 1을 세로 거두었으니, 천하의 올바른 것이라 하겠습니다.[37]	도입부: 十一稅가 古來로 천하통법이라는 내용.	A-1에 대응. 내용 대폭 압축.
B-2	위진 시대로 내려와 仁政이 衰薄해졌어도 官田과 官牛를 빌린 자들에게 10분의 6의 세를 부과하는 데 그쳤으며, 자기 소를 갖고 있는 자들에게는 반을 받아냈을 뿐이니, 10분의 7, 8을 거두지는 않았습니다.[38]	위진대에도 10분의 5, 6세였지 10분의 7, 8세는 아니었다는 내용.	A-5에 대응. 순서가 바뀜.
B-3	永嘉 이래 천하가 어지럽고 갈라졌는데, 무선왕(모용외)께서 덕으로써 안심을 시키니 華夷의 백성들이 만리로부터 폭주하여, 짐을 싸고 져서 귀부하는 자들이 마치 어린 아이가 부모에게 돌아가는 듯했습니다. 이로써 호구는 예전의 10배가 되었고, 농사지을 땅이 없는 자는 열에 서넛이 되었습니다.[39]	영가의 난 이후 혼란기를 맞아 모용외가 流人들을 많이 받아들이면서 땅이 없는 자가 크게 늘었다는 내용.	A-3에 대응.

35) "石季龍 勒之從子也 名犯太祖廟諱 故稱字焉"(《晉書》 卷106 載記6 石季龍上).

번호	상서문 내용	요지	비고
B-4	전하께서 왕위에 오르시고는 남쪽으로 강성한 후조를 꺾으시고 동쪽으로 고구려를 겸병하였으며 북으로는 우문을 취하셔서, 3천 리나 영토를 개척하고 10만 호나 백성을 늘리셨습니다. 이제 苑囿를 모두 혁파하셔서 새로운 백성들에게 세를 부과하심이 마땅하오나, 소가 없는 자에게는 관에서 소를 내려주되 무거운 세를 거두어서는 아니 되옵니다. 또한 전하의 백성이 전하의 소를 사용하는데, 그 소가 폐하의 것이 아니라면 장차 누구에게 있다는 말입니까? 이와 같이 한다면, 우리 군대의 깃발이 남쪽으로 향하는 날 백성들 가운데 광주리에 밥을 담고 단지에 미음을 담아 우리 군대를 맞이하지 않을 사람이 누가 있겠으며, 石虎가 함께 할 사람이 어디 있겠습니까?[40]	모용황 시기에 영토 확장과 인구 증가가 이루어졌는데, 유인들에게 목우를 지급해서 농사를 짓게 하면 전하의 인심을 얻을 수 있다는 내용.	A-4에 대응.
B-5	川瀆溝渠로 廢塞된 채 있는 것들은 모두 通利하여 가물면 관개를 하고 물이 넘치면 흘러나가게 해야 합니다.[41]	수리 시설에 대한 관리를 잘 해야 한다는 내용.	A-6에 대응.
B-6	한 사람의 농부가 농사를 짓지 않으면 굶주림을 겪을 수밖에 없는데, 하물며 遊食者가 수만이니 무엇으로써 집안이 넉넉하고 사람들이 풍족하게 할 수 있겠습니까? 지금 官司가 심히 많아 廩祿을 허비하고 있으니, 진실로 그 재능이 두루 사용될 만한 자가 아니라면 모두 도태시키십시오.[42]	遊食者가 많은데 官司가 너무 많아 廩祿을 축내므로 필요한 인재 외에는 내쳐야 한다는 내용.	A-8에 대응.
B-7	工商은 末利이니 정해진 인원만 두시고, 학생으로 3년 동안 성취함이 없으면 정작 뛰어난 인재들의 길을 막을 뿐이오니 모두 귀농케 하심이 마땅합니다.[43]	工商人의 수를 제한하고, 가망이 없는 학생도 귀농시키라는 내용.	A-10에 대응. 순서가 바뀜.
B-8	전하께서는 聖德寬明하셔서 꼴 베고 나무하는 자들까지도 두루 살피십니다. 참군 王憲과 대부 劉明이 함께 言事로써 전하의 뜻을 거스르니, 主者가 대벽의 벌로 처리하고자 하였습니다. 전하께서 비록 그들을 죽이지는 않으셨으나, 여전히 관직에서 쫓겨나 금고에 처해져 있습니다. 대부가 간쟁을 하는데 직언을 죄로 다스린다면, 이는 越로 간다고 하면서 북쪽으로 가는 것과 다를 바가 없으니, 그 뜻한 바를 결코 얻지 못할 것입니다. 右長史 宋該 등은 아첨으로 환심을 사려 하면서 諫士를 탄핵하니, 줏대도 없이 남을 미워하는 마음만 갖고서 전하의 이목을 가리려는 자들로서 불충이 심한 자라고 할 것입니다.[44]	왕헌과 유명이 간언을 하다가 처벌을 받았는데, 이들을 풀어주어 다시 등용해 달라는 내용.	A-9에 대응. 순서가 바뀜.

《자치통감》 소재 봉유 상서문의 가장 큰 특징은 내용이 간명하다는 것이다. 《진서》에 실린 것에 비해 내용이 대폭 축소되었는데, 전체 대의의 측면에서는 상통하지

만 사실상 개작(改作)에 가까울 정도로 표현의 변개도 함께 이루어졌다. 그리고 순서가 바뀐 부분들(B-2, 7, 8)도 있고, 아예 덜어낸 부분(A-2, 7, 11)들도 있다는 것 역시 간과할 수 없는 특징이다.

순서가 바뀐 부분들을 자세히 살펴보면, 우선《진서》의 경우 A-5에 해당하는 부분이 B-2의 위치로 올라가 있다. 이는 필시 상서문의 서두에 십일세가 옛날부터 천하통법이었음을 내세운 만큼 당시 전연에서 시행되던 10분의 7, 8세가 지나치다고 하는 봉유의 핵심 주장을 곧바로 제시하는 것이 문맥상 적절하다는 판단에 따른 것으로 보인다.《진서》에서는 모용황 당시까지의 상황을 장황하게 서술한 뒤 핵심 주장이 나왔음에 비해,《자치통감》에서는 독자의 이해의 편의를 고려하여 핵심이 되는 요지를 미리 밝힌 후, 나머지 내용들을 뒤로 돌리는 방식을 쓴 것이다.

B-7, 8은 각각 A-10, 9에 대응되는데,《진서》에서 귀농 조치와 관련한 언급이 A-8과 10으로 분리되어 있고 그 사이에 동료 간관들에 대한 구명 운동을 펼친 내용으로서 A-9이 들어가 있어서 문맥이 매끄럽게 연결되지 않는다는 문제점을 해소하기 위해, A-9과 10에 해당하는 부분의 위치를 뒤바꾼 것이라고 볼 수 있다.

덜어낸 부분들은 내용상 굳이 실을 필요가 없다고 판단한 부분들일 텐데, 위진(魏晉) 이전 한 대(漢代)까지의 사정을 거론한 부분(A-2)과 전쟁 포로들의 사민을 건의한 부분(A-7), 그리고 자신의 건의를 잘 받아들여 줄 것을 요청하는 마무리 부분(A-11) 등이 그런 판단으로 인해 누락되었던 것으로 여겨진다. 이 장에서 특별히

---

36) "燕王皝以牛假貧民 使佃苑中 稅其什之八 自有牛者稅其七 記室參軍封裕上書諫以爲"

37) "古者**什一而稅** 天下之中正也". 아래 각주 44)까지 밑줄 친 굵은 글자들은《진서》모용황 재기에 동일한 표현이 나오는 것임.

38) "降及**魏晉** 仁政衰薄 假官田官牛者 不過稅其什六 自有牛者中分之 猶不取其七八也"

39) "**自永嘉**以來 海內蕩析 武宣王綏之以德 華夷之民 **萬里**輻湊 **襁負**而歸之者 **若赤子之歸父**母 是以戶口十倍於舊 **無田者什有三四**"

40) "及**殿下**繼統 **南摧强趙** **東**兼*高句麗* ***北取宇文*** 拓地**三千**里 **增**民**十萬**戶 是**宜**悉**龍苑**囿以賦新民 無牛者官賜之牛 不當更收重稅也 且以殿下之民用殿下之牛 牛非陛下之有 將何在哉 如此則戎旗南指之日 民誰不簞食**壺**漿以**迎**王師 石虎誰與處矣"

41) "川瀆溝渠有廢塞者 皆應通利 旱則灌漑 潦則疏泄"

42) "**一夫不耕** 或**受**之**飢** 況**遊食數萬** 何以得**家給人足**乎 今**官司猥多** 虛費廩祿 苟才不周用 皆宜澄汰"

43) "工商末利 宜立常員 **學**生**三年無成** 徒**塞**英**儁之路** 皆當**歸之於農**"

44) "**殿下聖**德**寬明** 博察**芻蕘** **參軍王憲 大夫劉明** **並**以言事忤旨 **主者**處以大辟 **殿下**雖恕其死 **猶**免官**禁錮** 大夫諫諍而罪直言 是猶適越而北行 必不獲其所志矣 **右長史宋該等 阿媚苟容 輕劾諫士 已無骨鯁嫉人有之 掩蔽耳目 不忠之甚**者也"

주목하고 있는, '백제'가 언급된 부분으로서의 A-7은 봉유 상서문의 핵심 내용을 이루지 않으면서, 수리 시설의 정비를 건의한 내용과 무능한 관료의 퇴출 및 귀농을 주장한 부분 사이에서 애매하게 들어가 있어, 문맥의 원활한 흐름을 저해하는 것으로 인식될 소지가 다분하다. 바로 그런 이유로 인해 축약도 되지 않고 아예 삭제될 수밖에 없었던 것이 아닐까 한다.

그러면 《진서》와 《자치통감》은 같은 자료를 실으면서 왜 이렇게 적지 않은 차이를 보이게 된 것일까? 이는 2차 사료와 '3차 사료'가 지니는 특성을 이해할 때, 그 해답을 찾을 수 있다.

주지하다시피 《자치통감》은 북송(北宋) 시기에 사마광(司馬光)이 주도하여 기존의 정사(正史) 등을 자료로 삼아 전국시대(戰國時代)부터 960년 송(宋) 건국 이전까지의 역사를 편년체의 형식을 취해 서술한 책이다.[45] 1차 사료를 직접 활용한 것이 아니라, 그 1차 사료를 토대로 편찬된 《진서》 등의 2차 사료의 내용을 연대순으로 재정리한 책인 것이다. 이런 점에서 《자치통감》은 엄밀하게 표현할 때, '3차 사료'에 해당한다고 말할 수 있다.[46] 2차 사료에서 축약의 과정을 거친 자료가 3차 사료에서는 한 번 더 축약되면서 변형을 겪게 될 것은 굳이 말할 필요도 없다. 아울러 《자치통감》이 한 왕조의 역사를 기술한 단대사(斷代史)가 아니라 역대 왕조의 역사를 집대성한 통사(通史)라는 점을 감안하면, 1차 사료로부터 유래한 자료를 번쇄하게 그대로 옮기는 방식 대신, 위에서 확인하였듯이 대의를 무너뜨리지 않는 선에서 요령 있게 개필(改筆)이 이루어진 것은 당연한 결과일 수 있다. 《진서》에 원래 실려 있던 부분이 《자치통감》에서 대폭 축소되거나 아예 삭제되고, 표현의 변화와 함께 순서의 조정까지 발생한 것은 바로 이런 연유에서였던 것이다.[47]

---

45) 《자치통감》은 사마광이 모두 저술한 것이 아니고, 남북조 시대 부분의 집필은 유서(劉恕)가 담당하였다.

46) 그간 사료를 구분할 때 흔히 1차 사료(원자료)와 2차 사료로만 나누는 경우가 많았지만, 저자는 2차 사료와 그것을 토대로 다시 만들어지면서 개작(改作) 수준의 윤문(潤文)이 가해진 3차 사료를 확실히 구별하여 그 차이를 강조해야 한다는 입장이다.

47) 총 100권으로 이루어진 심약(沈約)의 《송서(宋書)》는 본기와 열전 등에 조령(詔令), 주의(奏議), 서찰(書札) 등이 특별히 많이 수록되어, 비록 2차 사료이기는 하지만 '1차 사료의 보고(寶庫)'라고 부를 수 있을 정도이다. 당대의 원자료들을 풍부하게 싣고 있는 관계로 오늘날의 입장에서 남조의 역사를 다룰 때 매우 중요한 책이 되어 있지만, 양대(梁代)의 사관(史官)이자 문장가로 저명한 배자야(裴子野)는 이 《송서》가 번잡하다고 하여 그 내용을 대폭 줄여서 20권짜리 《송략(宋略)》을 새로 편찬하였다(何珍如, 1991 〈宋書〉《二十五史導讀辭典》, 華齡出版社, 309~310쪽). 《송

사정이 이러하다 보니 《자치통감》에 실린 봉유 상서문의 경우, 전체 맥락에 맞추어 원문에 없던 문구가 새로 첨가된 사례도 드러나고 있다. 그것은 바로 B-4의 첫 문장인 "及殿下繼統 南摧强趙 東兼高句麗 北取宇文 拓地三千里 增民十萬戶"에서 찾아지는데, 이 문장은 《진서》에 실린 A-4의 "殿下以英聖之資 克廣先業 南摧强趙 東滅句麗 開境三千 戶增十萬"을 다듬은 것이다. 비교를 해 보면, A-4에서 없던 문구인 '北取宇文'이 B-4에 나타나는바, 이는 《자치통감》의 진(晉) 강제(康帝) 건원(建元) 2년(344) 정월조에 전연이 우문부를 정벌하여 도성을 함락하고 영토를 넓혔다고 하는 기사가 실린 것과 직접 관련된다. 전연이 후조의 침략을 격퇴한 것과 고구려를 공격하여 도성을 함락시킨 것이 각각 338년과 342년의 일임을 감안할 때, 상서문이 작성된 345년보다 불과 1년 전에 벌어진 우문부 정벌을 빼놓는 것은 어딘지 어색하다는 판단에서 함께 언급하는 방식으로 윤색을 가한 것으로 볼 수 있다.[48] 이 문장이 《자치통감》의 전후 맥락을 감안하여 원문의 표현을 바꾼 것임은 '東兼高句麗'라는 문구에서도 확인되는데, 애초에 '멸(滅)'로 되어 있던 것을 이때에 고구려가 멸망한 것이 아니었다는 인식하에 '겸(兼)'이라는 글자로 대체한 것이라 여겨진다.[49]

한편 이 구절에서 '高句麗'라는 명칭이 사용된 것도 《자치통감》의 서술 원칙에 따른 개서(改書)의 가능성이 매우 높은데, 앞서 나온 여러 기사들에서 '高句麗'라는 이름이 계속 사용되었기 때문에 일관성을 기하는 차원에서 개서된 것이라고 볼 수 있을 것이다.

요컨대 봉유의 상서문을 사료로 이용하려 할 때는 《자치통감》의 기사를 원본에 가까운 것으로 보고 접근해서는 안 되며, 3차 사료로서의 특성을 감안하면서 누락과 개필, 윤색 가능성을 늘 염두에 두는 것이 필요하다. 아울러 이 글에서 주시하고 있는 A-7의 백제 관련 기사가 《자치통감》에는 빠져 있다고 해서, 그것이 애초의 원본

략》은 현재 전해지지 않아 과연 내용의 축약과 변개가 어떻게 이루어졌을지 확인할 길은 없으나, 3차 사료로 내려오면서 산삭(刪削)과 함께 편사자(編史者)의 판단에 따른 변형이 가해짐으로써 원자료가 본모습을 잃게 되는 사례의 하나로서 참고할 만하다.

48) 그렇지만 이렇게 됨으로써 원래 '南摧强趙 東滅句麗 開境三千 戶增十萬'으로 4-4-4-4의 운율이 맞았던 문장이 4-5-4-5-5로 흐트러지고 말았다. 남쪽과 동쪽으로 적대 세력을 격파한 사실과 그 결과 영토와 인구가 늘어난 사실을 대구(對句)의 형태로 맞춰 놓았던 것이 파괴되면서, 적어도 문장상으로는 원문을 개악한 결과를 초래했다고 할 수 있다.

49) 이는 역으로 '滅'이라는 표현이 남은 《진서》 소재 상서문이 원형을 제대로 유지하고 있음을 뜻하는 것이다. 비록 고구려라는 나라가 사라진 것은 아니더라도 멸망시켰다고 자부할 수 있을 정도의 큰 타격을 주었다고 본 봉유의 생각이 그대로 반영된 표현이기 때문이다.

에서부터 없었을 것이라고 추정하는 것은 합당하지 않다. 앞서 강조했듯이 맥락이 잘 이어지지 않는 형태로 남아 있다는 것 자체가 《진서》 소재 봉유 상서문의 사료적 가치를 오히려 더 높여 주는 것이라 할 수 있다.

《진서》에 실린 봉유 상서문이 대체로 원본을 충실히 반영한 것임은 사실 A-4와 7 기사에 함께 보이는 '구려(句麗)'라는 명칭에서도 추론이 가능하다. 《진서》에는 고구려를 지칭하는 표현으로 '高句麗'와 '高句驪'가 주로 사용되었는데, 제기(帝紀)에서는 '高句驪'라고 표기한 예가 대다수이고, 재기(載記)의 경우 두 용례가 다 보이지만, 전자 즉 '高句麗'의 빈도가 훨씬 높다. 모용황 재기에서도 봉유 상서문을 제외하고는 모두 '高句麗'라는 명칭으로 일관되게 나오고 있다.[50] 그렇다면 봉유의 상서문을 인용한 기사에 재기의 일반적 표기 예로서의 '高句麗'가 아닌 '句麗'라는 이름으로 나타나는 것이 시사하는 바는 자명해진다. 봉유 상서문이 《진서》에 전재(轉載)될 때, 책 전체의 편찬 지침에 의거하여 石虎를 石季龍으로 개서한 것을 빼면, 적어도 옮겨진 부분에 있어서는 임의로 이름을 바꾸지는 않았음을 암시하는 것이다. '句麗'는 3세기 후반에 진수(陳壽)가 저술한 《삼국지》 위서 동이전에서도 고구려를 지칭하는 표기로 흔하게 사용되었는바,[51] 4세기 전반에 활동한 봉유가 고구려를 '句麗'로 표기한 것은 하등 이상할 것이 없다.

고구려의 국호와 관련하여 한 가지 첨언할 것은, 고구려를 시종일관 '高句麗'로 표기하는 것을 원칙으로 삼았던 《삼국사기》에서조차 설인귀(薛仁貴)와 문무왕(文武王)이 주고받은 외교문서를 인용한 부분에서는 당시 고구려의 정식 국호였던 '高麗'가 그대로 남아 있다는 사실이다.[52] 같은 책의 최치원 열전에 들어 있는 '상대사시중장

---

50) "其年皝伐高句麗 王釗乞盟而還", "咸康七年 皝遷都龍城 率勁卒四萬 入自南陜 以伐宇文高句麗", "高句麗王釗謂皝軍之從北路也", "慕容恪攻高句麗南蘇剋之置戍而還" 등의 구절에서 모두 '高句麗'라는 국명이 사용되었으며, 모용황 재기에 딸려 있는 모용한(慕容翰)과 양유(陽裕)의 열전에서도 각각 "作鎭遼東 高句麗不敢爲寇"와 "東破高句麗 北滅宇文歸 皆豫其謀 皝甚器重之"라 하여 '高句麗'로 통일되어 있다.

51) 《삼국지》에서는 고구려전의 "溝漊者 句麗名城也", "句麗作國 依大水而居", "句麗別種依小水作國", "句麗侯騶", "句麗王宮 數寇遼東", "拔奇遂往遼東 有子留句麗國", "今句麗王宮 是也", "句麗呼相似爲位", 동옥저전의 "其言語 與句麗大同", "徙郡句麗西北", "遂臣屬句麗", "句麗復置其中大人爲使者", "衣服禮節 有似句麗", "毋丘儉討句麗 句麗王宮奔沃沮", 읍루전의 "言語不與夫餘句麗同", 濊傳의 "自謂與句麗同種", "有廉耻 不請句麗", "言語法俗 大抵與句麗同", "漢末更屬句麗", "以嶺東濊屬句麗 興師伐之" 등의 문구에서 '句麗'라는 명칭이 사용되어 '高句麗'보다도 훨씬 더 많은 사용례가 확인된다.

52) 《삼국사기》 권7 신라본기7 문무왕 11년 7월 26일조 참조.

(上大師侍中狀)'에서도, 후반부에 '高句麗'로 개서된 예가 있기는 하지만, 대부분 '高麗'라는 국호로 표기되었다.[53] 이는 1차 사료가 2차 사료에 전재될 때, 국명이나 지명 등이 바뀌지 않고 그대로 실리는 경우가 대부분임을 잘 보여 준다.

지금까지 《진서》 모용황 재기에 실린 봉유 상서문의 사료적 성격과 그 가치를 살펴보았다. 그것은 비록 2차 사료에 전재되어 있기는 하지만, 기본적으로 원자료의 모습을 유지하고 있다는 점에서 1차 사료적 성격을 지닌다는 사실을 확인할 수 있었다. 기존의 연구에서 대부분 상서문 속에 나오는 '百濟'를 '夫餘'의 오기라고 판단하여, 백제 관련 기사로서의 사료적 가치를 인정하려 하지 않았지만, 봉유 상서문 기사의 사료적 성격을 고려할 때 그렇게 단정할 만한 근거는 아직 찾아지지 않는다고 해야겠다. 그러면 이제 절을 바꿔 과연 부여의 오기로 보는 것이 논리적으로 타당한지를 검토하도록 하자.

4. 봉유 상서문과 부여 멸망 기사에 보이는 '백제'

앞 절의 논의를 통해 알 수 있듯이, 봉유가 작성한 상서문의 원본 속에 '百濟'가 아예 들어 있지 않았을 가능성은 매우 낮다. 그렇지만 그것이 '夫餘'의 오기일 것이라는 주장이 계속 제기되어 왔으므로, 과연 그렇게 볼 수 있는지를 면밀히 따져 보는 작업이 필요해진다.

일단 이런 주장이 설득력을 갖기 위해서는 왜 하필 '夫餘'여야 하는지가 충분히 입증되어야 한다. 부여로 바꿔서 이해하려는 논자들의 인식 저변에는 전연의 주변 세력으로서 고구려, 우문부, 단부와 함께 거론될 수 있는 것은 부여 외에는 따로 없다는 생각이 깔려 있다.

그렇지만, 345년에 봉유가 상서문을 올릴 때까지 모용황의 재위 기간 중에 전연과 전쟁을 벌인 나라로 사료상 확실하게 드러나는 것은 고구려, 우문부, 단부 외에 앞서 본 A-4와 B-4에서 동일하게 '강조(强趙)'라는 이름으로 지칭된 후조(後趙)가 있을 뿐이다. 부여는 이 글의 서두에서 거론한 《자치통감》 진기(晉紀) 소재 백제 관련 기사에서 보듯이, 346년 정월에 세자 모용준이 지휘한 전연의 정예 부대의 공격

---

53) 《삼국사기》 권46 열전6 최치원 참조.

을 받고 멸망했다는 기사에서야 비로소 나타난다. 333년에 모용황이 모용외의 뒤를 이어 선비족 모용부의 수장이 된 이래 부여와는 어떤 형태의 접촉도 사료상 확인되지 않는다는 것이다. 물론 사서에 기록되지 않았다고 해도 지리적으로 격절되어 있지는 않았기 때문에 양자 사이에는 다양한 형태의 접촉이 있었을 테지만, 어쨌든 현재 남아 있는 사료에 아무런 흔적이 보이지 않는 것은 봉유 상서문 속의 '백제'를 '부여'의 오기로 파악하는 것을 주저하게 만드는 것임에 틀림없다. 이런 의미에서는 '백제'가 차라리 후조를 가리키는 표현으로서 '强趙' 또는 그 폄칭으로서의 '갈조(羯趙)' 정도를 대체한 표현이라고 해야 당시의 정황에 더욱 근접한 해석이 될 수 있다.

근자에 부여 오기설을 제기한 논자의 경우, 모용외가 수장으로 있던 시절인 285년에 모용부가 부여를 공격하여 만여 명을 포로로 붙잡아 왔던 사례를 들어 봉유 상서문 속의 '백제'를 '부여'로 보아야 한다고 주장하였다.[54] 그러나 상서문이 올려진 345년으로부터 물경 한 갑자나 앞선 시점에서 발생한 포로들이 굳이 여기서 함께 거론된다는 것은 어색하기 짝이 없다. 정황상 부여의 오기로 볼 수 없음은 《자치통감》에 실린 부여 멸망 기사에서 그 단서가 찾아진다.

이 기사를 보면, 부여가 처음 녹산(鹿山)이라는 곳에 자리 잡고 있다가 백제의 침략을 받아 부락이 쇠약해져 흩어진 뒤, 서쪽으로 연(燕)에 '가까운' 곳으로 옮겨가서[西徙近燕] 대비를 하지 않고 있었다[不設備]고 되어 있다. 만약 부여와 전연이 적대적 관계로 일관했다고 하면, 부여의 입장에서 볼 때 호랑이굴이라고도 할 수 있는 전연 근처로 옮기고, 아예 방비를 하지 않았을 리 없다. 오히려 그와 정반대로 부여의 지배층은 전연 가까이로 옮겨가야 나라의 안전을 도모할 수 있을 것이라고 판단하였고, 전연이 자신들을 공격하지 않을 것이라는 나름의 확신이 있었기에 별달리 방비를 하지 않았을 것으로 보는 것이 합리적이다.

3세기 후반에 부여가 모용부의 침략을 받고 한때 국망(國亡)의 상황까지 몰렸다가 서진(西晉)의 도움을 받아 복국(復國)을 한 것과 그 이후로도 한동안 모용부가 부여를 침탈한 것은 사료를 통해 분명히 확인되는 역사적 사실이다.[55] 그러나 부여와 모용

54) 여호규, 2015 앞 논문, 132~135쪽.

55) "至太康六年 爲慕容廆所襲破 其王依慮自殺 子弟走保沃沮 … 明年 夫餘後王依羅遣詣龕 求率見人還復舊國 仍請援 龕上列 遣督郵賈沈以兵送之 廆又要之於路 沈與戰大敗之 廆衆退 羅得復國 爾後每爲廆掠其種人 賣於中國 帝愍之 又發詔以官物贖還 下司,冀二州 禁市夫餘之口"(《진서》 권97 열전67 夫餘國)

부, 모용부와 서진의 관계가 줄곧 대립과 적대 관계로 이어졌다고 생각하는 것은 속단일 뿐이다. 모용외는 부여가 복국되자 얼마 후 서진에 사신을 보내 항복을 청하였고, 그 결과 서진의 무제(武帝)로부터 선비도독(鮮卑都督)에 배수되었다.[56] 이 사건은 모용부와 서진의 대립 관계가 청산됨과 동시에 부여에 대한 모용부의 침탈이 중지됨을 의미하는 것이었다. 서진이 나서서 복국시켜 준 부여를 모용부가 계속 침탈하는 것은 서진 황제의 권위를 부정하고 그에 대항하는 것으로 비쳐질 수밖에 없었기에, 적어도 모용부와 서진 사이의 관계가 파탄에 이르지 않는 한 모용부의 부여 침탈은 실행되기 어려웠던 것이다.

310년대에 들어와 영가(永嘉)의 난의 여파로 서진이 멸망하고, 곧이어 동진(東晉)이 강남(江南)에서 수립되는 혼란기를 맞았을 때, 모용외는 해로를 통해 사신을 건강(建康: 지금의 남경)에 파견하여 이전 서진과 맺었던 신속(臣屬) 관계를 유지하였으며,[57] 진의 평주자사(平州刺史) 최비(崔毖)의 세력을 꺾고 요동을 장악한 후에는 동진으로부터 '도독유평이주동이제군사(都督幽平二州東夷諸軍事) 거기장군(車騎將軍) 평주목(平州牧)'에 임명되고 '요동공(遼東公)'으로 책봉되기에 이르렀다.[58]

333년 5월 모용외가 죽고 그 뒤를 이은 모용황 역시 동진과의 우호 관계를 지속하였고, 337년 10월 '연왕(燕王)'을 자칭한 후에는 후조(後趙)에 칭번하며 함께 단부(段部)를 협공할 것을 청했다가, 338년 오히려 후조의 공격을 받아 패망의 위기까지 몰렸지만 결국 극복하였으며, 339년 10월에는 동진에 사신을 보내서 시기를 정해 함께 중원을 평정할 것을 제안하기도 하였다.[59] 동진은 341년 2월에 모용황에게 '사지절(使持節) 대장군(大將軍) 도독하북제군사(都督河北諸軍事) 유주목(幽州牧) 대선우(大單于) 연왕(燕王)'이라는 책봉호를 정식으로 내리고, 겸대홍려(兼大鴻臚) 곽희(郭悕)를 당시 연의 수도였던 극성(棘城)에까지 보내 책봉의 절차를 마무리짓도록

---

56) "遂復扶餘之國 廆謀於其衆曰 吾先公以來 世奉中國 且華裔理殊 强弱固別 豈能與晉競乎 何爲不和以害吾百姓邪 乃遣使來降 帝嘉之 拜爲鮮卑都督"(《진서》 권108 慕容廆 載記)

57) "征虜將軍魯昌說廆曰 今兩京覆沒 天子蒙塵 琅邪王承制江東 爲四海所係屬 明公雖雄據一方 而諸部猶阻兵未服者 蓋以官非王命故也 謂宜通使琅邪 勸承大統 然後奉詔令以伐有罪 誰敢不從 … 廆從之 遣長史王濟浮海詣建康勸進"(《자치통감》 권90 진기12 元帝 建武 元年 3월)

58) "以慕容廆爲都督幽平二州東夷諸軍事, 車騎將軍, 平州牧 封遼東公 單于如故"(《자치통감》 권91 진기13 元帝 太興 4年 12월)

59) "燕王皝自以稱王未受晉命 冬遣長史劉翔, 參軍鞠運來獻捷論功 且言權假之意 并請刻期大擧 共平中原"(《자치통감》 권96 진기18 成帝 咸康 5年)

하였다.[60]

요컨대 모용부(전연)와 진은 285년 모용부의 부여 침략을 계기로 첨예하게 대립하는 양상을 보였으나, 그 이후 반세기가 넘는 기간 동안 전자가 후자에 신속하는 모양새를 취하며 우호적인 관계를 유지하였다고 할 수 있다. 당시 세력이 미약했던 부여는 진의 권위에 기대어 모용부의 직접적인 침탈을 피할 수 있었던 것이며, 심지어는 전연에 가까운 곳으로 중심지를 옮기면서까지 그 보호막 안에 들어가고자 했던 것이라 하겠다.

그런데 전연의 왕 모용황은 봉유의 상서가 있었던 해인 345년 12월, 과거에는 제후가 즉위하면 각자 원년을 칭했다고 하면서 진의 연호 사용을 중단하고 스스로 12년이라고 칭하기 시작했다.[61] 동진으로부터 받은 책봉호를 폐기한 데까지 이른 것은 아니지만,[62] 이미 이때부터 모용황은 동진과의 관계 단절을 감수하며 독자적 행보를 취하겠다는 의사를 표명한 것이라고 할 수 있다. 전연의 부여 침공은 이 일이 있고서 바로 다음 달인 346년 1월에 실행되었으니, 결국 부여의 멸망은 전연과 동진의 우호 관계가 사실상 끝났음을 내외에 알리는 일대 사건이었던 셈이다.

따라서 《진서》 소재 봉유 상서문에 들어 있는 '백제'를 부여의 오기로 보면서, 345년 이전에 전연과의 전쟁 과정에서 고구려나 우문부, 단부처럼 부여의 포로가 발생했을 것으로 추정하는 것은 사료상으로도 확인되지 않을뿐더러 정황상으로도 맞지 않는 것이라 하겠다.

이제 마지막으로 남은 문제는 봉유 상서문 속의 '백제'가 '부여'의 오기일 수 없다는 것을 사료적으로 논증하는 것이다. 이미 앞 절에서 《진서》에 실린 봉유 상서문의 내용이 자의적으로 변개되었을 가능성은 매우 낮음을 살펴보았지만, 거기에 등장하는 '백제'가 특별히 '부여'를 잘못 기록한 것일 수는 없음을 《진서》 자체의 분석을 통해 확인해 보도록 하자.

먼저 부여 오기설의 입장에 설 때는 논지의 타당성을 확보하기 위해 반드시 입증

---

60) "乙卯 以慕容皝爲使持節,大將軍,都督河北諸軍事,幽州牧,大單于,燕王 … 詔遣兼大鴻臚郭悕 持節詣棘城 册命燕王"(《자치통감》 권96 진기18 成帝 咸康 5年 2월)

61) "燕王皝以爲古者諸侯即位 各稱元年 於是始不用晉年號 自稱十二年"(《자치통감》 권97 진기19 穆帝 永和 元年 12월)

62) 전연과 동진 사이의 조공-책봉 관계가 공식적으로 종식되는 것은 352년 전연이 서진하여 화북 지역의 동부를 차지하고 그 왕 모용준이 황제에 즉위하면서였다.

해야 할 것이 있다. 그것은 부여를 대신해서 왜 '하필이면' 백제라는 명칭이 들어갔는지를 밝히는 것이다. 상서문의 작성자인 봉유 자신은 물론이고 후대의 편사자 역시 부여가 아닌 백제로 기록해야 독자들이 혼란을 일으키지 않고, 오히려 실제 상황을 정합적으로 이해할 수 있다고 판단했어야, 현재와 같은 형태로의 명칭의 조정이 일어날 수 있다. 과연 그런 판단이 있었던 것일까?

주지하다시피 백제와 부여는 특별한 인연을 갖고 있다. 백제가 국가 형성 초기부터 부여와 관련을 맺었을 가능성은 거의 없다고 여겨지지만, 적어도 4세기 후반부터는 백제 왕실의 성씨가 분명히 '扶餘氏(餘氏)'였고, 5세기 후반 개로왕이 북위에 보낸 국서에서도 드러나듯이[63] 부여를 원류로 삼는 인식이 지배층 사이에 널리 퍼져 있었다. 538년 사비 천도와 함께 국호를 '남부여(南扶餘)'로 바꾼 것은 그런 인식이 강하게 반영된 결과였다.

그런데 문제는 중국인들이 백제와 부여의 이러한 관계를 얼마나 잘 알고 있었으며, 알고 있었다고 해도 봉유의 상서문에서 명칭이 바뀌어야 할 이유가 과연 있었겠느냐이다. 봉유가 상서문을 작성할 당시 부여는 백제와 별개로 만주 지역에 존재하고 있었다. 따라서 이 시기에 부여와 백제가 혼동될 이유는 당연히 없는 것이며, 그가 부여를 일부러 백제로 표기했을 가능성 역시 전혀 없다고 보는 게 순리이다.

그렇다면 《진서》를 편찬하던 단계에서 봉유 상서문을 옮겨 적으면서 원래 있던 부여를 백제로 일부러 바꾸었을까? 《진서》 모용황 재기에는 봉유 상서문 뒤에 약간 떨어져 《자치통감》 소재 부여 멸망 기사에 상응하는 기사가 실려 있다.[64] 봉유 상서문 속에 처음부터 '부여'로 되어 있었다고 한다면, 굳이 《진서》의 인용문에서 그 '부여'를 백제로 개서할 까닭은 없다고 보아야 한다. 아울러 모용황 재기에 앞선 모용외 재기에서도 이미 부여와 관련된 기사가 그대로 수록되었고, 열전에서도 역시 '부여'라는 이름으로 입전까지 되었는데, 이 부분에서만 부여를 백제로 바꿀 필요는 없었을 것이다.[65]

---

63) "延興二年 其王餘慶始遣使上表曰 … 臣與高句麗源出夫餘 先世之時 篤崇舊款"(《魏書》 卷100 列傳88 百濟國)

64) "三年 遣其世子儁與恪 率騎萬七千 東襲夫餘 克之 虜其王及部衆五萬餘口以還"(《晉書》 卷109 載記9 慕容皝)

65) 아울러 《진서》 부여국전에 백제와 관련된 어떤 내용도 실려 있지 않은 것은 편사자(編史者)가 백제 왕실이 부여를 자신들의 뿌리라고 인식하였다는 사실을 아예 몰랐거나, 설사 알았더라도 크게 주목하지 않았음을 의미한다. 이런 상황에서 원본의 부여를 백제로 개서하는 일은 발생하기 어렵다.

사료를 직접 확인할 길이 없기에 어디까지나 추정에 불과한 것이기는 하지만, 다음의 가능성도 한번 따져 볼 필요가 있다. 즉 중국의 사관이 백제가 6세기 중엽 한때 국호를 남부여로 바꾼 적이 있음을 알았다고 '가정(假定)'하고,[66] 그가 봉유 상서문 속의 '부여'를 접하고서 이는 필시 '백제'를 가리키는 것이라고 오해하여 원문의 '부여'를 '백제'로 개서한 것이 아닐까 의심을 해 보는 것이다. 6세기 후반에 백제라는 국호가 다시 일반적으로 쓰이게 되면서,[67] 원문처럼 '부여'라고 해서는 독자들이 혼동을 할 것이라는 우려에서 '백제'라고 바꿔 썼을지 모른다는 추정이 되겠다.

부여의 시조 동명(東明)의 후예인 '구태(仇台)'가 대방의 고지에서 백제를 세웠다고 하는 전승이 《주서(周書)》와 《수서(隋書)》, 《북사(北史)》 등에 전하는바, 중국인들의 머릿속에서 부여와 백제가 중첩되었을 여지가 전혀 없다고 할 수는 없다. 그러나 문제는 현재 《진서》에 실려 있는 봉유 상서문이 6세기 후반 이후에 변개된 것임을 증명할 길이 없다는 데 있다. 설사 변개되었다고 치더라도, 애초의 상서문 속의 부여가 6세기 중엽의 부여, 즉 남부여로 오인(誤認)됨으로써 변개가 이루어졌다는 것을 입증하는 것도 불가능하다. 비록 남부여가 부여로부터 나온 나라라고 해도, 남부여는 남부여이고 부여는 부여인 것이지, 후대의 남부여가 원래의 부여와 동일시되지는 않았을 것이기 때문이다.

지금까지 자못 장황하게 부여 오기설의 문제점을 다루었는데, 요지는 사실상 간단하다. 봉유 상서문에 들어 있는 백제가 부여를 잘못 기록한 것이라는 주장은 4세기 전반 부여를 둘러싼 국제 정세의 측면에서 볼 때도 성립될 수 없을뿐더러, 사료적으로도 입론의 근거를 확보할 수가 없다는 것이다. 따라서 《진서》 소재 봉유 상서문 속에 나오는 '백제'는 그 자체로 받아들여지는 것이 합당하다. 전연이 자리 잡고 있던 요서 지역과는 거리가 너무 떨어져 있었으므로 백제일 리가 없다는 것은 자료가 부족한 상황에서 흔히 갖기 쉬운 선입견일 뿐이며, '1차 사료'의 성격과 가치를

66) 앞의 주 20)에서 밝혔듯이, 《진서》 편찬에 저본 자료로 활용된 최홍(崔泓)의 《십육국춘추(十六國春秋)》나 범형(范亨)의 《연서(燕書)》, 고려(高閭)의 《연지(燕志)》 등은 모두 백제의 성왕이 국호를 '남부여(南扶餘)'로 바꾸기 전에 편찬된 책들이기 때문에, 사실 이런 가정 자체가 부질없는 것이기는 하다. 아울러 현재 전해지는 중국의 역사 기록에서 백제가 나라의 이름을 '남부여' 또는 '부여'로 바꾸었음을 알려 주는 것이 없다는 사실도 유념해야 할 사항이다.

67) 부여 능산리 절터에서 발견된 〈백제창왕명석조사리감(百濟昌王銘石造舍利龕)〉에 '百濟'라는 국호가 다시 쓰인 것을 보면, '남부여'라는 국호는 성왕 대 후반에 잠시 사용되었을 뿐이고, 그의 사후 위덕왕 대에는 본래의 국호인 '백제'로 돌아갔음을 확인할 수 있다.

제대로 이해하지 못한 데서 생긴 오판에 지나지 않는다.

실상이 이러하다면, 이 장의 서두에서 《진서》의 기사와 함께 거론된 《자치통감》 소재 부여 멸망 기사에서의 '백제' 또한 원점에서의 재접근이 필요해진다. 단편적이기는 하지만 《진서》에 수록된 봉유 상서문이 백제가 전연과 전쟁을 벌인 적이 있음을 전하는 이상, 시간적으로 매우 근접한 상황을 보여 주는 《자치통감》의 부여 멸망 기사에서 '백제'의 침략이 언급된 것을 단지 '고구려'의 오기일 것이라고 던져 버릴 수는 없다. 《자치통감》에 실린 기사는 비록 '3차 사료'에 해당한다고 할지라도, 2차 사료에서조차 그 실상이 제대로 파악되지 않는 현 시점에서는 선입견을 버리고 냉철하게 그 사실성 여부를 판별해야 한다.

그동안 많은 연구자들이 《자치통감》에 실린 부여 멸망 기사에서의 '백제'를 '고구려'의 오기라고 본 주된 이유는 백제와 부여 사이의 거리가 현격하게 멀다는 것 외에도, 당시 고구려가 북쪽으로 세력을 확장해 가던 추세에 있었기 때문에 아무래도 백제보다는 고구려로 보아야 정황상 들어맞는다는 것이었다. 부여가 쇠퇴하면서 고구려의 북진이 이루어지고 있었던 것은 〈모두루묘지(牟頭婁墓誌)〉에서 보이는 모두루의 조상 염모(冉牟)의 활약상 등으로부터 충분히 추지된다.[68] 하지만, 그렇다고 해서 백제가 부여를 공략한 적이 없다고 단정할 수는 없다. 고구려는 고구려대로, 백제는 백제대로 부여를 상대로 하여 군사 활동을 펼쳤을 수 있기 때문이다. 《자치통감》의 기사는 《진서》 모용황 재기의 기사와 연결하여, 4세기 전반의 어느 시점에 백제군이 전연과 부여가 위치해 있던 요하 일대에서 어떤 형태로든지 활동을 펼친 사실을 보여 주는 것으로 파악하고 새롭게 접근하는 것이 필요하다.

5. 맺음말

이 장에서는 일단 《진서》 모용황 재기 소재 봉유 상서문과 《자치통감》 소재 부여 멸망 기사의 사료적 가치를 확인한 것으로 만족하고, 논의를 그치고자 한다. 현재로서는 이 기사들 외에 백제군의 구체적인 활동상을 직접적으로 밝힐 수 있는 자료가 없기 때문이다. 백제군이 345년 이전에 요하 일대에서 활동한 적이 있음은 분

68) 韓國古代社會硏究所 編, 1992 《譯註 韓國古代金石文 Ⅰ》, 駕洛國史蹟開發硏究院, 91~102쪽 참조.

명하다고 판단되나, 안타깝게도 그 실상을 파악하는 데 도움을 줄 자료는 거의 남아 있지 않다.

하지만 그렇다고 해서, 백제의 성장 과정에서 매우 중대한 의미를 지녔을 이 사건에 대해, 자료의 부족이라는 이유만으로 연구 자체를 포기할 수는 없다고 본다. 비록 가설의 범주를 벗어나기는 어렵더라도, 당시의 상황에 최대한 근접한 추론을 시도함으로써 논의의 여지를 계속 만들어 갈 필요가 있다.

제4장
《양직공도》의 사료적 가치와 독법

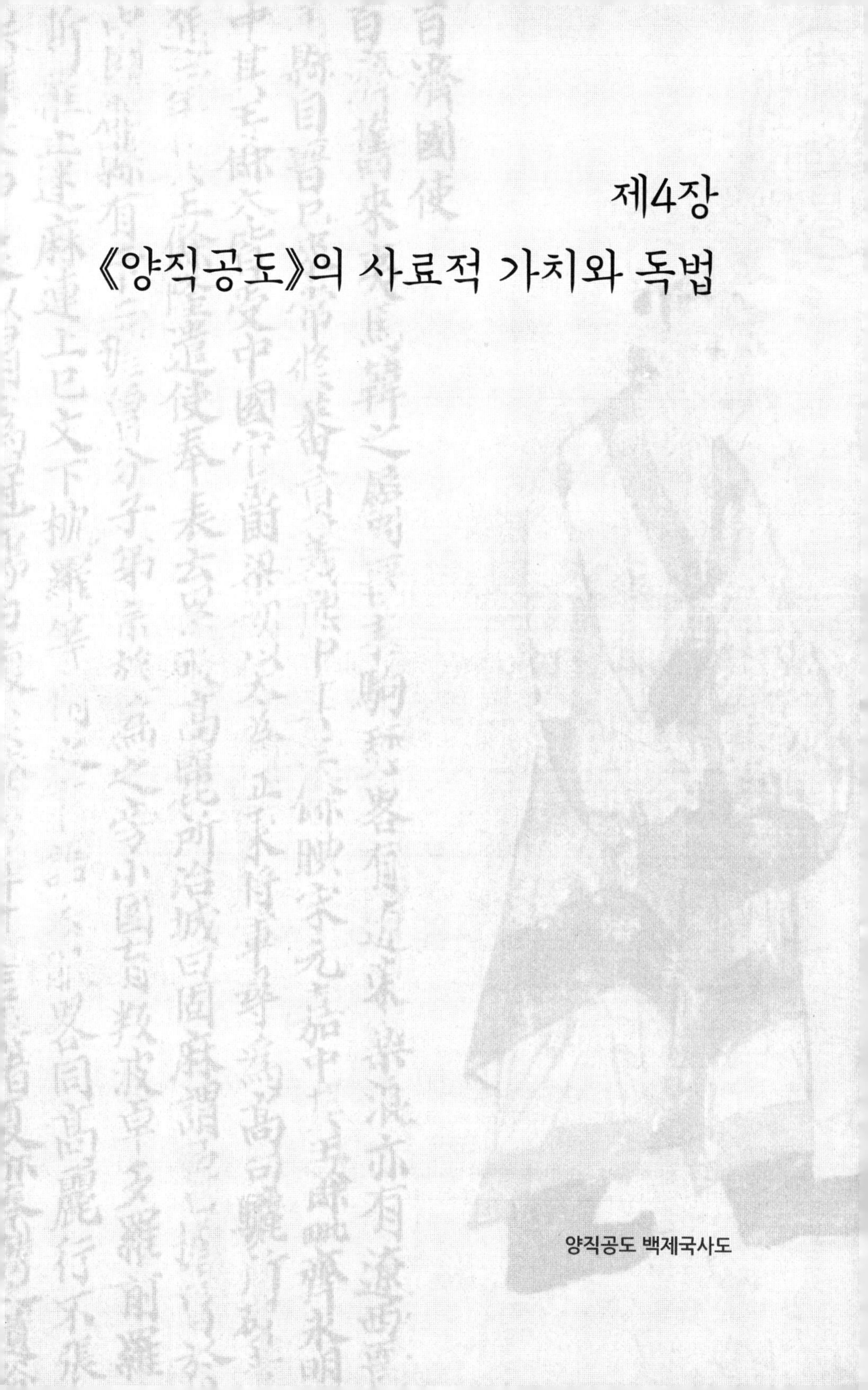

양직공도 백제국사도

1. 머리말

《양직공도(梁職貢圖)》는 중국 남조의 양나라(502~557)에 조공을 한 주변 국가 사신들의 모습을 그리고, 그 나라에 관한 설명을 제기(題記)의 형식으로 덧붙인 두루마리 그림이다(〈사진 24〉).[1] 양 무제의 아들로 훗날 황제[원제(元帝)]의 자리에 오르게 되는 소역(蕭繹)이 형주자사(荊州刺史)로 재임 중이던 520~530년대에 제작한 것으로 알려져 있다. 현재 남아 전해지는 것은 소역이 직접 그린 원본은 아니고 북송 시기인 1077년경에 모사된 것으로서, 1960년대 초에 중국의 남경박물원에서 발견되어 세상에 널리 알려지게 되었다.[2] 이 북송 대 모본(摹本)은 앞부분과 중간의 일부 및 뒷부분이 떨어져 나가 불완전한 상태로 남아 있는데, 사신의 모습이나 제기가 확인되는 13개가량의 나라들 가운데 우리의 고대 삼국 가운데 하나인 백제가 포함되어 있다. 그래서 지금까지 많은 학자들이 이 자료에 관심을 갖고서 다양한 연구를 진행해 왔다.

〈사진 24〉 양직공도 북송 대 모본(부분, 우측: 백제국사, 중앙: 구자국사, 좌측: 왜국사)

1) 이 글에서 활용하는 사진 가운데 24, 25는 深津行徳, 1999 〈台湾故宮博物院所蔵《梁職貢図》模本について〉《朝鮮半島に流入した諸文化要素の研究(2)》, 學習院大學 東洋文化研究所, 76쪽에서 스캔한 것이며, 26, 27, 28은 伏見沖敬 편저, 1999《合本 書藝大字典》, 교육출판공사에서 해당 부분들을 복사한 것임을 밝혀둔다.

2) 金維諾, 1960 〈職貢圖的時代與作者〉《文物》 1960-7.
이홍직, 1965 〈양 직공도 논고〉《고려대학교개교60주년기념논문집》; 1971 《한국고대사의 연구》, 신구문화사.

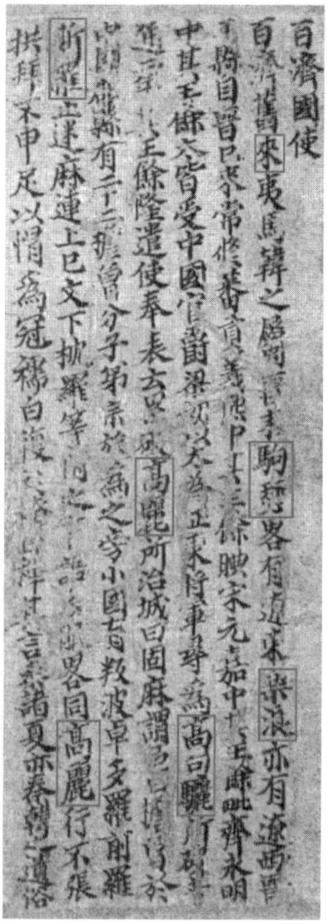

〈사진 25〉 북송 대 모본의 백제국사조

그러던 중 근자에 이르러, 비록 사신의 그림은 빠졌지만, 원래 양직공도에 실렸던 제기를 전록(轉錄)한 것으로 여겨지는 기록들이 새로 발견되었다. 청(淸) 대에 장경(張庚)이라는 인물이 베껴 그린 별도의 모본에 들어 있던 것이라고 하여 '장경 모본 제기'라는 이름이 편의적으로 붙은 이 기록에는 백제 외에도 북송 대 모본에 빠져 있던 고구려와 신라에 관한 제기도 들어 있다.[3]

신발견 장경 모본 제기에서 특별히 주목되는 것은, 백제에 관한 서술의 경우 애초에 북송 대 모본을 통해 알려진 것과 차이를 보이는 것들이 꽤 있다는 점이다. 그리고 이번에 처음으로 그 내용이 알려진 고구려와 신라 관련 제기에서는, 고구려의 경우 기존에 다른 사서들을 통해 접했던 기록과 비교할 때 그다지 새롭다거나 논란이 될 만한 것은 별로 없으나, 신라의 경우에는 고대 한일관계사의 측면에서 상당한 논란을 불러일으킬 만한 내용도 들어 있어, 심도 있는 논의의 필요성이 제기되는 상황이다.

이에 이 장에서는 북송 대 모본의 백제국사조(〈사진 25〉)와 장경 모본의 백제 및 신라 관련 제기의 내용을 중심으로 양직공도의 사료적 가치를 점검해 보면서, 이 자료들을 한국 고대사 연구에 어떻게 활용할 수 있을지 생각해 보도록 하자.[4]

---

3) 윤용구, 2012 〈《梁職貢圖》의 流傳과 摹本〉《목간과 문자》 9.

4) 한편 소역의 양직공도를 모사한 것이라고 여러 학자들이 추정하는 또 다른 모본 2종이 1980년대 후반에 대만의 고궁박물원에서 발견된 바 있다. 각각 '남당고덕겸모양원제번객입조도(南唐顧德謙模梁元帝蕃客入朝圖)'와 '당염립본왕회도(唐閻立本王會圖)'라는 이름으로 불리는 이들 모본은 제기는 없이 사신의 그림만 남아 전해지는데, 현존 북송 대 모본에서는 보이지 않는 고구려와 신라 사신의 모습도 확인된다(深津行德, 1999 앞 논문). 양직공도 연구가 제대로 이루어지려면 이들 이본 2종에 대해서도 세심한 논의가 이루어져야 하고, 제기가 전해지는 북송 대 모본과 장경 모본의 경우에도 백제뿐만 아니라 여타 국가들의 제기를 면밀히 비교 분석하는 작업이 함께 진행되어야 할 것이다. 그렇지만 논지가 산만해질 우려가 크기 때문에, 여기서는 백제와 신라 관련 제기를 주 대상으로 삼아 집중적인 논의를 펼치고자 한다.

2. 양직공도의 백제 관련 기록의 검토

우선 양직공도에 실린 백제 관련 제기의 내용을 모본에 따라 구분하여 표로 제시하면 다음과 같다.

〈표 11〉 모본별 양직공도 백제국사 제기의 내용 비교

A-1. 북송 대 모본	A-2. 장경 모본[5]
ⓐ 百濟 舊來夷馬韓之屬	ⓐ 百濟**國** 舊東夷馬韓之屬**也**
ⓑ 晉末**駒瑟**旣略有遼東 樂浪亦有遼西晉平縣	
ⓒ 自晉已來 常修蕃貢 義熙中 其王餘腆 宋元嘉中 其王餘毗 齊永明中 其王餘太 皆受中國官爵 梁初以**太**爲征東將軍	ⓑ 自晉以來 嘗修蕃貢 義熙中 **有百濟**王夫餘腆 宋元嘉中 **有百濟**王夫餘毗 齊永明中 **有百濟**王夫餘太 皆受中國官爵 梁初以爲征東將軍
ⓓ 尋爲高句驪所破	
ⓔ 普通二年 其王餘隆 遣使奉表云 累破高麗	
ⓕ 所治城日固麻 謂邑檐魯 於中國郡縣 有二十二檐魯 分子弟宗族爲之	
ⓖ 旁小國有叛波, 卓, 多羅, 前羅, 斯羅, 止迷, 麻連, 上巳文, 下枕羅等附之	
ⓗ 言語衣服 略同高麗 行不張拱 拜不申足 以帽爲冠 襦日複衫 袴日褌	ⓒ **其**言語衣服 略**與**高**句驪等仝** **其**行不張拱 拜不申足**則異** 帽日冠 襦日複衫 袴日褌
ⓘ 其言參諸夏 亦秦韓之遺俗	ⓓ 普通二年 奉表獻貢

위에서 보듯이 북송 대 모본의 기록(A-1)이 장경 모본의 기록(A-2)보다 분량이 많다. 전체적으로 볼 때 후자 즉 A-2가 전자 곧 A-1의 내용을 절반 정도로 줄인 것이라고 할 수 있으며, A-1에 없던 내용이 A-2에서 새로 확인되는 것은 없다.[5]

그런데 두 기록에 함께 나오는 내용들을 비교해 보면, 완전히 똑같은 것이 아니라 자구의 차이도 있고 순서의 변화도 발견된다. 예컨대 A-2 ⓐ의 '國', '也', ⓑ의 '夫', ⓒ의 '其', '則異' 등은 A-1에 없던 글자들이 추가된 것이며, 반면에 A-1 ⓒ의 마지막 문구에 들어 있던 '太 '가 A-2 ⓑ에서는 누락되어 있다. 그리고 A-2 ⓐ의 '東', ⓑ의 '以'와 '嘗'은 각각 A-1 ⓐ의 '來', ⓒ의 '已', '常'과 다르게 쓰인 글자들이다.

한편 A-1 ⓒ에서 '其'로만 표현되어 있던 것이 A-2 ⓑ에서는 '有百濟'로 바뀌어 나

5) 장경 모본의 백제국사 제기는 윤용구, 2012 앞 논문의 부록으로 실린 사진 자료를 확인한 후 인용하였다. 후술할 신라국사 제기도 마찬가지이다.

오고, A-1 ⓗ에서 '略同高麗', '以帽爲冠'으로 쓰여 있던 것은 A-2 ⓒ에서 '略與高句驪等仝', '帽曰冠'으로 자구 자체가 변경되어 있다. 아울러 A-2 ⓓ의 기록은 A-1 ⓔ에 나오는 내용을 압축하면서 표현도 수정한 후, 기재 순서를 뒤로 뺀 것이다.

그렇지만 이와 같은 표현상의 상이점들에도 불구하고, 함께 실려 있는 부분은 내용상으로 두 기록이 크게 차이나지 않는다. 몇몇 자구에서 미세한 차이가 발견되더라도, 그것이 곧 자구의 본래 의미를 변화시킬 정도는 아닌 것이다. 이는 북송 대 모본이나 장경 모본이 애초에 소역이 제작한 양직공도의 제기 내용을, 그대로 옮겼든 줄여서 실었든 간에, 나름대로 적절히 반영하고 있음을 뜻한다. 사실 북송 대 모본도 원래 있던 전문을 옮긴 것이 아니라 장경 모본처럼 일정하게 축약한 것일 가능성을 상정해 볼 수 있으나,[6] 여하튼 현재 양쪽에 남아 있는 내용이 양직공도의 원문에서 유래한 것만은 확실하다고 판단된다.

그러면, 북송 대 모본과 장경 모본의 기사들을 좀 더 세밀히 검토하면서 양직공도 소재 백제 관련 기록의 내용을 알아보도록 하자.

먼저 A-1 ⓐ과 A-2 ⓐ를 보면, 전자에는 '國'과 '也'가 없음에 반해 후자에는 들어 있다. 애초의 원문에 어떻게 나와 있었을지는 알 수 없지만, 어느 쪽이든 간에 내용에 있어서 별 차이는 없다. 문장 구조의 측면에서 보면, 종결사 '也'가 들어간 후자가 상대적으로 완결성이 높기는 하나, 전자처럼 문장을 써도 아무 문제가 없다. 애초의 원문은 전자처럼 되어 있었는데 후자를 기록한 자가 옮기는 과정에서 '國'과 '也'를 임의로 보충한 것일 수도 있고, 원래는 후자와 같이 되어 있었는데 전자의 기록자가 부주의했거나 불필요하다고 생각하여 이들 두 글자를 뺀 것일 수도 있다.

정작 여기서 문제가 될 수 있는 것은 A-1 ⓐ에서 보이는 '來'이다. 원문에 이처럼 나와 있었다고 가정하고서 ⓐ 기사를 해석하면, "백제는 옛날[舊] '來夷' 마한에 속하였다." 또는 "백제는 옛날부터[舊來] '夷' 마한에 속하였다." 정도가 될 것이다. 마한을 흔히 '東夷'라고는 불러도 '來夷'라고 표현한 예가 없기 때문에 전자의 해석은 어딘지 어울리지 않는 느낌이 들고, 후자처럼 마한을 그냥 '夷'라고만 부르는 것도 어색하기는 마찬가지이다. 특히 후자와 같이 해석을 할 경우, 백제는 이전 시기뿐 아니라 당시까지도 마한에 속해 있다는 의미가 되기 때문에 실제와 어긋나게 된다.

그래서 여기서의 '來'는 원문을 옮겨 쓰는 과정에서 생긴 오기(誤記)일 가능성이 높

---

6) 윤용구, 2012 앞 논문.

〈사진 26〉 東(좌)과 來(우)의 초서체

다고 하겠는데, 문맥상으로 볼 때나 자형의 유사함을 감안할 때(〈사진 26〉 참조), '東'을 잘못 적은 것이 아닐까라는 추측을 쉽게 해 볼 수 있다. 그리고 이런 추측은 바로 A-2 ⓐ 기사에서 해당 글자가 '來'가 아닌 '東'으로 명기되어 나옴을 통해 정당함을 인증 받게 된다.

이와 같은 오기는 특히 외국과 관련된 지명이나 인명 등의 고유명사에서 흔히 나타나는바, A-1 ⓑ에 보이는 '駒瑟'은 그 대표적인 사례로 거론될 수 있다. A-1 ⓑ는 그동안 백제의 요서 지역 진출설과 관련하여 학계의 논란을 야기한 기사인데, 그에 관해서는 후술하기로 하고, 여기서는 일단 요동 점령의 주체로 표기된 '駒瑟'의 실체에 관한 논의부터 해보도록 하자.

A-1 ⓑ 기사의 '駒瑟'은 다른 어느 기록에도 보이지 않는 이름이다. 하지만, 여러 사서들을 살펴볼 때 그것이 고구려를 가리킨다는 것은 의문의 여지가 없다. 고구려가 4세기 후반 한때, 그리고 5세기 초 이후에는 멸망 시까지 줄곧 요동을 점령한 나라였음은 주지의 사실이고, 양직공도보다 앞서 편찬된 《송서》를 비롯하여 《양서》와 《남사》 등의 백제전을 보면, 백제가 요서 지방을 점령하기에 앞서 '高驪'(《송서》) 혹은 '句驪'(《양서》)나 '句麗'(《남사》) 즉 고구려가 요동을 공략하여 차지하였음을 분명히 밝혀 놓았기 때문이다. 사실 양직공도에 실린 이 기사는 송(420~479)이 멸망한 지 9년 만인 488년에 편찬된 《송서》 백제전의 '百濟國 本與高驪俱在遼東之東千餘里 其後高驪略有遼東 百濟略有遼西 百濟所治 謂之晋平郡晋平縣'이라는 기사와 매우 유사하다. 따라서 A-1 ⓑ 기사의 '駒瑟'은 고구려를 지칭하는 어떤 표기를 잘못 옮겨 적은 것으로 봄이 합당하다.

그렇다면 원래의 표기는 어떤 것이었을까? 우선 앞 글자 '駒'는 '句'를 대신하여 사용된 것으로, '句'의 좌변에 '馬'를 일부러 넣은 것이라 할 수 있다. 이는 《송서》나 《양서》에서 뒷 글자에 '麗' 대신 '驪'를 쓴 것과 같은 이치인데, 남조의 지배층이 고구려를 짐승의 부류로 멸시한 데서 비롯된 것일 수도 있고, 고구려의 장수왕이 즉위한 이듬해(413)에 동진에 사신을 보내어 자백마(赭白馬)를 바친 것과 439년에 송에 군마 800필을 보낸 것 등이 일정하게 영향을 미쳐 고구려는 곧 말[馬]의 나라라는 인식이 남조 지배층의 뇌리에 뿌리내린 결과일 수도 있다.[7] 여하튼 '駒'는 고구려와 관련을 지을 수 있는 글자이므로 애초에, 아마도 소역이 제작한 원본에서부터 그렇게 나왔을 가능성이 크다고 여겨진다.

〈사진 27〉 麗(좌)와 瑟(우)의 초서체

한편 뒷 글자 '瑟'은 아무리 찾아보아도 고구려와 관련될 여지가 없다. 이것은 필시 '麗'자를 옮겨 쓰는 과정에서 오독이 발생한 것일 가능성이 큰바, 과연 〈사진 27〉에서도 확인할 수 있듯이 두 글자는 붓으로 썼을 때 자형이 흡사하다.

결국 현존 양직공도의 북송 대 모본에 보이는 '駒瑟'은 '駒麗'를 잘못 옮긴 것이라 할 수 있겠는데, 여기서 한 가지 유의해야 할 점은 '麗'가 '瑟'로 오독되었다는 것이 어떤 의미를 지니는가이다. 이는 전록자의 역사에 관한 지식의 수준이 그다지 높지 않았음을 뜻하는 것이기도 하지만, 전록자가 참고한 자료가, 그것이 소역이 직접 만든 원본이었든 그것을 베낀 비교적 이른 시기의 모본이었든 간에, 현재 북송 대 모본에서 보는 것과 같은 정자체 즉 해서로 쓰인 것이 아니었을 가능성을 시사하는 것이다. 동진의 왕희지 이후 초서나 행서 같은 흘림체가 유행하였음을 감안할 때도, 애초의 자료는 '麗'와 '瑟'이 혼동될 여지가 큰 흘림체, 다시 말해 초서로 쓰여 있었을 것으로 판단된다. 이 점은 향후 양직공도 연구에서 유념할 필요가 있다.

다음으로 생각해 볼 것은 위에서 거론하였듯이, A-1 ⓑ 기사에서는 고구려를 가리키는 이름이 《송서》나 《양서》 등과는 달리 뒷 글자가 아닌 앞 글자에 '馬'가 들어갔다는 점이다. 이는 후대의 전록 과정에서 자의적으로 변경되었을 가능성도 물론 상정해 볼 수 있겠으나, 소역이 처음 양직공도를 제작할 당시에 활용한 자료에서부터 그렇게 기록되어 있었을 가능성이 더욱 크다고 여겨진다. 앞서 언급한 바와 같이 역사 관련 지식이 부족한 전록자가 원본의 고유명사를 일부러 고쳐서 기록했을 가능성은 높지 않아 보이기 때문이다. 아울러 A-1 ⓑ 기사는 전술한 것처럼 《송서》 백제

7) '고구려'라는 이름의 글자 중 하나에 '馬'가 들어간 것은 이미 《한서》의 지리지와 왕망전(王莽傳) 등에서 '高句驪'라고 표기함에서부터 비롯되었다. 이후 《삼국지》에서 '고구려高句麗'라고 기록하면서 변화가 있었으나, 송 대에 범엽(范曄)이 《후한서》를 편찬할 때 다시 '高句驪'라는 표현을 썼고, 이후 남조에서는 고구려의 국명에 '馬'가 들어간 글자가 일반적으로 사용되었다.

전의 기사와 내용상 상당한 유사성을 보이는데, 《송서》에 기록된 '高驪'가 아닌 다른 표기를 보인다는 것은 양직공도의 제작자 소역이 참고한 자료가 《송서》와는 별개 계통의 것이었음을 의미하는 것일 수 있다. 양직공도의 제기를 작성하는 데 활용된 자료들이 모두 소역 자신이 직접 발췌한 것은 아닐 수 있고, 그럴 경우 소역에게 자료를 정리하여 제공한 자들이 임의적으로 '駒麗'라고 바꾸었을 가능성은 충분히 고려해야겠지만, '句驪'라면 모를까 '高驪'를 '駒麗'로 변경했을 가능성은 높지 않아 보인다. 이는 결국 백제의 요서 진출과 관련된 기록이 《송서》 외에도 존재하고 있었음을 암시하는 것으로, 앞으로 이 방면 연구를 할 때 고려 대상에 넣어야 할 것이다.

고구려의 표기와 관련하여 또 하나 주목해야 할 것은 북송 대 모본의 경우, 지금까지 거론한 '駒麗'만이 아니라 '高句驪'(A-1 ⓓ), '高麗'(A-1 ⓔ, ⓗ) 등으로 다양하게 나온다는 사실이다. 이것은 소역이 양직공도의 제기를 기록할 때 활용한 자료들이 여러 계통이었음을 알려 주는 것이기도 하고, 설사 그가 '高句驪'와 '駒麗', '高麗'가 동일한 실체임을 알고 있었다고 하더라도 원자료의 표기를 일부러 하나로 통일시키지 않았음을 말해주는 것이다. 향후 양직공도의 사료적 성격을 이해함에 있어, 이 점도 간과해서는 안 될 것이다.

그러면, 이제부터는 북송 대 모본에는 실렸던 것들이 장경 모본에서 빠진 채로 나오는 것을 어떻게 이해해야 할지 생각해 보도록 하자. 위의 〈표 11〉에서 보듯이, A-2 즉 장경 모본의 제기에서는 A-1 즉 북송 대 모본에 실려 있던 것들이 상당 부분 누락되어 있다. 지금까지 상세하게 검토한, 요서 진출 관련 기사인 A-1 ⓑ를 비롯하여, 백제가 고구려에게 격파당한 적이 있음을 알리는 A-1 ⓓ, 백제의 도읍 명칭과 지방 통치 체제에 관해 서술한 A-1 ⓕ, 백제 주변의 나라로서 백제에 부용된 소국들을 거론한 A-1 ⓖ, 그리고 백제에서 쓰는 단어들 가운데 중국의 것을 따른 것이 많음을 언급하고서 그 이유를 진한의 유속(遺俗)이라고 설명한 A-1 ⓘ 등이 그 누락된 부분에 해당한다. 또 A-2 ⓓ를 보면, A-1 ⓔ의 내용이 일부 반영되기는 했으나, 보통 2년(521) 양에 사신을 보낸 백제 무령왕의 이름 '여융(餘隆)'과 그의 국서에 들어 있던 '누차 고려를 격파했다[累破高麗]'라는 표현이 빠져 있다. 이처럼 장경 모본 즉 A-2에서 누락된 부분들은 대체 왜 빠진 것일까?

이에 대해 답하기에 앞서 한 가지 확실하게 짚고 넘어가야 할 점이 있다. 그것은 바로 A-2에는 보이지 않고 A-1에만 나온다고 해서, A-1에 실린 기사들이 본래부터 있던 기사임을 불신하거나 그 사료적 가치를 부정하려고 해서는 안 된다는 것이다. A-2의 기사들은 본래의 것이 상당 부분 누락된 상태로 남아 있는 것이고, 반면에 A-1의 기사들은 원래 없던 것을 후대의 전록자가 자의로 추가한 것이 결코 아니라는 것을 인식하고서 문제에 접근해야 한다.[8)]

A-2에서 원래의 내용이 많이 누락된 이유를 제대로 알기 위해서는 일단 남아 있는 부분의 특징을 찾아보는 작업부터 시작하는 것이 필요하다. 장경이 모본을 만들 때 제기를 옮기면서 관심을 가졌던 부분이 무엇이었는가를 알면, 옮기지 않은 부분의 성격을 이해하는 데에도 도움을 얻을 수 있을 것이기 때문이다.

A-2에 남아 있는 기사들의 내용은 백제의 유래를 서술한 것(A-2 ⓐ)과 백제와 중국 역대 왕조 사이의 교류를 언급한 것(A-2 ⓑ), 백제의 언어와 의복 등에 관해 소개한 것(A-2 ⓒ), 그리고 양나라 때의 양국 간 교류 사실을 적은 것(A-2 ⓓ) 등으로 정리될 수 있다. 중국인의 입장에서 관심을 가질 만한 것들로 채워져 있음을 금방 알아차릴 수 있다. 양직공도 자체가 각국 사신의 모습을 그린 것이므로 그 나라의 의복에 관한 서술을 남긴 것은 어쩌면 당연한 일일 테고, 언어 관련 서술의 경우도 복식과 관련된 것으로 중국과 유사한 면을 보이는 사례들을 선별한 것이어서 충분히 이해가 가는 것이다.

반대로 누락된 것들은 대부분 백제의 내부 사정을 전하는 것(A-1 ⓕ)이거나 백제와 주변 국가 사이의 관계를 서술한 것들(A-1 ⓓ, ⓔ, ⓖ)이다. 이런 것들은 장경과 같은 후대의 중국인이 특별하게 관심을 기울일 만한 내용들이 아니며, 원래의 기사를 줄여서 싣고자 할 때 가장 먼저 빠질 수밖에 없는 것들이다.

한편 이런 관점에 설 때, 백제의 요서 진출과 관련된 A-1 ⓑ는 중국과 관련된 것이어서 얼핏 생각하면 남아 있어야 했을 것으로 보인다. 그렇지만 이 기사는 또 다른 차원에서 누락이 불가피했을 것으로 판단되는바, 그것은 바로 문맥상으로 볼 때 기사의 내용이 쉽게 이해되지 않는 점이 있기 때문이다.

A-1 ⓑ는 해석하자면, "진나라 말기에 '駒麗'가 이미 요동을 공략하여 차지하자, '樂浪'이 또한 요서 진평현을 차지하였다."가 된다. 분명히 백제에 관한 기술인데 느

8) 처음 장경 모본의 존재가 알려졌을 때, 거기에 A-1 ⓑ의 요서 진출 관련 기사가 보이지 않는다고 해서 마치 큰 문제가 되는 것인 양 보도되기도 하였다. 그렇지만 이는 사료에 대한 기본적인 이해의 부족에서 나온 기우일 뿐, A-1을 불신할 근거가 될 수는 없다.

닷없이 '樂浪'이 요서 지역을 차지한 사실이 거론되어 있는 셈이니, 맥락이 이어지지 않는다고 여기는 것은 어쩌면 자연스럽다고도 할 수 있다. 아마 장경도 이런 이유로 이 기사를 옮겨 적지 않았을 가능성이 크다고 여겨진다.

그러면 이제 A-1 ⓑ의 독법과 관련된 논의를 본격적으로 해 보도록 하자. 종래 이 기사를 근거로 백제의 요서 진출을 부정하려고 하는 견해들이 여러 차례 나온 바 있다.[9] 양직공도에 요서 지방을 점령한 주체가 '낙랑'으로 나오고 있으니, 백제의 요서 진출은 사실로 볼 수 없다는 것이다. 이 기사는 313년 무렵 낙랑과 대방에 머물던 세력 가운데 일부가 요서 지역의 모용씨 세력에게 귀부해 간 것을 전하는 것으로서, 《송서》 등에 나오는 백제가 요서 지역에 군사적으로 진출했다는 전승은 와전된 것일 뿐이라는 주장이 계속 이어졌다.

언뜻 보면 엄격한 사료 비판의 토대 위에서 제기된 합리적 주장처럼 보이기도 하지만, 여기에는 치명적인 논리적 결함이 도사리고 있다. 우선 백제의 요서 진출 사실은 양직공도에서 처음 나온 것이 아니라는 점이다. 이미 거론하였듯이 그보다 40~50년 전에 편찬된 《송서》 백제전에 관련 기록이 나왔으며, 양직공도를 참고하여 작성된 것으로 추정되는 《양서》 백제전에도 그 사실이 실려 있다. 그런데 이들 자료는 모두 고구려가 요동을 점령하자 백제 역시 요서를 공략하여 차지하였음을 분명히 전하고 있다. 《송서》 백제전에 전하는 내용이 사실과 다르게 와전된 것임을 증명하지 못하면서, 시간적으로 뒤진 양직공도 백제국사조의 기록에만 의지하여 전자의 사료적 가치를 무시하거나 부정하려는 것은 올바른 사료 비판의 태도가 아니다. 더욱 유의해야 할 것은 양직공도보다 1세기 정도 뒤늦은 당나라 정관 연간에 편찬된 《양서》에는 양직공도에서처럼 낙랑이 요서 지방을 점령한 주체로 되어 있지 않고, 《송서》의 서술과 마찬가지로 백제가 진출의 주체였다고 적혀 있다는 점이다. 이는 곧 《양서》의 편찬자인 요사렴(姚思廉)과 《양서》 편찬의 저본이 된 자료를 요사렴에게 물려준 그의 부친 요찰(姚察)이 양직공도의 서술에 문제가 있다고 판단했기 때문에 다시 《송서》처럼 서술 내용을 바꾼 것이라고 봄이 순리일 것이다.

이와 관련하여 다시금 상기해야 할 것은 이 기사가 낙랑이 아니라 백제 사신의 그

9) 이홍직, 1965 앞 논문; 유원재, 1995 〈백제의 요서영유(설)〉 《한국사》 6, 국사편찬위원회; 김기섭, 1997 〈백제의 요서경략설 재검토: 4세기를 중심으로〉 《한국고대의 고고와 역사》, 학연문화사.

림에 덧붙어서 나온다는 사실이다. 백제 사신의 모습을 그리고 백제에 관한 설명을 덧붙인 자료인 이상, 낙랑민의 이주 사실이 특별히 기록될 이유는 없다. 그리고 낙랑은 요서 지방을 공격하여 차지한 것이 아니라, 그곳을 장악하고 있던 모용씨 세력에게 귀부해 간 것일 뿐이라는 점도 유념하지 않으면 안 된다. 요컨대 양직공도의 기사 A-1 ⓑ를 빌미로 백제의 요서 진출 사실을 부정하려는 논의는 객관적이고 합리적인 입장에서 출발한 것이라고 볼 수 없으며, 그럴 리가 없다는 선입견에 기반을 두고서, 비유컨대 과녁과는 엉뚱한 방향으로 잘못 쏜 화살에 불과한 것이다.

그렇지만 어쨌든 이 기사가 정상적인 해석으로는 쉽게 납득되지 않는 점이 있음은 확실하다. 한반도 서북부에 자리 잡고 있던 낙랑이 요서 진출의 주체인 것처럼 상정한다면, 앞서도 언급한 바와 같이 이 기사가 백제국사조에 실려야 할 이유가 마땅치 않은 것이다. 그래서 그동안 이 문제를 해결하기 위한 하나의 방법으로 끊어 읽기를 새롭게 해 보려는 시도가 있었다.[10] 즉 '晉末駒麗旣略有遼東/ 樂浪亦有遼西晉平縣'으로 끊어 읽지 않고, '晉末駒麗旣略有遼東樂浪/ 亦有遼西晉平縣'으로 끊어 읽자는 것인데, 이렇게 되면 해석은 "진나라 말기에 (고)구려가 이미 요동과 낙랑을 공략하여 차지하자, (백제) 또한 요서 진평현을 차지하였다."로 바뀔 수 있다. 여기서 낙랑은 요동과 함께 고구려에 의해 점령당한 객체로 변화하게 되고, 요서 진평현을 차지한 주체는 고구려가 아니라 일종의 숨어 있는 주어로서 앞 문장에서 이미 주어로 나온 백제가 된다는 것이다. 실제로 낙랑은 고구려에 의해 4세기 초에 정복되었기 때문에 이런 시각에서 접근해야 당시 상황과 부합한 이해가 가능해지며, 이 기사가 백제국사조에 실리게 된 이유도 비로소 설명될 수 있다는 것이다.

이런 새로운 해석을 처음 제시한 이는 북한의 학자 김세익이었는데, 아마도 당시 북한 학계를 이끌던 박시형과 김석형 등이 민족주의 사학자 정인보의 영향을 받아 〈광개토왕릉비문〉의 신묘년조를 끊어 읽기를 달리 하여 새롭게 해석하려고 하는 것을 보고서 영감을 얻었을지도 모르겠다. 아무튼 이러한 시도는 백제국사조와 이 기사의 정합성을 제고하였다는 점에서 앞서 본, 백제의 요서 진출 여부에 대해 부정적인 입장에 서 있던 이들의 사료 해석에 비해서는 진일보한 것으로 평가할 만하다.

그러나 다시 엄밀하게 따져 본다면 이런 식의 이해도 심각한 문제를 지니는 것은

10) 김세익, 1967 〈중국 료서지방에 있었던 백제의 군에 대하여〉《력사과학》 1967-1, 3호.

마찬가지이다. 바로 양직공도보다 앞서 편찬된《송서》의 관련 기록에서는 낙랑이 아예 보이지 않았고, 그 자리에 백제가 대신 들어 있었기 때문이다. 이는《양서》에서도 같은 양상으로 나타난다. 이처럼 다른 관련 기록들에서 고구려에 의해 점령당한 지역으로 요동만 거론되었지 낙랑이 함께 언급되지 않았으며, 요서를 차지한 주체로 백제가 생략되지 않은 채 노출되어 있다는 사실은 양직공도의 해당 기록을 끊어 읽기를 다르게 하여 해석하는 것이 매우 무리한 것임을 보여 준다. 그리고 적어도 A-1 ⓑ 기사만을 놓고 문장을 해석할 때, 처음에 제시했던 것처럼, 낙랑이 고구려에 공략당한 객체가 아니라 요서 진평현을 차지한 주체로 보는 것이 문리상 조금도 어색하지 않다는 것은 누구라도 수긍할 수 있는 바이다.

그렇다면, 도대체 이 기사는 어떻게 이해하는 것이 올바른 것일까? 백제국사조에서 낙랑이 백제 대신 요서 진출의 주체로 나오는 이 미스터리를 어떻게 해결할 수 있을까? 이에 대해 저자는 이미 십여 년 전 나름의 견해를 밝힌 적이 있는데,[11] 여기서 다시 그 요지를 되새겨 보자면 다음과 같다.

백제는 372년에 동진에 처음으로 공식 사절을 보내어 조공을 바쳤는데, 이에 동진은 보답의 차원에서 백제의 근초고왕에게 '영낙랑태수(領樂浪太守)'라는 직함을 수여하였다. 이 사건은 동진의 지배층에게 백제가 '낙랑'으로도 인식되는 계기가 되었고, 그 결과 백제가 요서 지방에 군대를 보내 그 지역을 점령한 일이 발생했을 경우, 이는 사실상 백제의 진출이지만 '낙랑'의 진출로도 받아들여질 여지가 생기게 되었다. 백제가 지녔던 이러한 이중적 위상이 양직공도 백제국사조에서 백제가 아닌 '낙랑'을 요서 진출의 주체인 것처럼 기록하게 한 배경이 되었다는 것이다.

물론 백제가 동진 이후 양나라 시기까지 줄곧 낙랑과 동일시되었던 것은 아니었다. 백제왕이 낙랑태수라는 직함을 함께 띠었던 것은 4세기 후반의 길지 않은 기간에 한정되었을 것으로 보이지만, 어쨌든 그런 사실이 있었다는 것 자체가 후대에 남조의 지배층으로 하여금 백제와 낙랑을 의도적이든 그렇지 않든 혼동하여 인식하게 하는 계기가 되었을 것은 분명하다. 양직공도를 제작한 소역 자신이 그런 인식을 지녔을 수도 있고, 그에게 백제국사조 서술의 바탕이 된 자료를 제공한 이가 그와 같은 생각에서 백제 대신 낙랑을 적어 놓은 것일 수도 있다. 어느 쪽이든 간에 6세기

11) 강종훈, 2003 〈4세기 백제의 요서 지역 진출과 그 배경〉《한국고대사연구》30.

전반 당시 남조 지배층의 백제 인식의 일단을 보여 주는 것임에는 차이가 없으며, A-1 ⓑ의 기사는 바로 그 점에서 사료적으로 귀중한 가치를 지닌다고 말할 수 있겠다. 더 나아가, 비록 백제와 낙랑이 혼동을 일으키고는 있으나 요서 진출과 관련된 사건이 백제국사조에 실렸다는 것은 적어도 남조의 지배층 사이에 백제의 요서 진출이 와전이나 허구가 아닌 실제의 사실로 받아들여지고 있었음을 뜻하는 것으로서, 큰 의미를 갖는다고 할 것이다.

지금까지 양직공도 백제국사조의 내용을 북송 대 모본과 장경 모본의 기록을 비교하면서 살펴보았다. 이제부터는 논의의 대상을 바꾸어 장경 모본을 통해 새로 알려진 양직공도 신라국사조의 내용을 검토해 보기로 하자.

3. 양직공도의 신라 관련 기록의 검토

장경 모본의 백제국사조가 원래 기사를 대폭 줄여 실은 것임을 감안할 때, 신라국사조의 내용도 본래 소역이 작성했던 것보다 상당히 축약된 것일 가능성이 매우 높다. 그런데 양직공도보다 늦게 편찬되었지만 중국 정사 가운데 최초로 신라전이 입전된 《양서》의 기록을 살펴보면, 놀랍게도 장경 모본의 내용이 거의 대부분 포함되어 있다. 그래서 양직공도 신라국사조의 내용을 제대로 검토하려면, 《양서》 신라전과의 내용 비교가 절대적으로 필요하다고 할 수 있다.[12] 일단 양자의 내용을 비교하기 쉽게 표로 만들면, 다음과 같다.

〈표 12〉 양직공도 장경 모본의 신라 제기와 《양서》 신라전의 내용 비교

B-1. 장경 모본의 신라 제기	B-2. 양서 신라전
ⓐ **斯**羅國 本東夷辰韓之小國也 魏時曰**新羅** 宋時曰**斯羅** 其實一也	ⓐ **新**羅者 其先辰韓種也(…)魏時曰**新盧** 宋時曰**新羅** **或曰斯羅**
ⓑ ***或屬韓 或屬倭國王*** 不能自通使聘	ⓑ 其國小 不能自通使聘
ⓒ 普通二年 其王姓募名**秦** 始使隨百濟奉表獻方物	ⓒ 普通二年 王姓募名**秦** 始遣使隨百濟奉獻方物
ⓓ 其國有城 號曰**健年** 其俗與**高麗**相類 無文字 刻木爲**範** 言語待百濟而後通焉	ⓓ 其俗呼城曰**健牟羅**(…)其拜及行與**高驪**相類 無文字 刻木爲**信** 語言待百濟而後通焉

12) 사실 백제의 경우도 사정은 마찬가지이다. 양직공도 북송 대 모본의 백제국사 제기에 기록된 내용이, 백제 주변의 소국들에 관한 서술 부분을 빼면 거의 그대로 《양서》 백제전에 반영되어 있음을 확인할 수 있다. 따라서 향후 양직공도 소재 백제국사 제기 내용을 분석할 때, 《양서》 백제전과 대조하는 작업도 함께 하는 것이 필요하다.

먼저《양서》신라전에 관한 이야기부터 하자면, B-2 ⓐ와 ⓓ의 중간에는 각각 다른 기사들이 적지 않은 분량으로 들어가 있다. ⓐ의 중간 부분에는 '진한(辰韓)'에 대한 보충 설명으로《삼국지》위서 동이전 한조에 실린 내용이 비교적 상세히 인용되었고, 신라의 지리적 위치에 대한 서술이 추가되어 있다. 그리고 ⓓ의 중간에는 중앙과 지방의 행정 단위로서의 '탁평(啄評)'과 '읍륵(邑勒)'에 대한 설명, 산업 및 풍습 관련 서술, 주요 관등에 관한 언급, 복식 관련 용어의 소개 등이 들어가 있다. 아마도 이러한 내용 가운데 적지 않은 부분이 소역이 원래 작성한 양직공도의 신라국사 제기에도 들어 있었을 것으로 추측된다.

여하튼 남아 있는 자료만으로 비교 검토를 해 본다면, 양쪽 모두에서 ⓐ는 신라의 유래와 명칭에 관해 서술한 것이고, ⓑ는 그동안 교류가 없었던 이유를 설명한 것이며, ⓒ는 보통 2년 즉 521년에 백제 사신을 따라 처음 조공이 있었던 사실을 적은 것이다. ⓓ는 '城'의 존재 및 명칭에 대한 소개와 풍속 및 문자 생활의 정도에 관한 언급 등으로 내용이 구성되어 있다.

전체적으로 보아 양자의 내용은 대동소이하다고 할 수 있지만, 표현상의 차이가 곳곳에서 확인된다. 무엇보다도 두 기록의 ⓐ에서 각기 표제로 내건 국명이 '斯羅'와 '新羅'로 서로 다르다. 진한에서 유래했음을 전하는 문구에 있어서도 양자는 약간의 차이를 보이며, 위나라와 송나라 때의 호칭도 서로 다르게 기록되어 있다. 호칭과 관련해서는 좀 더 세밀한 논의가 필요한바, 잠시 후 다시 거론하기로 하자.

다음으로 두 기록에서 ⓑ는 신라가 남조의 국가들과 그간 교류가 없었던 이유를 설명한 부분인데,《양서》에서는 '그 나라가 작아서'라고만 서술하였음에 비해, 양직공도에서는 '혹은 한(韓)에 속하기도 하고 혹은 왜국왕(倭國王)에 속하기도 하여' 스스로 교빙 사절을 보낼 수 없었다고 적고 있다.[13] 후자의 내용은 마치 임나일본부설에서 주장해 온 바와 같은 고대 일본의 한반도 남부 지배를 연상케 하는 면이 있어, 이 자료가 언론을 통해 처음 알려지는 과정에서 마치 큰 논란거리가 새로 생긴 양 우려하는 목소리가 나오기도 하였다. 이 기사에 대해서도 면밀한 고찰이 필요하므로, 일단 논의의 순서를 뒤로 돌리고자 한다.

---

13) '或屬韓 或屬倭國王 不能自通使聘'을 '或屬韓 或屬倭 國王不能自通使聘'으로 끊어 읽는 경우도 있으나(윤용구, 2012 앞 논문),《양서》의 기록을 참고하면 전자와 같이 끊어 읽어 해석하는 것이 옳다고 판단된다.

B-1과 2 양자의 ⓒ를 비교해 보면 밑줄 친 부분에서 자구의 차이가 발견되기는 하지만, B-1 즉 양직공도 장경 모본의 신라 제기와 B-2 즉 《양서》 신라전의 내용이 사실상 같다고 할 수 있으며, ⓓ의 경우도 이는 마찬가지이다. B-2 ⓓ의 '건모라(健牟羅)'가 B-1 ⓓ에 '건년(健年)'으로만 나오는 것은 아무래도 전록 과정에서 오기와 탈자가 발생한 결과일 것이다.

그러면 ⓐ에서 보이는 신라의 국명 표기에 관한 논의를 본격적으로 해보도록 하자. 먼저 주목해야 할 것은 위나라 때의 호칭이라고 나오는 '신라(新羅)'(B-1)와 '신로(新盧)'(B-2)이다. 여기서 '위나라 때'라고 한 것은 무엇을 뜻하는 것일까? 양직공도의 저자 소역이나 《양서》의 편찬자 요사렴은 위나라 때에 신라의 명칭이 무엇이었다는 것을 어떻게 알게 되었을까?

이는 당연히 두 자료보다 훨씬 앞서 편찬된, 위에서 잠시 언급한 바와 같이 《양서》 신라전의 작성 때 참고되었음이 확실한 《삼국지》 위서 동이전 한조에서 정보를 얻은 결과로 보아야 할 것이다. 주지하다시피 거기에는 위나라 때 한반도 남부에 존재한 진한 소국 가운데 하나로 신라의 전신이라고 할 수 있는 '사로국(斯盧國)'이 나온다. 소역이나 요사렴이 자신이 작성한 자료에서 위나라 때의 신라 명칭을 언급할 수 있었던 것은 이런 배경이 없었더라면 불가능했을 것이다.

그런데 여기서 흥미로운 것은 B-1이나 B-2에서는 공히 '斯盧國'의 첫 글자가 '斯'가 아닌 '新'으로 표기되어 있다는 점이다. 이것은 필시 전록 과정에서 빚어진 실수들로 보아야 할 텐데, 〈사진 28〉에서 알 수 있듯이 흘림체로 쓰였을 경우 두 글자는 서로 혼동되기 매우 쉽다. 결국 두 자료는 모두 《삼국지》를 참고하여 위나라 시기 신라의 명칭을 기록하면서 초서로 쓰인 원자료에서 앞 글자 '斯'를 '新'으로 오기한 것일 가능성이 높다고 판단된다. 그리고 양직공도 장경 모본은 여기서 한 걸음 더 나아가 뒷 글자인 '盧'마저도 '羅'로 잘못 옮긴 것이라고 할 수 있겠다. 양직공도에서의 오기가 장경이 모사할 때 생긴 것인지 아니면 애초에 소역이 원본을 작성할 때 이미 발생한 것인지는 아직 단정하기 어려우나, 《양서》의 예를 통해 보면 적어도 '斯'와 '新'의 혼동은 비교적 일찍부터, 즉 소역의 원본 작성 때부터 있었을 가능성을 충분히 상정해 볼 수 있다.

〈사진 28〉 斯(좌)와 新(우)의 초서체

송나라 때의 명칭 표기도 '斯羅'와 '新羅'로 서로 다르게 나오는데, 양직공도 장경 모본의 경우는 앞서 위나라 때의 명칭을 '新羅'라고 했기 때문에 송나라 때의 명칭은 자연히 그와 다른 표기로서 '斯羅'가 택해졌을 것이다. 그리고 양직공도에서는 송나라 때의 명칭이 양나라 때까지 그대로 이어지는 것으로 파악하고, 표제어로 '斯羅'를 내세운 것이 아닐까 여겨진다.

한편 《양서》는 신라의 대중국 외교가 활발해지면서 중국 왕조 지배층의 신라에 대한 지식이 이미 높아진 상태에서 편찬되었기 때문에 표제어는 당연히 '新羅'가 되었던 것이라 할 수 있겠는데, 이 경우에도 간과해서는 안 될 것은 "혹은 사라라고 한다.[或曰斯羅]"라고 하여 '新盧'(즉 斯盧)와 '新羅' 외에 '斯羅'라는 명칭도 전해짐을 특별히 부기하였다는 점이다. 이것이 과연 어떤 자료를 참고한 결과인지는 확언하기 힘들지만, 일단 양직공도에서 그 명칭이 사용되었다고 한다면, 요사렴이 그것에 주목하여 '斯羅'라는 또 다른 명칭도 있다고 덧붙여 소개한 것일 수 있다.

그런데 이 '斯羅'는 앞 절에서 본 북송 대 모본의 백제국사조 기사 A-1 ⓖ의 백제 주변 소국들 이름 속에도 나오는 표기라는 것이 유의된다. 6세기 초 지증왕 대에 국호를 '新羅'라고 확정하였음을 고려할 때, 521년 신라 사신이 양나라를 방문했을 무렵 그 국호가 알려졌을 수도 있겠다. 그렇지만 백제 사신의 도움을 받아 의사소통이 이루어지던 상황이었기에,[14] 만약 백제가 신라를 '斯羅'라고 전하였다면 양에서는 그것이 정식 국명인 것으로 생각했을 것이니, 그로 인해 백제국사조는 물론이고 신라국사조에 '新羅'가 아닌 '斯羅'라는 명칭으로 나오게 된 것이 아닐까 조심스럽게 추정해 본다.

그러면 여기서 다시 송나라 때의 신라 명칭이 양직공도나 《양서》에 기록된 배경에

---

14) 위에 제시한 B-2에는 생략되었지만, 《양서》 신라전에는 신라의 관등 다섯 개가 소개되어 있다. 제1 관등인 서불한 즉 이벌찬에 해당하는 것으로 추정되는 '子賁旱支'를 비롯하여, 제3 관등 잡간(迊干) 즉 소판(蘇判)을 일컬은 것으로 보이는 '齊旱支', 제6 관등 아간 즉 아찬을 표기한 것으로 여겨지는 '謁旱支', 제7 관등 일길간 즉 일길찬을 잘못 적은 것으로 의심되는 '壹告支', 제9 관등 급벌간 즉 급찬을 뜻하는 것으로 생각되는 '奇貝旱支' 등이 그것이다. 어느 것이든지 6세기 신라 금석문에서 확인되는 관등명과는 표기가 다르다. 아마 당시 신라 사신단을 구성한 인물들의 관등을 물어보고 옮겨 적은 것이 아닐까 추측되는데, 그들이 직접 알려 준 것이 아니라 백제 사신의 통역을 거친 후 기록으로 남았기에 이런 결과가 생겼을 것이다. 특히 주목되는 것은 관등 어미가 이 시기 신라에서 일반적으로 표기되던 '干支'가 아니라 '旱支'로 나타나 있다는 것인데, 이는 백제 계통의 사료가 활용된 것으로 판단되는 《일본서기》 흠명기의 이른바 임나 부흥회의 등에 보이는 '旱岐'와 유사성이 뚜렷하다.

대해 살펴보자. 양직공도의 저자 소역이나 《양서》의 편찬자 요사렴이 신라의 송나라 때 호칭을 대체 어떻게 알 수 있었을까? 송의 역사를 기록한 《송서》에는 신라전이 아예 없고, 신라와 송 사이에 사신의 왕래도 없었던 상황이었는데, 그들은 과연 어떤 정보에 의거하여 송나라 때의 호칭을 언급할 수 있었던 것일까?

이에 대한 답은 의외의 곳에서 찾을 수 있다. 바로 《송서》 왜국전에 보이는 이른바 왜 5왕의 작호 가운데 나오는 '新羅'가 그 단서가 된다. 송의 역사를 기록한 《송서》에서 '新羅'의 이름이 확인되는 것은 여기가 유일하다. 왜 5왕의 작호를 둘러싼 문제는 따로 전론이 필요한 중요 주제이지만, 5세기 당시 송과 교류한 왜국의 왕이 '使持節 都督倭百濟新羅任那秦韓慕韓六國諸軍事' 등을 자칭하였고, 백제가 빠진 대신 가라가 들어간 '使持節 都督倭新羅任那加羅秦韓慕韓六國諸軍事'의 직함을 송으로부터 인정받은 것은 실제로 있었던 사실이다. 바로 여기서의 '新羅'라는 이름이 《양서》에 그대로 송나라 때의 신라의 호칭으로 인용이 되었던 것이며, 양직공도에서는 '新羅' 대신 '斯羅'라는 이름으로, 즉 '新'이 '斯'로 오독되어 기록되었던 것이라 하겠다. '新'을 '斯'로 오독한 것도 꼭 장경이 모사할 때에 일어난 것이라고만 볼 수는 없고, 소역 스스로가, 아니면 《송서》로부터 관련 자료를 뽑아 소역에게 제공한 이가, 서체의 유사함으로부터 말미암은 자의적 파악에서든 백제국사조에서도 언급되는 '斯羅'에 구애된 탓이든 '新'을 '斯'로 기록하였을 가능성이 크다.

이렇게 파악하게 되면, B-1 ⓑ에서 '斯羅' 즉 신라가 '혹은 倭國王에게 속하였다.'고 서술된 이유도 자연스럽게 해명이 될 수 있다. 신라가 '韓'에 속했다는 것은 앞에서 '본래 辰韓의 소국'이었다고 언급한 것을 감안할 때 당연히 나올 수 있는 표현이지만, '倭國王'에게 속하였다는 것 역시 《송서》 왜국전의 내용을 참고했다고 보면 특기된 이유를 충분히 납득할 수 있는 것이다. 아울러 "혹은 왜에 속했다.[或屬倭]"가 아니라 굳이 "혹은 왜국왕에 속했다.[或屬倭國王]"라고 표현된 것도 바로 이런 배경에서 이해가 가능해진다.

이제 남은 문제는 그것이 과연 어느 정도 사실성을 지니고 있느냐가 될 것이다. 실제로 송나라 때 신라는 왜왕에게 속하였다고 볼 수 있을까? 물론 그렇게 볼 수는 없다. 왜왕이 스스로 칭한 작호가 허장성세에 불과했다는 것은 송이 '백제'에 대한 왜왕의 군사 지배권을 시종일관 인정하지 않았다는 것에서 잘 드러난다. 송의 지배층으로서는 한반도 남부 지역의 사정에 거의 무지한 상태였기 때문에, 백제를 제외하고 신라 등의 여타 세력에 대한 왜왕의 군사 지배권 행사를 인정하는 식의 조치를 취하였을 뿐이다. 따라서 왜왕의 작호가 당시 신라와 왜 사이의 관계를 있는 그대로 반영한다고 말할 수는 도저히 없다.

이와 관련하여 양직공도가 참고되었음이 분명한 《양서》에는 "혹은 한에 속하거나 혹은 왜국왕에 속했다. 스스로 교빙 사절을 보낼 수 없었다.[或屬韓 或屬倭國王 不能自通使聘]"라는 문구 대신 "그 나라가 작아서 스스로 교빙 사절을 보낼 수 없었다.[其國小 不能自通使聘]"로 표현되었다는 것도 유의할 필요가 있다. 《양서》는 신라가 단순히 나라가 작았기 때문에 스스로 교빙 사절을 보낼 수 없었다는 식으로 서술한 것인데, 이는 신라의 대중국 외교가 활발해지면서 중국의 지배층이 전후 사정을 제대로 파악한 결과라고 할 수 있다.

사실 송에서 양에 이르는 시기에 남조의 지배층은 한반도 상황뿐만 아니라 왜의 내부 사정에도 그다지 밝지 않았다. 송대에 왜의 사신이 몇 차례 송에 조공을 바치러 온 적이 있고, 《일본서기》에 의할 때 송의 사신이 왜를 방문한 적도 있었던 것으로 보이지만, 《송서》 왜국전에는 양국 사이의 조공 및 책봉에 관한 내용만 실려 있을 뿐 그러한 교류 과정에서 알게 된 왜의 내부 사정은 전혀 기술되어 있지 않다. 양나라 때의 사정을 적은 《양서》의 경우에도 그 왜전(倭傳)의 내용을 보면, 기사의 대부분을 《삼국지》 위서 왜인전으로부터 전재하면서 말미에 송 이후의 책봉 관련 내용을 부기하는 정도에 그치고 있다. 이러한 새로운 내용의 부족은 양직공도와 거의 같은 시기에 편찬된 소자현(蕭子顯)의 《남제서》에 더욱 심각하게 나타나는데, 거기에는 서두에 왜국의 위치를 적고 한말(漢末) 이래 여왕을 세웠다고 기술한 다음 아예 "토속은 앞선 사서에 이미 나타나 있다.[土俗已見前史]"라고 하여 왜국의 사정에 대한 서술 자체를 생략한 채, 남제 시기의 사실로서 송을 대신하여 남제가 성립한 후 왜왕에 대한 작호를 올려 주었다는 책봉 관련 기사만 덧붙이고 있을 뿐이다.

사정이 이러다 보니 양직공도에서도 왜에 관한 내용이 부실하기는 마찬가지이다. 북송 대 모본은 왜국사조의 후반부가 결실된 채 전해졌고, 새로 알려진 장경 모본은 축약이 있었던 것이 분명해 보이지만 전체적으로 내용이 남아 있는데, 역시 그 대부분은 《삼국지》 위서 왜인전의 내용을 발췌하여 순서를 뒤바꿔가며 옮긴 것이다.[15]

---

15) 양직공도 왜국사조와 《양서》 왜전, 《삼국지》 위서 왜인전의 내용을 비교 검토하는 작업은 지면 관계상 생략한다. 분명한 것은 양직공도 장경 모본의 왜국사조는 말미의 남제 시기 교섭 관련 기사

장경 모본에서 주목되는 것은 말미에 "제 건원 중에 표를 바치고 공헌하였다.[齊建元中 奉表貢獻]"라는 기사가 실려 있다는 점인데, 이것은 소역이 관련 사실을 오해하여 잘못 전한 것이다. 왜는 송에 사절을 파견한 적은 있으나, 송이 멸망하고 남제가 들어선 이후에는 직접 사신을 보내어 조공을 하지 않았으며, 다만 남제가 왕조 교체를 이룬 후 왜왕 무(武)를 책봉하면서 기존 작호에서 안동대장군을 진동대장군으로 올려주는 조치를 취하였을 뿐이다. 그런데 양직공도에서는 이것을 마치 왜가 조공을 바친 것인 양 서술한 것이니, 왜에 관한 지식이 얼마나 불완전하였는가를 잘 보여주는 사례라 할 수 있다.

한편 왜왕 무는 남제를 이어 양이 들어섰을 때에도 정동장군으로 다시 책봉을 받은 것으로《양서》왜전에 나오는데, 그 책봉은 왜 사신의 조공의 결과로 이루어진 것이 아니었으며, 앞 시기 남제 때의 예에서처럼 왕조 교체에 따른 일방적인 책봉 갱신에 불과하였다.[16] 결국 양직공도가 제작되던 시기에 소역을 비롯한 양의 지배층이 왜에 관해 충분한 정보를 가졌다고 볼 근거는 전혀 없다고 할 수 있다. 신라가 왜국왕에게 속하기도 하였다는 신라국사조의 서술 또한 어떤 확신을 갖고 쓴 것이라고 말하기 어려움은 자명한 것이다.

물론 여기서 한 가지 의문이 제기될 수는 있다. 왜가 송대 이후 남조에 직접 사신을 보낸 적이 없는데도 어떻게 양직공도에 왜국 사신의 모습이 그려지고 왜국과 관련된 제기가 실릴 수 있었을까라는 의문이다. 이것은 양직공도의 성격을 이해함에 있어 매우 중요한 문제이기도 한데, 당대에는 직접 조공을 하지 않았다 하더라도 과거에 조공을 한 적이 있는 나라라면 망라하여 제작한다는 원칙이 세워졌기 때문에 왜의 사신이 들어간 것으로 판단된다. 결과적으로 양이 망하는 순간까지 왜의 사신 파견은 이루어지지 않았지만, 당시로서는 과거에 입공을 한 적이 있으니 언제 다시 올지 모른다는 생각을 했을 수도 있다. 왜의 사신 모습은 이전 시기에 그려진 것을 참고하여 그렸을 수도 있고, 50여 년 전인 478년 즉 송이 멸망하기 직전에 마지막으로 왔던 왜 사신의 모습을 기억하는 자들로부터 도움을 받아 상상하며 그렸을 수도 있다.

를 제외하고는 모든 내용이《삼국지》위서 왜인전에서 유래하였다는 사실이다.

16) 현재 알려진 양직공도 장경 모본에는 이와 관련된 기록이 보이지 않는다. 축약으로 인한 생략일 가능성도 크다고 여겨지지만, 여하튼 양직공도에 실린 왜 관련 기록이 양나라 당시의 상황을 반영하는 것으로 보기는 어렵다.

4. 맺음말

지금까지 양직공도의 백제국사조와 신라국사조의 내용을 둘러싼 문제들을 살펴보았다. 관련 사료를 어떻게 파악하는 것이 합리적일지를 따져 보고, 그 사료적 특성에 대해서도 생각해 보았다. 자료가 원본이 아닌 모본이라는 점에서 전록 과정의 오기와 누락, 표현상의 대체 등을 주의해서 살펴야 한다는 것, 특히 흘림체로 된 자료의[17] 필사 때 발생할 수 있는 오독을 염두에 두어야 한다는 것 등을 강조하였다. 모본마다 자구의 차이가 보이기는 하지만 의미상으로는 거의 같다고 할 수 있는데, 이는 전록자가 글자를 한 자씩 대조하면서 옮긴 것이 아니라 자구가 지닌 의미에 초점을 맞추어 전달하는 과정에서 발생한 현상으로 이해할 수 있을 것이다. 그간의 연구를 돌이켜 보면 사료의 원상을 중시한다며 맥락에 맞지 않는 해석을 고집하는 경우들도 있었는데, 자료의 작성과 전록 과정에서 생길 수 있는 다양한 변수들을 고려하면서 합리적 해석의 방향을 찾는 것이 매우 중요함을 강조하고 싶다.

북송 대 모본의 백제국사조에 고구려의 국명 표기가 세 가지 사례로 나타나는 것에서 알 수 있듯이, 애초에 소역이 양직공도를 제작할 때 여러 자료들이 참고되었으며, 그런 의미에서 양직공도는 엄밀하게 말해 1차 사료라고는 볼 수 없다. 그리고 사정을 제대로 파악하지 못한 상태에서 전대의 여러 기록을 자의적으로 이해함으로써 많은 오해를 야기한 경우도 있는데, 장경 모본의 신라국사조에 보이는 "혹은 왜국왕에 속했다.[或屬倭國王]"라는 구절이 대표적인 예가 되겠지만, 북송 대 모본의 백제국사조에서 백제와 고구려 사이의 공방전에 관해 시간적 순서를 실제 상황과는 다르게 서술한 것도 그런 예에 해당될 것이다.[18]

그렇지만, 이러한 한계와 문제점들이 있음에도 불구하고, 양직공도는 자료 부족에 시달리는 한국 고대사 연구자들에게 매우 소중한 사료임에는 틀림없다. 북송 대 모본의 백제국사조에서 확인되는 담로제 관련 내용이나 부용된 주변 소국들에 관한 정보는 양직공도에서 처음 알려진 것이며, 특히 후자는 《양서》에도 나오지 않고 오

17) 6세기 전반에 양에서 흘림체가 유행했음은 공주 송산리 6호분에서 발견된 '양관와위사의(梁官瓦爲師矣)' 명문전의 서체에서도 충분히 확인할 수 있다.

18) A-1을 보면, 양나라 초기에 백제왕 '餘太' 즉 동성왕이 정동장군으로 책봉된 후에 얼마 있다가 고구려에게 격파되었고, '餘隆' 즉 무령왕의 재위 시기에 이르러 고구려를 여러 번 물리치며 세력을 회복한 것처럼 서술되어 있으나, 이것이 사실과 다름은 새삼 말할 필요도 없다.

직 양직공도를 통해서만 접할 수 있는 것이다. 물론 그에 대해서도 심도 있는 사료 비판이 필요하겠지만, 한국 고대사 관련 자료의 부족을 보충해 준다는 그 자체만으로도 양직공도가 지니는 가치는 충분한 것이다.

제5장
나제동맹의 결성 배경과 고구려의 대외 관계

일본서기

1. 머리말

《일본서기(日本書紀)》를 보면, 오진[應神]천황 28년 9월조에 고구려왕이 사신을 보내 조공을 바치고 표문을 올렸는데, 거기에 "고려왕(高麗王)이 일본국(日本國)에 교(敎)한다"라고 되어 있어서 당시 태자였던 우지노와키이라쓰코[菟道稚郎子]가 분노하여 고구려 사신을 꾸짖고 표문을 찢어버렸다는 내용이 실려 있다.[1] 사건이 일어났다는 오진천황 28년의 실제 연대는, 《일본서기》의 기년 체계에서 보이는 수많은 문제점을 고려할 때 정확하게 말하기는 어려우나, 이 기사에 앞선 오진천황 25년조에 백제 전지왕(腆支王: 405~420년 재위)의 사망과 구이신왕(久爾辛王: 420~427년 재위)의 즉위 사실이 전함을 고려할 때, 대략 420년을 전후한 어느 해일 것으로 추정된다.[2]

주지하다시피 이 시기는 고구려의 장수왕 대(413~491) 초반에 해당한다. 앞선 광개토왕 대에 고구려는 한반도를 침략한 왜병을 두 차례에 걸쳐 격멸한 바 있었으며,[3] 이로 인해 생긴 양국 사이의 적대 관계는 장수왕이 즉위하고 나서도 일단 큰 변화 없이 이어졌을 것이다. 더욱이 왜는 당시 고구려의 적수였던 백제와 긴밀한 우호 관계를 유지해온 세력이었기에 고구려와 왜 사이의 관계가 쉽게 개선되기는 어려웠을 것으로 짐작해 볼 수 있다. 현재 학계에서는 4세기 후반~5세기 전반의 한반도 정세를 파악함에 있어 고구려와 백제를 대립의 중심축에 놓고서 신라와 왜를 이들 두 나라에 각각 연결된 부수적 존재로 보는 것이 통설처럼 되어 있는데, 이는 바로 이러한 인식에서 비롯된 것이라고 할 수 있다.

이와 같은 입장에 선다면, 5세기 전반의 어느 시점에 고구려가 먼저 왜에 사신을

---

1) "高麗王遣使朝貢 因以上表 其表曰 高麗王敎日本國也 時太子菟道稚郎子 讀其表怒之 責高麗之使 以表狀無禮 則破其表"(《日本書紀》卷10 應神天皇 卄八年 秋九月條)

2) '백제에서의 왕위 교체'와 '고구려 사신의 왜 파견'이라는 두 사건은 애초에 별개의 전승으로 내려오다가 《일본서기》에 함께 채록된 것일 가능성이 높은바, 실제로 두 사건의 시간적 선후가 어떠했을지는 확인하기 어렵다. 그렇지만 어느 사건이 앞서든 간에 둘 다 응신의 재위 기간 후반의 비슷한 시기에 일어난 일로 볼 수는 있을 것이다.

3) 〈광개토왕릉비문〉에는 서기 400년의 사실을 전하는 영락(永樂) 10년조 기사에 광개토왕이 보기(步騎) 5만의 고구려 군사를 신라에 보내 당시 신라 영역을 침탈하고 있던 왜병을 소탕한 내용이 나오고, 14년(404)조에도 광개토왕이 직접 지휘한 고구려군이 지금의 황해도 일원으로 추정되는 대방계(帶方界)까지 쳐들어온 왜병을 다시금 궤멸시켰다는 내용이 보인다.

파견하여 우호 관계를 도모했다는 내용의 위의 기사는 사실성이 의심될 여지가 충분히 있다. 특히 '일본(日本)'이라는 국명은 7세기 후반부터 '왜(倭)'를 대신하여 사용되기 시작했다고 알려져 있으므로,[4] 위 기사에서 '일본국(日本國)' 운운한 것은 분명히 실상과는 괴리를 보이는 것이다. 그래서 그동안 많은 학자들이 위 기사의 사실성을 인정하지 않았고, 고구려와 왜의 외교 교섭은 이보다 훨씬 뒷시기에 시작되었다고 보는 견해들이 지배적이었다.[5] 《일본서기》에는 긴메이[欽明]천황 31년(570)조에 고구려 사신의 고시[越] 해안 표착에 관한 기사가 나오는데, 이것이 곧 양국 사이의 본격적인 교섭의 개시를 알려 주는 것으로 받아들여져 왔다.[6] 570년은 신라가 동해안을 따라 북진하여 황초령과 마운령에 진흥왕 순수비를 세웠던 568년으로부터 불과 2년 후인바, 신라의 팽창에 위기의식을 갖게 된 고구려가 그 배후에 위치한 왜를 자기편으로 끌어들여 신라를 견제하려 했으리라는 추측은 누구나 쉽게 해 볼 수 있다. 당시 한반도 정세의 변화가 고구려로 하여금 왜에 새롭게 접근하게 하는 배경이 되었을 것이라는 추정을 반박할 사람은 아마도 거의 없을 것이다.

그런데 여기서 이런 생각을 해 볼 필요가 있다. 한반도의 정세 변화가 꼭 6세기 후반에만 일어난 것은 아닐 텐데, 왜 570년대의 관련 전승은 사실로 받아들이고 그 이전의 것은 그렇지 않아야 하나? 《일본서기》의 기록은 편찬 당시 일본 지배층의 자존의식 등의 영향으로 자국의 위상을 높이기 위한 윤색과 조작이 난무하는 등 전체적으로 문제가 많은 것은 틀림없다. 그렇지만 지금 문제가 되는 오진천황 28년조 기사의 경우는 찬찬히 들여다보면 결코 일본의 입장에서 유리한 내용이라고만 할 수는 없다. "高麗王이 日本國에 敎한다"는 표현은, 비록 우지노와키이라쓰코[菟道稚郎子]가 그에 대해 반발하였다고 되어 있기는 하지만, 고구려 우위의 상호 관계 인식이 숨김없이 반영된 것이다. 만일 있지도 않았던 일을 날조하여 기록했다면, 이런 내용의 기사는 《일본서기》에 실려 있지 않아야 정상일 것이다. 이는 곧 이 기사를

---

4) 《三國史記》 卷6 新羅本紀6 文武王 10年(670) 12月條를 보면, "왜국(倭國)이 이름을 고쳐 일본(日本)이라고 하였는데, 스스로 말하기를 해 뜨는 곳에 가깝기 때문에 이렇게 이름을 붙였다고 한다."는 기록이 있다.

5) 이 기사의 사실성을 부정한 초창기의 대표적인 학자로는 쓰다 소기치[津田左右吉]를 들 수 있으며(津田左右吉, 1924 《古事記及び日本書紀の新研究》, 岩波書店), 이후 한일 양국의 많은 학자들이 그러한 견해에 동조해 왔다. 이에 관해서는 김인홍, 2009 〈4~5세기 高句麗와 倭의 外交的 交涉에 대한 研究〉(단국대 대학원 석사학위논문), 1~2쪽의 주 2) 참조.

6) 津田左右吉, 1939 《日本上代史研究》, 岩波書店, 124~125쪽.

섣불리 배척할 수 없는 중요한 이유가 된다. 또 후술하겠지만 《일본서기》에서 5세기 고구려와 왜의 교섭 사실을 전하는 기사는 비단 이것만이 아니다. 오진천황 37년조와 닌토쿠[仁德]천황 12년조, 58년조 등에도 일련의 기사들이 계속 이어지는 모습을 보인다. 따라서 이 기사들을 마냥 도외시하고 사장시킬 것이 아니라 적절한 사료 비판을 통해 당시 사정을 복원하는 데 자료로 활용할 필요가 있다.[7)]

《일본서기》에 고구려와 왜 사이의 외교적 교섭이 시작되었다고 나오는 5세기 전반은 6세기 후반 못지않게 한반도에서 큰 정세 변화가 일어난 시기였다. 장수왕 15년(427) 고구려는 수도를 국내성에서 평양으로 옮기고 남진 정책을 강화하였으며, 이에 대응하여 백제는 신라와 손을 잡고 고구려에 대항하였다. 이른바 나제동맹의 결성인데, 이를 계기로 한반도 정세는 고구려와 신라가 백제를 포위하여 압박하던 상황에서 북의 고구려와 남의 백제-신라가 서로 맞서는 상황으로 급변하였다. 이 변화의 시기에 각국이 저마다 자신들에게 유리한 정세를 만들기 위해 노력하였을 것은 자명한 이치이다. 전통적으로 소원한 관계에 있었던 백제와 신라가 손을 맞잡은 것처럼 고구려 역시 왜와의 관계를 개선하려 시도했을 가능성을 미리부터 배제할 수는 없다는 이야기이다.

그렇다면 과연 이 시기에 고구려와 왜 사이의 외교 교섭은 실제로 있었던 것일까? 그것을 입증할 근거는 정말 확보될 수 있을까? 만약 그렇게 된다고 할 때, 나제동맹의 결성과 고구려와 왜 사이의 우호 관계 성립은 서로 어떤 관계에 있었을까? 그리고 후자는 구체적으로 어떤 과정을 거쳐 이루어졌으며, 궁극적으로 한반도 정세에 어떤 영향을 끼쳤을까? 이 문제들을 제대로 풀어낼 경우, 5세기 삼국의 역사는 지금까지의 이해와는 전혀 다른, 새로운 차원에서의 설명이 가능해질 수 있다.

나제동맹의 결성 배경과 고구려의 대외 관계를 주제로 삼은 이 장의 논의는 다음과 같은 순서로 진행될 것이다. 먼저 2절에서는 《일본서기》에 보이는 5세기 전후 고구려와 왜 사이의 교섭과 관련한 사료들을 하나씩 검토하면서, 그 사실성을 확인해 보고자 한다. 엄격한 사료 비판을 통해 사실성을 인정할 수 있는 기사들과 그렇지 않은 기사들을 구별하고, 각각의 기사들이 어떤 역사상을 반영하는 것인지를 규명

---

7) 최근 이러한 견지에서 이 기사들의 사실성을 적극적으로 인정하는 논고가 나온 바 있다(김인홍, 2009 앞 논문). 《일본서기》 기년(紀年)의 2주갑(周甲) 인하 적용에 대한 무비판적인 수용과 몇몇 기사의 자의적 해석 등에서 문제를 노출하고는 있으나, 시각 자체는 매우 참신하다고 평가할 만하다.

해 보도록 하겠다.

이어 3절과 4절에서는 2절에서의 논의를 바탕으로 나제동맹 결성 전후의 상황을 추론해 보고, 백제와 신라가 특정한 시점에서 동맹을 결성하게 된 배경 및 그 과정을 새롭게 정리할 것이다. 특히 이 시기 고구려가 중국 왕조를 포함한 주변 국가들과 어떤 관계를 맺고 그것을 어떻게 활용하였는지를 함께 고려함으로써 논의의 정합성을 높여 볼 생각이다.

2.《일본서기》응신·인덕기 소재 고구려 관계 기사의 검토

《일본서기》에 고구려가 등장하는 것은 응신기가 처음은 아니다. 신공황후(神功皇后) 섭정전기(攝政前紀) 9년 10월조를 보면, 오진의 모후(母后)로 알려진 진구[神功]황후가 오진을 임신한 몸으로 신라 정벌에 나서서 신라왕을 굴복시키고, 금, 은, 비단 등의 재보(財寶)를 배에 가득 싣고 돌아왔다는 이야기가 나온다. 그런데 그 말미에 이때 '高麗'(즉 고구려)와 백제의 왕도 스스로 왜의 군영에 찾아와 앞으로 영원히 '서번(西蕃)'을 칭하며 조공을 계속 바치겠다고 맹세했다는 내용이 붙어 있다.[8)]

흔히 '삼한정벌(三韓征伐)'이라고도 불리는 이 사건은 조작과 과장의 흔적이 너무 많아 액면 그대로 받아들일 수는 없다.[9)] 고구려와 백제의 왕이 왜병의 군세에 놀라 왜의 군영까지 '스스로' 찾아와 '서쪽의 번국(蕃國)'이 될 것을 맹세하였다는 이야기는 실소를 금치 못하게 하는 허황된 날조에 불과하지만, 여하튼 여기서 주목되는 것은 고구려를 '삼한(三韓)'의 하나로 취급하고 있다는 점이다. 고구려와 삼한이 각기 한반도의 북쪽과 남쪽에 별개로 존재했음은 현재 일반인들에게도 상식이 되어 있는데, 신공기(神功紀)는 마치 고구려가 삼한 가운데 하나였던 것처럼 서술해 놓고 있는 것이다. 역사적 진실과 동떨어져 있는 이러한 인식은 실상 7세기 전반에 고구려 원정을 감행한 수(隋), 당(唐)의 지배층으로부터 싹텄던 것으로, 우리의 경우 통일신라를

---

8) "於是 <u>高麗</u>百濟二國王 聞新羅收圖籍 降於日本國 密令伺其軍勢 則知不可勝 自來于營外 叩頭而款曰 從今以後 永稱西蕃 不絶朝貢 故因以定內官家屯倉 是所謂之三韓也"(《日本書紀》卷9 神功皇后 攝政前紀 9年 10月條)

9) 이에 관한 사료 비판은 강종훈, 2011 〈삼국사기 열전에 보이는 4~5세기 신라인의 활약상〉《新羅文化》38, 동국대 신라문화연구소; 2011《삼국사기 사료비판론》, 여유당, 185~188쪽 참조.

거쳐 조선 시대까지 면면히 이어졌다.[10] 그런데 그런 오해가 《일본서기》에서도 역시 나타나고 있는 것이다. 아마도 8세기 초에 《일본서기》를 편찬할 때, 진구황후 시절에 바다를 건너 '한(韓)'(구체적으로는 신라)을 침략한 적이 있다는 전승에 토대를 두고 날조를 행하면서, 전과(戰果)를 과장할 목적에서 '삼한' 모두의 항복을 받았다는 식으로 이야기를 꾸미고, 더 나아가 고구려가 '삼한'의 하나라는 당시의 오해에 매몰되어 고구려왕까지 스스로 항복했다는 내용을 집어넣은 것이라고 판단된다. 따라서 고구려의 이름이 《일본서기》에 처음으로 보이는 신공섭정전기(神功攝政前紀)의 기사는 사실성을 전혀 인정할 수 없는 것이며, 이를 근거로 고구려와 왜 사이의 교섭의 시작을 거론하는 것은 무의미하다고 해야겠다.

신공섭정전기의 기사를 이어 고구려의 명칭이 나오는 것은 오진천황 7년 9월조이다. 여기에서는 '高麗人'(즉 고구려인)과 백제인(百濟人), 임나인(任那人), 신라인(新羅人)이 함께 내조(來朝)하였다는 내용이 보이고, 그 뒤에 다케우치노스쿠네[武內宿禰]에게 명하여 여러 '한인(韓人)'들을 이끌고 연못을 만들게 하였으며, 이 때문에 연못의 이름을 '한인지(韓人池)'라고 불렀다는 이야기가 덧붙어져 있다.[11] 한인지의 유래를 전하는 기사라고 할 수 있는데, 그것을 만드는 데 동원된 '제한인(諸韓人)' 즉 한반도 계통의 사람들을 표시하기 위해 앞에 고구려인, 백제인, 임나인, 신라인을 나열한 것으로 파악된다. 한인지와 관련해서는 《고사기(古事記)》의 응신천황단(應神天皇段)에도 유사한 내용의 기사가 보이는바, 거기에서는 '백제지(百濟池)'라는 이름의 연못이 만들어진 것으로 되어 있다.[12] 아마도 《일본서기》의 편찬자들이 백제를 비롯한 한반도 남부 지역에서 건너간 사람들의 도움으로 연못이 만들어졌다는 전승을 접하고, '한인(韓人)'의 범주를 최대한으로 넓게 잡기 위해 백제, 임나, 신라 외에 고구려까지 포함시킨 것으로 여겨진다. 그러나 위에서도 거론했듯이 고구려는 애초에 '韓'의 범주에 들어가지 않는 존재였기에 고구려인이 한인지 축조에 참여했을 리는 만무한 것이며, 이 시기에 일본열도로 건너가 왜 조정을 방문했다는 것도 믿을 수 없다.

---

10) 盧泰敦, 1982 〈三韓에 대한 認識의 變遷〉《韓國史硏究》 38; 1998 《한국사를 통해 본 우리와 세계에 대한 인식》, 풀빛 참조. 이러한 오해가 불식되는 것은 조선 후기에 들어와 한백겸(韓百謙)이 《동국지리지(東國地理誌)》를 저술하면서부터였다.

11) "<u>高麗人</u>百濟人任那人新羅人竝來朝 時命武內宿禰 領諸韓人等作池 因以名池號韓人池"(《日本書紀》 卷10 應神天皇 七年 秋九月條)

12) "亦新羅人參渡來 是以建內宿禰命引率 爲役之堤池而作百濟池"(《古事記》 中卷 應神天皇段)

결국 이 기사 역시 고구려와 왜 사이의 교류를 보여 주는 자료로 활용하기는 어렵다고 할 것이다.

《일본서기》에서 세 번째로 고구려가 언급된 기사는 이 글의 서두에서 소개한 오진천황 28년 9월조이다. 그 내용과 사료적 가치에 대해서는 앞서 잠깐 서술하였지만, 이 기사야말로 고구려의 왜의 최초 교섭을 보여 주는 자료로 인정될 수 있다. 일단 왜에 대한 고구려의 우월 의식이 그대로 반영되어 있어, 광개토왕 대에 두 차례에 걸친 왜병의 격멸로 고구려 지배층 사이에 자신감이 충만해 있었을 5세기 전반의 상황을 잘 보여 준다. 물론 이른바 '표문(表文)'의 내용 가운데 '日本國' 운운한 것은 후대의 윤색을 거친 표현일 것이다. 《일본서기》의 기사를 대할 때에는 그런 정도의 윤색과 부회를 늘 감안해야 하며, 그런 윤색이나 부회가 들어 있다고 해서 기사의 내용 전체를 불신할 필요는 없다. '표문'의 실제 내용이 어떠했을지는 확실히 알 수 없지만, 당시의 상황에 비추어 이해한다면 아마도 '高麗太王敎倭王[某某]也' 정도로 시작되었을 것으로 추정된다.[13] 고구려의 국세를 과시하면서 왜왕에게 기존의 백제 일변도의 외교노선을 더 이상 취하지 말 것을 주문하는 내용이 들어 있었을지도 모르겠다. 아울러 앞으로 고구려가 백제를 대신하여 왜에게 선진 문물[14]을 공급할 수 있다는 내용과 희망할 경우 중국 왕조와의 직접적인 교섭의 길도 열어 주겠다는 내용이 포함되었을 수도 있다.

이와 관련하여 주목되는 것이 오진천황 37년 2월조의 기사이다. 《일본서기》에서 고구려가 네 번째로 등장하는 기사인데, 내용은 다음과 같다.

> 아치노오미[阿知使主]와 쯔카노오미[都加使主]를 오(吳)에 보내어 직공녀(縫工女)를 구하도록 하였다. 이에 아치노오미 등이 고려국(高麗國)으로 건너가 오에 도달하고자 하였는데,

---

13) 장수왕 대에 고구려에서 왕의 칭호가 단순한 '王'이 아닌 '太王'이었음은 〈中原高句麗碑〉 등을 통해서도 확인된다.

14) 이 글에서 사용하는 '선진 문물'이라는 개념은 당시 일본열도 내에서 쉽게 구할 수 없던 유형, 무형의 재화와 산물을 총칭한다. 당연히 학문과 기술, 제도도 포함되며, 대표적인 유형의 재화로는 비단 등의 고급 직물과 금은 보석, 장신구 같은 지배층의 사치품, 고급 약재, 무기, 무구 등의 각종 철제품이 들어간다. 참고로 3세기 중엽 위가 왜 여왕 히미코[卑彌呼]에게 내려준 회사품(回謝品) 목록이 《三國志》 倭人傳에 보이는데, 각종 비단, 융단 등의 직물과 금, 대도(大刀), 동경(銅鏡), 진주(眞珠), 연단(鉛丹) 등이 들어 있다(《三國志》 卷30 魏書 烏丸鮮卑東夷傳 倭人傳). 당시 왜가 원했던 선진 문물의 구체적 내용을 짐작하는 데 참고가 될 것이다.

> 고려에 이르러 오로 가는 길을 알지 못해서 고려에 길을 아는 자를 청하였다. 고려왕이 구례파(久禮波)와 구례지(久禮志) 두 사람을 딸려서 길안내자로 삼으니, 이로 말미암아 오에 도착할 수 있었다. 오왕(吳王)이 이에 공녀(工女) 형원(兄媛)과 제원(弟媛), 오직(吳織), 혈직(穴織) 등 네 명의 부녀(婦女)를 주었다.[15]

이 기사에 보이는 '吳'는 5세기 당시 건강(建康: 지금의 남경)에 도읍을 두고 있던 남조의 나라 송(宋)을 가리킨다. 위(魏), 촉(蜀)과 함께 삼국을 형성하였던 오와 도읍지가 같고, 동진(東晉)에 이어 사실상 오의 영역을 계승한 나라였기에 《일본서기》의 편찬자가 '吳'로 대치한 것으로 여겨진다. 송의 황제를 '천자(天子)' 등으로 표현하지 않고 '王'이라고 부른 것은 이 전승이 처음 만들어질 때나 훗날 채록될 당시 일본 나름의 자존의식이 발동한 결과로 파악할 수 있겠다. 이런 정도의 부회(附會)나 변개(變改)를 걷어 내면, 이 기사는 5세기 동아시아의 국제 정세를 파악하는 데 매우 의미 있는 기사가 될 수 있다. 《일본서기》에서 최초로 확인되는 중국 남조와의 교섭 기사라는 점에서도 중요하지만, 그 교섭에서 매개 역할을 한 것이 다름 아닌 고구려임을 보여 주는 것이어서 대단히 큰 가치를 지닌다고 해야겠다.

그런데 그동안 이 기사에 대해 사실성을 인정하기 어렵다는 견해들이 많았다. 앞서 본 오진천황 28년조의 기사에서 태자인 우지노와키이라쓰코가 고구려왕이 보낸 국서를 찢으면서까지 반발하였다고 나오는데, 어떻게 왜가 고구려의 도움을 받아 남조의 송에까지 사신을 보냈겠느냐는 의문을 제기하기도 한다.[16] 또 당시 왜는 백제와 우호 관계를 맺고 있었으니, 백제를 거쳐 송에 사신을 보냈다고 하면 모를까 백제와 적대 관계에 있었고 왜에게도 패전의 쓰라림을 안겨 주었던 고구려를 통해 사신을 보냈다는 것은 납득할 수 없다는 주장도 나올 수 있다. 이런 주장은 특히 《송서(宋書)》 왜국전(倭國傳)에 실린 왜왕(倭王) 무(武)의 상표문(上表文)에서 백제를 거쳐 송으로 사신을 보내고자 하여도 그동안 고구려의 방해 등으로 인해 뜻을 이루지 못

---

15) "春二月戊午朔 遣阿知使主·都加使主於吳 令求縫工女 爰阿知使主等 渡<u>高麗國</u> 欲達于吳 則至<u>高麗</u> 更不知道路 乞知道者於<u>高麗</u> <u>高麗王</u>乃副久禮波·久禮志二人 爲導者 由是得通吳 吳王 於是 與工女兄媛·弟媛·吳織·穴織四婦女"(《日本書紀》 卷10 應神天皇 卅七年條). 참고로 아치노오미 등은 이로부터 4년 뒤인 오진천황 41년(오진 말년) 春 2月에 네 명의 부녀를 데리고 왜로 귀환한 것으로 나온다(《日本書紀》 卷10 應神天皇 卌一年條).

16) 김현구·박현숙·우재병·이재석 공저, 2002《일본서기 한국관계기사 연구(Ⅰ)》, 일지사, 187쪽.

한 때가 많았다고 강조한 사실을 고려할 때,[17] 나름의 설득력을 지닐 수 있는 바이다. 따라서 오진천황 37년조의 기사를 곧바로 사료로 활용하기에 앞서, 이러한 문제들에 대해 해명을 하고 넘어갈 필요가 있겠다.

먼저 오진천황 28년조의 기사에서 드러난 우지노와키이라쓰코의 분노와 반발을 감안한다면, 왜가 그로부터 얼마 지나지 않아 고구려에 의지하여 송에 사신을 보냈다는 것이 의심스러울 수는 있다. 그 사이에 무엇인가 반전(反轉)의 계기가 될 만한 사건이 뚜렷하게 보이지 않는 상황에서 이런 의심은 일면 자연스럽다고 해야 할 것이다. 그러나 한편으로 오진천황 28년조에는 우지노와키이라쓰코의 반발만 강조되어 있을 뿐 왜 조정 내의 다른 반응들에 대해서는 일절 언급이 없음에도 유의해야 한다.

고구려가 이때에 이르러 왜에 처음 사신을 보냈던 것은 단지 자신들의 위세를 과시하기 위해서만은 아니었을 것이다.[18] 상대방 국가의 관심을 끌 수 있는, 즉 자신들의 의도에 맞게끔 상대방을 유인할 수 있는, 모종의 제안을 전하기 위해서 사신을 파견한 것이라고 보는 것이 순리이다. 동서고금을 막론하고 외교는, 특별한 항의성 방문외교가 아닐 경우, 그런 본질을 갖고 있는 것이다. 그 제안의 내용에는 앞서 추측한 바와 같이 고구려가 백제를 대신하여 왜에 선진 문물을 제공하겠다는 것과 왜가 원할 경우 중국 왕조와의 직접 통교를 주선할 수도 있다는 것 등이 포함되었을 것이다.

당시 한반도의 정세는 그동안 왜와 우호 관계를 맺고 있던 백제가 고구려에게 크게 밀리고 있는 형국이었다. 그로 인해 백제를 통해서는 자신들이 원하는 만큼의 물품을 수입할 수 없게 되리라는 불안감이 왜 조정에 널리 퍼져가고 있었을 것이다. 어차피 왜가 한반도에 관심을 가져온 이유는 그곳의 국가들을 통해 주로 중국제 진귀품을 위시한 선진 문물을 얻을 수 있었기 때문이었다. 그런데 한반도 정세의 변화로 인해 그 가능성이 점차 줄어드는 위기감을 왜의 지배층은 심각하게 느끼고 있었을 터였다.

고구려는 처음 왜에 사신을 파견한 것으로 추정되는 420년 전후의 시점에 한반도 동남부의 신라를 정치적으로 예속시킨 상태에서 자국의 군대를 신라 영역 내에 주둔시키고 있었다. 그간 신라를 침탈하여 필요한 물품의 일부를 얻어 왔던 왜로서는 그

---

17) "臣雖下愚 忝胤先緒 驅率所統 歸崇天極 道遙百濟 裝治船舫 而句驪無道 圖欲見吞 掠抄邊隸 虔劉不已 每致稽滯 以失良風 雖曰進路 或通或不"(《宋書》 卷97 倭國傳)

18) 고구려가 왜에 사신을 파견하게 된 어떤 계기가 있었을 수 있는데, 그에 대해서는 다음 절에서 상술하도록 하겠다.

마저도 힘들어지는 어려운 상황에 빠져들었던 것이다. 더 나아가 자칫하면 고구려가 종속국 신라를 발판삼아 바다를 건너 왜를 직접 공격해 올 수도 있었다.[19)]

이런 상황에서 뜻밖에 고구려가 사신을 보내어 상호 교류와 중국 왕조와의 통교 주선을 제안하였다면, 비록 국서 내용에서 보이는 고구려의 '상국(上國)' 행세가 왜 지배층의 자존심에 상처를 주는 것이었다고 하더라도, 현실적으로 그 제안에 관심을 갖지 않을 수 없었을 것이다. 자신들이 궁극적으로 원하는 선진 문물의 안정적 확보 가능성이 다시금 커지고, 게다가 행여 있을지도 모르는 전쟁을 미연에 방지하는 효과까지 거둘 수 있는데, 그동안의 적대 관계에서 생긴 거부감이나 자존심만을 가지고 그런 제안을 내칠 수는 당연히 없는 것이다. 조정 내부의 논의 끝에 그 제안을 수용하는 쪽으로 갔을 것은 당시의 정황으로는 가히 필연적이었다고 말할 수 있다. 왜 사신의 송 파견 사실을 전하는 오진천황 37년조의 기사는 바로 이러한 과정을 거쳐 왜가 고구려와의 통교, 그리고 그를 통한 중국 왕조와의 직접 교섭에 나선 사실을 반영하는 것으로, 왜의 한반도 국가들에 대한 외교 정책에서 일대 전환이 일어났음을 알려 주는 매우 중요한 사료로 활용되기에 전혀 부족함이 없다.[20)]

다음으로 왜가 전통적으로 백제와 가까운 사이였으니, 송으로 사신을 보냈다면 백제를 통해서였지 고구려를 통해서였을 것 같지는 않다는 견해에 대해 검토해 보도록 하자. 물론 그러했을 가능성 자체를 닫을 수는 없다. 실제로 조금 뒤에 다시 거론하겠지만, 5세기 후반에는 백제를 거쳐 왜의 사신이 송을 왕래했을 것으로 추정된다.

그러나 그렇다고 해서 애초에 왜가 송과 외교 교섭을 갖게 된 것이 백제의 도움을

---

19) 《三國史記》 卷45 朴堤上 列傳을 보면, 박제상이 왜로 건너갈 무렵 왜의 조정에서는 신라와 고구려가 왜를 함께 도모하려 한다는 소문이 퍼져 있었던 것으로 나온다. 같은 책의 新羅本紀 實聖尼師今 7년조에는 실제로 신라 조정에서 대마도 정벌을 논의한 내용도 보이는바, 당시 신라가 고구려의 군사력에 크게 의지하고 있던 상황이었기에 이러한 논의는 필시 고구려 군대의 지원을 전제로 한 것이었을 가능성이 크다. 왜 역시 그 가능성에 대비하지 않을 수 없는 상황이었을 것이다. 더욱이 지금 논의의 핵심이 되고 있는 420년 전후의 시점과 시간적으로 맞물리는 눌지왕 재위(417년 무렵~458년경) 초반에는 왜에 인질로 와 있던 눌지의 아우 미사흔이 신라로 달아난 사건이 발생하였는데, 이는 왜의 조정으로 하여금 조만간 신라와 고구려의 침략이 현실화될지도 모른다는 불안감을 갖게 하는 데 결정적 계기가 되었을 것으로 판단된다.

20) 《일본서기》 편찬자들은 오진천황 28년조의 기사를 작성하면서 이처럼 중요한 사실은 정작 은폐하고 우지노와키이라쓰코가 고구려의 국서 내용에 반발했다는 이야기만을 부각하려 한 것이니, 이 역시 나름의 자존의식의 발로라 할 것이다. 그렇지만 그것을 부각하려다 보니 어쩔 수 없이 국서 내용에 드러난 고구려 우위의 인식은 그대로 노출시킬 수밖에 없는 딜레마에 빠지게 된 것이라 여겨진다.

받아서였다고 볼 근거는 하나도 없다. 무엇보다도 백제가 앞장서서 왜와 송의 교류를 알선했어야 할 이유가 마땅치 않다. 주지하다시피 4세기 후반 이후 백제는 동진을 통해 중국의 선진 문물을, 한반도 중남부 지역에 위치한 나라들 가운데서는 거의 독점적으로 수입하면서, 그것을 바탕으로 세력을 넓혀간 나라였다. 가야의 주요 소국들에 대한 영향력 행사가 그를 통해 가능했고, 선진 문물에 목말라 하던 왜에 대해서도 역시 그를 통해 제어를 시도했다. 근초고왕 시기 영산강 유역의 마한 잔여 세력의 정벌에 왜병이 참전한 것은 당시 백제가 선진 문물을 독점하고 있었기 때문에 일어난 일이었다.[21] 만약 왜가 중국 왕조와 직접 교섭을 하게 되고, 그로 인해 선진 문물을 독자적으로 입수할 수 있는 길이 열린다면, 왜에 대한 백제의 영향력 행사는 결정적인 타격을 입게 되는 상황이었던 것이다. 바로 이런 이유로 인해 처음부터 백제가 나서서 왜의 송 사이의 교류를 중개했을 가능성은 전혀 없다고 할 수 있으며, 왜 역시 그런 사정에 처한 백제를 압박하여 송과의 교류를 시도했을 가능성은 거의 상정하기 어렵다고 판단된다.

이 문제와 관련하여 주목해야 할 것이 바로 《송서(宋書)》 왜국전(倭國傳)에 보이는 왜왕(倭王)의 작호(爵號) 문제이다. 그동안 일본인 학자들에 의해 임나일본부설의 근거 자료로도 활용되었던 것인데, 그에 따르면 이른바 왜 5왕 가운데 '찬(讚)'을 이어 두 번째로 등장하는 '진(珍)'이 438년경[22] 송에 조공을 하면서 스스로 '사지절도독왜 · 백제 · 신라 · 임나 · 진한 · 모한육국제군사(使持節都督倭百濟新羅任那秦韓慕韓六國諸軍事) 안동대장군(安東大將軍) 왜국왕(倭國王)'을 칭하였다고 한다. 당시 송은 단지 '안동장군(安東將軍) 왜국왕'만을 제수했다가, 451년에 앞부분의 도독(都督) 직함 가운데 '百濟'를 빼고 대신 '가라(加羅)'를 넣어서, 육국제군사를 인정해 달라는 과거의 요청을 들어주게 된다. 여기서 중요한 것은 송이 백제의 입장을 고려하여 원래의 '도독육국제군사'에 들어 있던 '百濟'를 뺐다는 사실인데, 작호 문제를 둘러싸고 백제와 왜가 갈등을 빚을 수 있다는 판단이 작용한 결과임은 누구나 쉽게 추측할 수 있는 바이다. 상황이 이러한데도 왜는 송과의 교류 초창기라 할 수 있는 438년경에 이미

21) 이에 대해서는 강종훈, 2001 〈4세기 백제-왜 관계의 성립과 그 배경〉《역사와 현실》 40, 21~27쪽 참조.

22) 《송서》 왜국전에는 구체적인 연도가 나오지 않지만, 문제본기(文帝本紀)의 원가(元嘉) 15年(438) 夏四月 己巳條에 "倭國王 珍을 安東將軍으로 삼았다."라고 하여 왜국전의 해당 기사 말미의 내용이 확인된다.

'百濟'를 포함시킨 작호를 자칭하면서 승인을 요청하였다. 만약 이 시기 왜와 송의 교류에 백제가 깊숙이 개입되어 있었다면, 과연 이런 일이 일어날 수 있었을까? 백제가 왜의 이러한 기도(企圖)를 알면서도 묵인하고 왜 사신의 송 파견을 도와주었을까? 이에 대한 대답이 부정적일 것은 명약관화하다. 따라서 왜가 백제와 전통적으로 우호 관계에 있었다는 선입견만으로 애초에 송으로 간 왜의 사신이 백제를 거쳐 갔을 것이라고 추단하면서, 오진천황 37년조의 기사를 불신하는 것은 결코 합리적이지 않다.

마지막으로 《송서》 왜국전의 후반부에 나오는 왜왕 무(武)의 상표문의 내용과 관련하여 이 문제를 풀어 보자. 앞서도 잠깐 언급한 것처럼, 왜왕 무는 상표문에서 그동안 백제를 거쳐 송으로 사신을 파견하려 했으나 고구려의 방해 등으로 말미암아 뜻대로 되지 않았음을 토로하고 있다. 이 문맥만을 떼어서 보면, 왜와 고구려 사이의 관계는 적대적이었고 왜가 줄곧 백제의 도움을 받아 송으로 사신을 파견했던 것처럼 보인다. 그런데 왜왕 무의 상표문의 뒷부분을 보면, 자신의 부왕(父王)인 제(濟)가 '구수(寇讎)'(즉 고구려)가 '천로(天路)'(송으로 향하는 길)를 막고 있음을 분하게 여겨 고구려 정벌을 계획했음을 거론한 후, 부왕인 '제'와 형왕(兄王)인 '흥(興)'의 연이은 상(喪)으로 인해 그것을 실행하지 못하고 있었던바 이제 기회를 잡아 그들의 유지(遺志)를 펼치고자 한다는 말을 하고 있다.[23] 여기서 거론된 '제'는 앞서 언급한 '진' 다음으로 《송서》에 보이는 왜왕이고, '흥'은 그의 세자이며, '무'는 그 흥의 아우로 나온다. 왜왕 무는 자신의 아버지인 '제' 이후 왜가 고구려 정벌을 도모했음을 강조하고 있는 것인데, 문제는 왜 하필 '제'를 거론했는가이다. 그에 앞선 시기의 왜왕이었던 '진'이나 그 전의 '찬' 시기에도 이미 고구려 정벌이 계획되었다면, 구체적으로 찬이나 진을 지칭하면서, 아니면 뭉뚱그려서 '원조(遠祖)'로부터 그런 시도가 있었다고 표현했어야 마땅하다. 그러나 왜왕 무의 상표문에서는 그런 언급은 보이지 않는다. 이는 왜 조정에서 고구려 공격이 거론된 적이 실제로 있었다고 해도, 그 시기는 '제' 이전으로 올라가지는 않는다는 이야기가 된다. 따라서 왜왕 무의 상표문은 5세기 후반에 이르러 왜와 고구려의 관계가 원래처럼 적대 관계로 돌아서서 왜가 고구

---

23) "臣亡考濟 實忿寇讎壅塞天路 控弦百萬 義聲感激 方欲大擧 奄喪父兄 使垂成之功 不獲一簣 居在諒闇 不動兵甲 是以偃息未捷 至今欲練甲治兵 申父兄之志 義士虎賁 文武效功 白刃交前 亦所不顧 若以帝德覆載 摧此彊敵 克靖方難 無替前功"(《宋書》 卷97 倭國傳)

려의 도움을 받아 송에 사신을 보낼 수 없게 된 상황을 보여 주는 자료는 될 수 있어도, 그 이전 시기인 5세기 전반에도 사정이 그러했음을 입증하는 자료가 될 수는 없는 것이다.

지금까지 오진천황 37년조의 '고구려를 통한 오(즉 송)로의 사신 파견' 기사에 대한 불신론에 대해 검토를 해보았다. 그 결과, 선입견이나 섣부른 추단에서 비롯된 것일 뿐 아무런 근거가 없음을 알 수 있었다. 오히려 표현상의 일부 변개와 부회를 제외한다면, 앞서 나온 오진천황 28년조의 기사와 함께 당시의 정세에 부합하는, 사실성이 높은 기사라는 결론에 도달하게 된다.

《일본서기》에는 응신기(應神紀) 다음으로 인덕기(仁德紀)가 이어지는데, 여기에도 고구려와의 교섭에 관한 기사가 두 개 들어 있다.

우선 닌토쿠천황 12년조에 보이는 기사부터 살펴보기로 하자. 그 내용은 다음과 같다.

> 가을 7월 계유일(癸酉日)에 고려국(高麗國)이 철로 만든 방패와 과녁을 바쳤다. 8월 기유일(己酉日)에 고려에서 온 사신들에게 조정에서 잔치를 베풀었다. 이날 여러 신하와 백관을 모아 놓고, 고려에서 바친 철 방패와 과녁을 화살로 쏘도록 하니, 모든 사람들이 과녁을 뚫지 못하였으나, 이쿠하노오미[的臣]의 조상인 다테히토노스쿠네[盾人宿禰]만이 철 과녁을 뚫었다. 이때 고려에서 온 사신들이 이를 보고 그의 활 쏘는 실력이 대단함에 외경심을 표하며 함께 일어나 절하였다.[24)]

이 기사는 닌토쿠천황의 재위 연간에 고구려의 사신이 왜를 방문한 적이 있음을 알려 주는 것이다. 철 방패와 과녁에 얽힌 이야기가 기사의 중심을 이루고 있으나, 이는 이 기사가 본래 이쿠하노오미 가문의 시조 전승에서 채록된 것임을 암시할 뿐 특별한 의미를 지니는 것은 아니다. 이 기사는 오진천황 시기에 시작된 왜와 고구려 사이의 친선관계가 닌토쿠천황 대까지 계속 유지되고 있었음을 잘 보여 주는바, 앞서 본 응신기 28년조와 37년조 기사의 흐름을 그대로 잇고 있다는 점에서 사실성을 굳이 의심할 필요는 없겠다. 닌토쿠천황의 재위 시기는 구체적으로 어떻게 되는지

24) "秋七月 辛未朔 癸酉 高麗國貢鐵盾鐵的 八月 庚子朔 己酉 饗高麗客於朝 是日 集群臣及百寮 令射高麗所獻之鐵盾的 諸人不得射通的 唯的臣祖盾人宿禰 射鐵的而通焉 時高麗客等見之 畏其射之勝工共起以拜朝"(《日本書紀》卷11 仁德天皇 十二年條)

확언할 수 없지만,[25] 오진의 재위 시기를 대체로 5세기의 1/4분기까지로 볼 수 있다면, 5세기의 2/4분기 정도에 해당한다고 보면 무난할 것으로 판단된다.

인덕기의 또 다른 고구려 관련 기사는 그 후반부에 배치된 닌토쿠천황 58년조에 보인다. 그 해 10월에 오국(吳國)과 고려국(高麗國)이 함께 조공(朝貢)하였다는 내용의 비교적 짧은 기사이다.[26] 오국 즉 송의 사신이 찾아온 것마저 '조공'이라고 표현한 것은 《일본서기》 편찬 당시의 자존의식에서 비롯된 윤색으로 보아야겠지만, 이 기사는 송의 사신이 왜에 실제로 온 적이 있음을 알려 준다는 점에서 매우 의미 있는 기사라 할 수 있다. 응신기 37년조에서 확인되는 왜 사신의 송으로의 최초 파견 이래 송과의 관계가 본격적인 궤도에 올랐음을 이 기사는 시사하고 있다. 혹자는 이 기사를 두고 《일본서기》의 편찬자가 《송서》의 기사를 참고하여 꾸민 것이 아닐까 의심하기도 하지만,[27] 그럴 가능성은 거의 없다고 판단된다. 왜냐하면 《송서》의 본기나 왜국전에서는 송과 왜의 교섭이 고구려를 통해 이루어졌음을 드러내고 있는 곳이 없기 때문이다.[28] 기왕 꾸며 내려 했다면 '吳使'만 왔다고 하면 되는 것이지, 굳이 고구려 사신과 함께 왔음을 기록할 마땅한 이유는 없다.[29] 따라서 이 기사는 닌토쿠천황 시기의 실제 사실을 반영하는 것으로 보는 것이 순리이다.

어쨌든 이 기사에서 특히 주목해야 할 것은 송의 사신과 고구려 사신이 동행하여 왜를 방문하고 있다는 사실이다. 이는 왜가 송과 접촉하는 데 고구려가 중간에서 역할을 했던 것처럼 송이 왜와 접촉할 때에도 고구려가 매개 역할을 했음을 뜻하는 것이다. 응신기 28년조와 37년조, 그리고 인덕기 12년조 기사에서 차례로 확인된 왜-고구려-송의 교섭 및 교류 사실은 마침내 이 기사를 통해 최종 인증을 받는 셈이다.

---

25) 《日本書紀》에서는 닌토쿠천황의 재위 기간이 물경 87년에 이르는 것으로 설정되어 있다. 이것을 곧장 믿는다는 것은 역사학을 포기하는 것이나 다름없다. 상식을 벗어나지 않는 범위 내에서, 앞뒤의 천황들의 연대와 잘 맞춰가면서 실제의 재위 연대를 추정하는 것이 필요하다.

26) "冬十月 吳國 · 高麗國 竝朝貢"(《日本書紀》 卷11 仁德天皇 五十八年條)

27) 橋本增吉, 1956 《改訂增補東洋史上より見たる日本上古史》, 東洋文庫, 274~278쪽(李弘稙, 1971 〈日本書紀所載 高句麗關係記事考〉《韓國古代史의 硏究》, 新丘文化社, 139쪽에서 재인용).

28) 물론 새로운 시각을 갖고 《송서》의 관련 사료에 접근한다면, 왜와 송의 교섭이 고구려를 통해 이루어졌을 가능성을 찾아낼 수도 있다. 그러나 기존의 인식처럼 왜와 고구려 사이의 적대 관계만을 머릿속에 그리고 있을 경우에는 《송서》에서 그 가능성을 확인하기란 도저히 어렵다는 이야기이다.

29) 실제로 이보다 시기가 떨어지는 유랴쿠[雄略]천황 대에 '吳'의 사신이 다시 왜를 찾아오는데, 이 때에는 고구려 사신과 함께 왔다는 내용이 보이지 않는다(《日本書紀》 卷14 雄略天皇 十四年條).

지금까지 5세기 전반의 사실을 전하는 것으로 판단되는 《일본서기》 응신기와 인덕기 소재(所載) 고구려 관련 기사의 신빙성 여부를 살펴보았다. 응신기의 프롤로그라 할 수도 있는 신공기와 응신기 초반부의 기사에서 '삼한'과 함께 언급된 '高麗' 즉 고구려는 후대의 조작에 의한 것이어서 사료적 가치를 전혀 갖지 못하는 반면, 응신기 28년조부터 인덕기 58년조까지 연달아 나오는 네 개의 기사들은 비록 저마다 윤색과 부회가 끼어 있기는 하지만 대체로 실제의 사실에 기반을 둔 것들로 판정할 수 있었다. 그것들을 어떻게 사료로 활용하느냐에 따라 5세기의 역사상은 크게 달라질 수 있다. 그러면 이제부터 이 기사들을 중요 사료로 삼아 5세기의 새로운 그림을 그려 보도록 하자.[30]

3. 나제동맹 결성 전후 고구려의 대외 관계

한반도에서 5세기는 격동의 시기였다. 광개토왕 대와 장수왕 대에 걸쳐 고구려의 국력이 최고조에 이르면서 백제와 신라 등 나머지 나라들은 안보에 심한 위기의식을 느끼며 고구려의 압박에 대응할 방책을 찾느라 전전긍긍하였다. 그 과정에서 나온 것이 바로 백제의 비유왕과 신라의 눌지왕 사이에 맺어진 이른바 '나제동맹'이었다.

서기 433년경에 백제의 비유왕이 신라에 사신을 보내어 화친을 청하면서 비롯된 나제동맹은[31] 한반도 정세에 큰 변동을 가져왔다. 4세기 말 고구려에서 광개토왕이 즉위한 이래 백제는 고구려의 압박에 일방적으로 몰리면서 주변의 나라들로부터 거의 고립된 상태였다. 특히 동쪽의 신라는 지난날 백제와 숱한 갈등과 대립을 겪은 데다 400년 고구려군의 구원 이후 고구려에 정치적으로 종속되어 있었기에, 백제

---

30) 한 가지 덧붙일 것은 《일본서기》에는 5세기 말에 해당하는 것으로 여겨지는 닌켄[仁賢]천황 시기에도 왜와 고구려의 교섭 사실이 나온다는 것이다. 仁德紀 이후, 履中紀, 反正紀, 允恭紀, 安康紀, 雄略紀, 淸寧紀, 顯宗紀에 걸쳐 한동안 보이지 않던 양국 사이의 교류 관련 기사가 仁賢紀에 이르러 다시 등장한 것인데, 그 내용은 '히타카노키시[日鷹吉士]'라는 자를 고구려에 파견하여 손재주가 뛰어난 사람을 구하였다는 것이다. 시기적으로 5세기이기는 하지만, 이 글에서 집중적으로 검토한 기사들과는 시간적으로 간격이 벌어져 있고 돌출성이 강한 기사인데다 고구려군에 의한 한성 함락 이후의 사정과 관련되는 것이어서, 이 글의 논의 대상에서는 일단 제외한다.

31) "七年 秋七月 遣使入新羅請和 八年 春二月 遣使新羅 送良馬二匹 秋九月 又送白鷹 冬十月 新羅報聘以良金明珠"(《三國史記》 卷25 百濟本紀3 毗有王). 같은 내용이 《三國史記》 卷3 新羅本紀3 訥祇麻立干 17년(433)조와 18년(434)조에도 보이는데, 특히 17년조에서는 "秋七月 百濟遣使請和 從之"라 하여, 백제의 화친 제의에 눌지왕이 응하였음을 분명히 하고 있다.

로서는 바다로 막힌 서쪽과 남쪽을 제외한 두 방면에서 적대 세력에게 완전히 포위된 형국이었다. 당시 가야 연맹의 소국들이 백제의 지원 세력으로 존재했다고 보이지만, 그 힘을 빌려 위기를 벗어나기는 매우 힘들었다. 특히 427년 무렵 고구려가 수도를 평양으로 옮기면서 남진정책을 노골적으로 강화하자, 백제의 위기는 한층 더 고조되었다. 고육지책으로 백제는 고구려의 영향권 내에 존재하던 전통적 적대국 신라에게까지 각종 선물을 통해 환심을 사면서 도움을 요청할 수밖에 없었고, 때마침 고구려의 간섭으로부터 벗어날 것을 도모하고 있던 신라가 그 요청을 수락함으로써 숨통을 틀 수 있는 상황을 만드는 데 성공하였다. 그리고 백제와 신라가 합세하여 고구려에 대항하면서 한반도의 정세는 북의 고구려와 남의 백제-신라가 대치하는 형태로 급속히 바뀌어갔다. 그간 나제동맹의 결성 배경과 그 의미에 대한 우리 학계의 통설적인 설명은 대체로 이런 정도였다.[32]

이러한 설명은 전체적으로 보아 타당하다. 당시 한반도 삼국 사이의 관계를《삼국사기》등의 우리 측 사료를 토대로 정리할 때, 이 이상의 설명은 사실상 나오기 어렵다. 그러나 한편으로 이런 설명은 시각을 한반도 내로만 국한하고 있다는 점에서 무엇인가 부족한 느낌을 지울 수 없게 한다. 삼국이 중국 왕조나 왜와 각기 다양한 형태의 접촉을 행하고 있었고, 그 과정에서 그들의 힘을 자국의 안보나 영향력 확대에 활용하고자 했을 것은 당연한 일이다. 백제가 고구려 광개토왕의 군사적 압박에 맞서 왜와의 우호 관계를 더욱 강화하고 그 군사력을 끌어들여 고구려 공격까지 시도한 것이나[33] 475년 한성(漢城)에서의 패망 직전 애초에 교류가 없던 북조의 나라 북위(北魏)에까지 사신을 보내어 고구려 정벌을 간구한 것[34] 등이 그 대표적인 사례에 해당하겠지만, 훗날 신라가 수(隋)에 고구려 정벌을 청하는 걸사표(乞師表)를 보내어 수 양제(煬帝)의 고구려 침략의 빌미를 만든 것[35] 등도 많은 사람들의 뇌리에 자리 잡고 있는 외교전의 좋은 예가 된다. 따라서 5세기 전반 나제동맹을 전후한 시기의 한반도 정세를 살핌에 있어서도 한반도 내 삼국 사이의 움직임만을 주목할 것이

32) 金秉柱, 1984〈羅濟同盟에 관한 研究〉《韓國史研究》46, 29~31쪽; 임기환 외, 2011《미래를 여는 한국의 역사 1》, 웅진지식하우스, 165~166쪽.

33) 앞의 주 3)에서도 언급한 바 있는,〈廣開土王陵碑文〉의 영락(永樂) 14년(404)조 기사에 보이는 왜병의 대방계(帶方界) 침략은 백제의 사주(使嗾)와 길안내를 받아 일어났을 가능성이 매우 높다.

34)《魏書》卷100 列傳88 百濟傳 및《三國史記》卷25 百濟本紀3 蓋鹵王 18년(472)조.

35)《三國史記》卷4 新羅本紀4 眞平王 30년(608)조와 33년(611)조.

아니라, 좀 더 시야를 넓게 잡아 중국 왕조와 왜의 동향, 그리고 삼국이 중국 왕조나 왜와 맺은 관계의 추이까지를 검색의 대상에 놓고 고찰할 필요가 있는 것이다. 이런 시각을 가질 경우, 앞 절에서 검토한《일본서기》응신기와 인덕기의 고구려 관련 기사들은 새로운 설명을 가능하게 하는 매우 소중한 자료가 될 수 있다.

그러면 나제동맹의 결성에 이르기까지의 상황을 4세기 말부터 차근차근 살펴보도록 하자.

391년 고구려에서 고국양왕의 뒤를 이어 광개토왕이 즉위하였다. 조부인 고국원왕을 전사하게 한 백제는 반드시 원한을 갚아야 할 숙적이었고, 그에 따라 광개토왕은 즉위 직후부터 백제 공략전에 나섰다. 〈광개토왕릉비문(廣開土王陵碑文)〉에 의거할 때, 그의 백제 공격은 대성공을 거두어 396년에는 궁지에 몰린 백제의 아신왕(阿莘王)으로부터 항복 의사를 받아 내기에 이르렀다.[36] 이 전쟁의 결과, 백제 영역의 58성과 700여 촌이 고구려의 차지가 되었다.

그런데 백제는 곧바로 왜국과 우호 관계를 강화하면서,[37] 고구려에 설욕의 기회를 노렸다. 광개토왕은 백제의 움직임에 유의하고 있었지만, 당시 신라의 내물왕이 사신을 보내어 자국 영역 내에 들어와 침탈을 일삼고 있던 왜병을 물리쳐 달라고 호소하자, 400년에 보병과 기병 5만 명을 보내어 왜병을 격멸하였다.[38] 이전부터 신라를 괴롭혀 왔던 왜병은 중장기병(重裝騎兵)이 포함된 고구려 군대의 위력 앞에서는 적수가 되지 못했다. 고구려군은 쫓겨 가는 왜병을 추격하여 낙동강 서쪽의 금관가야 지역까지 들어가 성을 함락시켰다.[39] 이로써 한반도 남부의 주요 세력들이 모두 고구려의 위세에 눌리게 되었다.

왜병을 몰아낸 후 고구려군은 왜의 재침 방지를 명분으로 일정 병력을 신라 영역 내에 남겨 두고 회군하였다. 이 병력은 한편으로 고구려가 신라 내정에 간섭하는 데

---

36) "以六年丙申 王躬率 軍 討伐殘國 … 殘不服義 敢出百戰 王威赫怒 渡阿利水 遣刺迫城 … 而殘主困逼 獻出男女生口一千人 細布千匹 跪王自誓 從今以後 永爲老客"(〈廣開土王陵碑文〉 永樂 6년조). 비문의 판독은 韓國古代社會研究所 編, 1992《譯註 韓國古代金石文 Ⅰ》, 駕洛國史蹟開發研究院, 10쪽에 의거하였다.

37)《삼국사기》에는 397년 여름 5월에 아신왕이 왜국(倭國)과 우호를 맺고 태자 전지(腆支)를 볼모로 보냈다는 기사가 나오며(《三國史記》 卷25 百濟本紀3 阿莘王 6년조), 〈광개토왕릉비문〉에는 영락 9년(399)조에 백제가 서약을 어기고 왜와 더불어 화통(和通)하였다는 내용이 보인다.

38) 〈廣開土王陵碑文〉 永樂 9년조 및 10년조.

39) 〈廣開土王陵碑文〉 永樂 10년조.

중요한 기반으로 작용하여, 417년 무렵 실성왕을 죽이고 내물왕의 장자 눌지를 새로운 신라왕으로 세우는 데 결정적 역할을 하게 된다.[40)]

광개토왕 대에 고구려는 한반도 남부의 여러 나라뿐 아니라 만주 일대의 여러 종족과 세력을 모두 복속시켰고, 더 나아가 태조왕 대 이후 고구려의 오랜 숙원이던 요동 점령도 실현하였다.[41)] 선비족 모용씨가 세운 후연(後燕)과의 대결에서 승리하고 요동 지역을 장악함으로써, 중원을 기준으로 동북의 여러 세력 가운데 사실상 최강자가 되었다.

광개토왕 대에는 이처럼 고구려의 군사력이 압도적이었지만, 한반도 중남부 방면 외에도 사방으로 영역을 확장해 가고 있었기에 백제에 대한 더 이상의 공격은 없었던 것 같다.[42)] 백제로서도 와신상담 재기를 노리며 한때 왜병을 끌어들여 황해도 방면에서 고구려를 공격하게 했지만, 그 역시 실패한 후로는 고구려의 재침 가능성에 대비하는 쪽으로 가닥을 잡았을 가능성이 크다. 왜 또한 두 번에 걸친 정면 대결에서 참패를 경험하고는 고구려에 대해 적개심과 함께 공포감을 갖게 되었을 것이다. 나아가 고구려가 한반도와 만주 지역을 완전히 석권한 뒤 신라를 발판으로 삼아 왜를 공격해 올지도 모른다는 불안감 역시 커져갔을 것으로 짐작된다.

412년 광개토왕이 39세의 젊은 나이에 세상을 뜨자, 그의 아들 장수왕이 고구려의 왕위를 이었다. 장수왕은 부친이 이루어 놓은 업적을 바탕으로 왕권을 강고히 하는 데 주력하면서, 중국 왕조들과의 관계를 증진시키는 데에도 신경을 썼다. 당시 영역을 맞대고 있던 북연(北燕)과는 이전의 후연 때와는 달리 대체로 우호 관계를 유지하면서 서쪽 변경의 안정을 도모하였고, 바다를 통해 남중국의 왕조 동진에도 사신을 파견하여 선진 문물을 적극 수용하였다. 《진서(晉書)》와 《송서(宋書)》에 따르면, 장수왕은 즉위 이듬해인 413년(동진 의희 9년)에 동진에 사신을 보내어 자백마

---

40) 《三國遺事》 卷1 紀異2 第十八實聖王條.

41) 고구려가 요동 지역을 점령한 시기는 사료에 구체적으로 나오지는 않으나, 요서 지역의 숙군성(宿軍城) 공략이 있었던 402년 무렵으로 추정되고 있다(《資治通鑑》 卷112 晉紀 安帝 元興 元年 五月條). 그 3년 후 후연의 왕 모용희(慕容熙)가 고구려의 요동성(遼東城)을 공격한 기사가 이어지고 있어(같은 책, 安帝 義熙 元年 正月條), 그 이전 시기에 요동 지역이 고구려에 완전히 귀속되었음을 확실히 알 수 있게 한다.

42) 〈廣開土王陵碑文〉의 영락 17년(407)조에 실체가 분명하지 않은 상대를 보기(步騎) 5만의 군사로 공격하여 대승을 이끌었다는 내용이 보인다. 이 전쟁에서의 상대를 백제로 보는 견해들이 그동안 많이 있었지만, 후연으로 보는 것이 합리적이다(본서 제Ⅰ부 제5장 참조).

(赭白馬) 등을 조공으로 바치고 '사지절도독영주제군사(使持節都督營州諸軍事) 정동장군(征東將軍) 고구려왕(高句驪王) 낙랑공(樂浪公)'으로 책봉을 받았다고 한다.[43] 4세기 중엽 고국원왕 13년(343)에 사신 파견이 있은 이후로 70년 만에 남중국의 왕조와 교류를 가진 것인데, 장수왕 시기를 특징짓는 이른바 '다면외교(多面外交)'의 시작을 알리는 것이기도 했다.

그런데 이 사신 파견과 관련하여 특별히 주목해야 할 것이 있다. 바로 이 해에 고구려 사신과 더불어 '왜국(倭國)'의 사신이 함께 동진을 방문했다고 나오는 점이다.[44] 앞서 《일본서기》의 관련 기사들을 검토하면서 420년을 전후한 시기에 고구려 사신이 최초로 왜를 방문하였고, 그것을 계기로 수년 후에 왜의 사신이 고구려를 찾아가 그 도움을 받아 '오'(즉 송)로 갈 수 있었음을 확인한 바 있는데, 413년에 이미 왜가 동진에 사신을 파견한 것으로 나오니 대체 이를 어떻게 이해해야 할까?

그동안 일본 학계를 중심으로 413년 왜국 사신의 동진 파견의 진위를 둘러싸고 많은 논의가 있었다. 실제로 사신이 파견되었을 것으로 보는 견해가 있고, 사실로 보기 어렵다는 견해도 있다. 전자는 다시 왜의 사신이 독자적으로 동진에 들어갔다고 보는 견해와 고구려 사신을 따라서 동반하여 들어갔다고 보는 견해로 나뉘며, 후자는 고구려의 포로가 되었던 왜인이 왜국의 사신을 가장하여 고구려 사신에 딸린 채 들어간 것일 뿐 왜가 이 시기에 실제로 사신을 보낸 것으로 볼 수는 없다는 견해이다.[45]

이러한 견해들 가운데 마지막의 것, 즉 왜인 포로가 사신을 가장해서 고구려 사신과 함께 동진에 들어갔다고 보는 것이 가장 합리적인 이해라고 판단된다.[46] 왜냐하면 413년 당시에는 왜의 사신이 동진까지 독자적으로 갈 능력이 있었다고 보기 어렵기 때문이고, 고구려 사신을 따라서 갔다는 것 역시 이 무렵 고구려와 왜의 적대 관계를 감안하면 상정하기 힘들기 때문이다. 문제는 '왜인 포로의 사신 가장'이라는

43) 《晉書》 卷10 安帝本紀 義熙 九年條 및 《宋書》 卷97 列傳 高句驪傳 참조. 《宋書》의 기사는 《三國史記》 卷18 高句麗本紀6 長壽王 元年條에 약간의 축약을 거쳐 전재되었다.

44) "是歲 高句麗 · 倭國及西南夷銅頭大師 竝獻方物"(《晉書》 卷10 安帝本紀 義熙 九年條)

45) 이에 관한 좀 더 상세한 내용은 김인홍, 2009 앞 논문, 37~40쪽 참조.

46) 이 견해의 주창자는 坂元義種인데, 그의 주장은 다음의 글에 잘 요약되어 있다. 坂元義種, 2007 〈고대에 있어서의 고구려와 왜〉 《동아시아 속에서의 高句麗와 倭》, 경인문화사, 13~17쪽 참조.

추정을 어떻게 자료를 통해 입증할 수 있느냐가 되겠는데, 《태평어람(太平御覽)》에 실린 다음의 기사가 단서를 제공한다.

> 의희기거주(義熙起居注)에 이르기를, 왜국(倭國)에서 초피(貂皮)와 인삼(人蔘) 등을 바치니, 조칙으로 세생(細笙)과 사향(麝香)을 하사하였다고 한다.[47]

《의희기거주(義熙起居注)》는 동진 안제(安帝) 의희(義熙) 연간의 일을 기록한 책인데, 왜국(倭國)에서 담비가죽[貂皮]와 인삼 등을 바쳤음을 전하고 있는 것이다. 동진 시기에 왜국이 사신을 보내어 조공했다고 알려진 것은 앞서 본 의희 9년(413)이 유일하므로, 《의희기거주》에서 말하는 담비가죽과 인삼의 헌상은 바로 고구려 사신과 왜국 사신이 함께 동진을 방문했다는 413년의 일이었다고 보아야 할 것이다. 그런데 여기서 유의되는 것은 왜국 사신이 헌상한 물품이 다름 아닌 '담비가죽'과 '인삼'이라는 사실이다. 이들 물품은 본디 왜국에서는 나지 않는 것이었고, 고구려의 특산물이었으며 훗날 발해의 수출품으로도 널리 알려진 것들이다. 왜국의 사신이 일본열도에서 나는 물품이 아닌 고구려 지역의 특산품을 공물로 갖고 갔다는 것은 쉽게 납득이 되지 않는 부분이다. 이는 필경 왜국의 사신으로 나오는 자가 실제로 왜에서 간 것이 아님을 시사하는 것으로 받아들일 수밖에 없다.[48] 아마도 고구려와의 전쟁 과정에서 붙잡힌 왜인들 가운데 일부를 뽑아 왜국의 사신으로 가장시켜, 동진으로 향하는 고구려 사신을 수행하게 한 것으로 추측된다. 이렇게 한 이유는 '만리(萬里)' 밖의 오랑캐로 알려져 있던 왜의 입공(入貢) 자체가 송의 조정에서 크게 환영받을 수 있어 자연히 많은 회사품(回謝品)을 기대할 수 있는데, 그것이 곧 오롯이 고구려의 몫으로 돌아올 수 있다는 계산이 섰기 때문이기도 하고, 그 '왜'의 사신을 대동하고 조공함으로써 고구려의 녹록치 않은 국제적 위상을 은연중에 과시할 수 있다고 판단했기 때문일 것이다.

어쨌든 413년 동진과의 교섭은 장수왕 시기 고구려 지배층의 탁월한 외교 감각을 보여 주는 사례라고 할 수 있겠는데, 이러한 외교 감각이 또 한 번 발휘되는 것이 앞

---

47) "義熙起居注曰 倭國獻貂皮人蔘等 詔賜細笙麝香"(《太平御覽》 卷981 香部 麝條)

48) 왜국의 사신이 고구려를 거쳐가면서 고구려의 특산품을 구해 동진으로 갔을 가능성과 아예 고구려에서 왜의 사신에게 동진에 보낼 공물로 자국의 특산품을 제공했을 가능성을 상정하기도 하지만 (김인홍, 2009 앞 논문, 41~45쪽), 너무 무리한 추측이다.

서 본 고구려 사신의 왜국으로의 최초 파견과 관련된 응신기 28년조의 기사라고 판단된다. 서두에서 언급한 것처럼 이 사건의 발생 시점은 대략 420년을 전후한 어느 해로 추정되는바, 그렇다면 도대체 왜 고구려의 장수왕은 이 시점에 왜에 사신을 파견했던 것일까?

그에 대한 답은 《송서》에서 찾아질 수 있다. 《송서》의 본기와 열전에 의하면, 송이 정식으로 건국된 420년에 송 고조(高祖) 유유(劉裕)는 즉위를 자축하는 의미로 주변국의 왕들을 새로이 책봉하였다. 7년 전인 413년에 동진에 조공을 했던 고구려의 장수왕에 대해서는 기존의 '사지절도독영주제군사(使持節都督營州諸軍事) 정동장군(征東將軍) 고구려왕(高句驪王) 낙랑공(樂浪公)'에서 '정동대장군(征東大將軍)'으로 장군호(將軍號)를 승급시켰고, 동진 시기에 빈번한 사신 파견과 조공을 행했던 우방국 백제의 현왕(現王) 전지왕(腆支王)에 대해서는 동진 때 받았던 '사지절도독백제제군사(使持節都督百濟諸軍事) 진동장군(鎭東將軍) 백제왕(百濟王)'에서 '진동대장군(鎭東大將軍)'으로 역시 장군호를 올려주었다.[49]

그런데 앞서 고구려와 함께 동진에 입공했던 '왜'에 대해서는 이때 책봉이 이루어지지 않았다가 이듬해인 421년에 비로소 책봉의 조서가 내려졌다. 《송서》 왜국전에는, "왜왕(倭王) 찬(讚)이 만리 바깥에서 직공(職貢)을 닦으니 멀리서부터 정성을 보이는 것을 북돋움이 마땅한바, 제수(除授)를 내려 줌이 가(可)하다."[50]는 조서의 내용이 전한다. 이때 왜왕에게 제수된 직함은 구체적으로 확인되지 않으며, 왜 다른 나라들에 비해 일 년 늦게 왜왕의 책봉이 이루어졌는지, 그리고 그렇게 늦게라도 책봉을 하게 된 계기가 무엇이었는지는 분명하지 않다.

어쨌든 왜왕에 대한 책봉이 이루어졌다면, 왜에 그 사실이 통지되어야 했을 것은 당연한 이치이다. 그런데 당시로서는 송의 사신이 왜로 가는 길을 전혀 알 수가 없는 형편이었다. '만리' 바깥에 위치한 왜가 몇 해 전 한 번 사신을 보내왔을 뿐-물론 그것도 실상은 고구려가 꾸며 낸 가짜 사신이었지만-, 중국의 사신이 직접 왜를 방문한 적은 아직 없었기 때문이다.[51] 그렇다고 언제 올지도 모르는 상황에서 왜의 사

---

49) 《宋書》 卷3 本紀3 武帝下 永初 元年 秋八月條 및 같은 책, 卷97 列傳57 高句驪國傳, 百濟國傳 참조.

50) "高祖 永初二年 詔曰 倭讚萬里修貢 遠誠宜甄 可賜除授"(《宋書》 卷97 列傳57 倭國傳)

51) 3세기 중엽인 238년 무렵에 정식 사신이 아닌 대방군(帶方郡)의 관리가 위(魏) 조정에서 내린 왜(倭) 여왕(女王) 히미코[卑彌呼]의 책봉(冊封) 조서(詔書)를 지니고 직접 일본열도로 건너간 적이

신이 송으로 와서 책봉사를 인도하여 가기를 마냥 기대할 수도 없는 노릇이었다. 그렇다면, 대안은 무엇이었을까?

지난번에 '왜'의 사신이 왔을 때 고구려 사신을 따라 왔고, 고구려가 왜를 마치 부용국처럼 거느리는 인상을 보였음을 기억할 때, 송의 조정이 취할 수 있는 조치는 자명해진다. 송의 사신이 고구려를 거쳐 직접 왜에까지 갈 수 있도록 고구려에 길안내의 도움을 구하거나, 아예 고구려에 책봉 조서를 대신 전달하도록 부탁하는 것 외에는 달리 방법이 없는 것이다. 그리고 이 두 가지 방법 가운데, 꼭 송의 사신이 왜국까지 직접 가야 할 특별한 사정이 없는 한, 후자가 더 효율적일 것은 두말할 필요가 없을 것이다.[52] 결국 고구려는 413년에 가짜 왜국 사신을 대동하고 동진에 조공을 한 연유로, 421년에 왜왕 찬(讚)에 대한 송의 책봉 조서를 건네받게 되었으리라는 추론에 이르게 된다.[53]

그러면 장수왕은 이 상황을 어떻게 받아들였을까? 송의 요구를 아예 무시하고 유야무야 처리해 버릴 수도 있었겠지만, 한편으로 왜를 고구려 편으로 끌어들일 수 있는 좋은 기회로 생각했을 수도 있다. 그동안 두 차례의 군사적 대결을 통해 고구려의 위세를 과시하기는 했어도, 왜가 여전히 백제 편에 머물러 있는 것은 고구려의 입장에서 결코 바람직한 것은 아니었다. 차라리 이참에 왜와 송의 통교를 주선해 주면서 관계 개선을 시도하고, 백제를 대신하여 선진 문물을 일정하게 공급해 줌으로써 왜가 더 이상 백제 일변도의 외교 정책을 취하지 못하게 하는 것이 고구려의 국익에 도움이 되는 것이었다. 특히 당시로서는 평양으로의 천도를 추진하거나 아니면 적어도 계획하고 있었을 가능성이 큰바, 천도 과정의 어수선한 틈을 타서 백제가 행

있으나(《三國志》 卷30 魏書 烏丸鮮卑東夷傳 倭人傳), 위를 대신하여 진(晉)이 선 후 얼마 있지 않아 왕래가 끊어졌기 때문에 5세기 초에는 중국 왕조의 입장에서 왜로 향하는 길을 알 수 없는 상황이었다.

52) 고구려를 중간 전달자로 활용하는 후자의 방법은 위의 주 51)에서 언급한 위 조정의 히미코 책봉 조서 전달 방식을 원용하는 것이 되겠다.

53) 우리 역사에서 이와 유사한 사례를 찾는다면, 후삼국 시기인 927년에 중국 오월(吳越)의 왕이 후백제와 고려에 보낸 조서(詔書)가 반상서(班尙書)라는 사신에 의해 후백제의 왕 견훤에게 먼저 전달되었다가 견훤을 통해 고려왕 왕건에게 간접적으로 전해진 일이 있었다(《三國史記》 卷50 列傳10 甄萱). 그리고 1267년에는 몽골 제국의 대칸 쿠빌라이가 일본에 보낸 국서를 고려의 사신 반부(潘阜)가 대신 일본으로 가서 전달해 준 사실도 확인된다(《高麗史》 卷26 世家26 元宗 8년 8월조). 이런 사례들을 감안할 때, 송의 황제가 왜왕을 책봉하는 내용을 담은 조서가 당시 직접적인 교류가 없던 왜에 곧바로 전해지지 않고 고구려를 거쳤을 가능성은 충분히 상정해 볼 수 있다.

여 보복전을 감행하는 것을 차단하기 위해서도 백제와 왜 사이를 벌려 놓는 것은 최상의 방책이었을 수 있다. 응신기 28년조에 나타난 고구려 사신의 왜 방문은 바로 이러한 배경과 목적에서 일어난 사건을 적절히 반영하는 것으로 추정된다.

요컨대, 고구려는 송과의 관계에서 생겨난 예기치 않은 상황을 기회로 활용하여 왜와의 관계 개선을 이루고, 백제를 외교적으로 더욱 고립시킬 수 있는 환경을 만들어 냈던 것이라 하겠다.

한편 왜는 고구려의 제안을 받아들여 앞서 응신기 37년조에서 보았던 바와 같이 중국 왕조와 직접 교섭을 시도하게 되는데,[54] 《송서》 왜국전에는 원가 2년(425)에 왜왕 찬이 사마(司馬) 조달(曹達)을 보내어 표(表)를 올리고 방물(方物)을 바쳤다고 기록되어 있다.[55] 찬에 대한 책봉의 조서가 내려진 지 4년 만에 이루어진 왜 사신의 입공은 송으로서도 오래 기억할 만한 사건이었을 것이며, 그것이 곧 '사마 조달'이라는 사신의 구체적 이름까지 전해지게 된 배경이 되었다고 여겨진다. 따라서 이때의 조공은 동진 연간의 입공 때처럼 고구려에 의해 가장된 왜국 사신이 아닌 실제의 왜국 사신에 의해 이루어진 것으로 보는 것이 합리적이다. 그리고 그 사행은 왜의 독자적 능력에 의해서가 아니라, 왜 사신의 첫 '오국(吳國)'(즉 송) 사행 사실을 전하는 응신기 37년조의 기사에 반영되어 있듯이 고구려의 도움을 얻어 실현된 것으로 파악하는 것이 또한 마땅하다.[56]

결국 장수왕은 송과의 통교를 주선하면서 왜와의 관계 개선에 성공하였고, 이를 통해 기존의 왜와 백제 사이의 밀착 관계를 허무는 데에도 일정한 성과를 거두었다

54) 3세기 중엽 왜 여왕 히미코가 대방군을 통해 위나라와 교섭을 가진 이후 근 이백여 년 만에 중국 왕조와 직접 교류를 하게 된 것으로, 일본의 역사에서는 매우 의미 있는 사건이 된다.

55) "太祖 元嘉二年 讚又遣司馬曹達 奉表獻方物"(《宋書》 卷97 列傳57 倭國傳). 여기서 '또(又)'라는 표현은 동진 시기의 입공을 전제로 한 것인데, 《송서》의 찬자인 심약(沈約)의 오해에서 비롯된 것이므로 굳이 신경을 쓸 필요는 없다.

56) 한편 원가 2년(425) 왜왕 찬의 입공 사실은 《송서》의 왜국전에만 나올 뿐, 본기에서는 확인되지 않아 약간의 의문이 제기될 수 있다. 대신 본기에는 원가 7년(430)에 왜국왕이 사신을 보내어 방물을 바쳤다는 기록이 나오는데, 본기의 이 기록은 또 정작 왜국전에서는 보이지 않는다. 그래서 혹시 동일한 사실이 본기와 왜국전에서 연대를 달리하여 별개로 기록된 것이 아닐까라는 추측을 해 볼 수도 있다. '二年'과 '七年'이 흘림체에서는 혼동될 여지가 있음을 고려하면, 그 가능성 자체를 닫아 두기는 어렵다. 그렇지만 《송서》의 고구려국전(高句驪國傳)과 백제국전(百濟國傳)을 보아도 본기에 실린 내용이 꼭 그대로만 나오는 것이 아니라 상호 약간씩 더해지거나 빠진 것이 나타나므로, 이 글에서는 일단 원가 2년과 7년의 입공 사실을 별개의 것으로 취급하여 논의를 전개한다.

고 평가할 수 있다. 중국의 남북조 및 북방 민족 유연(柔然)과 다면외교를 펼치며 실리를 챙긴 것으로 널리 알려진[57] 장수왕의 탁월한 외교 기술은 바다 동쪽의 왜를 대상으로도 똑같이 발휘되었던 것이라 하겠다. 왜 역시 고구려와의 교류를 통해 많은 이익을 얻을 수 있게 되었으니, 백제를 대신하여 선진 문물을 얻을 수 있는 대상을 새로 확보하게 되었을 뿐 아니라, 장거리 사행의 어려움과 위험 부담이 있기는 하지만 중국 왕조와의 직접 통교까지 실현함으로써 그 어느 때보다도 많은 교역의 이득을 누릴 수 있는 길이 마련되었던 것이다. 강력한 군사력을 지닌 적대국의 침략 위협이 감소하는 것 역시 결코 간과할 수 없는 소득이었다. 그동안 백제에 크게 의지해 왔기 때문에 그의 적대국과 손을 맞잡는 것이 우방국으로서의 도리가 아니라는 비난을 받을 수 있어도, 선진 문물의 수입선을 다변화하는 것은 단일 수입선이 지니는 각종 위험 부담을 줄이는, 일종의 '분산투자'와 같은 효과를 거둘 수 있는 것이었다. 어차피 외교란 현실에 기반하는 것이 불변의 진리인 것이다.

여하튼 이렇게 하여 성립된 왜와 고구려 사이의 친선관계는 이후 당분간 이어진 것으로 생각된다. 왜는 송으로 사신을 처음 파견하고 5년이 흐른 430년에 또 한 차례 송에 조공을 바친 것으로 나온다.[58] 이때도 고구려를 거쳐 송에 입공하였을 가능성이 높다고 여겨진다. 그리고 그 과정에서 고구려의 사신이 왜를 방문하기도 하였을 것이니, 앞에서 본 인덕기 12년조의 '고구려로부터의 철 방패와 철 과녁 헌상' 기사는 그런 상황을 반영하는 것이라고 볼 수 있다.

아울러 왜 사신의 송으로의 왕래가 이어지면서 인덕기 58년조의 기사에서 본 것처럼 송의 사신이 직접 왜를 방문하는 일이 생길 것은 자연스러운 추세였을 것이다. 이와 관련하여 주목되는 것이 《송서》 문제본기(文帝本紀)에 보이는 원가 15년(438) 왜국왕 '진(珍)'의 '안동장군(安東將軍)' 책봉 기사이다.[59] 같은 책의 왜국전에는 진이 사신을 보내어 조공을 바치고 표문을 올려 자신과 신료들의 가작호(假爵號)를 정식으로 인정해 달라고 요청했다는 내용이 나오는데, 438년의 진에 대한 안동장군 책봉은 바로 그에 대한 응답이었다.[60] 송 조정은 왜왕과 그 신료들에 대한

---

57) 盧泰敦, 1984 〈5~6世紀 東아시아의 國際情勢와 高句麗의 對外關係〉《東方學志》 44 참조.

58) "元嘉七年 春正月 … 是月 倭國王遣使獻方物"(《宋書》 卷5 本紀5 文帝)

59) "元嘉十五年 夏四月 … 己巳 以倭國王珍爲安東將軍"(출전은 위와 같음)

60) 왜왕이 '使持節都督倭百濟新羅任那秦韓慕韓六國諸軍事'를 자칭한 것이 바로 이때부터였다.

새로운 책봉 사실을 알리는 책봉사 파견을 검토했을 것인바, 과거와는 달리 일본열도까지 책봉사를 직접 보내는 것으로 결론이 났을 가능성이 크다고 판단된다. 왜냐하면 이번에는 왜의 사신이 송까지 찾아왔으므로, 그들이 돌아가는 편에 함께 책봉사를 보내면 원거리 사행의 부담을 어느 정도 감소시킬 수 있을 것이기 때문이었다. 물론 이때에도 일본열도로 향하는 길은 그동안 왜의 사신들이 취했던 관행에 따라 고구려를 거쳐 가는 것으로 결정되었을 것이다.

한편 이 당시 고구려는 북연왕(北燕王) 풍홍(馮弘)의 처리 과정에서 송과 마찰을 빚고 있었다. 북위와의 군사적 대결을 피하고자 했던 장수왕은 걸림돌이 되는 풍홍을 살해하고, 그를 영입하기 위해 파견된 송의 호송군(護送軍)과 충돌하기도 했다. 그렇지만 송과의 관계를 악화시킬 수는 없었기에 붙잡은 송의 장수를 송으로 압송하는 형식을 취하면서 우호 관계의 유지를 도모하였고, 이듬해인 439년에는 말 800필을 송에 보내기도 했다.[61)]

어쨌든 438년이라는 시점은 고구려로서는 비상 국면에 해당하였다. 북위와 송을 모두 자극하지 않으면서 서쪽 국경 지대의 안전을 확실히 지켜내야 했고, 고구려의 관심이 서쪽 변경에 쏠린 틈을 타 적대국 백제가 혹시 북진을 시도해 올 가능성에도 대비해야 했다. 10여 년 전의 평양 천도는 남진의 효율적 추진을 명분으로 단행된 것이지만, 수도가 백제 영역에 가까이 다가간 이상 백제의 대대적인 급습에 취약해질 수 있는 약점도 함께 지니고 있는 것이었다. 실제로 70여 년 전 백제군은 평양성을 대거 공격하여 고구려의 고국원왕을 전사하게 만든 적도 있었다. 따라서 북연의 멸망과 그 왕 풍홍의 처리를 둘러싸고 발생한 비상 상황을 절묘하게 벗어나는 것이 당시 고구려의 최대 현안이었다고 할 수 있다.

바로 이 상황에서 일본열도로 귀환하는 왜의 사신과 송의 책봉사가 함께 고구려를 찾아온 것이다. 장수왕이 이들 편에 고구려의 사신을 왜에 보내는 것으로 결정을 내렸을 것은 짐작하기 어렵지 않다. 왜가 예전처럼 백제 편에 서서 고구려 공격을 군사적으로 돕는 방향으로 나가는 것을 막기 위한 적절한 외교적 조치가 필요했을 것이기 때문이다. 바로 이런 사정에서 고구려 사신과 송의 사신이 동시에 왜를 찾게 되는 일이 발생했을 것이니, 《일본서기》 인덕기 58년조에 보이는 '오사(吳使)'와 '고

61) 이에 관한 자세한 설명은 盧泰敦, 1984 앞 논문, 4~7쪽 참조.

려사(高麗使)'의 '조공(朝貢)' 관련 기사는 저간의 상황을 그대로 반영하고 있는 것이라 사료된다.

지금까지 나제동맹 결성 전후의 상황을 주로 고구려의 동향에 초점을 맞추어 살펴보았다. 그러면 이제부터는 그런 고구려의 동향에 대해 남쪽의 두 나라 즉 백제와 신라가 어떻게 반응했고, 어떤 대응책을 마련했는지를 검토해 보도록 하자.

4. 백제 및 신라의 대응과 나제동맹의 결성

고구려가 왜에 접근하려 한다는 소식은 고구려 사신이 처음 일본열도를 찾아간 후 얼마 있지 않아 백제에도 전해졌을 것이 분명하다. 그 시기는 421년에 있었던 왜왕 찬에 대한 송의 책봉과 그 책봉 조서 전달을 명분으로 한 고구려 사신의 왜 파견이 시간적으로 거의 맞물려 있었을 것을 감안할 때, 대체로 구이신왕 재위 기간(420~427)[62]의 초반이었을 것으로 추정된다.

당시 백제에서는 어린 나이의 구이신왕을 대신하여 모후인 팔수부인(八須夫人)과 그의 정부(情夫) 목만치(木滿致)가 권력을 휘두르고 있었던 것으로 전해진다.[63] 목만치는 《일본서기》에 인용된 《백제기(百濟記)》에 따르면, 진구황후의 이른바 '가야 7국 평정'에 참전한 백제 장수로 전해지는 목라근자(木羅斤資)의 아들로서, 아버지의 공(功)으로 인하여 임나(任那)에서 위세를 떨치다가 백제에 들어왔고, 왜에도 건너갔다 온 경력을 갖고 있었다고 한다.[64]

그는 고구려와 왜의 접근 소식에 매우 분개하고 반발했던 것 같은데, '행동에 무례함이 많았다[多行無禮]'는 《일본서기》의 표현이 그것을 시사한다. 당시는 또한 고구려가 평양으로 수도를 옮기기 불과 몇 해 전이었으므로, 고구려의 천도 계획이 만일 알려졌다면 그를 포함한 백제 지배층의 위기감은 대단히 커지고 있었을 것이다. 언제 고구려가 대군을 동원하여 백제를 갑작스럽게 공격할지 모르는 위기 상황이

---

62) 구이신왕의 즉위 시기에 대해서는 약간의 논란이 있으나, 이 글에서는 《三國史記》의 전승이 옳다고 판단하여 이를 좇는다.

63) "百濟直支王薨 卽子久爾辛立爲王 王年幼 木滿致執國政 與王母相婬 多行無禮 天皇聞而召之"(《日本書紀》 卷10 應神天皇 二十五年條)

64) "百濟記云 木滿致者 是木羅斤資 討新羅時 娶其國婦 而所生也 以其父功 專於任那 來入我國 往還貴國 承制天朝 執我國政 權重當世"(출전은 위와 같음)

곧 전개될 수 있는 것이었다. 그런데 그동안 우호 관계를 쌓아 왔던 왜가 고구려 편에 서게 된다면, 더 나아가 고구려와 연계하여 백제에 적대적 군사 행동을 감행한다면, 이는 백제에게 엄청난 부담으로 작용할 것이 불 보듯 뻔했다. 그는 아마도 자신이 영향력을 행사한 적이 있었던 가야 소국들에게서 유사시 군사 원조를 받을 수 있으리라는 기대를 갖고 있었겠지만, 가야 소국들이 그의 기대에 맞게 통일된 행동을 취하리라는 보장은 없는 것이었다. 따라서 그의 경우에서처럼, 자신들을 '배신'하고 적대국 고구려와 우호 관계를 맺게 된 왜에 대해 반발만 하는 것만으로는 문제의 해결책이 될 수 없었다. 그가 무례한 행동을 많이 하다가 천황에게 소환되었다고 하는 《일본서기》의 기록은[65] 결국 그가 고구려와 왜 사이의 관계 개선 소식으로부터 촉발된 백제 조정 내의 노선 투쟁에서 몰락했음을 시사하는 것으로 판단된다. 그리고 그의 몰락은 꼭두각시로 있던 구이신왕의 실각으로까지 연결되었을 가능성이 크다.[66]

구이신왕을 이어 왕위에 오른 인물은 선왕인 전지왕의 서자(庶子)로도 알려진 비유왕(毗有王)이었다. 매우 심각한 위기에 처해 있던 백제를 구하기 위해 그가 취할 조치는 두 가지밖에는 없었을 것이다. 그 첫째는 우선 왜에 대한 외교를 강화하는 것이었으리라 추정된다. 위기의 심화가 왜와 고구려의 관계 개선에서부터 시작된 것이므로, 그것을 풀기 위해서는 다시금 왜와 고구려 사이의 관계를 벌려 놓는 것이 당연히 시급하게 시도되어야 할 것이었다. 그것이 성취되지 못한다 하더라도, 왜가 백제의 적대 세력으로 돌아서는 상황만은 결단코 막아야 하는 것이었다. 《일본서기》 오진천황 39년조를 보면, 백제에서 '직지왕(直支王: 전지왕)'의 누이 신제도원(新齊都媛)이 천황을 섬기라는 백제왕의 명을 받고서 7명의 부녀(婦女)를 이끌고 왜에 왔다는 내용이 나온다.[67] 이 기사에서는 신제도원을 파견한 주체를 직지왕이라고 전하고 있으나, 직지왕의 사망 사실이 이미 25년조에 나온 바 있고 오진천황 재위 말년 무렵의 사실로 기록된 것을 감안한다면, 실제로 그녀를 왜로 보낸 것은 비유왕

65) 앞의 주 63) 참조. 물론 여기서 '소환' 운운한 것은 윤색에 지나지 않는다.

66) 《삼국사기》에는 구이신왕이 즉위 후 8년째인 427년에 사망한 것으로 전하지만, 즉위할 때 나이가 어렸음을 감안한다면 자연사였을 가능성은 별로 높지 않다고 생각된다. 정변 등에 의한 왕위로부터의 축출과 시해를 자연스럽게 추측해 볼 수 있다.

67) "百濟直支王 遣其妹新齊都媛以令仕 爰新齊都媛 率七婦女 而來歸焉"(《日本書紀》 卷10 應神天皇 卅九年 春二月條)

이었을 가능성이 매우 높다.[68] 위기를 타개하기 위해 왕녀(王女)를 정략적으로 활용하는 것은 고금을 통해 흔히 있는 일이었으니, 비유왕은 신제도원을 통해 왜와 고구려의 밀착을 막아보려 했던 것이라고 할 수 있겠다.

비유왕이 위기에서 벗어나기 위해 취할 수 있는 두 번째의 방책은 바로 동쪽으로 영역을 접하고 있던 신라를 설득하여 자기편으로 끌어들이는 것이었다. 비록 가야 소국들의 힘을 빌릴 수는 있다고 하더라도, 신라와의 관계가 소원한 상태에서는 한반도 내에서 백제의 고립은 피할 수 없었던 것이다. 왜가 고구려에 접근해 간 이상 과거처럼 고구려와의 전쟁에서 백제를 도와줄 가능성은 현저히 낮아진 상황이었고, 따라서 전통적으로 사이가 좋지 않았던 신라라도 어떻게든 붙잡아 유사시 군사적 도움을 얻을 수 있게 해야 한다는 생각이 백제 지배층의 공감대를 얻었을 것이다. 비유왕은 바로 그런 인식에서 신라의 눌지왕에게 적극적인 구애를 시도했던 것이니, 그것이 실행된 것은 그가 즉위한 지 7년째 되던 433년의 일이었다.

한편 이 시기 신라에서도 고구려와 왜 사이의 접근은 매우 신경을 곤두서게 하는 사안으로 부각되어 있었을 것으로 판단된다. 신라는 내물왕 대 이후 고구려의 정치적 영향권 하에 놓였고, 고구려 군대 일부가 신라 영역 내에 주둔까지 하는 상황이었으므로 고구려의 동향이 신라 지배층에게 포착되는 것은 사실상 시간문제였다. 그리고 고구려에서 왜로 향하는 길목에 신라가 자리 잡고 있었기 때문에 고구려 사신이 신라를 거쳐 왜로 갔을 가능성도 크다.

아무튼 고구려가 왜와의 관계를 개선하려는 움직임을 보이자, 눌지왕을 포함한 신라의 지배층은 큰 우려를 하지 않을 수 없었을 것이다. 왜병의 침탈을 막는다는 명분으로 신라 영역에 군대까지 주둔시키고 있던 고구려가 왜와 가까이 지내려 한다는 것은 신라 지배층의 입장에서 볼 때는 완전한 자가당착이었을 터이다. 그렇지 않아도 실성왕과 눌지왕의 즉위에 영향력을 행사했던 고구려이기에 언제 다시 정변을 지원하여 왕 자리를 바꾸어 놓을지 불안한 상태에서, 그동안 끊임없이 신라를 침탈해 온 적대국 왜와 우호 관계를 맺으려는 고구려의 행보는 신라 지배층의 의심을 증폭시켰을 것이 분명하다.

《삼국사기》 신라본기를 보면, 눌지왕 8년(424)에 신라의 사신이 고구려를 찾아갔다

---

68) 아마 신제도원이 직지왕의 누이라는 전승에 구애되어 파견의 주체를 직지왕으로 부회했을 것으로 여겨진다.

는 기록이 있다.[69] 같은 내용의 기사가 고구려본기의 장수왕 12년(424)조에도 보이는데, 여기서는 장수왕이 신라 사신을 특별히 후하게 위로하였다는 내용이 첨가되어 있다.[70] 이때 신라 사신의 사행 목적은 확인이 되지 않지만, 당시가 고구려와 왜 사이의 관계 개선이 점차 현실화되던 시점이었음을 고려한다면, 그 움직임에 대한 신라 지배층의 우려를 전달하려는 목적이 들어 있었을 가능성이 매우 높다. 장수왕은 그런 신라인들의 걱정을 달래기 위해 이전보다 더 후대를 했을지도 모르겠다.

그렇지만 그것으로 신라의 우려가 사라질 수는 없었을 것이다. 《삼국사기》에는 눌지왕 대에 왕제(王弟) 미사흔(未斯欣)의 귀환 이후 한동안 왜와의 전투가 없었던 것으로 나오는데, 431년으로 비정되는 눌지왕 15년에 이르러 왜병의 침략이 다시 일어난 것으로 되어 있다.[71] 이 시기에 어떤 배경에서 왜의 침탈이 재개된 것인지 확실히 알 수는 없으나, 신라인의 왜에 대한 적개심과 고구려를 향한 의심이 최고조로 치달았을 것은 불문가지이다.

눌지왕을 비롯한 신라의 지배층은 이제 고구려를 마냥 믿고 있을 수는 없다고 판단하였을 것이다. 신라를 지켜 주겠다며 주둔하고 있는 고구려군의 역할에도 신뢰감이 크게 떨어졌을 것으로 보인다.[72] 더 나아가 만에 하나 고구려와 왜가 함께 신라를 도모하기로 하고 협공해 오기라도 한다면 신라 멸망의 위기가 눈앞에서 펼쳐질 상황이었다.

바로 이런 때에 백제로부터 군사동맹의 제의가 왔던 것이다. 이 제의에 신라의 지배층이 관심을 갖지 않을 수는 없었을 것이다. 고구려의 왜로의 접근 행보로부터 야기된 안보상의 불안감과 어차피 언젠가는 고구려의 정치적 간섭과 속박에서 벗어나야 한다는 필요성이 맞물리면서 신라의 눌지왕은 비유왕이 내민 손을 맞잡게 된 것

69) "八年 春二月 遣使高句麗修聘"(《三國史記》 卷3 新羅本紀3 訥祇麻立干)

70) "十二年 春二月 新羅遣使修聘 王勞慰之特厚"(《三國史記》 卷18 高句麗本紀6 長壽王)

71) "十五年 夏四月 倭兵來侵東邊 圍明活城 無功而退"(《三國史記》 卷3 新羅本紀3 訥祇麻立干

72) 고구려군은 수도인 경주 지역에도 일부 주둔하고 있었겠지만, 주로 고구려와 통하는 교통로의 길목에 배치되어 있었을 가능성이 높다고 여겨진다. 20여 년 뒤인 450년경에 고구려 변장(邊將)의 피살 사건이 일어난 동해안 방면의 실직(悉直: 현재의 삼척)이나 지난 세기 후반에 고구려의 영향을 받은 것으로 추정되는 벽화고분이 발견된 소백산맥 남록(南麓)의 영주시 순흥면 일원 등이 주요 주둔 지역이었을 것으로 추정된다. 따라서 수도인 경주나 그 이남의 신라 영역에서 사태가 발생했을 시 고구려군의 효용성은 생각만큼 높지 않았을 수 있다.

이다.[73] 이로써 유사시 상호 군사원조를 주요 내용으로 한 두 나라 왕들 사이의 약속이 맺어진 것이니, 나제동맹은 이런 과정을 통해 성립한 것이다.[74]

5. 맺음말

지금까지 《일본서기》에 보이는 고구려와 왜 사이의 교섭에 관한 기사의 검토를 시작으로 하여 5세기 전반 고구려의 대외 관계를 살펴보고, 당시 한반도 정세의 변화상을 동아시아사 차원의 시각에서 다루어 보았다.

논의가 전체적으로 추리와 추론의 과정을 통해 이루어져 상당히 복잡한 인상을 주지 않았을까 싶다. 논의의 결과를 짧게 요약하자면, 왜를 자기편으로 끌어들여 백제를 고립시키려 한 고구려 장수왕의 외교 방략이 백제와 신라의 결맹을 갖고 온 가장 직접적이고 핵심적인 원인이라는 것이다.

그동안 나제동맹의 결성에 대한 학계의 인식은 대체로 삼국의 대외 관계에 대한 고정적 시각에 입각한 것들이 많았다. 그렇지만 어느 시기의 국가나 다 그렇듯이, 이 시기의 각국도 저마다 자신들에게 유리한 국제 정세를 만들기 위해 노력하였으며, 그로 인해 시간의 흐름과 함께 변화무쌍한 대외 관계가 연출될 수밖에 없었다. 조금 뒷시기의 일이기는 하지만, 백제가 북위에 사신을 파견했다는 사실은 대외 관계를 고착된 시각에서가 아니라 유동적인 시각에서 바라보아야 함을 일깨워 주는 좋은 예가 된다. 이 글의 논의를 계기로 도식적이고 협소한 관점에서의 삼국시대사 이해 방식이 아니라 다양한 가능성을 열어 두면서 넓은 시야에서 접근하는 삼국시대 연구가 한층 활발해지기를 염원한다.

---

73) 신라의 입장에서는, 백제가 계속 왜와 교류를 해 온 처지이니 혹시 백제의 힘을 빌려서라도 왜병의 침탈을 억제할 수 있지 않을까라는 기대가 있었을 수도 있다.

74) 다만 한 가지 유의해야 할 것은 눌지왕과 비유왕 사이에 동맹의 약속이 이때 맺어졌다고 하더라도, 그것이 곧바로 고구려에 대한 군사행동으로 실행될 수는 없었을 것이라는 점이다. 고구려군이 일부라도 신라 영역 내에 주둔하는 상황에서는 내면적으로 결맹을 했어도 외부로 그 사실을 노출시킬 수는 없었을 것이기 때문이다. 고구려와 왜의 움직임 등을 예의주시하면서 상황 판단을 해야 했을 것이며, 그런 상태가 십여 년 이상 이어진 것으로 보인다.

참고문헌

1. 사료

《삼국사기》, 《삼국유사》, 《고려사》, 《해동고승전》, 《조선왕조실록》, 《승정원일기》, 《신증동국여지승람》.

《사기》, 《한서》, 《후한서》, 《삼국지》, 《진서》, 《송서》, 《남제서》, 《양서》, 《위서》, 《주서》, 《북제서》, 《수서》, 《남사》, 《북사》, 《구당서》, 《신당서》, 《자치통감》, 《양직공도》, 《한원》, 《책부원구》, 《태평어람》.

《고사기》, 《일본서기》, 《속일본기》.

2. 역주서, 보고서, 사전류

강인구 외, 2003 《譯註 三國遺事》, 이회문화사.

국사편찬위원회, 1988 《中國正史朝鮮傳 譯註 1》.

리상호 옮김, 1960 《삼국유사》, 과학원출판사.

연세대학교 박물관, 2016 《파른본 삼국유사 교감》, 도서출판 혜안.

이병도, 1982 《原文并譯註 三國遺事》, 광조출판사.

최남선, 1954 《增補三國遺事》, 민중서관.

한국고대사회연구소 편, 1992 《譯註 韓國古代金石文》 Ⅰ·Ⅱ·Ⅲ, 재단법인 가락국사적개발연구원.

한국선사미술연구소, 2003 《국보 147호 천전리각석 실측조사보고서》, 울산광역시.

尙鴻·鄧瑞全, 1991 《二十五史導讀辭典》, 華齡出版社.

伏見沖敬, 1999 《合本 書藝大字典》, 教育出版公社.

諸橋轍次, 2000 《大漢和辭典》, 大修館書店.

3. 저서

강인구, 2000 《고분연구》, 학연문화사.

강종훈, 2000 《신라상고사연구》, 서울대학교출판부.

강종훈, 2011 《삼국사기 사료비판론》, 여유당.

국사편찬위원회, 1996 《한국사 5 －삼국의 정치와 사회 Ⅰ: 고구려》.

권덕영, 2015 《한국의 역사 만들기, 그 허상과 실상》, 새문사.

김철준, 1990 《한국고대사회연구》, 서울대학교출판부.

김현구·박현숙·우재병·이재석 공저, 2002 《일본서기 한국관계기사 연구》(Ⅰ)·(Ⅱ)·(Ⅲ), 일지사.

노중국, 1988 《백제정치사연구》, 일조각.
노태돈, 1998 《한국사를 통해 본 우리와 세계에 대한 인식》, 풀빛.
박진태 외, 2002 《삼국유사의 종합적 연구》, 도서출판 박이정.
송호정, 2004 《단군, 만들어진 신화》, 산처럼.
신종원, 1992 《신라초기불교사연구》, 민족사.
양주동, 1946 《조선고가연구》, 박문서관.
王健群, 1984 《好太王碑硏究》; 임동석 역, 1985 《광개토왕비연구》, 역민사.
이강래, 1996 《삼국사기 전거론》, 민족사.
이근직, 2012 《신라 왕릉 연구》, 학연문화사.
이기백, 1986 《신라사상사연구》, 일조각.
이병도, 1976 《한국고대사연구》, 박영사.
李進熙 著, 李基東 譯, 1982 《廣開土王碑의 探求》, 일조각.
이홍직, 1971 《한국고대사의 연구》, 신구문화사.
임기환 외, 2011 《미래를 여는 한국의 역사 1》, 웅진지식하우스.
전덕재, 1996 《신라육부체제연구》, 일조각.
전해종, 1980 《동이전의 문헌적 연구》, 일조각.
천관우, 1989 《고조선사·삼한사연구》, 일조각.
천관우, 1991 《가야사연구》, 일조각.
최진열, 2015 《발해 국호 연구》, 서강대학교출판부.
하일식, 2006 《신라 집권 관료제 연구》, 혜안.
하정룡, 2005 《삼국유사 사료비판: 삼국유사의 편찬과 간행에 대한 연구》, 민족사.

橋本增吉, 1956 《改訂增補東洋史上より見たる日本上古史》, 東洋文庫.
末松保和, 1954 《新羅史の諸問題》, 東洋文庫.
三品彰英, 1943 《新羅花郎の硏究》, 三省堂.
三品彰英 遺撰, 1979 《三國遺事考證 中》, 塙書房.
津田左右吉, 1924 《古事記及び日本書紀の新研究》, 岩波書店.
津田左右吉, 1939 《日本上代史硏究》, 岩波書店.

4. 논문

강인구, 1982 〈신라왕릉의 재검토〉 《동방학지》 41.
강인구, 1984 〈신라왕릉의 재검토(2)〉 《윤무병박사회갑기념논총》, 윤무병박사회갑기념논총간행위원회.
강인구, 1987 〈신라왕릉의 재검토(3)〉 《삼국유사의 종합적 검토》, 한국정신문화연구원.
강종훈, 1992 〈백제 대륙진출설의 제문제〉 《한국고대사논총》 4, 가락국사적개발연구원.
강종훈, 1995 〈삼국사기 초기기록에 보이는 '낙랑'의 실체〉 《한국고대사연구》 10.
강종훈, 1999 〈울주 천전리서석 명문에 대한 일고찰〉 《울산연구》 1.

강종훈, 2001 〈4세기 백제-왜 관계의 성립과 그 배경〉《역사와 현실》 40.
강종훈, 2003 〈4세기 백제의 요서 지역 진출과 그 배경〉《한국고대사연구》 30.
강종훈, 2009 〈울진봉평신라비의 재검토〉《동방학지》 148.
강종훈, 2009 〈백제왕실교체설의 재검토〉《한국 고대사 연구의 현단계》 (이기동교수정년기념논총), 주류성.
강종훈, 2011 〈삼국사기 열전에 보이는 4~5세기 신라인의 활약상〉《신라문화》 38.
강종훈, 2014 〈5~6세기 삼국 간 국경의 변동에 관한 諸說의 검토 -한강 유역을 중심으로-〉 《대구사학》 116.
김기섭, 1997 〈백제의 요서경략설 재검토: 4세기를 중심으로〉《한국고대의 고고와 역사》, 학연문화사.
김남윤, 1997 〈眞表의 傳記 資料 檢討〉, 《국사관논총》 78.
김두진, 2001 〈三國遺事의 體制와 내용〉, 《한국학논총》 23, 국민대 한국학연구소.
김두진, 2002 〈三國遺事의 佛敎史자료와 그 성격〉, 《청계사학》 16·17합집.
김두진, 2002 〈一然의 生涯와 저술〉, 《전남사학》 19.
김두진, 2003 〈三國遺事의 史料的 性格〉, 《역주 삼국유사 V》, 이회문화사.
김두진, 2004 〈삼국유사의 인용문과 그 성격〉, 《사학연구》 76.
김병주, 1984 〈羅濟同盟에 관한 硏究〉《한국사연구》 46.
김복순, 2000 〈《三國遺事》 興法篇과 中古期의 설정〉, 《경주사학》 19.
김상기, 1967 〈百濟의 遼西經略에 對하여〉《백산학보》 3.
김상현, 1978 〈三國遺事에 나타난 一然의 佛敎史觀〉, 《한국사연구》 20.
김상현, 1982 〈三國遺事의 刊行과 流通〉, 《한국사연구》 38.
김상현, 1993 〈三國遺事의 歷史方法論的 考察〉, 《동양학》 23.
김상현, 2003 〈三國遺事의 書誌的 考察〉, 《역주 삼국유사 V》, 이회문화사.
김상현, 2013 〈삼국유사 고판본과 파른본의 위상〉《동방학지》 162.
김석진, 2011 〈중국 淸華大學 소장 戰國시대 竹簡〉《목간과 문자》 7.
김석형, 1981 〈구《삼국사》와 《삼국사기》〉, 《력사과학》 1981-4.
김세익, 1967 〈중국 료서지방에 있었던 백제의 군에 대하여〉《력사과학》 1967-1, 3호.
김수미, 2006 〈南齊書 백제전의 獫狁·匈梨와 臺舫의 실체〉《용봉인문논총》 34·35, 전남대 인문학연구소.
김영태, 1974 〈三國遺事의 體裁와 그 性格〉, 《동국대학교논문집》 13.
김용선, 1979 〈朴堤上 小考〉《전해종박사화갑기념사학논총》, 일조각.
김인홍, 2009 〈4~5세기 高句麗와 倭의 外交的 交涉에 대한 硏究〉, 단국대 대학원 석사학위논문.
김정배, 1968 〈辰國과 韓에 관한 考察〉《사총》 12·13.
김철준, 1952 〈新羅 上代社會의 Dual Organization(上)〉《역사학보》 1.
남동신, 2007 〈三國遺事의 史書로서의 特性〉, 《불교학연구》 16.
노태돈, 1982 〈三韓에 대한 認識의 變遷〉, 《한국사연구》 38.

노태돈, 1984 〈5~6世紀 東아시아의 國際情勢와 高句麗의 對外關係〉《동방학지》 44.
민경삼, 2007 〈신출토 高句麗 遺民 高質 墓誌〉《신라사학보》 9.
민경삼, 2009 〈中國 洛陽 신출토 古代 韓人 墓誌銘 연구 –高質 墓誌銘을 중심으로–〉 《신라사학보》 15.
박광용, 1990 〈대종교 관련 문헌에 위작 많다〉《역사비평》 10, 역사문제연구소.
박대재, 2005 〈三韓의 기원에 대한 사료적 검토〉《한국학보》 31.
백승충, 1995 〈弁韓의 成立과 發展〉《한국고대사연구》 10.
서영교, 2015 〈《三國志》 魏略의 '斯羅國'과 《魏書》의 '斯羅'〉《역사학연구》 59.
서영수, 1988 〈廣開土王陵碑文의 征服記事 再檢討(中)〉《역사학보》 119.
서영수, 1995 〈廣開土王陵碑文의 연구사적 검토〉《고구려연구》 1, 고구려연구회.
신종원, 1992 〈新羅 佛教公認의 實相〉, 《신라초기불교사연구》, 민족사.
신종원, 1996 〈《삼국유사》 원종흥법·염촉멸신조 역주〉, 《겨레문화》 10, 한국겨레문화연구원.
신현웅, 2003 〈《三國志》 韓傳 記錄의 實際〉《한국고대사연구》 32.
신현웅, 2005 〈《三國志》 韓傳 記事의 判讀 –정치관계 기록을 중심으로–〉《신라문화》 25.
신현웅, 2006 〈朴堤上의 出自와 身分 問題〉《신라문화》 27.
옥명심, 2000 〈삼국유사에 반영된 금석문자료에 대한 고찰〉, 《력사과학》 174, 과학백과사전출판사.
유원재, 1995 〈백제의 요서영유(설)〉《한국사》 6, 국사편찬위원회.
윤용구, 2010 〈《三國志》 판본과 〈東夷傳〉 교감〉《한국고대사연구》 60.
윤용구, 2012 〈《梁職貢圖》의 流傳과 摹本〉《목간과 문자》 9.
윤용구, 2015 〈백제 '요서진출설'의 문헌적 검토〉《백제와 요서 지역》, 한성백제박물관.
이강래, 1990 〈《三國遺事》에 있어서의 〈舊三國史論〉에 대한 비판적 검토〉, 《동방학지》 66.
이강래, 2005 〈삼국유사의 사서적 성격〉, 《한국고대사연구》 40.
이근직, 1986 〈신라왕릉 관계기사의 검토〉《경주사학》 5.
이근직, 2000 〈신라 능묘의 전승과정 연구〉《경북사학》 23.
이기백, 1986 〈三國時代 佛教 受容과 그 社會的 意義〉, 《신라사상사연구》, 일조각.
이기백, 1987 〈三國遺事의 篇目構成〉, 《불교와 제과학》, 동국대학교출판부.
이기백, 2000 〈《三國遺事》 興法篇의 趣旨〉, 《진단학보》 89.
이도학, 1998 〈새로운 摸索을 위한 點檢, 目支國 研究의 現段階〉《마한사연구》, 충남대학교출판부.
이문기, 1999 〈新羅 金氏王室의 少昊金天氏 出自觀念의 標榜과 變化〉《역사교육논집》 23·24합집.
이문기, 2004 〈金官加耶系의 始祖 出自傳承과 稱姓의 變化〉《삼국사기 열전을 통해 본 신라의 인물》(신라문화제학술논문집 25), 경주시·신라문화선양회·경주문화원.
이병도, 1976 〈夫餘考〉《한국고대사연구》, 박영사.
이홍직, 1965 〈양 직공도 논고〉《고려대학교개교60주년기념논문집》.
이홍직, 1954·1957 〈日本書紀所載 高句麗關係記事考〉《동방학지》 1, 3.

여호규, 2015 〈4세기-5세기 초엽 백제의 대중교섭 양상〉《백제의 성장과 중국》, 한성백제박물관.
정구복, 1987 〈三國遺事에 대한 史學史的 考察〉, 《삼국유사의 종합적 검토》, 한국정신문화연구원.
정병련, 2000 〈매씨서평의 고거학적 분석구조론〉《다산학》 1.
조인성, 1988 〈규원사화와 환단고기〉《한국사시민강좌》 2, 일조각.
채상식, 1988 〈一然〉, 《한국사시민강좌》 2, 일조각.
채상식, 2006 〈일연 연구의 현황과 과제〉, 《동양한문학연구》 23.
천관우, 1976 〈三韓攷 제3부 -三韓의 國家形成〉《한국학보》 2, 3.
천관우, 1979 〈廣開土王陵碑文 再論〉《전해종박사 화갑기념 사학논총》, 일조각.
최남선, 1927 〈三國遺事解題〉, 《啓明》 18.
최병헌, 1980 〈高麗時代 華嚴學의 變遷〉, 《한국사연구》 30.
최병헌, 1987 〈三國遺事에 나타난 韓國古代佛教史 認識〉, 《삼국유사의 종합적 검토》, 한국정신문화연구원.
하일식, 2013 〈《삼국유사》 파른본과 임신본의 비교 연구〉《동방학지》 162.
한기문, 1999 〈祖堂集과 新羅·高麗 高僧의 行蹟〉, 《한국중세사연구》 6.
허흥식, 2003 〈三國遺事를 저술한 時期와 史觀〉, 《인하사학》 10.
홍승현, 2015 〈後漢末~魏晉時期 尙書學의 전개와 그 의의〉《동양사학연구》 130.
홍윤식, 1987 〈三國遺事에 있어 舊三國史의 諸問題〉, 《한국사상사학》 1.
Pankaj Mohan, 2004 〈6세기 신라에서의 아소카상징(Asokan Symbolism)의 수용과 그 의의〉《韓國思想史學》 23.
坂元義種, 2007 〈고대에 있어서의 고구려와 왜〉《동아시아 속에서의 高句麗와 倭》, 경인문화사.

金維諾, 1960 〈職貢圖的時代與作者〉《文物》 1960-7.
那珂通世, 1893 〈高麗古碑考〉《史學雜誌》 49.
末松保和, 1954 〈新羅佛教傳來傳說考〉, 《新羅史の諸問題》, 東洋文庫.
深津行德, 1999 〈台湾灣故宮博物院所藏《梁職貢図》模本について〉《朝鮮半島に流入した諸文化要素の研究(2)》, 學習院大學東洋文化研究所.
井上直樹, 2000 〈高句麗の對北魏外交と朝鮮半島の情勢〉《朝鮮史研究會論文集》 38.

찾아보기

ㅂ

ㅅ

ㅇ

ㅈ

ㅎ